光电对抗原理与技术

主　编　薛模根　黄勤超

副主编　王　硕　谷　康　徐　瑶　吴令夏

参　编　韩裕生　罗晓琳　王　勇　祖鸿宇

王晨辰　吴云智　杨　钒　贾　镕

黄启恒　李明振　王欢庆　李　越

朱　虹　孙　正

合肥工业大学出版社

内 容 提 要

本书紧扣信息化作战的前沿技术,是在对光电对抗技术理论体系进行认真梳理,同时吸收了国内外光电对抗技术与装备方面最新成果的基础上,加以系统总结和整理而形成的。本书是对光电对抗技术的系统论述,是对光电对抗原理、方法、技术及系统的理论集成,密切联系应用实际,具有重要的学术理论价值和实际应用价值。

本书在内容编排上首先明确了光电对抗的概念与内涵;接着论述了光电对抗作战对象、光电对抗的基本原理和系统构成;随后分别论述了光电告警、光电有源干扰、光电无源干扰、激光对抗、光电对抗综合测试评定等关键技术;最后介绍了典型的光电对抗系统。

本书可供光电对抗相关领域的学生、研究人员和工程技术人员学习和参考。

图书在版编目(CIP)数据

光电对抗原理与技术/薛模根,黄勤超主编. —合肥:合肥工业大学出版社,2024.6.
ISBN 978 - 7 - 5650 - 6785 - 3

Ⅰ.E866

中国国家版本馆 CIP 数据核字第 2024E3L575 号

光电对抗原理与技术

薛模根　黄勤超　主编		责任编辑　张择瑞	
出　版	合肥工业大学出版社	版　次	2024 年 6 月第 1 版
地　址	合肥市屯溪路 193 号	印　次	2024 年 6 月第 1 次印刷
邮　编	230009	开　本	787 毫米×1092 毫米　1/16
电　话	理工图书出版中心:0551-62903204	印　张	16.75
	营销与储运管理中心:0551-62903198	字　数	377 千字
网　址	press. hfut. edu. cn	印　刷	安徽联众印刷有限公司
E-mail	hfutpress@163.com	发　行	全国新华书店

ISBN 978 - 7 - 5650 - 6785 - 3　　　　　　　　　　定价:46.00 元

如果有影响阅读的印装质量问题,请与出版社营销与储运管理中心联系调换。

前　　言

　　本教材根据信息化作战特点，紧密结合光电信息科学与工程专业教学需要，坚持传承与创新相结合，较为全面地介绍了光电对抗技术理论体系，以及国内外光电对抗技术与系统方面的最新成果，内容丰富新颖，理论联系实际。

　　本教材主要用于光电信息科学与工程专业和电子对抗相关专业的教学。

　　本教材共8章：第1章为光电对抗概述；第2章介绍光电对抗作战对象与对抗方法；第3章介绍光电告警技术；第4章介绍光电有源干扰技术；第5章介绍光电无源干扰技术；第6章介绍激光对抗技术；第7章介绍光电对抗系统测试与仿真；第8章介绍典型光电对抗系统。光电对抗原理与技术重点学习内容是第1至6章和第8章，第7章可作为选修内容。

　　本教材由陆军炮兵防空兵学院薛模根和黄勤超主编，各章具体编写人员如下：第1章由薛模根编写，第2章由王硕编写，第3章由黄勤超编写，第4章由黄勤超编写，第5章由谷康编写，第6章由徐瑶编写，第7章由薛模根编写，第8章由吴令夏编写，参加编写的还有韩裕生、罗晓琳、王勇、祖鸿宇、王晨辰、吴云智、杨钒、贾镕、黄启恒、李明振、王欢庆、李越、朱虹、孙正等同志。

　　本教材参考和引用了一些文献的观点和素材，在此向这些文献的作者表示诚挚的感谢。合肥工业大学出版社对本教材的出版给予了热情的支持，对此表示诚挚的感谢。

　　本教材由马书炳教授主审，史国川、柴金华、罗军等参加了审阅，在此表示衷心感谢。

　　由于作者水平有限，书中难免有不妥之处，敬请读者批评指正。

编　者

2024 年 2 月

目　　录

第1章 光电对抗概述

随着现代光电子技术的飞速发展,光电侦测设备、光电制导武器、光电火控系统、无人机乃至无人机蜂群等大量装备部队使用,并已经成为目标侦察和火力打击的主要作战力量,在现代和未来战争中必将发挥极其重要的作用。因此,针对运用先进光电子技术研发的武器装备构成的现实威胁而发展起来的、基于目标末端的现代防御技术应运而生,并逐步形成了现代防御技术的重要分支——电子防御技术及其光电防御技术。电子对抗是现代电子防御的重要手段,光电对抗是电子对抗的重要组成部分。

本章首先介绍目标防御的概念,引出目标防御和目标多层防御体系、目标主动防御和目标自主防御的含义,进而明确光电防御和光电对抗的概念,阐述光电对抗的作战对象、环境、基本要求,最后简要介绍光电对抗技术与发展、光电对抗的地位和应用。

1.1 目标防御

自古以来,战争总是在交战双方间进行攻防转换,是敌对双方通过进攻与防御而进行的激烈对抗过程,所以进攻和防御一直是战争最基本的形态。正是进攻和防御的矛盾运动推动着战争的发展。而信息化条件下的诸军兵种联合作战,是体系对抗条件下的攻防作战,除了强调其进攻能力以外,更要注重其防御能力的发挥。特别是随着精确打击兵器作战效能的逐步提高,越来越多的进攻性武器具备了对点目标的远程精确毁伤能力,目标被攻击的命中精度高、毁伤威胁大,"攻"的能力显著增强。因此,要提升体系攻防作战能力并赢得战争胜利,就必须加强防御能力建设,由此逐步形成了目标防御的概念。

1.1.1 防护、防御和目标防御

防护是作战要素之一,是指在空间和时间范围内,针对敌方各种武器和平台因素构成的具有杀伤性的诸多威胁,为避免威胁或减小威胁程度,提高己方作战部队和重要目标的生存能力,而采取的各种防备和保护的有效措施和行动的总和,包括防护装备和防护方法。防护力即防护的能力,是指抵御敌方攻击并有效保存己方军事力量的能力。

在现代战争条件下,敌侦察卫星尤其是精确制导武器和无人机的大量使用,防护已成为保存己方、提高部队生存力的一种简单、快速、有效的必要手段,作为战斗力构成要素之一已被广泛用在战争中。例如,增加装甲的强度以提高装甲防护能力的装甲防护,使用伪装网和伪装涂层减小目标被发现概率的伪装防护,以及工程防护、假目标"隐真示

假"防护等。

防御是抗击敌方进攻的作战行动,是作战的基本类型之一,包括战略、战役和战术范围内的防御。防御一词有两种词性,既可作名词使用,也可作动词使用。防御作名词使用时,它指的是一种作战形态,是交战双方总体作战态势的描述,是围绕防御总体企图而采取的一系列措施的总称。防御作动词使用时,它指的是一个作战过程,包括一系列的作战行动,通常由机动、火力、抗击和防护四大要素组成。机动,即适时转移兵力、转移火力;火力,即火力反击、火力阻击和火力支援;抗击,即适时占领射击工事,依托阵地以积极的攻势行动与敌方反复争夺;防护,即依托工事、地形和利用防护器材等掩蔽人员和装备,或者以火力打击达到间接防护的目的(也称主动防护)。

由此可见,防御的概念内涵丰富、内容广泛,其基本属性是抗击敌方进攻的作战类型、作战行动及其作战系统。防御和防护形成了种属关系,防护组织得好,防御能力就强;反之,防护组织得差,防御能力就弱。"攻防转换"一般指的是进攻作战与防御作战的转换,"攻防兼备"指的是进攻作战能力与防御作战能力的兼备,无论是进攻作战能力还是防御作战能力,都必然包含作战能力基本要素之一的防护力。

目标防御隶属于防御范畴,是在21世纪初为深化研究防御作战而提出的,目前对目标防御的内涵还没有明确的界定,一般认为,目标防御就是为了提高重点目标的战场生存能力和发挥作战能力,针对敌方侦察卫星、精确制导武器和无人机及其蜂群等目标威胁而采取的综合性防护措施与一体化作战方法的总称。其目的是大大减少重点目标被敌方发现和被敌摧毁的可能性,最大限度地降低敌精确制导武器的到达概率和打击效果,保护重点目标并提升重点目标的防御能力和战斗力,为赢得战争的最终胜利提供安全、可靠的防御手段。由此可知,通常只对己方重点目标组织实施目标防御,目标防御必须根据来袭威胁武器的特点,有的放矢地组织实施,并且目标防御必须综合采用多种手段,运用一体化作战方法,形成综合性的防御体系。

目标防御按照被保护目标的运动特性可分为固定目标防御和运动目标防御。固定目标主要包括高价值的永久性坚固工事、交通枢纽、工程设施、掩体,以及机场、港口、雷达站等目标,运动目标主要包括活动的坦克、自行火炮、装甲车、机动发射平台、舰船、作战飞机、无人机等目标;按被保护目标的几何特性可分为点目标防御和面目标防御,点目标通常是单个目标,其体积较小,如导弹发射架和侦察机等,面目标通常是集群目标,有一定的正面和纵深,如炮兵群阵地和机场、港口及各类集结地域等。

目标防御是防御作战的具体化,具有明确的被保护目标、明晰的防御作战对象和准确的过程控制等特点。不同目标的防御,其方法和手段也各不相同,但决定目标防御能力的要素基本一致,主要包括机动性、攻击力、抗击力、防护性和信息力5个方面。

(1)机动性是提高目标防御能力的有效途径,有机动防御方法与手段灵活运用两种形式。机动性好,防御能力则强;反之,机动性差,防御能力则弱。

(2)攻击力是目标防御的坚强保障。攻击力强,可以干扰、拦截和摧毁来袭威胁目标,有效提高目标防御能力;反之,攻击力弱,则目标防御能力弱。

(3)抗击力即抗敌打击能力,是目标防御的盾牌。抗击力强,目标防御能力则强;反之,抗击力弱,目标防御能力则弱。

（4）防护性是目标防御的侦察屏障。防护性好，则目标不易被侦察发现，增强目标行动的隐蔽性，目标防御能力强；反之，防护性差，则目标易被侦察发现，目标失去行动的隐蔽性，目标防御能力弱。

（5）信息力即信息采集、信息共享和信息运用的能力，是目标防御的基础前提。信息力强，则共享专业信息平台、态势感知能力强，目标间能够实现信息的共享、实时的互联互通，确保及时有效地发现和识别来袭威胁武器，提前做好目标防御的准备工作，有效实施目标防御手段和方法，目标防御能力强；反之，信息共享性差，态势获取能力弱，目标间不能实现信息的共享、实时的互联互通，不能确保及时有效地发现来袭武器，不能提前做好目标防御的准备工作，防御针对性和时效性差，目标防御能力弱。

1.1.2　目标多层防御体系

目标多层防御体系是为实现目标防御的最佳效能，综合采用多种目标防御手段和方法而形成的具有多层次一体化目标防御能力的防御系统。目标多层防御体系同样体现了目标防御的机动性、攻击力、抗击力、防护性和信息力 5 个方面的特点。

目标防御的未来发展是建立较完整的多层防御体系，并不断改善各层次防御系统的性能，使其具备全方位的防护特性，以提高目标的综合防御能力。

目标多层防御体系的组成，主要包括侦察屏障防御、主动式防御、被动式防御和防二次效应措施和方法等，如图 1-1 所示。就其功能来讲，侦察屏障用于"遮挡"敌方的临近侦察和目标探测，主动式防御用于干扰、拦截来袭导弹和观瞄设备，被动式防御用于抵御抗击来袭导弹的攻击，防二次效应用于抑制二次杀伤，保护目标平台用于完成体系的信息处理和防御手段方法的运行控制。

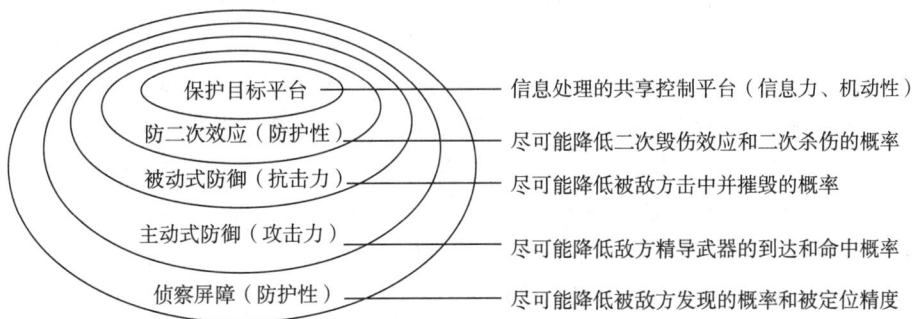

图 1-1　目标多层防御体系组成

侦察屏障是第一道防护，它能在被保护目标和来袭威胁目标间设置一道遮障，如干扰烟幕、伪装涂层等，以抵消敌方的目标探测识别能力，尽可能降低被敌方发现的概率和被定位的精度，增强被保护目标的行动隐蔽性，显示了目标多层防御体系的防护性。它防御的主要对象是敌方各种观瞄设备和来袭精确制导武器，如过顶侦察卫星、雷达、攻击无人机、电视制导武器、激光制导武器、红外制导武器、激光测距机、热像仪等。

主动式防御构成第二道防护，即在被保护目标的安全距离空域上构建一个主动防护区，运用电子对抗和先进防御弹药技术实施干扰、拦截和摧毁来袭导弹，尽可能地降低敌方精确制导武器的到达概率和命中概率,使其不能对被保护目标造成直接威胁,显示了目标多层防御体系的攻击性。它防御的对象主要是敌方精确制导武器,如电视制导武器、激光制导武器、红外制导武器、复合制导武器等。

被动式防御构成第三道防护,即在被防护目标表面布置各种装甲性能材料形成被动防护层,以抗击敌方精确制导武器的打击,尽可能降低目标被敌击中并摧毁的概率,显示了目标多层防御体系的抗击力。目前普遍采用的方式是在机动武器平台的基体装甲上附加装甲,一般附加装甲安装在中弹率高的部位。例如,对装甲车类目标,附加装甲通常装在履带裙板上、车体前部装甲上、车体与炮塔结合部等薄弱部位。

防二次效应视为对被保护目标(武器平台和作战人员)的最后一道防护,即使武器平台被敌方命中,也要尽可能保护武器平台主要功能的发挥和避免人员伤亡。尽可能降低二次毁伤效应和二次杀伤概率,是保护作战人员安全的最重要防线,显示了目标多层防御体系的防护性。例如,对坦克可以采取合理的车内布局、隔舱结构,装配"三防"装置、自动灭火系统和加装防崩裂衬层等措施,以及乘员安装和佩戴防护装置等。

构成的四道防护是为保护目标平台,其是基于信息处理的共享控制平台,即在专用的一体化信息系统平台上运行。信息系统的功能主要包括来袭目标探测与识别、威胁目标评估与定位、防御手段和方法的选择与运用、信息共享智能控制区域防御等;信息系统的作用是尽可能发挥出多层防护体系的综合防御效能,最大限度地降低目标被敌击中并摧毁的概率,显示了目标多层防御体系的信息力和机动性。

建立目标多层防御体系的主要目的是实现反侦察、防跟踪定位、反攻击和抗毁伤的功能,最大限度地降低敌方精确制导武器的到达概率和毁伤程度,达到整体提高己方攻防作战能力的目的,以全面提升武器装备的战场生存力和战斗力。目前外军目标防御系统实现了体系化、一体化和智能化,并在不断地改善各层次防御系统的性能、多层次防御体系的一体化集成度和系统智能信息处理技术的应用能力,使其具备全方位的防护特性和全流程的智能控制功能,从而提高在现代战争体系对抗攻防作战环境下目标的综合防御水平。在目标多层防御体系中,发展的重点是主动式防御和侦察屏障防护。但是,由于各国经济实力和科学技术发展水平存在着较大差异,目标防御技术的研发和应用也存在着很大差距,因而现役武器装备的防御能力也有很大差别。如果以是否配备有效的多层防御系统及各层防御系统的技术性能为评判标准,那么显然俄军、美军现役装甲目标防御和要地目标防御能力与技术水平堪称世界一流,其总体状况代表着当今世界军事先进水平。

俄罗斯陆军主战装备 T-90 坦克,构建了结构防护、烟幕弹和激光主动防护系统的多层防护系统。其结构防护包括复合/夹层/均质基体装甲、"接触"-5 型反应式附加装甲。激光主动防护系统即"窗帘"-1 光电对抗系统,由 4 个激光告警接收机、1 个微处理机为基础的系统控制装置、2 个红外干扰发射机和 1 组烟幕弹发射控制器等四大部分组成。4 个激光告警接收机分别安装在炮塔顶部的前方和后方,可形成方位 360°、俯仰 $-5° \sim 25°$ 的有效探测区域,在主炮两侧各 45° 的弧度范围内,其探测入射激光的方位精度达 $1.7° \sim 1.9°$。2 个红外干扰发射机安装在主炮两侧,可形成主炮两侧各 20°、俯仰 4° 的有效干扰区域,在探测到目标 2s 内开始起作用,发射波段为 $0.7 \sim 2.5 \mu m$ 的脉冲辐射信号。1组烟幕弹发射器安装在车辆正面90°弧度范围内,相互间隔7.5°,仰角均为12°。在探测到激光照射后3s内,所发射的烟幕弹能在距坦克50～70m处形成持续20s的烟幕,对0.4～14μm波段具有较好的遮蔽作用。据称,T-90坦克安装上该光电对抗系统,可使"陶"式、"龙"式、"海尔法"、"小牛"等反坦克导弹和诸如"铜斑蛇"之类的制导炮弹的命中概率降低3/4～4/5,使"霍特""米兰"导弹的命中概率降低2/3,使采用激光测距机射击的火炮和坦克炮的命中概率降低1/3。

　　总体上讲,目标防御主要是建立在侦察屏障防护、主动式防御等目标多层防御体系之上的综合多层防御系统,不同的目标防御构建的多层防御系统具有其特殊性。

1.1.3　目标主动防御和目标自主防御

1. 目标主动防御

　　目标主动防御是为在防护目标外围构成全方位的安全防护区,避免目标直接被命中而采取的一系列主动防护措施和作战方法的总称。它是针对敌方打击武器的各种性能,特别是制导方式,而采取的一种有效保护目标免遭毁伤的活动。目标多层防御体系中的主动式防御可以认为是目标主动防御方式,目标主动防御是一个系统工程,其"主动"相对于"被动"而言,内涵主要体现在发现目标、跟踪目标、主动对抗的防御过程中。

　　目标主动防御主要由预警装置、干扰对抗系统、末端火力拦截、烟幕遮障系统和"反应"式装甲装置等组成,能自动探测、判断和评估外来威胁,而且只对威胁目标的来袭武器实施对抗,这样就保证了作战人员能够集中精力实施灵活的战术活动,有效避免装备被毁伤,全面提升武器装备的攻防作战能力。

　　目标主动防御的方法有3种:一是通过"干扰""致盲"或"毁伤"敌方制导武器的导引头信号探测模块、制导控制电路系统和有关作战人员,达到诱骗来袭导弹和致眩的目的,有效降低制导武器的到达概率,使其丧失制导能力和作战能力;二是通过高能激光、微波武器、新弹药等火力及其指挥控制系统,在末端主动拦截,直接摧毁来袭射弹,使其丧失攻击能力;三是通过遮障防御方式,机动、隐身被保护目标,迷惑观瞄设备,使其丧失目标探测识别能力,从而达到保护目标的目的。因此,目标主动防御是一种十分有效且最具发展前途的现代防御技术。

　　目标主动防御的特点:一是防御对象针对性强,主要防御即将对保护目标形成威胁的来袭武器;二是防御手段和方法集成一体化,通常由一系列主动对抗方式和行动组成;三是防御范围区域为上半球区域,通常它在被保护目标外围构成一定区域的防护区,是由多种对抗方式形成的防御范围相互衔接的防护安全区域;四是主动防御过程精准,防御重点是防精确打击,对来袭目标精确探测定位,定向干扰、对抗精准有效;五是干扰对抗实时性强,目标主动防御强调时效性,发现目标即实施干扰对抗,必须在较短时间内完成主动防御任务;六是基于信息火力实施干扰对抗攻击性强,目标主动防御强调攻击性,必须对来袭武器采取主动的攻击行动。

2. 目标自主防御

　　目标自主防御就是被保护目标(如高价值的导弹发射平台、舰船、指挥车等武器平台)自身具备主动防御的功能,即目标自身具有防护能力,是体系对抗作战条件下武器装备形成攻防作战能力的主要途径。它是目标主动防御系统和武器平台的有机结合,也是目标主动防御系统在主战装备上的集成应用。

目标自主防御的目的就是使主战装备(或武器系统)自身具备攻防兼备的作战能力,其实质就是提高武器装备的战场生存能力,提升战斗力。目标自主防御的方式有两种:一是针对具体被保护目标由一体化主动防御装置实施的目标自主防御,具体被保护目标一般指固定目标和运动点目标;二是针对机动被保护目标(包括分队)由跟进机动的主动防御系统实施的目标自主防御,机动被保护目标一般指运动目标(机动目标)。两种目标自主防御方式各有特点,性能相辅相成,配置相对独立,可组网协同运行。

对于单个机动目标(运动点目标)的主动防御,通常将主动防御装置布设在机动目标上,如美国研制的 AN/VLQ - 6 装甲战车保护装置,可安装在布莱德利战车上进行自主光电防护。由于防护的单个机动目标内部可用空间、电源容量有限,且目标主动防御装置不能影响战车作战性能的正常发挥,因此针对单目标自主防御的车载主动防御装置要做到体积小、功耗低、智能水平高、安装方便、操作简便,结构上与搭载平台要实现机电一体化融合,这些限制条件使得车载自主防御技术难度较大,其性能指标也受到一定影响,往往是对抗手段少,有效防御作用范围有限,如 AN/VLQ - 6 装甲战车保护装置只能干扰激光导引头,且作用视场仅为方位 40°、俯仰 120°。

对于机动目标分队或机动发射阵地的自主防御,其防御面积相对较大,因此通常将多种主动防御装置集成在一个专用的防御车上,伴随机动目标分队或机动发射阵地进行大范围机动防御。相对而言,专用的防御车防御手段多、性能指标高,目标防御能力强,如美陆军战术高能激光(THEL)系统可摧毁 4km 远来袭导弹的雷达整流罩,并能严重破坏 10km 远的光学系统;由防空导弹、光电对抗、速射火炮三合一集成的综合防御系统,可同时防御多种威胁目标,形成多层目标防御系统,防御功能强、防御范围大、防御效果好。

一般地,可跟随被保护目标一起运动,并能完成防御功能的防御方式被称为伴随防御,其相应的系统也被称为伴随防御系统。该系统的被保护目标通常是指运动的面目标,如战斗车队、行进分队、临时阵地等。伴随防御系统能独立承担作战任务,不仅具有防御敌方来袭威胁目标的方式和手段,且更加强调防御系统的指挥和控制能力,特别是智能信息处理能力,它和被保护目标(主战装备)一起共同形成了体系作战系统对抗条件下的攻防作战能力,是现代战场高价值目标的主要防御方式。

俄罗斯总统普京曾在一场国防发展问题的会议上发表讲话称,尽管俄罗斯是迄今为止世界上唯一拥有高超声速武器的国家,但世界上的主要国家都迟早会研发出类似的武器,俄罗斯必须赶在其他国家拥有高超声速武器前,拥有针对该类武器的防御手段。可见俄罗斯特别强调防御体系构建,电子战系统将成为今后一段时间内其空天防御建设的核心之一。俄罗斯正在研制一种新型电子战目标主动防御系统,用于保护战略核力量的指挥中心、发射装置,以及工程、机场和交通枢纽等重要的军用和民用设施,免遭敌方高超声速飞行器攻击,并可对运动目标实施伴随防御构成伴随防御系统。该防御系统主要采用主动防御方法和手段,干扰和压制敌方高超声速飞行器飞行末段的光电、雷达制导和卫星导航功能,使其无法瞄准目标,丧失准确攻击能力,这样,即使高超声速飞行器突破了防空和反导系统,也无法准确命中目标。该新型电子防御系统将作为现有硬毁伤防空系统的主要补充。

综上所述,目标主动防御是目标多层防御体系的一个组成部分,目标主动防御系统和具体武器装备的结合形成了目标自主防御,伴随防御是伴随目标运动且攻防能力融于一体的自主防御。所以,随着作战样式的改变、战场环境的变化,特别是对体系对抗条件下攻防作战能力提升的现实要求,以及光谱电磁对抗技术、人工智能和信息技术的进步,目前所讨论的目标防御的概念及其内涵必将会得到进一步的认识和发展。

1.2 光电防御与光电对抗

目标防御的手段和方式主要包括以导弹攻击敌空中威胁平台的导弹防御、以近程速射火炮毁伤敌方威胁目标的火力拦截和以电子对抗装备实施的电子(战)防御等。下面给出光电防御、电子战、光电对抗等基本概念。

1.2.1 基本概念

光电防御是指在体系对抗攻防作战条件下,为提高己方的要点和要地目标生存能力,综合运用光电对抗手段和方法而实施的目标防御,是使敌方光电侦察、光电观瞄设备以及来袭的光电制导武器降低或丧失作战效能,保护己方目标免遭攻击而采取的所有战术技术措施的总称。

电子对抗又称为电子战,是现代战争中出现的一种新型对抗手段,是对抗双方在电磁频谱领域内的斗争,是信息作战的主要形式。其具体定义为:使用电磁能、定向能和声能等技术手段,削弱、破坏敌方电子信息设备、系统、网络及相关武器系统或人员作战效能,同时保护己方电子信息设备、系统、网络及相关武器系统或人员作战效能正常发挥的行动。按电子设备类型的不同,电子对抗可分为雷达对抗、通信对抗、光电对抗、无线电导航对抗、水声对抗以及反辐射攻击等。

光电对抗是指在紫外、可见光、红外等光波段范围内,为削弱、破坏敌方光电设备的使用效能,保护己方光电设备正常发挥效能而进行的电子对抗。而前文介绍的光电防御是战术行动,它是运用光电对抗、指挥控制等技术和防御战术来完成目标防御功能的行动。

光电对抗是电子战的一个重要组成部分。光电对抗按作战对象所利用的电磁频谱分类,可分为激光对抗、红外对抗、可见光对抗。激光中虽然包括红外和可见光,但由于其特性不同于普通红外和可见光,因此将其单独归类为激光对抗。光波段分布如图 1-2 所示。

电子战是作战双方在电磁频谱领域内的全频谱作战,而光电对抗的定义明确了其电磁频谱作战波段为光波段,其作战对象是敌方光电侦察、观瞄设备及来袭的光电制导武器,包括光电侦察设备、光电观瞄设备和光电制导武器、低慢小威胁目标等,如图 1-3 所示。

电子战起源于 20 世纪初,随着无线电通信的出现及在军事上的应用,作为电子战分

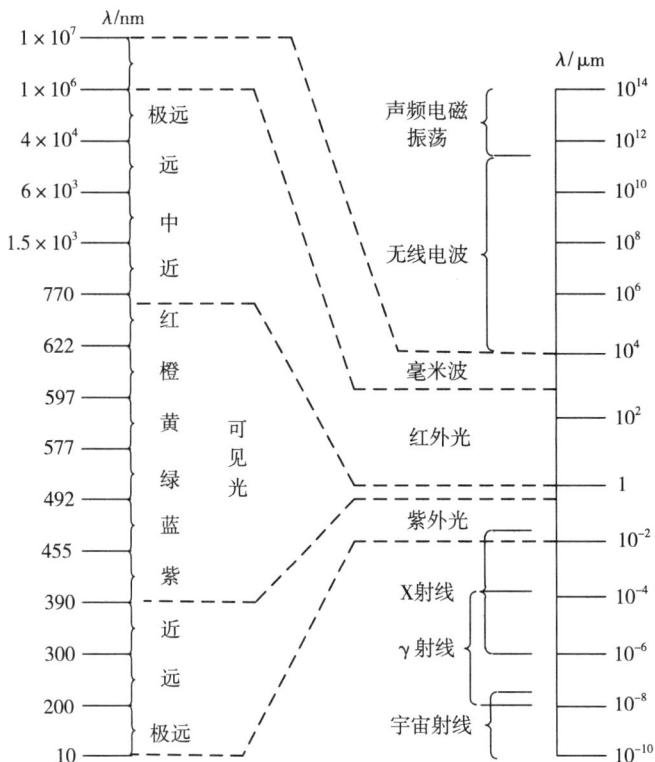

图 1-2　光波段分布示意图

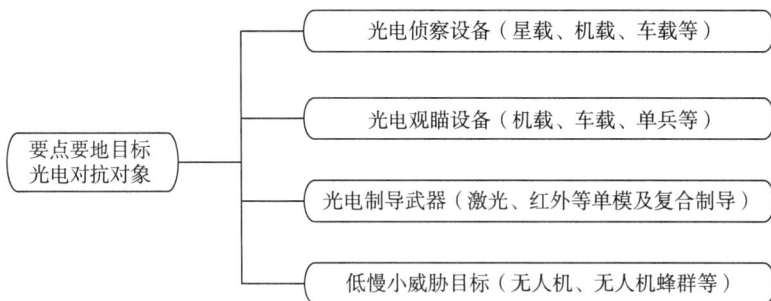

图 1-3　光电对抗的作战对象

支之一的通信对抗得到了迅速的发展。1904年的日俄战争中,一位俄国报务员监听到日本海军正在用无线电指挥火炮射击时,本能地按下火花式发报机的按键,对日本的无线电指挥形成了杂波干扰,对战斗胜利起到了重要作用。自此,无线电干扰打开了战争史上电子战之门。第二次世界大战期间,由于雷达与无线电导航技术的发展,电子战的主要表现形式是雷达对抗和导航对抗。第二次世界大战后,由于雷达制导和光电制导的精确制导武器成为飞机和军舰的主要威胁,因此电子战开始向光电对抗拓展。

20世纪70年代以来,随着光电技术的迅速发展,各种先进光电装备在高技术局部战争中日益广泛的使用,使"精确制导技术"这一概念被正式提出,应用精确制导技术的武器包括各种制导导弹、制导炮弹和制导炸弹。精确制导武器主要采用无线和有线指令制导、红外制导、电视制导、激光制导和雷达制导等多种制导体制,其中激光制导武器、红外制导武器和雷达制导武器等由于自身的独特优点,装备较多。精确制导技术的飞速发展进一步促进了光电对抗技术的发展。20 世纪 90 年代,海湾战争中多国部队的高强度电子打击,使 75% 的伊拉克军队电子系统无法正常工作。伊拉克方面的飞机只要起飞就会被击落,毫无制空权可言。而以美国为首的多国联军被击落的飞机仅有 34 架,损失率为0.3%。正是电子对抗上的绝对压制,造成伊拉克情报系统的瘫痪。电子战作为信息化战争的主要支撑手段,已经从当年的单一武器平台拓展为整个作战体系,是战场决胜的必备"法宝"。

在现代高技术战场上,光电侦察装备、光电观瞄设备、光电制导武器和无人机及其蜂群系统异军突起,尤其是攻击无人机在战争中发挥着越来越大的威力。工作在红外或可见光波段的星载侦察装备,具有侦察面积大、范围广、速度快等特点,不受国界和地理的限制,能在 200km 以上的高空拍摄到地面 0.05m 大小的物体,因此卫星过顶侦察会对我方要点要地目标的防护带来很大威胁;工作在红外和紫外波段的星载导弹预警系统,能根据导弹发射时排出的燃气辐射和运动特性,及时侦察到敌方弹道导弹的发射,可为己方防御争取宝贵的反应时间和提供目标态势,对其导弹发射阵地会构成较大威胁;机载和星载的昼夜观瞄设备能够利用自然光包括夜晚微弱的星光或物体本身的红外辐射,将战场目标甚至是隐蔽在夜幕中的战场目标一览无余,对部队安全威胁很大;精确制导武器更是弹无虚发,可以通过防区外发射攻击,它能从大楼的通气道钻入后爆炸,令整座大楼顷刻间化为废墟,是很大的现实威胁。在海湾战争中,以美国为首的多国部队成功地使用了各种先进的光电武器装备,对伊拉克采用了夜间突袭战术和"外科手术式"精确打击战术,彻底摧毁了伊军大部分的战略、战术目标,在短期内打垮了伊拉克庞大的作战体系。在 2020 年 9 月爆发的纳卡冲突中无人机大显神威,在高烈度战争中扮演了主要角色,无人机用于两国交战纳卡冲突属第一次,阿塞拜疆运用无人机深入纳卡侦察定位敌目标,佯动吸引敌火力,轰炸敌地空导弹、装甲战车,甚至直播战场硝烟战火,战术运用可圈可点。无人机作战赢得了胜利,在世界战争史上具有标志性意义。在俄乌冲突中,无人机更是扮演了重要角色,不仅可以携带高分辨率相机、红外探测器等设备进行侦察、瞄准,而且还可以携带导弹和其他武器进行精确打击,这表明无人机正在向主宰未来高烈度战争的局面快速发展,蜂群作战、狼群作战、忠诚僚机等新作战概念正大力推进,无人机及其蜂群将在体系对抗作战中产生巨大的现实威胁。综上所述,光电侦察装备、光电观瞄设备、光电制导武器和无人机及其蜂群系统等这些威胁目标将是光电对抗的主要作战对象。

当今光电子技术的迅猛发展,极大地促进了光电侦察与光电制导技术、无人机技术的日趋成熟和完善,并已形成完整的技术装备体系。在飞机、舰船、坦克及装甲车辆等作战平台中,普遍装备有前视红外系统、激光测距机、微光夜视仪和红外热像仪等光电侦察设备,使战场变得透明可辨识,战争没有了昼夜之分和环境之别。大量作战平台装备了激光制导、红外制导等各种光电制导武器,以及无人机和无人机蜂群的运用,其高效的毁伤能力促使现代战争作战模式发生了巨大变革。

按照辩证法的原理,有矛必有盾。光电侦察与光电制导武器、无人机及其蜂群的威胁日趋严重,光电对抗也随之快速发展并成为光电技术应用的新兴领域,光电对抗理论、技术研究和应用系统研制都得到了各军事大国更加广泛的重视。从光电对抗的定义和内涵出发,可以认为光电对抗就是针对敌方光电侦察装备、光电精确制导武器、攻击无人机等的"眼睛"和"大脑",采用激光致盲、致眩干扰方式使其"眼睛"变瞎而看不到目标,采用遮蔽干扰方式使其"眼睛"变模糊而看不清或看不见目标,采用光电欺骗干扰方式使其"大脑"产生信号混乱或控制错乱而无法识别真目标,从而有效地保护己方重点目标免遭毁伤。由此可知,光电对抗的主要作用是保护己方目标免遭敌方攻击,提高被防护目标的战场生存能力,它是决定现代战争胜负的重要因素之一。

1.2.2　光电对抗的基本要求

光电对抗是在体系对抗作战条件下敌对双方在光波段的抗争,所以光电对抗的作战环境主要表现在以下几个方面:

(1)复杂战场电磁环境;

(2)敌对双方攻防作战交错融合转换频繁;

(3)信息感知能力更强,战场透明度高;

(4)作战指挥和装备建设一体化、集成化、智能化程度高。

显然,光电对抗的作战环境也可描述为具有电磁环境复杂、攻防作战特征明显、战场透明及集成化、智能化程度高等特点。随着光电对抗技术和装备的发展,光电对抗在作战中得到了广泛运用,并对其提出了很高的要求。

1. 敌方侦察手段天空地海一体化、技术先进,光电对抗作战应具有高度隐蔽性

当今信息化作战,实时准确地获取敌方的目标信息显得非常重要。强敌在地面侦察、空中侦察、海上侦察和航天侦察方面,发展优势技术,拥有高效的地面侦察预警装备、微光夜视和热成像等特种侦察器材、航天侦察卫星、高空侦察机等目标成像侦察、电子信号侦察等宽频带侦察监视设备,其特点是工作频段宽、范围大、精度高、时效性强、透视能力强,各种侦察设备组网能力强,可实现数据共享,且受自然条件的影响小,能在恶劣气候条件下实施侦察。美国陆海空天一体化侦察系统是一个集攻击武器、指挥控制、侦察等多功能于一体的信息化复杂武器装备的重要组成部分。这种立体侦察不仅可监视我方作战部队的地面行动,而且可发现我要点要地(包括光电对抗装备的位置及工作参数),是国家安全的重要威胁。这就要求光电对抗既要完成对抗敌方目标侦察任务,又必须具有高度的物理特征和电磁特征的隐蔽性。

2. 敌方电磁攻击频率宽、强度猛烈,光电对抗应具备有效的宽波段抗扰性

电磁作战是强敌信息作战的主要信息进攻手段。从电磁作战方式来看,不仅有电磁压制式、电磁毁伤式、耦合阻塞式,还有模拟欺骗、电磁脉冲式等,既能干扰调幅调频通信,也可干扰对抗导航制导、观瞄、侦察等设备;从干扰范围看,涉及整个电磁频谱,包括通信波段、光波段、雷达波段等,如通信波段中敌干扰对抗设备可压制短波、超短波、微波通信等的全部现用频段,其强度足以幽闭战区内所有无线电通信,而激光和微波定向能武器可以快速精准地摧毁多种目标;从干扰速度来看,由计算机控制的自适应电磁对抗系统的反应时间已经缩短到秒级(从发现目标到实施信息火力仅几秒钟)。此外,电磁脉冲弹等新机理电磁武器能够直接破坏电子元件,造成电子设备彻底瘫痪。所以,强敌电磁战装备对我方光电对抗装备将构成重大安全威胁,这就要求我方光电对抗装备必须具有高效的抗电磁攻击能力。

3. 敌火力打击远程、精确、高效,光电对抗装备应具有很强的攻击性和抗毁性

精确打击是信息作战的一个重要特征。现代战争已经表明,远程空袭是强敌作战的首选作战样式,空袭中精确制导弹药在总投放弹药量中所占的比重越来越大,几乎达到95％以上,企图以高强度的精确打击压制对方的战斗力发挥,从陆基、海基和空基平台实施远程空中打击的隐蔽性很强,同时采用激光、GPS、红外、景象匹配,毫米波成像以及复合制导等先进技术的精确制导武器具有精准攻击、高效毁伤等特点,这对我方光电对抗装备的生存构成了巨大的威胁。特别是攻击无人机及其蜂群系统在作战中的应用,将会使战场环境更为复杂、攻击速度更快、隐蔽性更强,而且无人机毁伤效能更高。这就要求我方光电对抗装备必须具有很强的攻击能力和抗毁能力。

4. 战场环境复杂、战场态势变化快,光电对抗具有更强的机动性和灵活性

信息化战场环境复杂、战场形势瞬息万变,战场的非线性特征明显增强,体系对抗条件下攻防作战态势维度高、层次多,空天地海立体特征显著,光电对抗将由过去的低度动态防御转化为高度动态防御,大跨度机动、迂回机动等复杂情况比较频繁,加之战场威胁增多,光电对抗装备易遭敌方火力毁伤,需要依靠频繁变换部署来免遭毁伤,需要按照模块化的机动配置要求以适应各种攻防作战环境,如果没有高度的机动性和灵活性,那么将严重影响光电对抗装备的战斗力和生存能力。同时,光电对抗的组织和实施上强调时效性,而机动性和灵活性是保障光电对抗实时和高效的重要条件,这就要求我方光电对抗装备应具有很强的机动性和灵活性。

5. 为适应新军事变革要求,光电对抗应具有机械化、信息化、智能化融合发展的特征

新时代军事变革,装备发展需要走机械化、信息化、智能化融合发展的路子,机械化是基础、信息化是急需、智能化是方向。当前光电对抗装备机械化程度较高,从发现识别目标、稳定跟踪目标到对目标实施火力防御攻击,整个作战过程已实现机械化;信息化水平也得到了较大的提高,装备自身的信息获取、信息处理能力较强,具备组网协同作战的功能,同时正在向一体化作战平台运用发展,构建了相对独立的光电对抗信息指挥控制系统,发挥了信息化的优势;智能化刚刚起步,是今后的发展方向。因此,光电对抗装备的发展要贯彻机械化、信息化、智能化融合发展的思想。

1.2.3　末端光电防御

在多层防御体系中,从被保护目标角度看,威胁目标临近其攻击目标的过程,也是其面临层层对抗并逐渐消耗的过程,但随着攻击武器突防技术的发展,也极有可能存在漏网的威胁目标进入末端完成攻击任务,这就要求防御系统对被保护目标要具备较强的末端防护能力,尽最大可能确保目标安全,由此产生了末端防御的概念。

本书中的末端防御又隶属于体系对抗作战的近程防空反导,防御对象主要是敌方精确制导武器,这里的末端可表述为以被保护目标(或防御系统)为中心的近距空间(约小于50km),涵盖敌方攻击武器的末端范围(如制导武器约小于10km)。一般地,末端防御

主要有速射火炮、防空导弹、光电对抗系统等手段。光电对抗手段运用于末端防御总称为末端光电防御。

速射火炮技术相对成熟,其射速高、初速大,采用闭环校射方法,命中精度和毁伤概率高,具有较好的末端直接命中目标能力,可满足阵地防御的末端硬毁伤要求。例如,俄罗斯 AK-630M 舰炮、美国 6 管 20mm"守门员"高射炮等。但速射火炮拦截距离较近,对抗多目标能力弱,系统复杂,对平台稳定性、机动性等要求较高。

近程防空导弹技术发展迅速,命中精度高、杀伤威力大,具有发射后不管的特性,能有效对抗临近的多批次威胁目标,是目前末端防御攻击敌方平台的主要手段。例如,美国 M48"小槲树"导弹、FIM-92"毒刺"导弹,俄罗斯 SAM-9 防空导弹等。但近程防空导弹在抗击进入攻击末端的高速弹药方面的能力有限。

与速射火炮、防空导弹以及两者相结合的弹炮结合系统的硬毁伤拦截作战机理不同,光电对抗技术采用软杀伤毁伤机理,导致敌方威胁目标的光电探测器产生饱和、致眩、遮蔽等现象,使其降低目标探测和定位能力,看不到或看不清攻击目标,从而达到保护己方目标的目的。随着现代激光技术、先进材料技术的发展,光电对抗技术已成为末端防御技术的重要发展方向之一,如美国的 AN/GLQ-13 激光对抗系统、英国的 GLDOS 激光对抗系统等。

现代战争已经表现为全方位的体系对抗,装备信息化水平不断提高、机动性能不断增强,尤其是高价值主战武器装备在形成打击突然性和增强威慑力方面起到了重要作用,已经成为体系对抗作战条件下打赢信息化战争的"撒手锏"武器,其重要作战使命也决定了其必然是敌方平时侦察和战时打击的首选目标。然而随着战争双方攻防对抗的日益加剧,信息火力战、网络战、电子战、无人作战形态交错叠加,为确保精确打击效果,精确制导技术正向着可实现全天候作战的多模态复合制导、智能化/无人化等新技术体制发展。这些新技术体制的精确制导武器和无人机等低慢小目标是末端光电防御的主要对抗目标。

末端防御技术是在被保护目标的近程范围内,完成目标防御的各种技术的总称,包括目标预警探测、目标识别跟踪、目标综合对抗与评估等技术。末端光电防御技术与末端防御技术的主要区别是末端光电防御技术采用了综合光电对抗技术,该对抗技术具有方法多样、简单有效、便于实现等特点而受到世界各国的重视。开展对来袭目标探测识别、跟踪、防御指挥控制、多波段干扰对抗与火力协同等多功能融为一体的新型综合末端光电防御技术研究,代表着末端防御技术发展的方向。美国、俄罗斯等军事大国在发展中远程防空武器系统的同时,都把末端防御(如防空导弹、光电对抗、速射火炮一体化)武器系统作为中低空近程防御装备建设的重点,已经列装并形成战斗力。建立以防空导弹、光电对抗、速射火炮有机结合的多层末端综合防御装备,是末端防御武器系统的发展趋势。这主要体现在以下几个方面:

(1)采用集束式多管火炮和大闭环校射技术,大大提高了火炮射速和火力密度,能增强末端拦截导弹等弱小目标的能力。

(2)光电对抗系统可对来袭导弹和机载观瞄设备进行多波段有效干扰和诱骗,提升了装备自主防御能力。

（3）多联装的防空导弹射程增大、威力增强，具有打击多目标功能，对空中平台的远距离毁伤能力也进一步增强。

（4）多种防御手段与综合火控系统集成于一体，发挥了单一手段的优势，总体防御作战效能大大加强。

（5）系统配有探测告警、雷达/光电跟踪等组成的火控系统，配置更加完备，可独立承担防御作战任务。

（6）系统具有全天候、全自动、智能化等特点。

末端综合光电防御是指在体系对抗作战中综合运用光电防御手段，并集成于一体实施近程防空反导，以达到保护要点要地目标的作战行动。实施这一行动所涉及的技术总称为末端综合光电防御技术，所研制的系统统称为末端综合光电防御系统。末端综合光电防御系统是高科技集成的新一代防御武器系统，是中近程防御武器系统的重要补充。

末端综合光电防御系统主要任务是：在上级空情支持下或独立遂行伴随作战任务时，采用有源定向或无源多波段光电干扰手段，对抗光电精确制导武器或观瞄设备等目标，使来袭武器丧失精确打击能力及光电探测功能，提高被保护目标战场生存能力。末端综合光电防御系统的主要特点包括：①目标探测、跟踪、控制、作战、评估一体，功能完备；②多目标防御、伴随防御、多层防御，作战能力强；③结构轻小，火控简便，效费比高，使用范围广。根据机动装备从作战准备到作战实施全过程防精确打击的需求，末端综合光电防御作战样式可分为阵地防御、机动防御和短停防御。

1.3　光电对抗技术的发展

光电对抗技术由来已久，经历了漫长的发展过程，在历次战争中都发挥了重要的作用。随着现代光电技术的飞速发展，光电观测设备、光电制导武器、光电火控系统大量应用于作战部队，并成为目标侦察和火力攻击的主要力量。可以说，光电对抗技术是伴随着光电制导技术的发展而发展的。

1.3.1　光电防御过程描述

前文提到过，光电防御是综合运用光电对抗手段和方法而实施的目标防御，是使敌方光电侦察、观瞄设备及来袭的光电制导武器、攻击无人机及其蜂群系统等降低或丧失作战效能，保护己方目标免遭攻击而采取的所有战技术措施。所以光电防御与其他目标防御一样，是一个可完成特定任务的完整系统，系统的防御过程主要包括威胁目标探测与跟踪、威胁目标评估与选择、对抗方式优化与组织实施、威胁目标毁伤评估等，其中光电对抗是光电防御的重要作战火力单元。

光电防御系统各主要组成部分连接关系，如图 1-4 所示。

光电防御过程可描述为：在接收到上级空情或者上级指挥员命令后，启动光电防御系统进入热机待命状态，且根据空情态势评估并控制目标探测跟踪系统工作，结合威胁方位快速搜索防御空域中的可疑目标；同时控制光电对抗系统准备，当发现可疑目标后，

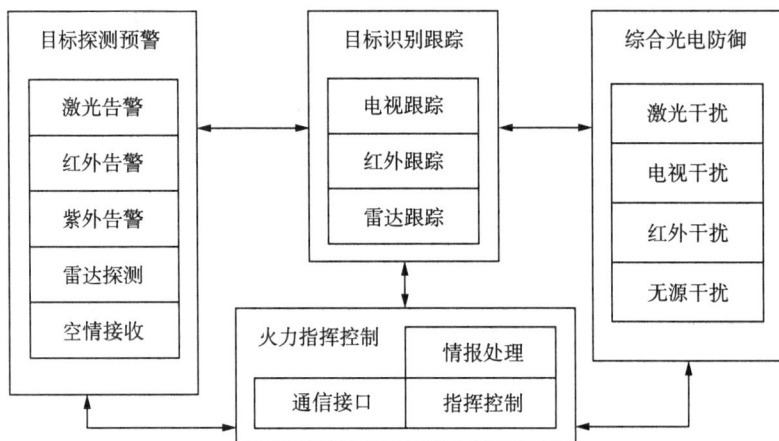

图 1-4 光电防御系统各主要组成部分连接关系

目标信息送入情报处理系统,情报处理系统综合目标运动特征,以及雷达特征、红外特征、激光/毫米波告警等信息,快速解算并准确判断目标类型并进行威胁分析,同时指挥控制系统启动目标跟踪设备,快速跟踪最大威胁目标,并同时生成光电对抗方案,控制综合光电对抗控制器工作,干扰对抗各种来袭的威胁武器。指挥控制系统评估对抗效果,并根据战场态势和目标威胁等级变化情况,按照系统指挥指令要求,进入下一个威胁目标对抗准备。

所以,光电防御涉及的关键技术主要有目标探测告警技术、目标识别跟踪技术、光电对抗技术、指挥控制技术等。本书主要是介绍光电对抗技术。

1.3.2 光电对抗技术的分类

光电对抗技术是指光电对抗的作战效能所涉及的,包括光电对抗侦察告警技术、光电对抗干扰技术、光电对抗效果评估技术等相关技术的总称。光电对抗技术通常按工作波段、应用平台和功能组成分类。

1. 按工作波段分类

按工作波段分类,光电对抗技术可分为可见光对抗技术、红外对抗技术、激光对抗技术和多波段光电对抗技术等 4 类(表 1-1)。

表 1-1 光电对抗技术按波段分类表

光电对抗	可见光对抗	红外对抗	激光对抗	多波段光电对抗
工作波段	380~780nm	3~5μm、8~14μm	1.064μm、1.54μm、1.57μm	双波段/多模
作战对象	电视制导武器、电视侦察设备、望远镜、人眼等	红外制导武器、红外热像仪、前视红外系统等	激光主动/半主动、驾束制导武器、激光测距机、激光指示器等	激光/红外制导武器、电视/红外制导武器等

（1）可见光对抗技术是指在光波段范围内,有效对抗工作在可见光波段（380～780nm）的敌方光电制导武器和光电观瞄设备的技术,作用对象包括电视制导武器、电视侦察设备、望远镜及人眼等。其本质就是扰动敌方可见光探测器。由于可见光探测器在近红外波段具有较好的光谱响应特性,所以对工作在近红外波段的威胁武器的有效对抗可采用可见光对抗技术。

（2）红外对抗技术是指在光波段范围内,有效对抗工作在中远红外波段（3～5μm、8～14μm）的敌方光电制导武器和观瞄设备的技术,作用对象包括红外制导武器、红外热像仪、前视红外系统等,其本质是扰动敌方红外探测器。

（3）激光对抗技术是指运用激光干扰源,有效地主动对抗工作在 1.064μm、1.54μm、1.57μm 波长的敌方激光制导武器和激光观瞄设备的技术,作用对象包括激光主动/半主动、驾束制导武器和激光测距机、激光指示器等。

（4）多波段光电对抗技术是指在光波段范围内,运用多个波段的干扰源（包括激光干扰源）,采用主动/被动相结合的对抗方法,有效对抗敌方双波段/多模制导武器的技术,作用对象包括激光/红外制导武器、电视/红外制导武器等。

2. 按应用平台分类

按应用平台分类,光电对抗技术可分为车载光电对抗技术、机载光电对抗技术、舰载光电对抗技术、星载光电对抗技术和伴随光电对抗技术等 5 类,如表 1-2 所列。

表 1-2　光电对抗技术按平台分类表

光电对抗	车载光电对抗技术	机载光电对抗技术	舰载光电对抗技术	星载光电对抗技术	伴随光电对抗技术
工作波段	380～780nm、3～5μm、8～14μm、1.064μm、1.54μm 及多波段	3～5μm、8～14μm 及多波段	1.064μm、1.54μm、3～5μm、8～14μm 及多波段	紫外波段、1.064μm、1.54μm 及多波段	380～780nm、3～5μm、8～14μm、1.064μm、1.54μm 及多波段
工作平台	地面主战装备	飞机	舰艇	卫星	独立车载平台
作战对象	光电制导武器、观瞄设备、侦察设备等	红外制导武器及复合制导武器、观瞄设备	激光、红外及复合制导武器、侦察设备等	观瞄设备、侦察设备、导弹定向能武器等	光电制导武器、观瞄设备、侦察设备等

（1）车载光电对抗技术主要应用于地面主战装备,包括装甲车、坦克、指挥车、导弹发射架等高价值机动目标的防御,是和地面主战装备集成于一体的光电对抗技术,其重点是解决指控、光机电一体化集成难题。

（2）机载光电对抗技术主要应用于空中的战斗机、预警机、攻击机、武装直升机等空中目标的防御,是和空中目标集成于一体的光电对抗技术,其重点是解决指控、轻小型、低功耗的一体化集成技术。当前民用运输飞机也在考虑采用光电对抗技术措施。

（3）舰载光电对抗技术主要应用于各种水面舰艇的防御,大到航空母舰,小到护卫舰,只要面临光电精确制导武器等的威胁,就需要建立有效的光电防御体系。

(4)星载光电对抗技术是指以天基卫星作为平台,主动防御威胁我国家安全的所有外来威胁的光电对抗技术,主要用于国家安全的战略防御。

(5)伴随光电对抗技术是指构建一个可独立担负防御作战任务的光电对抗系统的技术,主要用于高价值运动目标的全程跟进防御,包括发射阵地、行进车队和机动部队等目标的防御。

3. 按功能组成分类

按功能组成分类,光电对抗技术可分为光电侦察告警技术、光电有源干扰技术、光电无源干扰技术和综合光电对抗技术等 4 类,后续内容是按系统功能组成分类进行阐述的。

(1)光电告警技术

光电告警技术是指利用光电技术和手段,对敌方目标的光电设备(如光电制导武器的探测器)辐射或散射的光信号进行搜索、截获、定位及识别,并迅速判别目标威胁程度,形成情报及时发布。光电告警是作战平台实施有效光电对抗的前提。

光电告警技术有主动告警技术和被动告警技术两种:主动告警技术是利用对方光电设备的光学特性而进行的目标有源探测,即向对方目标发射光束,再对反射回来的光信号进行接收、分析与识别,从而获得敌方目标信息,如激光测距机、激光雷达等;被动告警技术是指利用各种光电探测装置截获与跟踪对方光电设备的光辐射信号,并进行分析识别,从而获得敌方目标信息,如导弹逼近红外告警系统、激光告警器。

(2)光电有源干扰技术

光电有源干扰技术是实施光电对抗的主要手段之一,指利用己方光电设备发射或转发与来袭的敌方光电装备对应波段的光波,对敌方光电装备进行压制或欺骗干扰,破坏或削弱敌方光电装备的正常工作能力发挥,以达到保护己方目标的目的。在激光技术快速发展的今天,光电有源干扰主要利用激光作为干扰源对敌方光电设备实施干扰。

(3)光电无源干扰技术

光电无源干扰技术也是实施光电对抗的主要手段之一,指利用特制器材或材料(主要有烟幕、气溶胶微粒、干扰弹、隐身材料等)散射和吸收被保护目标(或敌方来袭目标)发射的光波辐射能量,或者人为改变被保护目标的光学特性,使来袭敌方光电装备效能降低或受骗失效,从而有效保护己方真目标。例如,人造假目标、隐身材料、红外烟幕弹等。

(4)综合光电对抗技术

综合光电对抗技术是指运用多个不同类型干扰源(包括激光干扰源),采用主动/被动相结合的对抗方法,有效防御敌方多种类制导武器的措施,包括单模和多模及复合制导武器等。综合光电对抗技术是光电对抗技术的一个重要发展方向。因为单一的光电对抗手段只能防御某一类威胁目标,不具备对多类目标的防御能力。随着光电侦察设备和光电制导武器的发展,要点要地目标将面临同时多目标攻击的更大威胁,所以集成多种对抗手段的一体化综合光电对抗已成为要点要地目标防御体系的重要组成部分。

从技术体系上讲,光电对抗技术还应包括光电对抗指挥控制技术,主要有来袭目标威胁程度分析技术、对抗目标排序与选择技术、目标跟踪与控制技术、对抗火力运用决策技术、目标毁伤评估技术等。

1.3.3　光电对抗技术的发展

现代战争首先是争夺电磁频谱的使用权和控制权,即主要运用电子攻防技术装备的电子频谱作战,如隐身突防、信火一体精确打击、电磁对抗与反对抗等,在天空地海领域内展开全域作战,迅速摧毁敌方军事指挥机构、C4I 系统设施、通信和交通枢纽等重要军事目标,最大限度地破坏敌方情报系统、防空体系和指挥体系,同时要灵活运用防御技术装备,最大限度地保障我方要点要地目标的安全,全面掌握全域作战制空权和制信息权。其中,光电对抗技术手段是电子作战的主要手段之一。

1. 发展历程

近几十年来,光电技术在武器系统特别是精确制导系统中的广泛应用,使得攻击性武器的作战效能增强,导致现在战争形态也发生了根本性变化。为了提高体系对抗环境下信息作战的攻防效能,要地要点目标防御问题越来越受到各国的高度重视,进而促进了光电对抗技术的发展。可以说,光电对抗技术是随着信息作战和光电技术的发展而发展起来的,并随着光电精确制导技术的发展和应用而快速发展。

(1)红外探测器件的诞生和应用,发明了红外探测器和红外制导导弹,其强大的精确打击和高效毁伤能力催生了光电对抗技术的产生和发展

1934 年诞生了第一支红外显像管,而后德军成功研制了红外夜视仪并应用在坦克上,美军也研制出了红外夜视仪应用于对日军夜战,这种高技术"撒手锏"装备,在夜间作战中解决了看不见对手的难题,发挥了极其重要的作用。为了不被敌人的这种先进的夜视仪发现,就必须采取应对措施寻求对抗方法以保护自己。当时的对抗方法主要采取人工光学伪装、烟幕遮蔽等被动防御手段,并产生了一定的效果。这就是光电对抗的初始阶段——采用无源干扰方法(伪装和遮蔽)。

20 世纪 50 年代中期及以后,近红外、中红外探测器相继问世,空空红外制导导弹应运而生并快速发展,同时地空和空地红外制导导弹获得巨大成功。到 20 世纪 70 年代中期,光电探测器件的升级换代又进一步推动了红外制导导弹性能的大幅提升,使得空中作战飞机面临更加严重的威胁,主观上被迫研究新的对抗技术。

在 1972 年的越南战争中,越南使用苏制的单兵便携肩扛式红外防空导弹 SAM - 7,在 3 个月内击落了 24 架美军飞机。这种情况迫使美国花费大的代价研究对抗措施,很快美军针对 SAM - 7 的威胁,研制出了与飞机尾喷口红外辐射特性相似的红外干扰弹,使来袭的红外制导导弹受红外诱饵欺骗而偏离被攻击的飞机,从而失去了作用,保护了飞机安全,这就是光电对抗的诱骗干扰方式,具有主动防御作战的重要军事意义。

当然,对抗与反对抗技术是相互促进的,苏联也不甘示弱。为提高 SAM - 7 红外防空导弹的抗干扰能力,苏联在导引头上加装了滤光片等反干扰措施后,在 1973 年 10 月第四次中东战争中,这种导弹又击落了大量以色列飞机,又一次发挥了它的威力。后来,以色列采用了"喷油延燃"等红外有源干扰措施,又使这种导弹的命中概率明显下降。

1991 年的海湾战争,第一次较大规模地使用光电精确制导武器,美军成功地摧毁了

伊拉克大部分战略战术目标,这引起了世界各国对光电对抗技术的极大关注。面对大量装备多种红外侦察器材、红外夜视器材和红外制导武器的美军,伊军也采取了一些对抗措施。例如,在被击毁的装甲目标旁边焚烧轮胎,模拟装甲车辆的热效应,引诱美军再次攻击,使美军浪费弹药。但伊军防御作战力量弱,对抗技术落后,主动光电对抗进行的干扰行动又极为有限,因而美军红外侦察器材和红外制导武器的效能得到了充分的发挥。

在科索沃战争中,南联盟军队吸取海湾战争经验教训,加强防御作战指挥,利用雨、雾天气进行机动和部署调整,使北约部队的光电器材难以发挥效能。南联盟军队又采用关闭坦克发动机,或把坦克等装备置于其他热源附近等措施,以干扰敌红外成像系统的探测;亦或在设置的假装甲目标旁边点燃燃油,模拟装甲车辆的热效应,诱使北约飞机攻击,作为防御来说起到了一定的效果。

可以说,红外制导武器的发展和应用,让人们认识到光电对抗问题,进而研究并应用了伪装、无源诱饵、主动诱饵欺骗等方法,在战场上发挥了重要的防御作用。

(2)双色和多模光电探测器件问世,使得光电精确制导导弹性能更优、威力更大,促进了光电对抗技术的快速发展

20世纪70年代,红外、紫外双色制导导弹和红外成像制导导弹相继问世,这些导弹对目标实施精确打击,命中精度达1m左右,作战威胁更大,因此必须发展新的对抗技术。对此,人们研究并提出了有源红外诱饵、红外烟幕、激光主动干扰等光电对抗技术,之后红外对抗技术还在不断发展,20世纪80年代相继出现了机载AN/AAR-43/44红外告警器、AN/ALQ-123红外干扰机以及AN/ALE-29A/B箔条、红外干扰弹等专门的光电对抗系统。

同时,随着电视制导武器、激光制导武器、卫星侦察设备、激光雷达、光电火控等先进装备的出现,光电对抗领域相应地逐步发展了激光告警器、激光欺骗干扰机等具有主动对抗意义的光电对抗技术和装备,攻防作战能力有了很大提高。

(3)精确制导技术和激光器技术的不断发展和广泛应用,牵引了基于激光的有源光电对抗技术的快速发展

20世纪80年代,随着激光器技术的发展和应用,为了对抗高精度的制导武器打击,人们开始研究激光对抗技术,提出了主动光电对抗概念。激光对抗是以激光为手段,对光电侦察传感器、光电精确制导武器系统实施干扰、欺骗、损伤甚至硬破坏的技术。激光器技术的进步推动着激光对抗技术的创新发展,激光对抗是光电对抗领域中最活跃的分支,并在最近30年内得到了飞速发展。

目前,激光欺骗干扰、高重频干扰、红外诱饵干扰、可见光/红外定向干扰、强激光干扰、烟幕干扰、伪装、激光防护等光电对抗技术与装备已在信息化战场上扮演着重要角色。

2. 发展趋势

光电对抗的发展趋势取决于体系对抗作战需求和光电器件技术的发展,特别是与体系对抗作战对象,即光电侦察和光电制导武器的发展现状与未来相关。根据目前光电子技术的发展和信息化作战的要求,可以预见光电对抗技术将向综合化、智能化、多光谱和作战全流程(全程)对抗的趋势发展。

（1）多层防御与全程主动对抗技术

采用单一光电对抗手段只能对抗一种威胁武器攻击,如红外干扰弹只能对抗红外制导武器攻击,激光诱骗干扰只能对抗激光制导武器攻击等,对于当前双色制导、复合制导、综合制导武器的威胁难以防护,这就使得光电对抗技术必然要向多层防御与全程主动对抗技术发展,从而提高对光电精确制导武器体系防御作战的效能。

目标多层防御体系一般包括侦察屏障、主动防御、被动防御、防二次效应。在这个多层防御体系中,包括光电对抗多层防御和全程主动对抗,如光电伪装、光电遮蔽、光电干扰弹、激光干扰、激光压制和激光毁伤等。

俄罗斯陆军主战坦克 T－90 的多层防御系统具有有源与无源结合、远距离与近距离衔接、主动与被动相互补充等多层光电全程对抗功能,其有效干扰对抗概率可达 80%。当然,如果增加激光压制和摧毁手段,就能进一步提高光电对抗效果。

激光硬杀伤摧毁也是必然的发展趋势,它是一种利用高能激光束直接杀伤目标的定向能武器,可根据激光武器的威力大小完成全程对抗功能,起到干扰、压制和摧毁的作用,是对抗高性能精确制导武器、无人机蜂群等威胁目标的有效方法。

（2）多功能综合一体化和智能化技术

信息化战场的电磁威胁环境复杂多变,攻击武器性能高、抗干扰能力强,使得武器平台、作战人员要应对这些威胁并采取有效防御措施已变得越来越难,主要表现在攻击武器速度快、多模复合制导普适性好、多方位联合攻击灵活性强、可自主反干扰反对抗等方面,因此多功能综合一体化和智能化就成为光电对抗技术的必然发展趋势。

① 多功能综合集成。一是光电探测、告警、干扰、控制等功能子系统综合集成,实现光电对抗的侦、控、抗、评一体化平台,可提高光电对抗系统反应能力和综合对抗能力;二是与电子信息系统综合集成,拓展信息获取渠道,实现基于一体化平台的作战能力,提高防御作战信息化水平下综合光电对抗效能。

② 信息链路一体化。信息获取、数据处理和指挥控制融为一体,实现基于信息系统的一体化体系对抗能力,提高战场的信息化作战能力。

③ 系统运行智能化。系统运行智能化包括目标智能识别技术、多功能对抗方式优化运用技术、自主对抗智能控制技术、系统操作智能化技术等,实现高效无人操作智能防御功能。

④ 兵器攻防能力一体化集成。光电对抗系统与打击武器一体化平台集成设计制造,形成具有自主防御作战能力的打击武器装备。在坦克、装甲车、导弹发射车等高价值目标中集成防御系统,形成具有攻防作战能力的武器装备。不断发展的末端全程综合光电对抗系统是集激光干扰、电视干扰、红外干扰、毫米波干扰、宽波段烟幕干扰于一体的多功能综合智能对抗系统,具有对多种制导武器的联合对抗能力,防御功能更强。

（3）多光谱一体化对抗集成技术

多光谱技术和光信息处理技术的发展,促进了多光谱一体化对抗技术和快速准确目标探测技术的发展,进而综合提升了先进光电对抗系统的多目标全程对抗能力。

（4）多光谱激光干扰源一体化集成技术

多光谱对抗就是运用多个不同单一波段激光器同轴输出多波段激光,或者单个激光器同轴输出多波段激光,实现光波段的光电对抗。波段包括紫外、可见光、红外等,对抗对象包括可见光制导武器、红外制导武器、激光制导武器、复合多模制导武器等,以及相应波段的观瞄器材。

(5)多光谱成像弱小目标探测技术

运用紫外、可见光、红外多波段成像探测技术,采用现代数据处理方法和智能技术,实现对快速运动的空地导弹、巡航导弹、无人机蜂群等弱小目标的全方位多目标远距离探测告警功能,为光电对抗提供高效的目标指示。

美国和英国共同研制的 AN/AAQ-24 定向红外对抗系统(DIRCM),也称多光谱对抗系统,便采用紫外导弹逼近告警技术、红外干扰机完成对红外制导武器的对抗。

综上所述,光电对抗系统将从被动防御发展到主动多层综合防御,所以光电对抗的综合化、一体化、集成化和智能化是其未来的发展趋势。其中多波段复合告警、定向干扰对抗、激光对抗、宽波段烟幕、变形隐身、硬软对抗综合、攻防平台集成等是重要的发展方向。

1.4 光电对抗的地位和作用

按照自然辩证法的基本原理,有矛必有盾。光电侦测与光电制导武器的威胁日趋严重,光电对抗也随之成为光电技术应用的新兴领域,光电对抗技术与装备的发展得到各军事大国更加广泛的重视。

1. 光电对抗是电磁作战和防御作战的重要组成部分

从目前的局部战争来看,随着光电制导、光电侦察等武器装备的大量高效应用,光电对抗装备在战场上的应用也越来越普遍,其对抗程度尖锐、对抗过程复杂、对抗范围越来越大,所以光电对抗是电磁作战不可或缺的重要组成部分。光电对抗的实质是在体系对抗攻防作战条件下,致使敌方光电侦察、观瞄设备及来袭的光电制导武器降低或丧失作战效能,以保护己方目标免遭攻击。它是一种充分利用交战双方光电装置的优点和弱点,采取相应对抗手段所进行的一场针锋相对的光波段对抗作战,是赢得现代战争胜利的重要因素之一。

关于光电对抗在战争中的作用,各国都有论述,典型的观点是其具有控制电磁频谱的能力。近几十年大量的光电武器装备在战场上发挥了重要的作用,可以说没有光电对抗,就没有控制防御作战的能力,也就不会取得现代化战争的胜利。当前美军特别重视光电对抗装备的发展,在防空反导、野战防空、反无人机和反无人机蜂群领域加紧技术攻关和装备研发,部分验证试验装备取得了较好的效果。战争的实践已证明:光电对抗已不是传统的军事力量的一种补充,而是整个战争能力构成尤其是电磁作战能力构成的一个有机组成部分。

2. 光电对抗技术是发展新一代攻防武器装备技术的基础

光电制导武器大大提高了现有武器装备的"硬杀伤"威力,但同时处于战场上的装备和人员也将面临对方防御装备的"软硬杀伤"的威胁。其原因是现代防御技术的迅猛发展和先进防御装备的广泛应用,未来战争将是充满新一代攻防武器装备的立体战争。新一代攻防武器装备的显著特点是具备攻防作战手段和提高体系对抗条件下武器装备的作战效能,所以发展攻防武器装备需要有先进的光电对抗等其他防御技术支撑。如俄罗斯的新一代主战坦克就集成了光电压制和光电主动对抗系统,以提高坦克在现代战场复杂交战环境下的生存能力。美国的新一代战斗机,集成了光电复合告警和红外对抗系统,用于防御敌方精确制导武器的攻击,最大限度地提高战斗机的战场生存能力。

系统研究体系对抗作战环境下战场目标威胁,进而发展先进的光电对抗技术是研发高性能攻防武器装备的重要前提和基础。因此,必须充分认识现代防御在战争中的地位和作用,系统开展光电对抗等其他防御技术研究,加快发展先进光电防御技术体系,对于研发新一代攻防武器装备意义重大。

3. 光电对抗是保护己方目标安全的重要手段和途径

从近年来的局部战争实践来看,运用多种精确制导武器开展全方位的对敌攻击,以有效摧毁敌方指挥控制系统、瘫痪敌方防空体系等敌方要点要地目标为目的,是体系对抗作战条件下的首选作战方式。因此对己方的要点要地目标实施有效防御,对于确保国家安全和提升武器装备与部队人员的战场生存能力非常重要。光电对抗是目标防御的重要组成部分,是己方要点要地目标防御的重要手段和实现途径。如美国陆军为支持多域战而创建了一个分级、分层的要地目标防御体系,也称为"圆顶保护"体系(图1-5)。

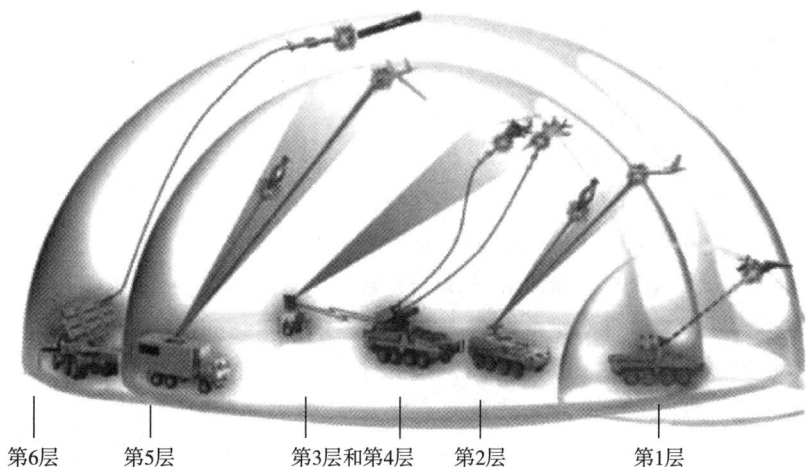

第6层　　第5层　　　第3层和第4层　第2层　　　第1层

第1层：综合防御无人机威胁；
第2层：一种防御手段集成,综合防御来袭导弹和无人机；
第3层和第4层：将机动防空拦截技术集成到机动近程防御平台中,综合防御敌机和导弹威胁；
第5层：高能激光战术防御武器,以保护目标免受火箭、火炮、迫击炮和无人机的攻击；
第6层：拦截摧毁系统以应对更大的威胁。

图1-5　重要目标多层防御体系示意图

4. 光电对抗促进了高性能抗干扰光电制导武器的发展

光电对抗和反对抗是一对矛盾体,矛盾的双方既互相对立制约、又相互促进发展。为了应对来袭精确制导武器的威胁,军事强国相继发展了多种目标光电对抗手段、技术和装备,包括目标主动防御和被动防御,这些防御装备针对精确制导武器的制导技术,实施有效光电对抗,以降低精确制导导弹的命中率和作战效能,如运用激光诱骗技术可有效防御敌方激光制导导弹的概率为 90% 以上,因此光电对抗技术的发展,在很大程度上抑制了精确制导武器的攻击能力的发挥,这就要求人们发展新型反对抗、抗干扰的更高性能的精确制导技术,所以说光电对抗促进了新型抗干扰光电制导武器的技术发展。

多模复合制导技术是应对光电对抗而发展的新型抗干扰光电制导技术,能提高导弹武器的抗干扰能力。多模复合制导是由多种模式的导引头共同参与制导过程,具有较强的抗干扰的优点,可在恶劣弹载环境、不良自然环境和对抗干扰环境下使用,大大提高了导弹的目标识别能力和抗干扰能力。如俄罗斯的 SAM－13 地空导弹采用红外线/光学图像对比复合制导,以及法国的 TACED 制导炸弹采用毫米波/红外复合制导。

思考题

1. 决定目标防御能力的主要要素有哪些?
2. 目标多层防御体系的组成主要包括哪些?
3. 什么是目标主动防御?
4. 什么是目标自主防御?
5. 什么是光电防御?
6. 什么是电子对抗?
7. 什么是光电对抗?
8. 光电对抗与光电防御的区别有哪些?
9. 光电对抗是指哪些波段的对抗?各波段的波长范围是多少?
10. 光电对抗有哪些基本要求?
11. 什么是末端光电防御?
12. 光电防御涉及的关键技术主要有哪些?
13. 光电对抗技术按工作波段分类主要有哪些?
14. 光电对抗技术按应用平台分类主要有哪些?
15. 光电对抗技术按功能组成分类主要有哪些?
16. 光电对抗技术的发展趋势主要体现在哪几个方面?
17. 光电对抗的地位和作用主要体现在哪几个方面?

第2章　光电对抗作战对象与对抗方法

光电对抗的目的是削弱、破坏敌方攻击性武器的使用效能,保护己方相关武器系统和人员的作战效能正常发挥。所以从不同的视角看光电对抗问题会涉及两个目标:一个是要对抗的目标,是敌方来袭的威胁目标;另一个是被保护目标,是己方的要点要地目标。本章从研究这两个目标特性开始,以防御的视角研究来袭威胁目标的工作原理,并给出光电对抗的技术途径和作用机理。

2.1　自然辐射源与目标光电特性

2.1.1　自然辐射源

太阳、地球表面、天空、外层空间和星体等都是自然辐射源,它们既可能是探测目标时的辐照源,也可能是一种干扰探测的背景。因此了解这些自然辐射源的特征十分重要。

1. 太阳

太阳是天然、稳定的辐射源,遥感仪器的可见光和近红外波段的地面辐射定标就是利用太阳作为标准的辐射源。通常假定太阳的辐射与 5900K 的黑体一样,即它的辐射温度为 5900K(辐射温度不是真实温度,是表示它与该温度的黑体有相等的辐射功率)。对太阳辐射温度不能做出单一的假定,因为该值会随波长的增加而降低。精确测量表明,太阳的辐射温度在 $4\mu m$ 处为 724K,$5\mu m$ 处为 579K,而在 $11\mu m$ 处仅为 263K。

太阳的辐射能量用太阳常数表示。太阳常数指的是在平均太阳距离上(地球到太阳),在地球大气层外测得的太阳照度值。目前公认的太阳常数值为 $0.140\,W/cm^2$。在地球表面的照度,大约是这个值的三分之二,即 $0.09\,W/cm^2$。由于许多红外系统设计的最小探测照度可低达 $10^{-10}\,W/cm^2$ 量级,因此太阳一旦进入探测视场,其能量将使系统"致盲"。

在平均地—日距离上太阳辐射的光谱分布曲线如图 2-1 所示,其中阴影部分是大气所产生的吸收。太阳辐射通过大气时,由于大气的吸收和散射,照射至地球表面的辐射多在 $0.3\sim3.0\mu m$ 的波段,其中大部分集中于 $0.38\sim0.76\mu m$ 的可见光波段。

2. 地球

白天地球表面的辐射主要由反射和散射的太阳光以及自身热辐射组成。因此,光谱辐射有两个峰值:一个是位于 $0.5\mu m$ 处由太阳辐射产生;另一个是位于 $10\mu m$ 处由自身

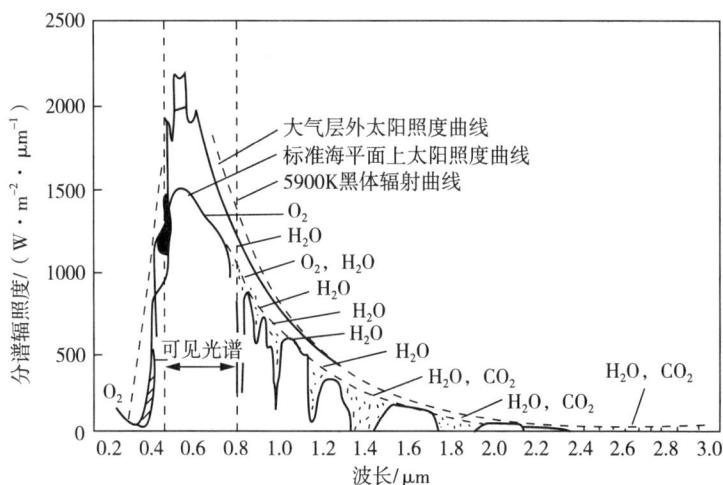

图 2-1 在平均地-日距离上太阳辐射的光谱分布

热辐射产生。在夜间,太阳的反射辐射就观察不到了,地球辐射光谱分布就是其本身热辐射的光谱分布。

地球的热辐射主要处于波长 $8\sim14\mu m$ 大气窗口,这一波段大气吸收很小,因此其成为热成像系统的主要工作波段之一。地球表面的热辐射取决于它的温度和辐射发射率。地球表面的温度根据不同自然条件而变化,大致范围是 $-40\sim40℃$。

地球表面有相当广阔的水面,水面辐射取决于温度和表面状态,无波浪时的水面,反射良好,辐射很小;只有当出现波浪时,海面才成为良好的辐射体。

2.1.2 典型目标光电特性

典型目标按其所处位置可分为地面目标和海上目标两类。

地面目标包括机场、发射场、军工厂等固定军事设施和坦克、运输车、火炮、人等活动目标,目标特点是温度低、辐射能量小,且辐射多集中在 $8\sim14\mu m$ 波段。

海上目标包括各种舰船类目标,这些目标排气筒部分温度较高,其他部分温度低,其辐射特性与背景辐射特性差异大,有利于目标探测。

1. 地面车辆辐射

地面车辆包括坦克、装甲运输车、汽车等,它们可辐射出足够的能量,但由于其背景辐射特性通常比较复杂,既有各种山形地貌(山谷、河流、树林、沙漠等)的差异,又有季节变化带来的背景变化(雪地、植被等),因此是一类比较典型的重点军事目标。通常,车辆涂漆表面的辐射发射率约为0.9。由于日晒、雨淋和夜露的作用,表面腐蚀使辐射发射率值可能有些变化,灰尘和污垢的堆积更加剧了这种变化。此外,车辆的不同部位有不同的温度,排气管最热,其次是发动机外壳,运动中坦克的传动和行动装置,运行中轮式车辆的轮胎等,这些部位的辐射能量占据车辆辐射的主要部分。现代车辆的设计已认识到隐蔽这些部位的重要性,一些有效的隐身技术得到很好的采纳,以减小对方红外系统的可探测性。

（1）地面车辆的表面辐射

以地面装甲车辆为例，装甲车的表面辐射由自身辐射和反射辐射组成。

自身辐射：得到装甲车整体温度分布后，该部分红外辐射能量可以从普朗克公式出发，通过对红外波段范围积分得到，计算公式如下：

$$E_{\lambda_1-\lambda_2} = \int_{\lambda_1}^{\lambda_2} \varepsilon(\lambda,T) \cdot \frac{C_1}{\lambda^5\left[\exp\left(\dfrac{C_2}{\lambda T}\right)-1\right]} d\lambda \tag{2-1}$$

式中，λ_1、λ_2 为红外波段范围的上、下限；T 为该单元表面温度；$\varepsilon(\lambda,T)$ 为表面发射率，与波长 λ 和温度 T 有关；C_1 为第一辐射常数，$C_1 = 3.742 \times 10^8 \, \text{W} \cdot \mu\text{m}^4/\text{m}^2$；$C_2$ 为第二辐射常数，$C_2 = 1.439 \times 10^4 \mu\text{m} \cdot \text{K}$。

反射辐射：反射辐射部分主要包括单元表面对太阳、天地背景以及其他单元表面辐射的反射，具体计算表达式如下：

$$E_{\text{sf}}^{\text{infra}} = \rho_{\text{sun}}^{\text{infra}} \cdot q_{\text{sun}}^{\text{infra}} + \rho^{\text{infra}} \cdot \left(q_{\text{sky}}^{\text{infra}} + q_{\text{grd}}^{\text{infra}} + \sum_{j=1}^{N} q_j^{\text{infra}}\right) \tag{2-2}$$

式中，$\rho_{\text{sun}}^{\text{infra}}$ 为单元表面红外波段范围的太阳反射率；ρ^{infra} 为单元表面红外波段范围的反射率；$q_{\text{sun}}^{\text{infra}}$ 为单元表面接收的红外波段范围内的太阳辐射能量；$q_{\text{sky}}^{\text{infra}}$ 为单元表面接收的红外波段范围内的天空背景辐射能量；$q_{\text{grd}}^{\text{infra}}$ 为单元表面接收的红外波段范围内的地面背景辐射能量；q_j^{infra} 为单元表面接收的红外波段范围内的单元表面辐射能量；N 为单元表面总数。

装甲车辆表面任一单元总的辐射通量为自身辐射与反射辐射之和，即

$$E = E_{\lambda_1-\lambda_2} + E_{\text{sf}}^{\text{infra}} \tag{2-3}$$

计算单元的红外辐射通量需要求解太阳的直射辐射、散射辐射以及地面反射辐射等，求解过程涉及太阳、地球、物体三个坐标系。

（2）地面车辆的内热源（发动机）辐射

地面车辆的内热源主要包括发动机及其散热器散热热源、排气散热热源、乘员舱内人员及空调装置热源、轮胎与地面摩擦生热热源以及各种泵阀的散热热源。以特种车辆为例，分析考虑车辆处于运动状态下时发动机及其散热器的散热热源。

考虑到实际情况下发动机散出的热量损失主要通过散热器向发动机舱前部散热，而发动机壳表面向发动机舱其他表面的散热要较前部低，并且发动机和机舱实体接触较少，忽略导热作用，所以在计算中采用将发动机散热转换为等效热流加载到发动机舱不同表面的方法来处理该内热源。将发动机舱简化为一个六面体空腔，等效热流的具体计算方法为：

① 由于实际情况下散热器内冷却液的温度维持在 $80 \sim 90℃$，而且散热器与环境的热量交换以对流换热为主，所以车辆前部的散热器散热热流 q_1 可按下式估算：

$$q_1 = h \times (T_{\text{san}} - T_{\text{f}}) \tag{2-4}$$

式中，h 为对流换热系数（$\text{W}/\text{m}^2 \cdot \text{K}$）；$T_{\text{san}}$ 为散热器表面温度，可认为与冷却液温度相

等(℃);T_{f} 为环境温度(℃)。

②由于发动机工作中其外表面温度要比发动机舱内表面温度高得多,因此发动机舱其他表面的散热热流以发动机表面与发动机舱内表面间的辐射换热热流为主,所以发动机舱其他表面的散热热流 q_2 可按下式估算:

$$q_2 = \varepsilon_{\mathrm{fw}}\sigma(T_{\mathrm{fw}}^4 - T_{\mathrm{fn}}^4) \tag{2-5}$$

式中,$\varepsilon_{\mathrm{fw}}$ 为发动机外表面平均发射率;σ 为斯蒂芬-玻尔兹曼常数;T_{fw} 为发动机外表面平均估算温度(℃);T_{fn} 为发动机舱内面平均估算温度(℃)。

2. 人体目标辐射

人体作为典型的军事目标也是一个红外辐射源。人的皮肤辐射发射率很高,在波长 $4\mu m$ 以上的平均辐射发射率为 0.99,且与肤色无关,在波长 $2\mu m$ 以上的辐射与黑体基本一致。由于皮肤温度是和周围环境之间辐射交换的复杂函数,因此皮肤温度可随周围环境温度变化:在皮肤剧烈受冷时,其温度可降低至 $0℃$;在正常室温环境中,若空气温度为 $21℃$,则露在外面的脸部和手的皮肤温度约为 $32℃$。因此,人体峰值辐射波长约在长波红外 $8\sim14\mu m$ 波段。人体的光谱能量分布如图 2-2 所示。

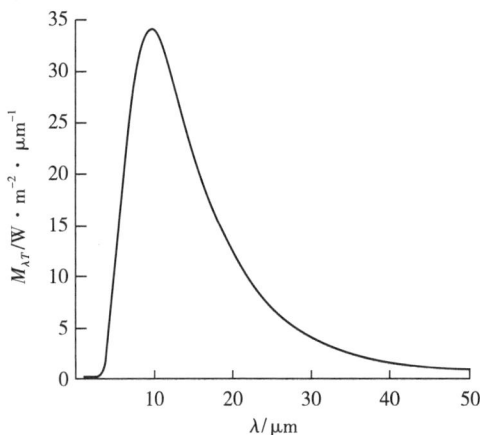

图 2-2　人体的光谱能量分布

在红外成像探测中,一方面,目标的辐射能量对目标探测起着至关重要的作用;另外一方面,目标和其背景的辐射对比度也是发现和识别目标的主要依据。目标和背景的辐射对比度 C 定义为:

$$C = \frac{\left| \int_{\lambda_1}^{\lambda_2} M_{\mathrm{t}}(\lambda)\,\mathrm{d}\lambda - \int_{\lambda_1}^{\lambda_2} M_{\mathrm{b}}(\lambda)\,\mathrm{d}\lambda \right|}{\int_{\lambda_1}^{\lambda_2} M_{\mathrm{b}}(\lambda)\,\mathrm{d}\lambda} \tag{2-6}$$

式中,$M_{\mathrm{t}}(\lambda)$ 为目标辐射出射度,$M_{\mathrm{b}}(\lambda)$ 为背景辐射出射度。

对于不同温度的背景,人体目标在短波红外、中波红外、长波红外中的辐射对比度各不相同。图 2-3 为人体与不同温度背景的光谱能量分布。

虽然人体目标在长波红外波段具有最多的辐射能量,但由于温度不高的背景在该波段同样具有较多的辐射能量,因此,该波段范围内的目标和背景的辐射对比度反而是最低的;在短波红外波段,人体目标和背景的辐射对比度很高,但不管是人体目标还是背景,在该波段辐射能量都非常低;中波红外波段具有比较高的人体目标和背景的辐射对比度,同时在该波段也有不低的人体辐射能量。

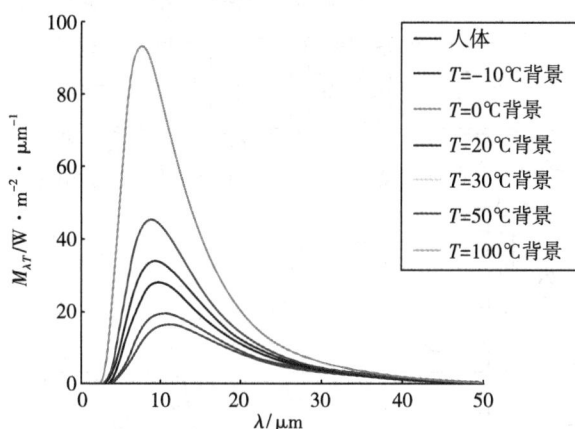

图 2-3　人体与不同温度背景的光谱能量分布

3. 海上目标辐射

海上目标包括各种舰船类目标,这些目标排气口部分温度较高,其他部分温度低,其辐射特性与背景辐射特性差异大,有利于目标探测。

海上舰船类目标的光辐射包括舰船本身红外辐射、舰船表面的反射、发动机排气口辐射以及运动产生的红外辐射等。其产生辐射的特点如下:

(1)舰船表面的红外辐射光谱集中在 $8\sim10\,\mu m$ 范围的长波红外。

(2)发动机排气口(如烟囱)是舰船上强烈的辐射源,红外辐射光谱集中在 $5\sim5.7\,\mu m$ 范围的中波红外。

(3)舰船本体的红外辐射光谱主要集中在 $2\sim5\,\mu m$ 范围中波红外。

(4)白天在太阳光照射下,舰船表面温度将高于海水温度,而夜间舰船表面温度会低于海水温度。

(5)阴冷天气环境,在 $8\sim14\,\mu m$ 红外探测器下,舰船目标相对于海面背景表现为暗目标。

2.1.3　弱小目标光电特性

军事中弱小目标主要指空中飞机、导弹和其他飞行器,目标特点是速度快、体积小、温度高、红外辐射强,其光电特性主要体现在红外特性上。

1. 喷口辐射

飞机的辐射主要来自尾喷管、排出气流和蒙皮的热辐射,随发动机类型的不同而有所不同。以涡轮喷气发动机(图 2-4)为例来讨论,典型的涡轮喷气发动机包括压缩机、涡轮、燃烧室、排气喷嘴等部分。

进入发动机的空气经过气流扩散器进入气道进行压缩,压缩空气和燃料混合后进入燃烧室,在接近不变的压力下燃烧,热燃烧物通过涡轮,最后气体通过尾喷管端部的喷嘴,向外膨胀的压力产生高速排出的气流。考虑到涡轮叶片材料的热极限和强度极限,进入涡轮的气体温度最大值控制在 900℃左右,并通常以监视离开涡轮的温度来限制,排

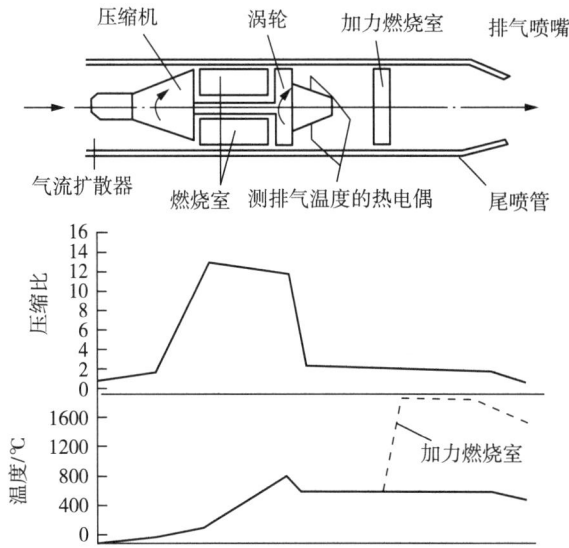

图 2 - 4   涡轮喷气发动机示意图

出气流的温度最高达 700℃。在长时间飞行时,能经受的最高温度为 500～600℃。气流温度从涡轮出口到排气喷嘴间几乎不变。由于热交换,喷气管的温度接近气流温度。因此,尾喷管和排出气流的热辐射是涡轮喷气发动机的两个重要热源。

工程上常假设尾喷管的辐射发射率 $\varepsilon=0.9$,σ 为斯蒂芬-玻尔兹曼常数,排出气流为温度 T 的灰体,辐射面积为排气喷嘴面积 A,则正交于单发动机尾喷管端面的全波段辐射强度 I 为

$$I=\frac{\varepsilon\sigma T^4}{\pi}A \tag{2-7}$$

飞机喷口辐射具有很强的方向性,主要辐射集中于机身的后部,图 2 - 5 给出实测的波音 707、三叉戟和伊尔 62 三型飞机喷口辐射强度的角分布(测试时用波长 2.8μm 以下截止的滤光片)。

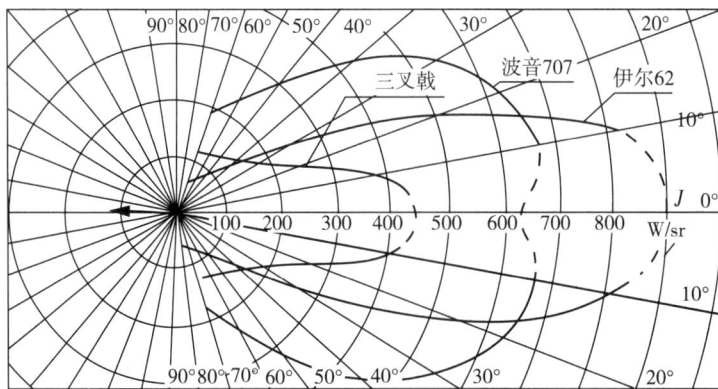

图 2 - 5   飞机喷口的辐射强度角分布

图 2-6 给出了三叉戟飞机和米格 15M 飞机喷口辐射的光谱分布。

序号	$T/℃$	$θ/(°)$
1	550	60
2	500	60
3	500	30
4	500	60
5	450	60

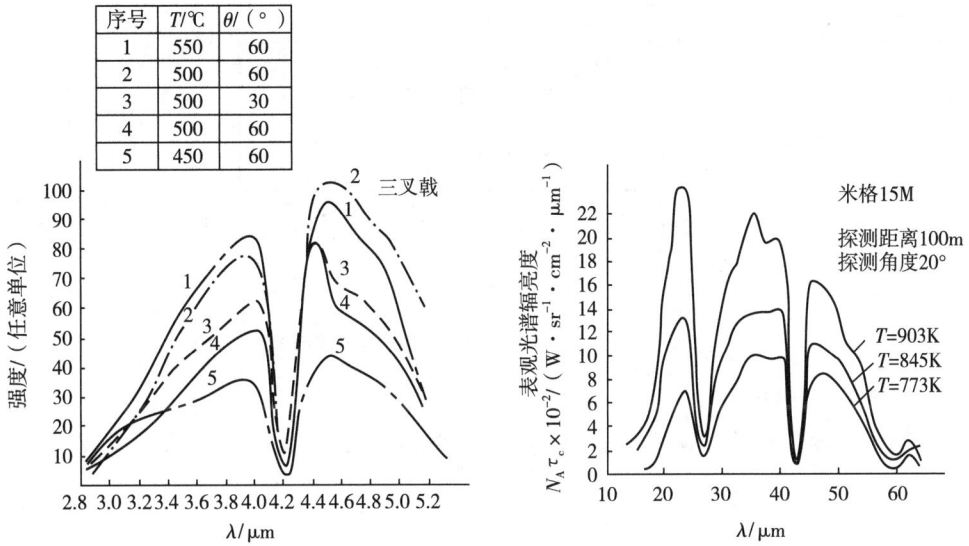

图 2-6　三叉戟和米格 15M 飞机喷口辐射的光谱分布

2. 喷气流辐射

从飞机侧向和前半球攻击的红外制导导弹所依据的主要红外辐射源是飞机喷气流的辐射。喷气流主要是二氧化碳和水蒸气，这些气体在中波红外的 $2.7\mu m$ 和 $4.3\mu m$ 附近具有很强的辐射。涡轮排出温度为 T_1 的气体，经排气嘴膨胀后的气体温度为 T_2，对亚音速飞机一般有 $T_2 = 0.85T_1$ 的关系，排出气体的温度随着离开尾喷管而迅速降低。图 2-7 给出波音 707 的涡轮喷气发动机和涡轮风扇发动机排出气流的等温线。图 2-8 给出波音 707 排出气流的辐亮度与喷口截面距离的关系。

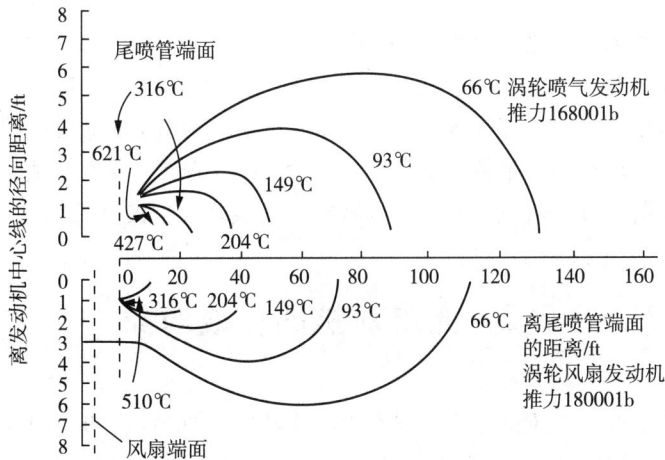

图 2-7　波音 707 排出气体流的等温线

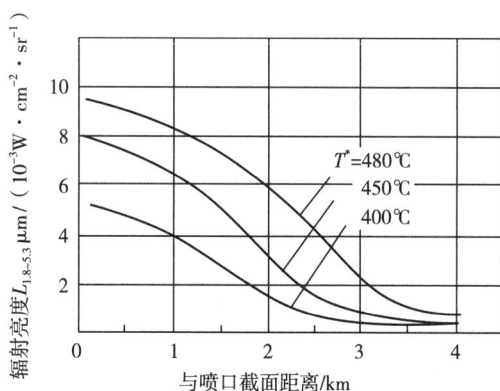

图 2-8 波音 707 气体流辐射亮度随距离的衰减

3. 导弹蒙皮辐射

空气中高速飞行的导弹蒙皮由于与空气的摩擦使温度升高,实验表明蒙皮温度 T_s 可以表示为

$$T_s = \left(1 + \frac{\gamma-1}{2}\beta M^2\right)T_a \tag{2-8}$$

式中,T_a 为环境温度;M 为飞机飞行的马赫数;$\gamma \approx 1.4$;$\beta = 0.75 \sim 0.98$。

由式(2-8)可以看出,蒙皮温度与环境温度的相对温差 $(T_s - T_a)/T_a$ 是以 M^2 的关系增长的。

加热的蒙皮(弹体表面)辐射对 $8 \sim 14\mu m$ 红外波段具有重要影响,而高马赫的飞行导弹蒙皮则在 $3 \sim 5\mu m$ 也有相当的辐射水平。

一般地,导弹辐射主要来自主动助推段排出的热气流、推力发动机部位和弹体表面等。排出的热气流辐射峰值在中波红外光谱波段;推力发动机部位辐射在 $3 \sim 5\mu m$ 中波红外波段;弹体表面辐射在 $8 \sim 14\mu m$ 红外波段具有重要影响。

4. 无人机目标辐射

无人机目标如果依靠电池提供能量,其热辐射主要来自螺旋桨运行时产生的热量,热辐射小,与周围环境温度相近,表面不同区域的温度差异不大,表面温度相对均匀,目标红外特征不明显。目标红外强度分布呈柱形,非中心对称,与背景中的景物具有类似的分布模式。无人机目标如果依靠油机提供动力,则其发热主要来自油机工作和螺旋桨运行时产生的热量,发热量较小,目标红外特征主要表现为中波红外辐射。

2.2 光电对抗的作战对象

光电对抗的作战对象主要考虑对被保护目标构成严重威胁的采用光电技术的观瞄器材(侦察装备)、精确制导武器和末端武器平台等,包括光电精确制导武器(制导导弹、制导炸弹、制导炮弹等),光电观瞄设备(光电侦察和测距设备等),末端武器平台(直升

机、无人机等),敌方光电对抗系统(机载光电对抗载荷等)。光电对抗对象简易图谱如图
2-9所示。

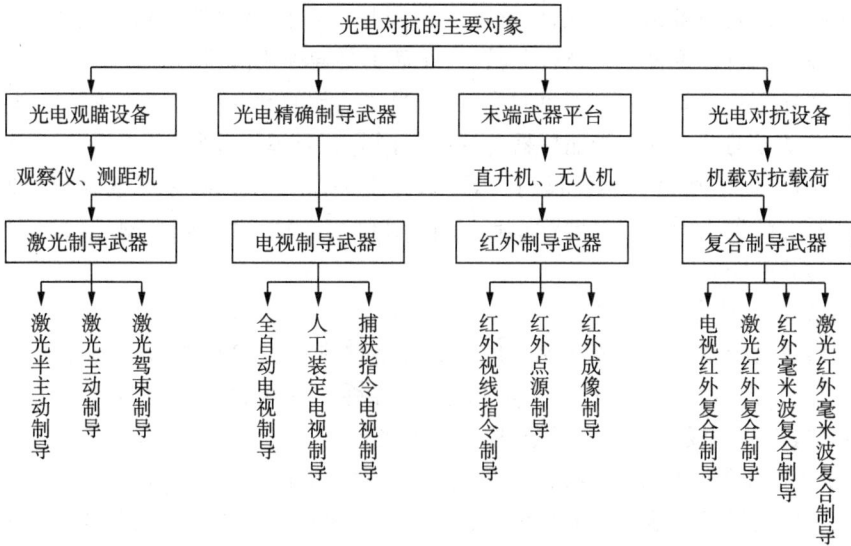

图 2-9　光电对抗对象简易图谱

　　光电对抗的主要对象是光电精确制导武器,光电精确制导武器是运用光电制导技术
的精确制导武器。所谓精确制导武器,是指武器系统直接命中目标的概率在 50% 以上的
制导导弹、制导炸弹、制导炮弹等的总称。

　　因此,对于精确制导武器的打击,不防就是被摧毁,所以在体系对抗作战中必须要
防,而且要能防得住。知己知彼,百战不殆,要防得住,就要先搞清楚光电制导武器的原
理,它是如何做到精确打击的。

　　光电制导是将由光电传感器所获取的目标特征信息经处理后形成制导指令,控制导
弹击中目标的一种制导方式,如图 2-10 所示。在光电制导武器中,通常是采用光学探测
设备接收对方目标反射及辐射的光学特征信息,通过光电转换将此信息转化为包含有目
标特征的尺度信息、目标位置信息和目标运动信息的电信号,并对该信号进行数据处理
进而产生制导信号,控制导弹飞向目标实施有效攻击。

　　光电制导武器一般包括激光制导武器、电视制导武器、红外制导武器和复合制导武器等。

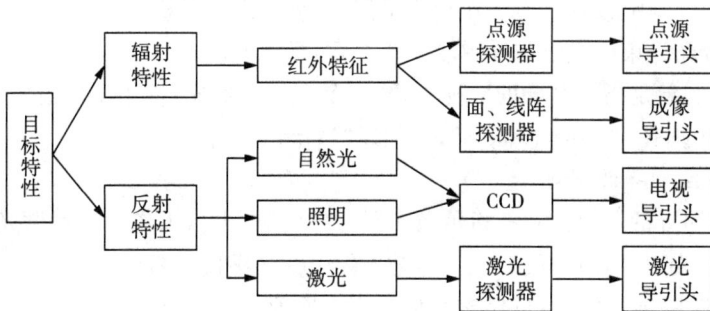

图 2-10　从目标到光电导引头构成光电制导信息链路

2.2.1 激光制导的工作原理

激光制导是利用激光探测元件,接收目标反射的激光照射器发射的激光信号,并进行信息处理产生目标位置信息及控制信号,从而引导导弹飞向目标。

激光制导方式主要有激光驾束制导、激光半主动寻的制导和激光主动寻的制导。

激光主动寻的制导的激光照射器与寻的器同装在导弹上,利用弹上激光照射器向目标发射激光,激光束经过目标漫反射后,进入弹上的激光寻的器并产生制导控制信号。由于激光照射器置于弹前部,结构复杂,技术难度大。因此目前激光制导武器大多采用激光半主动寻的制导方式。

1. 激光驾束制导

激光驾束制导是利用导弹发射系统的目标探测和跟踪模块对目标实现精确跟踪照射,并且形成指向目标的等强或等值的信号线,导弹尾部接收装置敏感出偏差等值线的大小和方位,以此形成制导控制指令,控制导弹飞行。

(1)激光驾束制导的结构组成与工作原理

激光驾束制导具有地面瞄准与跟踪、激光发射与编码、弹上接收与译码、(角)误差形成与控制等功能。一般由激光束发射器和弹上尾部接收系统组成。

激光驾束制导是激光制导的一种指令制导方式。驾束可以理解为激光制导武器是"骑"着光束去寻找攻击目标。

激光驾束制导的基本工作原理如图 2-11 所示。由地面激光发射系统的瞄准具瞄准目标并向目标发射扫描编码脉冲激光,形成指向目标的等强或等值的信号线,发射导弹且导弹沿瞄准线飞行,当导弹偏离瞄准线时,弹上激光接收机和解算装置检测出飞行偏离误差,采用导引律模型计算出制导控制信号,控制导弹沿瞄准线飞行。

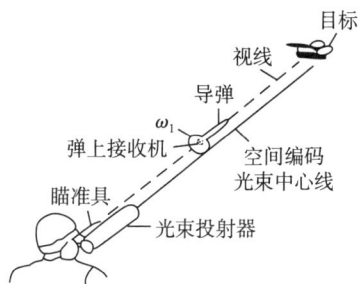

图 2-11 激光驾束制导的工作原理

(2)激光驾束制导的特点

① 发射的引导激光光束发散角较小,导弹制导精度高;

② 发射的引导激光功率低,导弹制导作用距离较近;

③ 瞄准和发射共平台,激光束要始终照射目标,导弹发射机动性和隐蔽性差;

④ 制导系统弹上接收机安装在导弹尾部,不易受敌方干扰;

⑤ 瞄准激光光束中心线与导弹攻击线一致,操作方便。

激光驾束制导是指令制导的一种方式,指令在弹上形成,常用于攻击慢速运动目标,如反坦克导弹(铁拳 3"Panzerfaust3"、玛帕斯"Mapats")等。

2. 激光半主动寻的制导

激光半主动寻的制导方式的指示激光器与导引头分离,工作时指示激光器锁定照射被攻击目标,激光束经过目标漫反射后,进入导引头光学接收窗口。

(1)激光半主动寻的制导的结构组成与工作原理

激光半主动寻的制导具有激光指示目标瞄准与跟踪、激光编码与发射、弹上目标反射信号接收与译码、(角)误差形成与制导控制四大功能。一般由弹外激光指示器和弹上前端光电接收系统组成,通常认为由激光指示器(照射器)、光电导引头和弹上控制系统三部分构成,如图 2-12 所示。某型空地制导炸弹的激光半主动制导导引头结构,如图 2-13 所示。

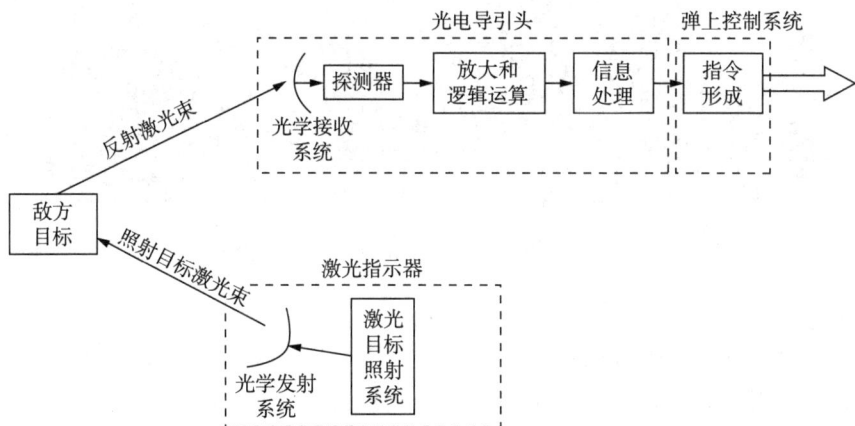

图 2-12　激光半主动制导系统组成框图

　　激光半主动寻的制导武器主要有激光半主动寻的制导导弹、激光半主动寻的制导炸弹、激光半主动寻的制导炮弹 3 类,无论哪一种,其结构组成和基本工作原理大致相同。

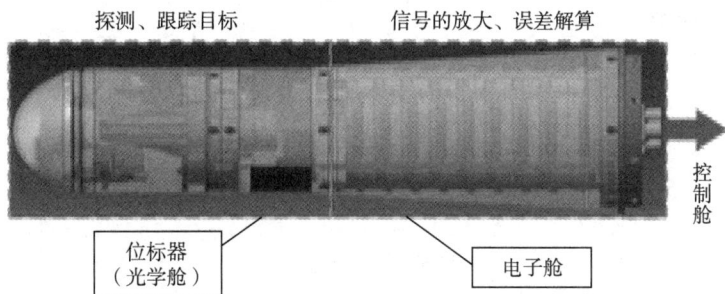

图 2-13　某型空地制导炸弹的激光半主动寻的制导导引头结构

　　激光半主动寻的制导工作原理:发射平台(如火炮)发射激光制导武器,同时通过同步信号激活前沿观察所的激光目标指示器,激光目标指示器瞄准攻击目标,并发射带有编码的激光束始终照射目标,制导武器飞行至末端自动激活弹上制导系统工作,弹上激光寻的器即时接收目标漫反射激光回波信号,制导系统计算制导武器攻击目标的飞行误差,形成制导控制信号,引导制导武器调整姿态自主飞行攻击目标。激光半主动制导炮弹的工作原理如图 2-14 所示。

　　"半主动"可以看作激光目标指示器不装在制导武器上,制导功能不能由制导武器自主完成,需要弹外设备配合完成目标指示功能。激光目标指示器可以置于地面,也可以

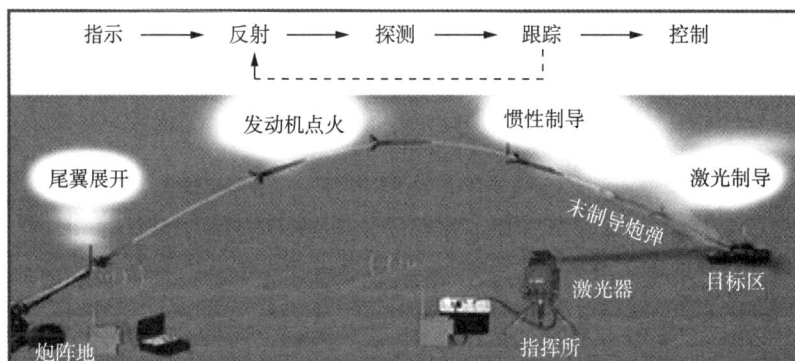

图 2 - 14　激光半主动制导炮弹的工作原理

是机载或舰载。

（2）激光半主动寻的制导的特点

① 发射的引导激光光束发散角较小,制导武器制导精度高;

② 激光目标指示器发射的引导激光功率可控,制导武器制导作用距离较远;

③ 弹外照射器直接瞄准且激光束要始终照射目标,制导武器发射机动性受到限制;

④ 制导系统弹上设备相对简单,接收机装在前部,易受光电干扰;

⑤ 光束中心线与攻击线不一致,使用有较严格条件限制,操作较复杂。

为了更好地了解其工作原理和特点,下面简单介绍一下激光目标指示器和激光半主动寻的器。

（1）激光目标指示器

激光目标指示器是激光半主动制导系统的重要组成部分,要具有瞄准目标能力、发射激光能力、跟踪测距能力。一般由可见光瞄准具、激光发射机、激光测距机、电视成像设备、电源组件构成,可对目标搜索与稳定跟踪,发射特定频率的激光脉冲,完成目标指示功能。其主要指标是激光有效照射距离 R_m。相关参数的表达式为

$$P_t = \frac{\pi (R_d + R_m)^2 P_s}{\tau_t e^{-\mu(R_d + R_m)} \rho_t \cos\theta_r \tau_r A_r} \qquad (2-9)$$

式(2-9)中,P_t 为激光器发射功率,它是激光脉冲能量 E 和脉宽 τ 的函数,$P_t = E/\tau$;P_s 为寻的器接收到的功率;τ_t 为激光发射系统的透过率;τ_r 为寻的器接收系统的透过率;μ 为大气衰减系数;R_d 为指示器或测距机至目标的距离;R_m 是激光有效照射距离,为寻的器至目标的距离;ρ_t 为目标反射率;θ_r 为目标反射角;A_r 为接收孔径面积。

从式(2-9)中可以看出,制导系统自身的性能参数将会影响目标指示器激光有效照射距离,当然制导系统确定后,激光有效照射距离指标就确定了;目标和背景光学特性即光学参数(主要是反射率)将会直接影响激光有效照射距离;大气衰减系数将会显著影响激光有效照射距离。所以要保证制导系统的光电探测器能可靠接收目标反射的光信号,当目标和背景,特别是大气环境发生变化时,必须相应调整激光目标指示器位置,增大或

减小激光有效照射距离。

（2）激光半主动寻的器

激光半主动寻的器也称为导引头，是激光半主动寻的制导的核心，其探测、导引和控制作用使得弹体能准确命中目标。该寻的器主要完成目标搜索、目标跟踪、产生飞行控制信号。

① 四象限光电探测。导引头探测目标的激光漫反射信号是采用四象限（光电）探测器完成光电转换的。四象限探测器的结构是 4 只硅光电二极管（S_A、S_B、S_C、S_D），均匀分布在以导引头光学系统的光轴为垂直面、交点为原点的、轴对称的 4 个象限内，如图 2-15 所示。

图 2-15 四象限光电探测器

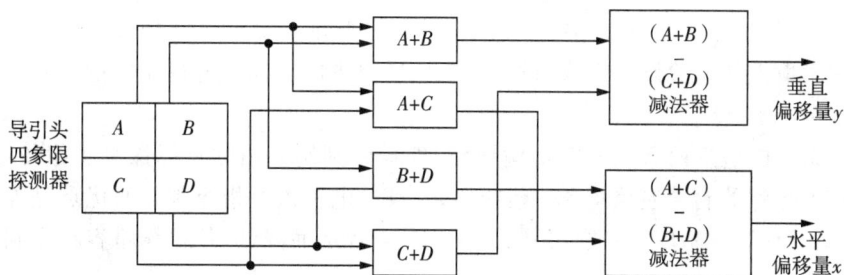

被目标反射的照射激光由导引头光学系统会聚到四象限探测器上，形成一个近似圆形的光斑，探测器的光电流大小与对应象限被光斑覆盖区域的面积成正比。

特别地，当 4 个探测器的光电流大小相等，则说明进入 4 个象限的激光能量相同，探测的激光光斑圆心与光学系统轴心重合，即目标方位处于飞行轴线的轴心位置，可以认为激光制导武器攻击目标的运动方向准确，没有误差。这是制导方式所追求的最好状态（理想状态）。

当然，一般情况下，探测器所探测到的激光光斑圆心与光学系统轴心不会重合，即目标方位与轴心位置有偏差(x,y)，需要解算出这个偏差（弹目偏差），以便为制导控制系统提供目标修正信息。所以，导引头四象限探测器能准确探测到目标方位信号是实现精确制导的重要前提。

② 解算弹目偏差。四象限探测器的本质是，把对光斑面积变化的测量转换成对各探测器输出电流变化量的测量。通过 4 个象限的能量偏差的检测，解算得到瞬时的位置偏差。

运用和差运算方法，四象限探测器弹目偏差解算示意图，如图 2-16 所示。

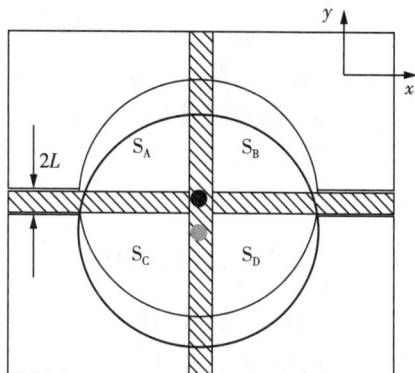

图 2-16 四象限探测器弹目偏差解算示意图

$$x = \frac{(I_A + I_C) - (I_B + I_D)}{I_A + I_B + I_C + I_D} \qquad (2-10)$$

$$y = \frac{(I_A + I_B) - (I_C + I_D)}{I_A + I_B + I_C + I_D} \qquad (2-11)$$

式中，$I_i (i = A, B, C, D)$为 4 只光电二极管（探测器）输出；(x, y)为弹目偏差，作为制导武器控制系统输入，进而完成激光制导武器飞行误差修正。

导引头目标搜索跟踪一般是由其大小视场配合完成的。当导引头工作时，先在较大视场范围内寻找激光照射器的目标反射信号（大视场搜索），视场一般在 10°以上；当发现信号时（发现目标），导引头随即转入小视场（2°~5°），探测目标偏差量，修正制导武器飞行偏差（小视场跟踪）。一旦目标丢失，导引头则及时转入大视场搜索状态运行。

2.2.2 电视制导的工作原理

目前电视制导主要是利用电视 CCD 作为制导系统的敏感元件，获得目标图像信息，并运用图像处理技术获取目标方位信息，从而形成制导控制信号，以控制导弹飞向目标的制导方式。采用 CCD 器件设计制导探测器，获取的是目标图像；通过图像处理技术，方可检测到目标位置信息（通常 CCD 的特性响应频率可从可见光到近红外波段）。

电视制导按功能可分为全自动电视制导、人工装订电视制导和捕控指令电视制导。

（1）全自动电视制导。无须人工参与，当导弹飞到目标区时，电视导引头自动开机、自动搜索目标，当在电视 CCD 的视场范围内发现有目标时，导引头就自动捕获目标。一旦目标被捕到，导引头就由搜索状态转为自动跟踪状态。

（2）人工装订电视制导。其导引头在发射前已开始工作，导弹在发射平台上先由人工参与手控波门将目标套住（装订目标参数），然后发射导弹，导弹就自动跟踪与攻击被套住的目标。

（3）捕控指令电视制导。在导弹飞临目标区时，导引头开机搜索目标，同时弹上的图像发射机将图像信号传输给载机，飞行员从监视器上观看图像，一旦发现目标，向导弹发出停止搜索命令，导引头停止搜索，驾驶员移动波门套住目标并发出捕获指令和跟踪指令，导引头根据此指令以及自身的能力锁定目标，进而引导导弹飞向并摧毁目标。

电视制导按制导方式可分为电视遥控指令制导和电视寻的制导。

（1）电视遥控指令制导。用电视 CCD 探测和信号处理方式作为目标捕获、识别、定位手段，导引系统的部分设备不在导弹上，而是位于导弹发射点（地面、飞机或舰艇）上，由在导弹发射点的相关设备组成指控站，遥控导弹飞向目标。电视遥控指令制导的原理如图 2-17 所示。

制导系统中包括两条无线电传输线路，即导弹到制导站的目标探测图像传输线路、从制导站到导弹的制导遥控指令传输线路。所以，电视遥控指令制导的优点是弹上控制设备简单、近程制导精度高；缺点是制导精度随射程远而降低、传输线路容易受到敌方的电子干扰等。

（2）电视寻的制导。是由弹上的电视寻的器根据目标反射的可见光信号成像，实现目标捕获、定位、跟踪，并导引弹命中目标。

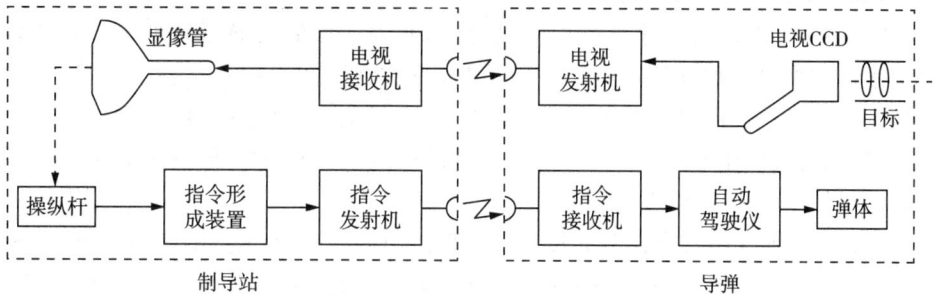

图 2-17　电视遥控指令制导的原理

① 电视寻的制导组成与工作过程。电视寻的制导导引头一般由电视 CCD、光电转换器、误差信号处理器、伺服机构和导弹控制系统组成,如图 2-18 所示。

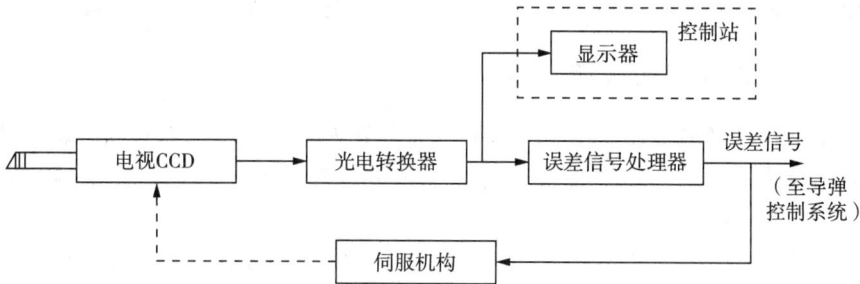

图 2-18　电视寻的制导导引头组成框图

电视 CCD 敏感的目标和背景光信号通过光电转换器转换成电信号,在显示目标和背景 CCD 图像的同时,误差处理器运用目标检测和误差解析算法解算出弹目偏差,输送给控制系统以修正导弹飞行偏差。整个寻的过程在弹上自动完成,即弹上构成制导信息链路,具有"发射后不管"的特性。

② 电视寻的制导的原理。目标检测和误差解析算法是电视自动寻的制导的关键技术。电视寻的制导以置于导弹头前部的电视成像设备获取目标和背景的图像,运用图像处理方法从中选出目标,并借助跟踪波门技术对目标实施跟踪(图 2-19)。

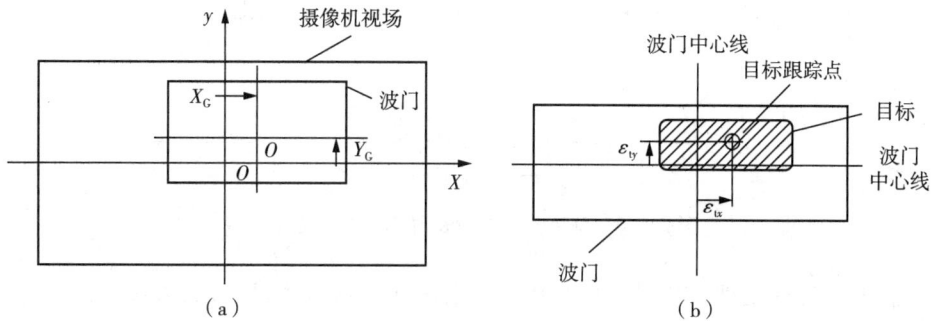

图 2-19　电视寻的制导波门的几何示意图

波门就是电视成像设备所接收到的整个景物图像中围绕目标所划定的范围,如图2-19(a)。这个范围是由制导系统预先设定的,其大小影响制导系统的整体性能,波门大,目标搜索速度快,但帧图像处理花费时间长,存在延时,影响目标探测精度;波门小,目标搜索速度相对较慢,但帧图像处理花费时间短,延时小,目标探测精度高。

当目标偏离波门中心时,产生偏差信号,可解算出弹目偏差,形成引导指令,控制导弹飞向目标,如图2-19(b)所示。

③ 电视寻的制导的特点。制导过程仅处理波门内的图像信息(也称为选通波门),避免图像信息量过大处理速度慢,同时能部分去除虚假信息;在整个搜索过程中,波门按 x、y 方向进行扫描,获取的是扫描帧图像,帧内进行目标检测处理;一旦帧图像检测到目标,则在波门范围内锁定跟踪目标;解算目标中心与波门中心偏差,并作为制导控制系统输入。

因此,电视寻的制导精度高,具有自主攻击功能,抗干扰能力较强。但对目标信息特别是图像信息处理性能要求高,预先技术保障较难(难获得攻击目标装订参数)。

2.2.3 红外制导的工作原理

红外制导技术是利用红外探测器探测目标自身辐射的能量以捕获和跟踪威胁目标,实现寻的制导的技术。利用这种技术的导弹称为红外制导导弹,其导引头称为红外导引头。

红外制导方式可分为3类:红外视线指令制导、红外点源自寻的制导(红外非成像制导)、红外成像制导。红外视线指令制导是利用目标或导弹的红外辐射来实现对其精确跟踪的光学视线指令制导,其运用方式与激光驾束制导类似,人在回路中,通过红外探测器发现、确定和瞄准目标,发射导弹攻击目标。下面主要介绍红外点源自寻的制导和红外成像制导。

1. 红外点源自寻的制导

红外点源自寻的制导是一种被动的红外自寻的制导方式,红外点源自寻的制导导引头由红外光学系统、调制器、光电转换器、误差信号处理器和角跟踪系统等组成,如图2-20所示。

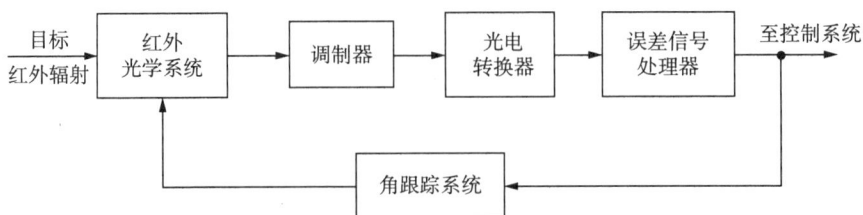

图2-20　红外点源自寻的导引头组成示意图

这种制导方式是把被攻击目标当作一个点源红外辐射体,导引头以被攻击目标的高温部分红外辐射作为制导探测的信号源,利用红外探测器探测被攻击目标自身所辐射的红外能量,光学聚焦并转换成可表征被攻击目标空间位置信息的电信号,继而解算出弹目偏差,形成制导控制信号,导引导弹飞向目标。

红外点源自寻的制导的特点如下:

(1)红外穿透能力好,制导精度高,可夜间工作,抗干扰能力较强;

(2)发射后不用管,被动检测主动寻的,隐蔽性好;

(3)不依赖火控系统,使用方便,配置使用简便;

(4)体积小、重量轻、成本低、工作可靠;

(5)对目标红外辐射强度有要求,受沙暴不良天气影响较大;

(6)易受其他红外热源干扰;

(7)受红外探测器件性能影响,制导作用距离有限。

红外点源式自寻的制导系统广泛应用于空对空、地对空导弹,也应用于某些反舰和空对地武器。如美国"响尾蛇"(Side Winder)系列空空导弹、"小槲树"(Chaparral)、"尾刺"(Stinger)防空导弹及苏联的"SAM-7"防空导弹等。红外点源制导集中在提高制导精度和灵敏度,以及加强抗干扰能力、扩大攻击目标范围等方面加以研究与改进。

2. 红外成像制导

由于第一代红外点源自寻的制导从点源获得的目标的信息量很少,它只有一个点的角位置信号,而且不能反映目标的形状,所以对目标的识别能力较差。于是,人们又研发了新一代红外成像制导。

与电视 CCD 成像制导的原理类似,红外成像导引头可分为实时红外成像器件和视频信号处理器件两部分,一般由红外摄像头、图像处理电路、图像识别电路、跟踪处理器和摄像头跟踪系统等部分组成,如图 2-21 所示。

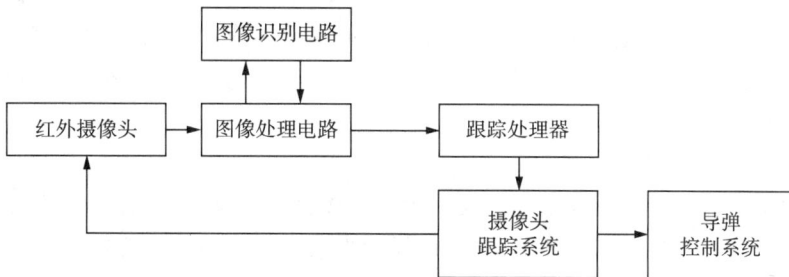

图 2-21　红外成像制导导引头组成框图

红外成像制导是红外成像接收设备接收由于目标体表面温度分布及辐射的差异而形成的目标体"热图"。信息处理器对目标体"热图"进行处理与分析,给出导弹飞行的控制信号,控制导弹飞向目标。

根据红外探测器成像原理,红外成像制导可分为红外光机扫描成像制导和红外凝视成像制导。光机扫描成像是利用单元或多元线阵探测器,通过光机在二维平面扫描实现成像,在扫描方式上又可分为串扫、并扫和串并扫 3 种方式。凝视成像是在接收光学系统的焦平面上配置多元面阵红外电荷耦合器件实现成像。

红外凝视成像制导具有制导精度高、灵敏度高、抗干扰能力强、智能目标识别功能等优点,所以现代精确制导导弹主要采用这种制导方式寻的,例如,美国的反坦克导弹"坦克破坏者"(Tank Breaker)采用 64×64 像元面阵长波红外凝视成像的制导,美国海军装备的 AGM-84 斯拉姆(SLAM)空射巡航导弹末端采用红外凝视成像制导。从技术发展和应用效能等角度来看,凝视红外成像制导无疑将是今后精确制导武器十分重要的发展方向。

红外成像制导的特点:

(1)抗干扰能力较强;

(2)发射后不用管,隐蔽性好;

(3)灵敏度和空间分辨率较高;

(4)探测距离较远;

(5)命中概率高,能识别敌、我双方的目标;

(6)昼夜工作,穿透烟雾能力较强;

(7)成本较高,全天候工作能力仍不如微波和毫米波制导系统。

红外成像制导具有电视 CCD 成像制导和红外点源制导两者的优势,随着红外摄像技术和小型高速数字信号处理技术的发展,红外成像制导广泛用于各种导弹。由于凝视成像制导灵敏度高、结构简单、体积小、质量轻、功耗低,因此已成为精确制导技术发展的主流。

2.2.4　光电观瞄设备的工作原理

光电观瞄设备主要用于目标探测、识别、瞄准跟踪,其关键部件是光电转换器件。前面介绍过,光电对抗对象包括光电观瞄设备,如高空侦察相机、电视 CCD 和红外成像侦察设备、激光测距机、瞄准具(镜)等。由于侦察相机、电视 CCD 和红外成像侦察设备都是由光学系统、光电探测器和图像处理与显示功能模块组成的,从光电对抗角度分析,它们与光电制导武器的导引头原理组成基本类似,因此本节主要介绍激光测距机、瞄准具(镜)的工作原理。

1. 激光测距机的工作原理

激光测距是运用激光器技术主动发射激光并接收其回波,通过计算激光传输时间来间接测距的一种方法。与传统的光学测距仪和微波测距仪相比,激光测距具有远、准、快、小等特点,已被广泛应用于地形测量、战场测距等。

随着激光测距机的广泛应用和不断发展,激光测距机的种类也越来越多。按测距原理区分,激光测距有脉冲漫反射测距法和相位测距法两类。相位测距法结构较复杂,测量距离近,主要用于室内测距,所以下面主要介绍脉冲漫反射测距法。

脉冲漫反射测距的精度比传统的光学测距精度高得多,且不需合作目标,结构简单,操作方便,适合战场上使用。这种脉冲测距的精度大多为纳米量级,适用于军事及工程测量中精度要求不高的场合。

激光脉冲测距是通过测量激光测距机发出的激光脉冲在测距机与被测目标间的往返时间来实现的。激光测距机是以激光为光源对目标进行距离测量的装置。它在工作时,由测距机内的激光器发出一道细细的光束,射向被瞄准的目标,当其碰到目标时就被漫反射,其中沿原路返回的激光被测距机内的光电探测元件接收,计时器测出激光束从射出到接收的时间 t，然后按照公式 $l = 0.5ct$(c 为光速，约 3×10^8 m/s)就可以计算出从观测者到目标的距离 l 了。时间 t 是通过"时标振荡器"和"脉冲计数器"构成的专门装置间接测量的，激光脉冲测距计时原理如图 2-22 所示。

如图 2-23 所示为一种典型的脉冲激光测距机的原理框图，它由发射、接收、距离计数显示及电源等部分组成，发射部分由激光器和发射望远镜组成；接收部分由放大器、光电转换器和接收望远镜组成；距离计数显示部分由计时器和距离显示器组成。

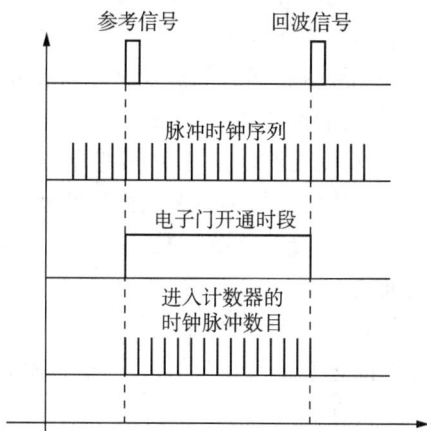

图 2-22　脉冲激光测距计时原理图

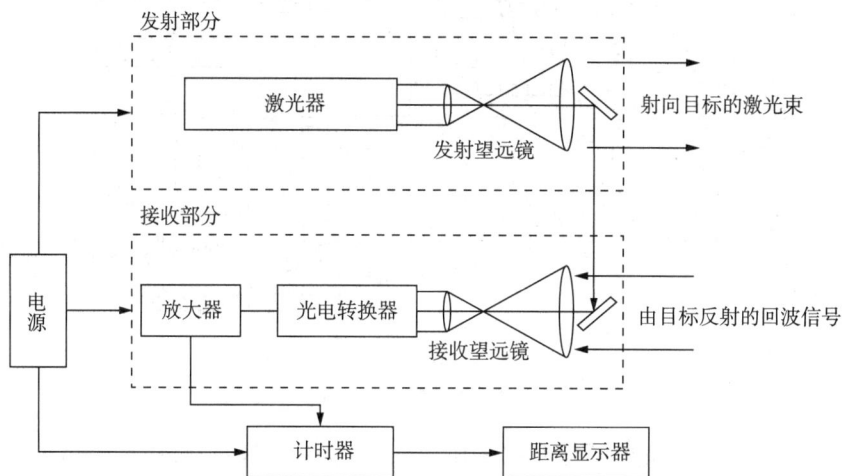

图 2-23　一种典型的脉冲激光测距机工作原理图

脉冲激光测距机的工作过程是：测距机接通电源并激活测距后，激光器产生一束光脉冲，通过发射望远镜射向被测目标，同时用反射镜取出一小样本(称为参考信号)送至接收望远镜，并由光电转换器把光信号转换成电信号，经放大器放大后启动计时器开始计数；射向目标的激光束到达目标后被反射回来，接收望远镜接收到目标反射的回波信号后，经过光电转换后关闭计时器停止计数，将计数器的数值转化成时间 t，即可计算得出目标距离。

激光测距机的特点如下：

(1)测距距离远，测距精度高。一般的激光测距仪测量范围 200m～50km，误差 ± 5m，有的可达 ± 1m。

(2)操作简便，测量速度快。单次激光测距机，一般可做到 8 次/min；重复频率激光测距机，可做到 20 次/s。

(3)测距仪器体积小,重量轻。由于激光方向性好,因此手持式激光测距机一般总重小于 1kg,测程大于 5km。

(4)抗干扰能力强,保密性好。激光单色性好、光束发散角小,不受电磁干扰和地波干扰,抗干扰能力强。

所以,从激光测距的原理和特点可以得出,计数准确是保障测距精确的重要前提。激光测距机的性能指标主要是测量距离和测距精度,此外还有重复频率、距离分辨率、虚警率、体积和重量等性能参数。激光测距机的形式多种多样,主要有手持式、脚架式、车载式和机载式。

2. 瞄准具(镜)工作原理

以步枪光学瞄准镜为例。步枪光学瞄准镜是在枪械(如狙击步枪)上用来直接瞄准射击单个目标的。

如图 2-24 所示为枪械光学瞄准镜的结构示意图。

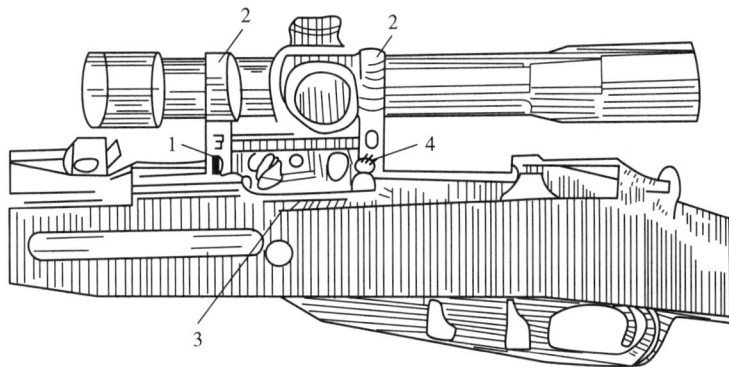

1—支架;2—固定环;3—底座;4—固定螺钉

图 2-24 枪械光学瞄准镜的结构示意图

由于光学瞄准镜的光学部分有放大作用,因此能对较远目标进行射击,并在低照度光条件下(如黎明、黄昏或太阳落山时),仍然能保证瞄准射击。

光学瞄准镜的光学系统是一个具有透镜转向系统的单筒望远镜(图 2-25),在物镜后焦平面上有一瞄准线(十字形),此瞄准线既能相对于光轴作上下和左右移动,又能由瞄准线的移动来带动枪械瞄准角变化。此时,系统的透镜使瞄准镜在目镜焦面上获得射击目标的正立像和瞄准十字线,从而给射手提供目标瞄准像。所以,快速、稳定、清晰地形成目标瞄准像是瞄准具性能的唯一要求。

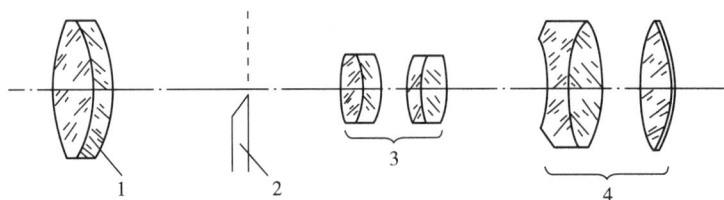

1—物镜;2—分划板;3—转像透镜;4—目镜

图 2-25 枪械光学瞄准镜的光学系统原理图

一般情况下,要求瞄准镜能保证射击距离(最大射程和最大瞄准角),在步枪上快速安装瞄准镜时,还必须保证其光轴和枪身轴线的平行性。

3. 光电搜索/跟踪系统

各类光电成像系统结合搜索/跟踪平台后,构成光电搜索/跟踪系统,用于运动目标的搜索、捕获、跟踪和测量。在军事领域,用于目标侦察告警、搜索跟踪、火控等场合的光电成像侦测设备都是带有搜索/跟踪平台的光电搜索/跟踪系统。

搜索系统由搜索信号产生器、状态转换机构、放大器、测角机构和执行机构等组成。跟踪系统由光电摄像头、图像信号处理器、状态转换机构、放大器和执行机构等组成,如图 2-26 所示。

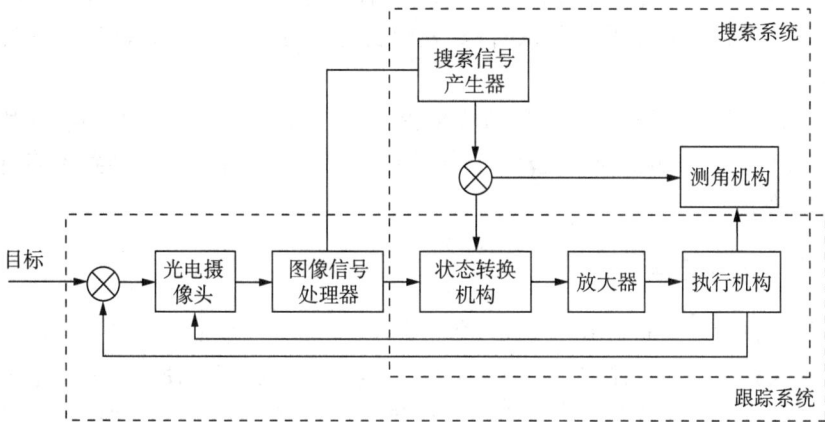

图 2-26　光电搜索/跟踪系统原理框图

系统工作时,状态转换机构首先处于搜索状态。由搜索信号产生器发出搜索指令,经放大器放大后送给搜索跟踪执行机构,带动光电摄像头进行扫描。测角机构输出与执行机构转角成比例的信号,并将该信号与搜索指令相比较,比较的差值经放大后又去控制执行机构运动,这样执行机构的运动规律将跟随搜索指令的变化而变化。在搜索过程中,如果光电摄像头接收到目标辐射而发现目标后,将有信号送给状态转换机构,使系统转入跟踪状态(该转换过程即捕获),同时搜索信号产生器停止发送搜索指令,光电摄像头在搜索跟踪执行机构的带动下自动跟踪目标。

2.3　光电对抗方法途径

光电信息从目标到光电导引头构成了光电制导信息链路,可以看出,目标辐射和反射的光信号包括自然可见光、人工照明白光、激光和红外线,经大气传输,进入相应探测器的光学窗口,并由探测器转换成电信号,通过导引头的数字信号处理模块解算出弹目偏差,继而形成制导控制指令,控制导弹修正飞行姿态。整个制导信息链路的安全可靠工作是正确完成精确制导功能的前提,所以主动攻击该光电制导信息链路的链接和节点,是光电对抗的关键点和技术途径,其中光信号在大气中的传输过程(制导链路开放环节)是目标防御寻找光电对抗手段的重点环节。

以光电制导武器作作战对象来分析光电对抗的技术途径。对光电制导武器实施目标防御光电对抗,就是企图让被保护目标尽可能不被对方探测器探测到,或迫使对方光电探测器失效,探测不到被保护目标,主要技术途径有以下几种。

2.3.1 光电伪装

直接减小被保护目标的反射和辐射强度,即在被保护目标的表面,采用吸波材料、隐身材料和伪装涂料、伪装网、变形伪装等技术进行伪装,尽可能地做到被保护目标与其背景环境在光电特性方面达到表征一致、两者融为一体,使光电探测器无法从接收到的目标和背景的光电信号中提取目标、发现目标,从而起到隐真示假、保护目标的效果(图 2 - 27)。

伪装方式造价低,效果明显。但随着现代光电探测技术的发展,对伪装的技术要求越来越高,传统的伪装方法对于机动目标的防御,效果不佳,先进的伪装技术还有待进一步研究和检验。

2.3.2 光电遮蔽

在被保护目标反射和辐射光的大气传输环节,采用人工烟幕、人工造雾等遮蔽技术,在光电导引头探测器和被保护目标之间形成一道宽波段的屏障,使目标的光电信号尽可能被人工屏障反射、散射或吸收,从而使光电导引头探测器接收不到被保护目标的光电信号,以达到目标防御的目的(图 2 - 28)。

图 2 - 27 狙击手目标伪装效果

图 2 - 28 目标上空烟幕遮障效果示意图

这是目前较常用的一种防御方法,防护效果明显。但是在使用烟幕屏障的同时,也影响己方光电火控系统的光电跟踪装置正常工作,而且烟幕屏障易受环境(如风力、温度等)影响。

2.3.3 光电欺骗

在被保护目标反射和辐射光的大气传输环节,利用人工假目标、红外干扰弹、激光干扰源等技术,模拟一个或多个与被保护目标的光电特征相似的假目标,这时光电导引头探测器同时接收到由真假目标反射或辐射的光信号,以致导引头难以从接收到的信号中辨别出真实目标,达到目标防御的目的(图 2-29)。

这种方法是目前机载平台武器自主防御以及固定目标光电防御的主要方法。

2.3.4　光电致眩

在被保护目标反射和辐射光的大气传输环节,利用中、小功率激光或其他非相干光源等光源产生技术,产生定制的光

图 2-29　飞机空中释放干扰弹效果

信号(探测器可响应的),并直接照射光电导引头的光学窗口,使导引头光电探测器瞬间产生饱和现象,在短时间内无法正常工作,探测不到目标,从而丧失制导功能,达到目标防御的目的(图 2-30)。

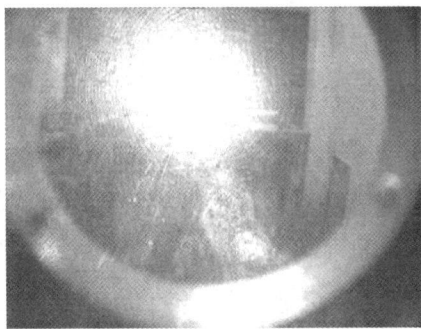

图 2-30　电视导引头 CCD 被致眩效果

目前,小型化的中、小功率激光器技术、高精度伺服跟踪技术已逐渐成熟,由此而发展的定向干扰技术在机动发射平台的自主防御系统中得到应用,也是近期和未来一段时期内机动目标自主防御技术的发展方向。

2.3.5　光电致盲

在被保护目标反射和辐射光的大气传输环节,利用大功率干扰激光源技术,直接照射光电导引头的光学窗口,高能量激光进入导引头探测器并致其微器件烧毁或击穿,使光电探测器致盲,不能恢复正常状态并永久失效,以致导引头搜索不到目标而不能正常工作,达到目标防御的目的(图 2-31)。

图 2-31　红外导引头焦平面探测器被致盲效果

2.3.6　激光毁伤

激光毁伤是指高功率激光通过热效应对目标产生热学、力学上的破坏,比如结构部件的强度或承载能力部分乃至全部丧失,最终使目标部分或全部地丧失功能。激光毁伤所需的激光强度很高,技术难度大。但由于其可以攻击的对象广泛,且硬毁伤对目标往往是毁灭性的,因此,发达国家多年来下了很大力气,对高功率激光武器及其应用技术开展了持续研究。鉴于对高能激光武器系统研制和应用两方面效费比的考虑,激光毁伤所攻击的对象主要是卫星、导弹、飞机、无人机(图2-32)等非耐热目标。即便对这一类目标,也往往选择攻击其最为脆弱的部分,比如助推段弹道导弹的高压舱。

图2-32　激光毁伤无人机

2.4　光电对抗的作用机理

下面主要介绍光电遮障、光电欺骗、光电致眩和激光毁伤这4种光电对抗方式的作用机理。

2.4.1　光电遮障干扰的作用机理

在被保护目标遇到威胁时,施放烟幕等化学气溶胶,形成一道光电屏障,使制导探测器接收不到目标信息或接收错误信号,从而使导弹无法命中目标。如图2-33所示为坦克发射宽波段烟幕形成遮蔽。

图2-33　坦克发射宽波段烟幕形成遮蔽

若不考虑光传输过程大气衰减的影响,根据目标到制导探测器间的光辐射传输原理,假设到达制导探测器接收孔处的光谱辐射功率为$P_{2\lambda}$,则当考虑插入大气粒子(大气

粒子或气溶胶粒子)的衰减影响时,能到达探测器接收孔处的光谱辐射功率 $P_{3\lambda}$ 可描述为:

$$P_{3\lambda} = P_{2\lambda} e^{-\int_0^R \delta(\lambda, x) dx} \qquad (2-12)$$

其中,插入大气的光谱衰减系数:

$$\delta(\lambda, x) = K(\lambda, x) n_K(x) + \sigma(\lambda, x) n_\sigma(x) \qquad (2-13)$$

式(2-13)中,$K(\lambda, x)$,$\sigma(\lambda, x)$ 分别为插入大气粒子(大气粒子或气溶胶粒子)的光谱吸收截面和光谱散射截面;$n_K(x)$、$n_\sigma(x)$ 分别为大气的吸收粒子浓度和散射粒子浓度。

当坦克发射宽波段烟幕形成遮蔽时,则坦克目标到制导探测器间的光辐射受到烟幕的遮蔽。插入烟幕的大气粒子的光谱吸收截面 $K(\lambda, x)$ 和光谱散射截面 $\sigma(\lambda, x)$ 变大(成倍增加),大气的吸收粒子浓度 $n_K(x)$ 与散射粒子浓度 $n_\sigma(x)$ 变大(成倍增加),由式(2-13)可知,插入大气的光谱衰减系数 $\delta(\lambda, x)$ 迅速变大,由式(2-12)可知,$P_{2\lambda}$ 和 $P_{3\lambda}$ 是指数变化关系,所以能到达探测器接收孔处的光谱辐射功率 $P_{3\lambda}$ 呈指数衰减,导致探测器接收不到坦克目标光辐射,从而探测不到目标,烟幕起到遮蔽作用。

(1)光电遮蔽主要是烟幕屏障,相当于在目标与被保护目标间设置了一道不透明的墙,企图切断制导信息链路中的探测链路,削弱或丧失其目标探测能力,是一种简便、经济、有效的光电对抗手段,广泛适合于各种光电制导武器的目标防御光电对抗。

(2)烟幕遮蔽通过吸收目标辐射(或反射)的光能量减少光透过率(衰减系数增大),改变了被探测目标的对比特性,降低探测器探测目标的对比度,以致发现不了目标,从而丧失制导能力(也称被动式遮蔽效应)。

(3)烟幕遮蔽通过自身的强烈辐射能量抑制目标辐射能量,改变了探测目标的对比特性,降低了探测器探测目标的对比度,以致发现不了目标,从而丧失制导能力(也称主动式遮蔽效应)。

(4)形成烟幕的烟幕剂的光学特性,确定了其形成屏障的遮蔽效果,一般来说会同时出现被动式遮蔽效应和主动式遮蔽效应,一种烟幕剂只对某一个频段光遮蔽效果好,如红外烟幕只遮蔽红外波段光。当然,宽波段烟幕遮障是技术发展方向,其意义在于物美价廉,可同时对抗多种光电制导武器或光电复合制导武器。

2.4.2　光电欺骗干扰机理

光电欺骗干扰是把敌导弹引向假目标。采用的手段有回答式干扰、诱饵式干扰、光斑式干扰和散射式干扰等。在光电对抗中常用诱饵式干扰。

诱饵式干扰是利用以假示真技术,用与目标特征相似的假信号或假目标使来袭光电制导武器偏离正确的方向而失效,根据工作波段不同,诱饵式干扰又分为激光诱饵和红外诱饵两种方式。

1. 激光诱饵

当目标受到敌方激光半主动制导武器攻击时,己方目标受敌方指示激光照射后,立即捕获制导信号并快速译出该信号的特征参数和编码规律,然后发射与制导武器激光指示信号一致的(波长、重复频率、编码相同)假信号激光束,照射远处一个反射较强的反射体(或自然物)作为假目标(激光诱饵),假目标产生一个更强的制导漫反射光束,引诱激光制导武器去攻击假目标,以达到防护真目标的目的(图2-34)。

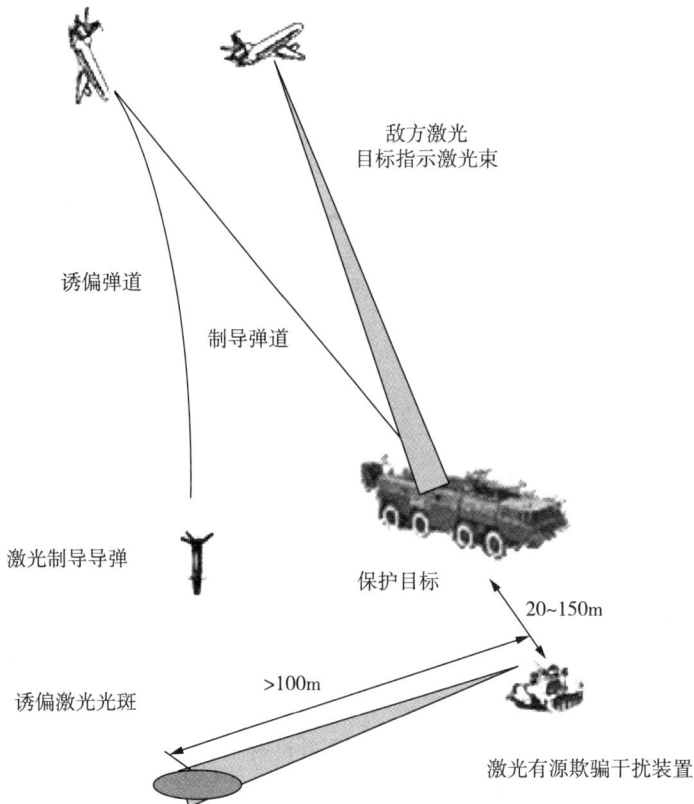

图 2-34 激光诱饵示意图

在图2-34中可以从机理上进一步认识激光诱饵的技术特点。

(1)快速准确地完成激光探测—激光解码—复制编码—同步转发过程,确保激光制导探测器响应目标特征激光假信号;

(2)激光制导武器探测器视场角性能指标决定了激光假目标位置的设置不能离开真目标一个视场角距离,所以欺骗距离有限;

(3)以假示真技术难度较大,但经多次实弹检验,目标防御效果好。

2. 红外诱饵

红外诱饵是对抗红外制导武器的重要手段之一,释放红外干扰弹是一种简单、有效的红外波段光电对抗手段。

当被保护目标受到敌红外点源制导武器攻击时,说明目标辐射的红外特征信号已被敌方捕捉跟踪,即目标被锁定在导引头搜索跟踪视场角范围内,此时应立即释放与敌方红外制导武器工作波段一致的红外干扰弹,在离被保护目标一定距离处,自动形成具有较高强度红外辐射的红外干扰源(干扰源应在导引头视场角内),即红外诱饵,引导红外制导武器飞向红外诱饵(假目标)干扰造成的红外等效中心,以达到防护真目标的目的(图 2-35)。

在图 2-35 中,可以从机理上进一步认识红外干扰弹的技术特点。

(1)红外干扰弹释放的红外光谱特性要与被保护目标的光谱特性基本一致或相近,一般地,飞机目标主要表现为 $3\sim5\mu m$ 波段的红外特征。

(2)红外干扰弹释放的红外辐射强度应远高于目标的红外辐射强度,对于红外点源导引头,当其视场角内有两个光谱特性相近的点源

图 2-35　模仿飞机发动机
红外特征的红外干扰弹

目标时,则导引头跟踪两者的能量中心,所以红外干扰弹辐射强度越大,导弹就会偏离目标越远。

(3)保证释放的红外干扰弹在导引头的视场角内,且形成时间短、持续时间长,要有足够的时间导引头响应并偏离目标,一般要求红外干扰弹的持续作用时间 $3\sim5s$。

2.4.3　光电致眩干扰机理

光电致眩干扰是指使用强激光束(重频或连续波激光束),直接照射敌威胁导弹或光电观瞄设备,使敌方武器的光电探测器饱和、过载或性能下降以致丧失,从而导致导引头失效。当然,也能使人眼产生致眩。

1. 重频激光干扰

前面介绍过激光半主动制导四象限探测器,为了提高探测器的抗干扰能力,在技术上定义一个时间波门,即激光目标指示器和导引头探测器只在同一个时间波门内完成发射制导激光脉冲和探测目标漫反射的制导激光脉冲,波门之外激光信号均为干扰信号被滤除。

因此,在时间波门开启时,产生与导引头工作中心频率一致的杂波(或称干扰波),扰乱正常回波,使导引头探测器获取不到准确的目标漫反射制导回波信号,以达到致眩的目的。

重频干扰是通过施放较高重频的干扰激光,在全时域充满相近波形的激光脉冲信号,当导引头时间波门开启时,导引头探测器接收窗口充满大量的激光干扰脉冲信号,使各信道放大器及信号处理电路产生堵塞,无法接收正常激光导引回波信号,并产生信号错乱现象,进而产生错误的制导控制信号,使导弹丧失制导功能而丢失目标。

假设激光导引头时间波门为 $20\mu s$,指示激光脉冲宽度为 10ns,频率为 50Hz,与时间波门相关,干扰激光脉冲宽度为 10ns,频率为 100kHz 时,对于每个波门相对于正常激光脉冲信号而言,将随机产生 3 种干扰时序,即超前、滞后和重叠(图 2-36),这 3 种方式都不同程度地使导引头接收的信号产生相位、峰值、能量方向的变化,起到淹没其正常导引回波信号的作用。

从激光重频干扰与激光欺骗干扰的机理分析可知,两种方式均可实现对激光导引头

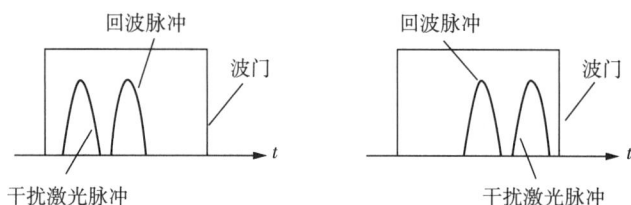

图 2-36 重频致眩干扰示意图

的干扰,它们的特点比较如下:

(1)激光欺骗干扰发出的激光与激光制导指示激光时序必须一致,技术实现难度大,同时需要设置假目标(或利用激光反射性好的自然物),所以影响机动性能。但导弹受干扰后其落点可控(假目标附近),附带毁伤小,适用于区域防御。

(2)重频激光干扰需要产生一个较高重复频率的干扰激光,且直接照射导弹导引头,不需要设置假目标,所以机动性好。但导弹受干扰后其落点不可控,可能会造成附带毁伤,适用于点目标机动防御。

(3)重频激光干扰的激光光束和激光欺骗干扰所设置的假目标,都必须与导引头探测器视场角关联,因此重频干扰激光发射有方向性,欺骗干扰假目标布设要在导引头探测器视场内。

2. 电视致眩干扰

光电探测器件都存在最大负载值,即当照射闪光超过最大负载值时,将发生闪光饱和现象,使光电器件功能暂时失效。当然对不同的光电传感器,其闪光饱和阈值也不相同。以 CCD 图像传感器为例,当 CCD 图像传感器在成像光学系统的像平面上时,远处的闪光源经成像光学系统后,辐照在 CCD 图像传感器上的光斑仅占光敏面的一小部分;当闪光照射时,被光照射的区域达到了饱和,出现光斑,而未被光照射的区域还有有效图像信号输出。但是,当光足够强时,整个探测器都处于饱和状态,没有有效图像信号输出,这时的闪光功率密度为此类光电器件的闪光饱和阈值。

目前,电视制导导引头上采用面阵 CCD。根据 CCD 在不同波长的饱和功率密度曲线(图 2-37)可知,CCD 对 $1.064\mu m$ 的激光具有较强的响应,因此利用激光对 CCD 探测器的破坏/干扰,即电视致眩干扰(图 2-38)。

$1.064\mu m$ 的激光对 CCD 的饱和干扰效果即为致眩,当有激光脉冲照射 CCD 时,能量分布集中的区域饱和,图像中呈现耀眼亮斑,无法从图像中亮斑对应位置辨别目标信息。随着 CCD 受到的激光脉冲数目增加,亮斑区域和亮度增加,干扰效果更明显。当停止激光照射时,CCD 可恢复正常工作。

由重频激光对电视 CCD 制导的干扰效果可知:

(1)大功率脉冲激光器可对 CCD 造成物理损伤,使其丧失制导能力。

(2)$1.064\mu m$ 波长激光对 CCD 具有较强的干扰能力,电视致眩干扰对导引头制导系统的破坏可分为软杀伤(饱和干扰,暂时丧失制导能力)与硬破坏(过饱和干扰,永久丧失制导功能)。

(3)一般地,重频脉冲干扰激光(闪光)产生致眩效果更好。

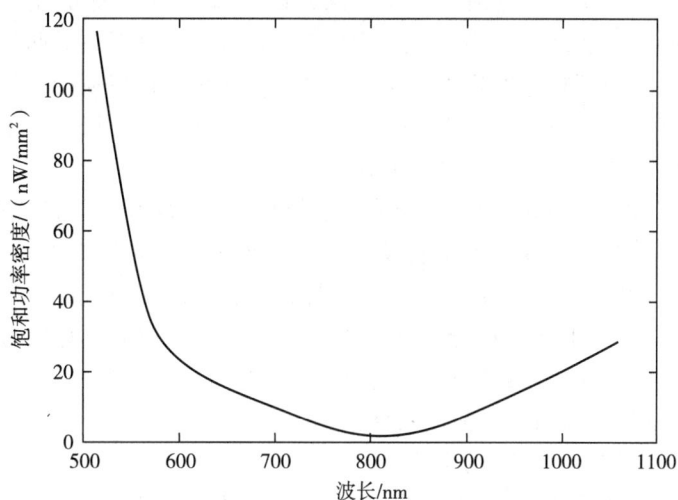

图 2 - 37　CCD 对不同波长光的饱和密度曲线

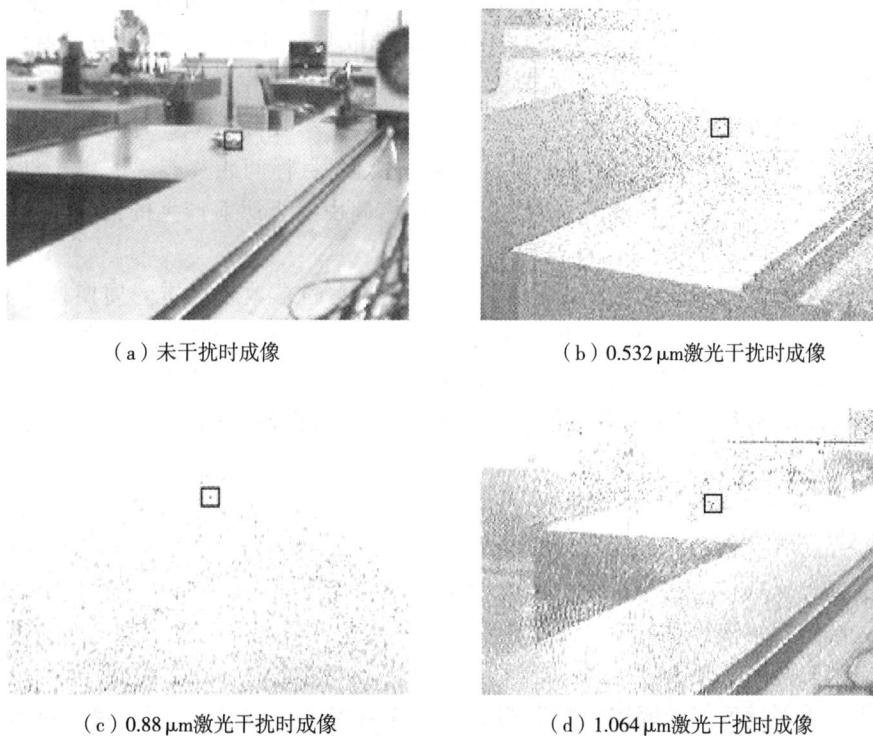

（a）未干扰时成像

（b）0.532 μm 激光干扰时成像

（c）0.88 μm 激光干扰时成像

（d）1.064 μm 激光干扰时成像

图 2 - 38　不同波长光对 CCD 的干扰效果

3. 红外致眩干扰

早期的主动红外对抗所用辐射源多为氙灯、红外曳光弹等，它们能产生数倍于被攻击目标的辐射强度从而起到诱骗红外制导导弹的目的，这对于点跟踪工作体制的第一代红外制导导弹有一定效果，但随着第二代红外成像制导导弹的应用，这种对抗方式已满足不了作战需要,必须研究新的对抗技术。激光以其高强度、良好的相干特性和极高的空间分辨率成为新一代红外对抗的主导辐射源。例如,美国海军在对两种红外防空导弹的对抗试验中,针对便携式红外防空导弹(如美国的"毒刺"、俄罗斯的 SAM - 7),研制出基于激光的"机载定向红外对抗装置(TA - DIRCM)",应用激光辐射源干扰各种工作体制的红外制导导弹,并取得了满意的干扰效果。

在近年来蓬勃发展的光电对抗领域中,主动红外对抗技术是研究的重点,尤其是红外有源定向干扰,它是采取红外工作波段的激光源或非相干光作为干扰光源,利用跟踪装置使干扰光进入红外导引头接收窗口,以干扰、致眩或致盲红外导引头。

红外有源对抗一是干扰信号处理器,通过调制的红外辐射来破坏信号处理器中的自动增益控制时间常数,使信号处理器无法正常工作;二是干扰目标的光学传感器,用一定的激光功率直接使红外探测器饱和或致盲。

(1)对自动增益控制(AGC)的干扰

自动增益控制回路一般由主放大器、峰值检波和低通滤波等组成,其作用是在红外装备的作用范围内,当目标因距离等因素发生变化而使输入信号的幅度变化时,调节主放大器的增益,使信号处理器输出信号的幅度基本保持不变。自动增益控制回路有两个重要指标,即时间常数和动态范围。时间常数的选取与红外辐射的调制方式有关,一般在点跟踪体制的红外制导导弹中,对目标红外辐射的调制频率较低,AGC 的时间常数较大;而对于红外热成像装备或成像制导导弹来说,数据率较高,AGC 时间常数小。动态范围的选取与目标特性、信号随着目标姿态角的变化、目标间距离有关。由于红外激光源的功率密度远大于红外目标的辐射功率密度,因此由激光照射产生的信号幅度将大大超出 AGC 的动态范围。

对自动增益控制的干扰方法是:按照与 AGC 的时间常数相对应的周期打开和关闭干扰激光源,在无激光信号时,导引头或成像设备的主放大器增益在 AGC 作用下将处于高增益状态,把目标信号提高到工作范围内,这时又突然加入干扰激光信号,而 AGC 的时间常数又来不及反应,这时输出信号就被迫处于饱和状态,使信号处理通道处于错误的工作状态,从而达到干扰的目的。

(2)对红外光电探测器的干扰

对红外光电探测器的干扰分为低能激光饱和压制干扰与高能激光破坏毁伤两种方式。低能饱和压制式干扰使较低的激光能量打入红外探测器,其信号处理电路、主要是前置放大电路产生饱和。高能激光破坏毁伤是利用高能激光的能量使红外探测器、调制盘或光学系统炸裂或熔融,产生物理损伤。

对于红外制导或红外成像侦察应用的红外探测器来说,它们的探测灵敏度都很高,如 HgCdTe 探测器,其灵敏度可达 1×10^{-9} W,以其动态范围为 10^5 计,探测器的饱和光强为 1×10^{-4} W,这个能量级别的探测器,使用常规战术激光器实施干扰是比较容易达到目标的,但若要使它产生物理损伤则相对较难,这与红外探测器的破坏毁伤阈值大小关系密切。

红外探测器的破坏毁伤阈值与激光波长、辐照时间、探测器结构材料的热学性质等有关。美国海军研究实验室的试验结果表明,当辐照时间很短时($t < 10^{-5}$s),激光破坏毁

伤阈值 E_0（辐照单位 W/cm^2）的变化与 t 成反比；在中等辐照时间（$10^{-5}s < t < 10^{-2}s$），E_0 的变化与脉冲时间的平方根成反比；当 $t > 10^{-2}s$ 时，E_0 不变。当辐照时间很短时，为使探测器表面温度升至其熔点，所需的能量密度与材料的吸收系数成反比，与比热容及使探测器材料熔化而必需的表面温度增量成反比。

一般地，激光干扰源的输出功率只要大于 $1 \times 10^{-2}W$ 量级，对于应用 HgCdTe 材料的红外探测器来说，就能够起到很好的干扰效果。对于其他材料的红外探测器来说，如 PtSi、InSb 等，由于它们的灵敏度、饱和光强不同，有效地干扰激光功率会有差异，但根据不同材料的红外探测器的饱和曲线来计算，只要干扰激光的连续输出功率达到瓦级，就能有效干扰各种材料的红外探测器。这个功率对于目前的战术激光器来说是能够满足的，关键是进一步减小体积、重量和提高可靠性，增加设备应用的普适性，同时要发展主动定向干扰技术，精准引导干扰激光实施对抗。相信随着光电对抗技术的不断深入和发展，激光技术在定向红外对抗中必将获得广泛的应用。

2.4.4　激光毁伤机理

激光对目标的破坏是通过激光束与目标的相互作用来实现的，破坏机理是指支配破坏效应的物理机理。导致结构部件破坏的情况可大致分为三种，即破坏战斗部、破坏蒙皮、破坏油箱。

1. 激光对战斗部的破坏

常规战斗部的外壳一般是金属，比如钢，内部装有高能炸药。当激光束辐照战斗部的钢外壳时，壳体温度升高。热量进一步传给内部的高能炸药。炸药温度的升高将引起化学反应，且温度越高，反应越剧烈，能量释放率越大；而释放的能量又有助于提高炸药的温度。另外，炸药内温度较高的区域将通过热传导将热量传递到周围温度较低的区域。在合适参数的激光束辐照下，若能导致炸药内局部区域温度急剧上升，将引起热爆炸，使整个目标解体。图 2-39 是钢/炸药结构在激光辐照下的温度场示意图，可以看出，钢壳表面吸收的激光能量逐渐向内部传递，在最靠近辐照面的炸药中形成了温度较高的热点。若激光束参数合适，炸药内热点的温度在某个时间点后将急剧上升，如图 2-40 所示，热点温度在 $t \approx 3.7s$ 时急剧上升，将引起热爆炸。

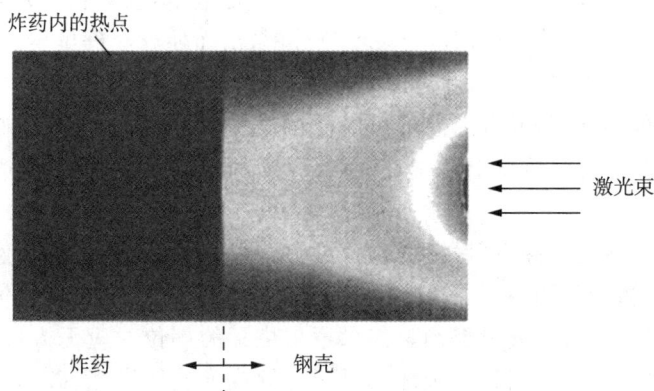

图 2-39　钢/炸药结构在激光辐照下的温度场示意图

美以联合发展的"鹦鹉螺"战术激光系统试验,曾拦截了飞行中的火箭弹,证明了辐照战斗部这种激光破坏方式的有效性。对于中型战斗部来说,若到靶激光功率密度达千瓦/cm² 量级,辐照若干秒可望引爆战斗部。如果战斗部壳体不是导弹气动外形的组成部分,即战斗部外还有铝质壳体,则需先烧蚀铝质壳体才能辐照到战斗部的钢质壳体上,这种情况下破坏战斗部会难很多。

引爆战斗部是理想的破坏方式,但对到靶激光功率密度的要求很高。

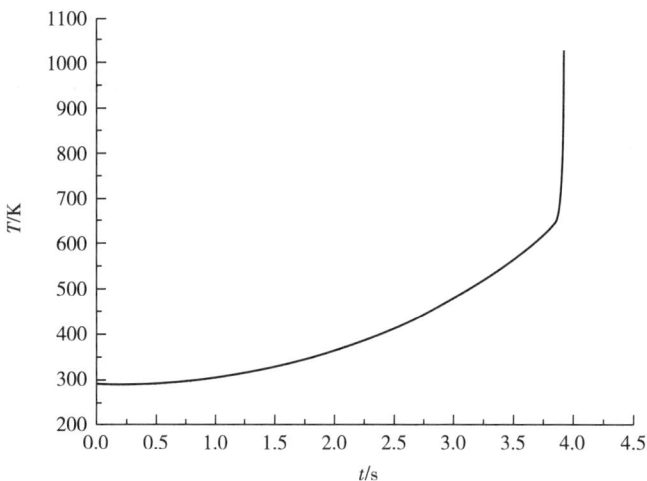

图 2-40　炸药内热点温度随时间的变化

2. 激光对蒙皮的破坏

这里的蒙皮包括两类,即无人机表面的复合材料蒙皮和导弹表面的铝合金蒙皮。激光烧蚀这两类蒙皮的物理机理是有差异的。

复合材料一般是由两种或两种以上物理、化学性质不同的物质,经人工组合而得到的多相固体材料。玻璃纤维、碳纤维和树脂基体组成的复合材料是强度高、耐腐蚀、力学性能好的结构材料,广泛用于现役无人机上。复合材料的树脂基体是高分子有机化合物,在激光辐照下温度升高,当温度高到一定程度时,比如 200~300℃,树脂基体分解为热解气体和碳化物。较高温度下碳化物和增强纤维可能熔化、气化或发生氧化反应。在激光照射下,树脂基体可在一定深度处发生热分解,从而使材料纤维层之间失去黏结力,发生层间脱离。在内部热解气流和表面气流(飞行目标的表面空气流)的共同作用下,辐照区表层材料可能会崩落,或者因温度过高而被氧化或发生相变,从而使得崩落面后的材料直接受到激光照射。重复上述过程,形成不断的烧蚀,最终使得激光烧穿复合材料层板。

无人机蒙皮被激光烧穿后,后续的过程又存在以下可能:①烧穿部位内部有比较脆弱的控制器件,在激光束的辐照下被破坏,无人机失去控制;②蒙皮的烧蚀改变了无人机的空气动力学特性,无人机失去控制。如果蒙皮烧穿的部位对应无人机的油箱,可能造成灾难性破坏,这归结为对油箱的破坏。对于连续或准连续激光,破坏复合材料蒙皮所需的激光功率密度一般为百瓦/cm² 量级,持续辐照时间为若干秒。

　　铝合金的力学性质强烈地依赖于温度。高温条件下,其弹性模量、硬化模量、屈服强度、抗拉强度等力学特征量明显低于常温时的值,即通常所说的"软化"。在激光辐照下,若铝蒙皮发生了明显温升,则应该考虑这种"软化"特性。实验发现,蒙皮表面的空气流对于铝蒙皮的激光辐照效应有重要的影响。图 2-41 给出了有无气流条件下激光束对薄铝板的辐照效应对比图。可以看出,有气流时,光斑区域内的铝板部分几乎全部被穿孔,从收集的碎片来看,碎片并没有发生明显的熔化。如果没有气流,虽然薄铝板表面也出现了表层熔化和裂缝,但并没穿孔。

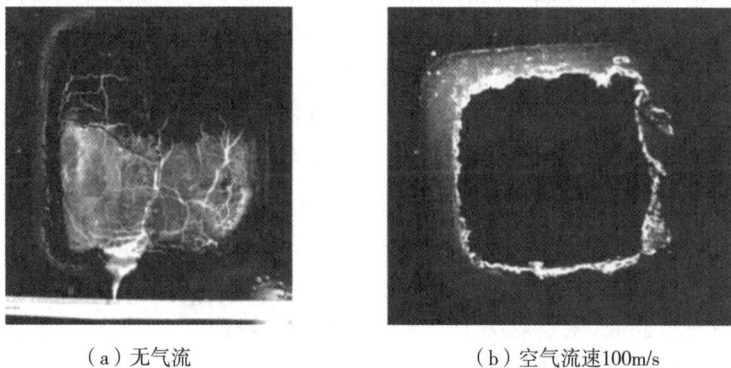

（a）无气流　　　　　　　　　　（b）空气流速100m/s

图 2-41　有无气流条件下激光束对薄铝板的辐照效应对比图

　　有无气流下的这种差异是激光加热下材料的热软化和气流的力学载荷共同作用的结果。激光辐照薄板有气流通过的一侧,气流在两侧引起的压强差可近似为

$$\Delta p = \rho v^2 / 2 \tag{2-1}$$

其中,ρ 为空气密度,单位为 kg/m^3;v 为空气速度,单位为 m/s;压强差的方向指向有气流一侧。对于 $v=100$m/s 的空气流,压强差 $\Delta p \approx 6000$Pa,约为 0.06atm。由于 Δp 相对于常温下铝的弹性模量较小,当薄铝板的温升不够高,未发生明显"软化"时,压强差对于薄铝板的热变形影响不大。但温度升高到 300℃后,材料的弹性模量、屈服强度发生了非常明显的下降,气流引起的压强差对高温区的变形将产生明显影响,并最终导致该区域薄铝板的破裂。

　　导弹铝蒙皮被激光穿孔后,后续的过程又存在以下可能:①穿孔部位内部有比较脆弱的控制器件,在激光束的辐照下被破坏,导弹失去控制;②蒙皮的烧蚀改变了导弹的空气动力学特性,导弹失去控制。这与无人机蒙皮被激光烧穿后的后续破坏模式类似。

　　与破坏无人机蒙皮有所不同的是,导弹蒙皮可能需要承载很大的力学载荷。当被辐照区域的蒙皮升温较大,发生软化现象时,对应的导弹舱段可能会因为无法承载大的力学载荷而发生结构性破坏。由于激光表现为热载荷,因此这种破坏方式也称为热力载荷联合作用下的结构破坏。对于飞行中的导弹,如果激光辐照导致相应舱段发生类似的结构屈曲,最终也将导致弹体的解体。

对于连续或准连续激光,破坏薄铝板蒙皮所需的激光功率密度一般为百瓦/cm^2 量级,辐照时间应持续若干秒。

3. 激光对导弹发动机的破坏

弹道导弹的动力装置采用火箭发动机,能在大气层外飞行。在助推段,发动机处于工作状态,未与主体部分分离。此时若通过激光束辐照进行拦截,并破坏发动机,则导弹残骸(可能包括未破坏的战斗部)将落在离敌方发射阵地较近的区域,一般不会对我方目标造成任何伤害,因此是一种理想的拦截方式。

在助推段,推进剂发生化学反应,产生较高的压力,此时发动机所在舱段的壳体需要承载较高的内压。因此,激光对发动机的破坏可以简化为激光辐照下内充压薄壁柱壳的破坏问题。在激光束辐照下,柱壳上被辐照的区域在吸收部分激光能量后,温度明显升高,光斑中心区域的表层甚至可能被熔化。温度升高和表层熔化将导致被辐照区域壳体出现"软化"现象,造成承载能力明显下降。在内压的作用下,该区域内将萌生裂纹,并在环向拉应力的作用下扩展。如果裂纹加速扩展,将会出现爆裂现象;如果裂纹形成后不加速扩展,那么柱壳内部的气体会从裂纹破口处喷出,使得内压迅速降低,进而导致柱壳壁内环向拉应力下降,裂纹因此停止进步发展,这称为泄压现象。到底是出现爆裂还是泄压,对于同一充压柱壳,主要取决于激光束参数。一般而言,在较高功率密度和小光斑情况下,易发生泄压现象,破坏仅限于很小范围;在较低功率密度和较大光斑情况下,易产生爆裂现象,破坏范围较广。

初步研究表明,对于一般的导弹发动机的柱壳,用功率密度达千瓦/cm^2 的激光束辐照数秒,可导致壳体破坏。在导弹助推段利用激光破坏发动机是拦截导弹的理想方式,但对到靶激光功率密度的要求很高。

4. 激光对油箱的破坏

无人机和巡航导弹等飞行目标通常需要在大气层内巡航较长时间,携带大量航油,因此在机体或弹体内有很大体积的密封油箱。如果油箱被激光束烧穿,轻则使燃油泄漏,目标不能飞抵预定目标;重则导致航油起火甚至油箱爆炸,目标结构解体。

由于油箱壁一般不会承受较大的力学载荷,因此不会像导弹发动机那样因为升温软化而导致结构破坏。为了破坏油箱,一般需要对油箱壁形成烧蚀。这种烧蚀比不含油的空油箱侧壁的激光烧蚀明显困难,因为与侧壁接触的液体油料将通过对流换热的方式从侧壁带走热量,从而不利于侧壁在激光辐照下的温度升高。

因此,在激光辐照油箱的过程中,当辐照区侧板温度升得较高时,侧板附近的液体将进入沸腾状态。如果激光的功率密度足够高,液体将从核态沸腾过渡到膜态沸腾。在一个很宽的温度跨度(比如过热度 100～1000℃)内,液体换热强度的下降,导致辐照区侧板的温度快速升高,最终造成侧板的熔穿。如果油箱侧板不是金属,而是复合材料或其他非金属材料,例如,无人机油箱,由于侧板的导热能力相对较差,油料对侧板烧蚀的影响相对较小。

对于连续或准连续激光,破坏金属侧板油箱所需的激光功率密度应达到千瓦/cm^2 量级,破坏非金属侧板油箱所需的激光功率密度为百瓦/cm^2 量级,辐照时间应持续若干秒。

2.5　光电对抗系统构成

光电对抗是主战装备、地面指挥所等要点要地目标主动防御精确制导武器打击的有效手段,实现光电对抗功能的设备或武器系统,统称为光电对抗系统。

为了实现对信息化战场上各种光电武器威胁的防御功能,光电对抗系统一般由目标探测预警、目标识别跟踪、对抗系统随动控制平台、综合光电干扰和光电对抗指挥控制 5 部分组成,如图 2-42 所示。光电对抗系统一般需要连接国土防空的空情系统,配置空情接收机,接收国土防空发布的空情信息。

空情接收机接收国土防空发布的空情信息,当有预警信号时,光电对抗系统经过情报处理,判断威胁程度。若存在威胁时,对抗系统开机,并启动目标探测预警,综合运用激光、红外等多种探测告警装置,搜索目标。发现目标后光电对抗指控系统立即启动对抗系统随动控制平台,配合目标识别跟踪完成对威胁目标的搜索、识别、跟踪,同时自动生成光电对抗方案,启动综合光电控制装置,实施综合光电干扰并进行效能评估。

本书重点介绍光电对抗系统与技术,其中目标探测预警中的雷达告警与目标识别、目标跟踪、火力与指挥控制等内容都有专门理论体系和论著,为便于整体把握完整的光电对抗系统构成,这里给出一些概念性的基础知识。

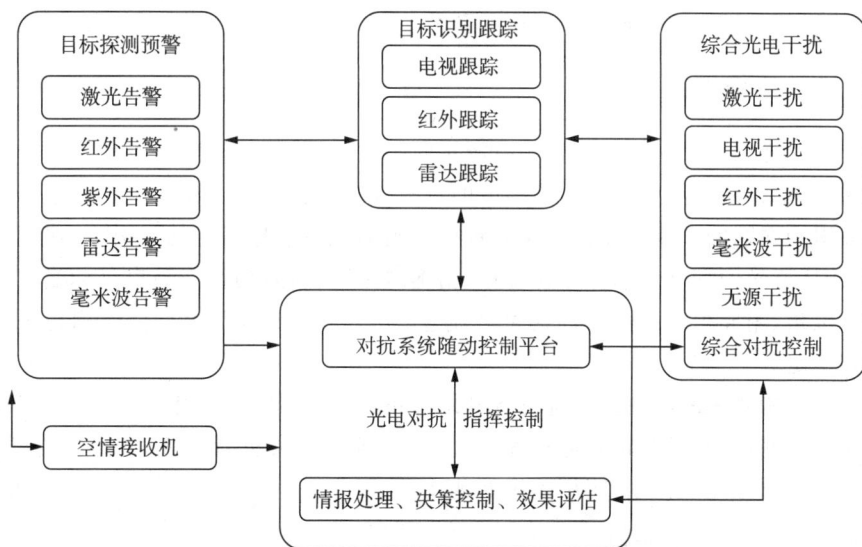

图 2-42　光电对抗系统基本构成

2.5.1　目标探测预警

作为防御武器系统,能越早发现目标就会为防御作战提供更多的时间准备。因此,探测预警是光电防御系统作战的关键环节。以对抗光电制导导弹为例,假设导弹末端攻击速度达到 2Ma,如能在 7km 处发现目标,给出预警信号,则留给系统防御作战准备的时间约 10s,如在 4km 处发现目标,则留给系统防御作战准备的时间不足 6s。

目标探测预警的功能是:在空情信息支持下,独立实施防区内的威胁目标搜索或依据上级给出的目标指示信息实施指定区域内的特定目标搜索;概略估计搜索到的目标类型、数量、位置、运动参数,显示目标航迹;完成目标威胁度估计;测量目标粗略坐标,并为目标识别跟踪指示目标,引导其截获目标。

实现目标探测预警的设备主要有激光告警、红外告警、紫外告警等光电告警设备,当然也包括雷达告警、毫米波告警及其复合告警设备。雷达通过发射和接收电磁波,探测空间可疑的目标,是一种比较成熟的目标预警方式,可以做到远距离、低虚警率的目标探测,但对于低空飞行的巡航导弹、低空无人机等目标,由于受地杂波的影响,探测效率不高。目前,绝大多数防御系统,尤其是防空导弹、防空火炮、弹炮结合防御系统等硬毁伤拦截系统都采用雷达设备实现目标预警。

光电告警设备是利用来袭目标光电特征进行探测和预警的设备,按照工作波段的不同,又分为激光告警、红外告警和紫外告警等方式。激光告警设备靠接收来袭的激光威胁,如激光测距机信号、激光指示器信号,实现对来袭激光制导武器或含激光测距机的武器系统的识别与告警。红外告警设备靠探测目标与背景的热辐射差异,实现对来袭导弹尾焰等较强热辐射目标的识别与告警,由于现代红外告警设备一般采用面阵探测器件,因此目标预警的精度很高,甚至可以直接用于目标跟踪。紫外告警是依据自然背景中紫外辐射较弱的原理,利用紫外探测器探测威胁目标的紫外辐射特性,是一种效率很高的告警方式,已经广泛用于远程导弹目标的预警。

2.5.2　目标识别跟踪

由于现代光电对抗系统一般采用有源定向干扰方式,是将有限的主动干扰源能量积聚地定向干扰威胁目标,因此实时高精度的目标跟踪功能不可或缺。

目标识别跟踪的功能是在目标探测预警给出的威胁目标信息的导引下,快速自动截获目标,并从背景中准确识别出威胁目标、精确地跟踪目标,测量并输出目标当前点坐标(距离、方位角、俯仰角),显示目标与目标航迹,实现光电对抗系统目标探测与跟踪通道的独立和稳定。

完成目标探测跟踪的主要装置有各种跟踪雷达、光电跟踪仪(电视/红外双波段)等。对雷达回波跟踪体制,目标识别靠的是检测回波,应用信号处理技术;对于光电跟踪仪,目标识别采用图像跟踪体制,应用图像处理技术。

2.5.3　综合光电干扰

综合光电干扰即对已方目标已经跟踪锁定的敌方威胁目标实施有效干扰,使之丧失作战能力,达到保护己方目标的目的。

根据所采用光电对抗的手段不同,综合光电对抗的设备包括光电无源干扰设备、光电有源干扰设备以及毫米波干扰设备、综合光电对抗控制器等,光电有源干扰设备根据防御对象和工作波段的不同,又分为激光干扰设备、电视干扰设备和红外干扰设备等,光电无源干扰设备根据防御对象和工作波段的不同,又分为烟幕发射装置、宽波段烟幕干扰弹、伪装网等。

综合光电干扰的实施是由综合对抗控制器完成的,当综合对抗控制器接收到光电对抗指挥控制系统发出的对抗方式指令,随即启动相应的光电对抗手段,分别对抗不同类型的威胁武器。如受到红外制导武器攻击时,则控制红外干扰装置发射红外干扰激光或发射红外干扰弹,实施综合干扰。

2.5.4　光电对抗指挥控制

光电对抗指挥控制系统简称为指控系统,是指挥员对所属部队实施作战指挥所必需的软/硬设备及其操作人员的总称。指控系统通常称为 C^3I 或 C^4I(指挥、控制、通信、计算机、情报)系统,计算机是其核心部分。光电对抗指控系统的任务就是空情、预警、目标探测识别等战场信息的综合处理、战场态势的分析和预测、目标识别和威胁优先级排序、目标火力分配决策、武器系统的引导、作战效能评估等。

光电对抗火力控制简称光电对抗火控系统,是控制光电对抗系统自动处理情报(接收上级或本级获取)、控制跟踪目标、生成对抗方案、实施瞄准并发出火力对抗指令等设备的总称。现代光电对抗系统中大多配有火控系统,用于提高光电对抗的自动化程度,特别是显著提高其瞄准与发射的精度,缩短系统反应时间,增强对各种作战环境的适应能力,从而大大提高光电对抗系统的作战效能。

与其他进攻火力武器系统一样,光电对抗火控系统包括火控计算机、目标探测及其坐标测量装置、定位定向设备、稳定系统、随动控制平台以及操纵控制台等。火控计算机是火控系统的核心,由它协调火控系统的工作和综合处理各种信息,包括目标坐标变换、求取目标运动参数、执行决策防御行动方案等。

光电对抗系统随动控制平台是火控系统的主要组成部分,随动控制速度快、精度高、稳定性好,需要满足光电对抗手段定向干扰的要求。

2.5.5　光电对抗系统技术体系

光电对抗技术是集光电子技术、控制技术、计算机技术、信息处理技术、人工智能等为一体的综合应用技术,光电对抗涉及光学、电子学、机械和控制学科,因而是比较典型的光、机、电、信、控一体化交叉学科。

前文描述过,光电对抗技术是为实现光电对抗的作战效能,所涉及光电对抗系统相关技术的总称。构建光电对抗的技术体系可以三个方面考虑划分:

(1)技术原理。是指光电对抗理论与技术研究的支撑技术,主要包括光电子学理论和技术、信息处理理论和技术、控制理论和技术等。

(2)基础技术。是指实现光电对抗技术并可形成光电对抗装备的技术,主要包括光电传感器技术、光电探测技术、光电控制技术、光机电系统一体化设计技术等。

(3)应用技术。是指运用光电对抗技术与装备实现某种防御功能的技术,主要包括光电侦察告警技术、光电目标探测技术、光电有源干扰技术、光电无源干扰技术、光电对抗系统运用技术等。

光电对抗系统的技术体系主要从应用技术角度细化，所以光电对抗技术体系大的方面主要是光电侦察告警、光电干扰对抗、反光电侦察与对抗等，如图 2-43 所示。

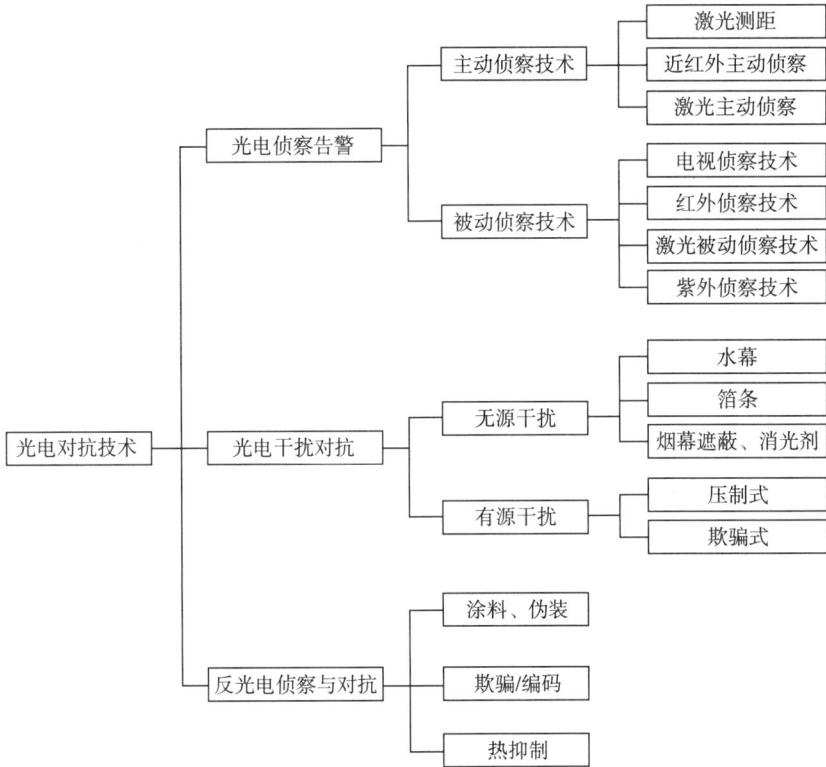

图 2-43 光电对抗系统的技术体系

1. 光电侦察告警

光电侦察告警可分为主动侦察告警和被动侦察告警两种方式。

主动侦察告警和被动侦察告警主要是从告警探测原理上来界定的：我方主动发射光电信号，利用目标的光电特性，检测出目标反射的相关光电信号，进而得到情报信息的方式为主动式；利用目标的光电辐射特性，检测出与目标相关的光电信号，进而得到情报信息的方式为被动式。

2. 光电干扰对抗

光电干扰对抗是通过发射、反射、散射和吸收光波能量的方法，使敌方光电设备或光电制导武器不能正常工作，丧失作战效能的一种干扰方式，能尽最大可能毁伤威胁。光电干扰对抗主要包括有源干扰（主动干扰）和无源干扰（被动干扰）两种方式。

3. 反光电侦察和反光电干扰（反光电干扰对抗）

反光电侦察和反光电干扰是指为防御敌方对己方光电侦察告警和对己方光电武器装备的探测和干扰所采取的对抗措施。对抗和反对抗是一对矛盾，所以对抗技术是在这一对矛盾的运动中发展的。

从技术体系上讲，还应包含光电对抗指挥控制技术，主要有来袭目标威胁程度分析技术、对抗目标智能排序选择技术、对抗火力运用智能决策技术、目标毁伤评估技术,系统一体化集成技术等。

2.6　光电对抗系统指标与应用

随着光电理论与技术的发展完善,光电对抗技术逐步成熟,并在发展的过程中逐步形成各种对抗装备,成为部队提高战场生存能力、发挥战斗力的有力保障。

面临现代作战环境的光电武器威胁,各国都将提升目标防御能力作为武器装备发展和军队建设的一个重要方向。在此需求牵引下,光电对抗技术得到了迅速发展,形成了光电告警、有源干扰、无源干扰、综合光电对抗等不同防御层次的装备,在体系攻防作战中防御各种光电武器威胁方面将发挥重要的作用。

2.6.1　光电对抗系统的主要指标

从光电对抗系统的功能分析可知,系统主要技术指标包括作战对象、防御空域、作用距离、干扰方式、反应时间、有效防御概率等。

(1)作战对象,即系统对抗的来袭威胁目标,主要是光电观瞄设备、光电制导武器。如空地激光制导导弹、激光制导炸弹、红外制导武器和电视制导武器等。

(2)防御空域,即系统有效防御来袭威胁武器的上半球空域。如方位 $360°$,俯仰 $0° \sim +60°$。

(3)作用距离,即系统有效防御来袭威胁武器的目标距离。如激光重频干扰有效作用距离不小于 7km。

(4)干扰方式,即系统所具有的光电对抗手段。如激光定向干扰、红外有源干扰、无源烟雾干扰等。

(5)干扰波段,即系统所具有的光电设备工作频率范围。例如,可见光、红外波段、毫米波等。

(6)系统反应时间,即系统从探测到威胁目标再到稳定跟踪目标,并实施对抗火力的时间。一般来说,反应时间越短越好,如小于 8s。

(7)系统有效干扰概率,如对于激光制导武器有效干扰概率大于 90%。

下面是某光电对抗系统的主要技术指标。

① 作战对象:光电制导武器、光电观瞄设备;

② 防御空域:方位 $360°$;俯仰 $0° \sim +60°$;

③ 有效干扰距离:不小于 7km;

④ 干扰方式:激光定向干扰、无源烟雾干扰;

⑤ 干扰波段:可见光、红外、毫米波;

⑥ 干扰概率:不小于 0.7;

⑦ 反应时间:不大于 10.5s(从发现目标到实施干扰)。

对于光电对抗系统组成功能模块的技术指标,如告警范围、跟踪精度等,将在后续的相关章节中详细介绍。

2.6.2 光电对抗系统应用

1. 陆基作战平台的光电对抗

对地面主战坦克、装甲车、指挥车和导弹发射平台等高价值作战平台来说,目前主要装备有激光告警器、红外告警器、烟幕发射装置、红外干扰弹发射装置、红外干扰机和激光压制系统等光电对抗设备,作战平台表面经伪装涂料处理、外挂主动式反应装甲等多层防御系统,以对抗来袭的红外制导反坦克导弹、红外成像制导导弹、电视制导导弹、激光驾束制导导弹、激光半主动制导导弹和各类制导炮弹、巡航导弹及复合制导导弹等。另外,对导弹发射车、部队行进和集结地域等重要保护目标,可配置具有随队防护能力的专用光电对抗系统,以对抗光电制导武器的攻击。

目前,用于陆基作战平台的光电防御装备发展迅速,并形成了多种型号装备,在研装备也很多。如俄罗斯的 Shtora - 1 装甲战车防御系统、美国的 Outrider 作战防护系统和移动式高能激光武器 HELWS - MRZR、美国"加利克斯"Galix 车载自主防护系统、全天候多光谱轻型伪装网系统(ULCANS)、斯特瑞克装甲车激光武器、英国的 405 型激光诱饵系统、法国的 Decoys 红外干扰发射机、德国的 Diehl/LFK 高能激光防空装甲车、以色列的 ARPAM 防御辅助系统、南非的 LWS - 200CV 战车激光告警系统、波兰的 WPL - 1 Bobrawa 激光辐射告警系统、欧洲的 CMIC 反无人机系统等。

2. 海基作战平台的光电对抗

海面舰艇主要包括护卫舰、驱逐舰、巡洋舰、航空母舰、战列舰、导弹艇和登陆舰等。在现代战争中,这些海上作战平台将受到空对舰、舰对舰和岸对舰等光电反舰导弹的攻击,舰载平台的光电对抗是舰载作战系统中电子对抗的一个不可缺少的组成部分,目前,国外多数舰船装备了红外搜索与跟踪系统、红外诱饵发射装置和烟幕发射装置,还有的装备有强激光对抗系统,可有效对抗来袭的红外点源导弹、红外成像导弹、激光制导导弹、激光制导炸弹、电视制导导弹、毫米波制导导弹及复合制导导弹等精确制导武器。

国外已用于海基平台的光电对抗装备主要有:美国的"海石"光束定向器、MATES 自防卫系统、AN/ALQ99D 和 ALQ/系列红外干扰机、俄罗斯的 5p - 42 猫头鹰视觉和光学干扰系统、德国的舰载激光 ESM 系统、MASS 多弹药软杀伤系统、瑞典的 AADS 1221 IR/UV 海上监视扫描器等。

3. 空基作战平台的光电对抗

空中作战飞机主要包括歼击机、强击机、轰炸机、军用运输机、预警机、侦察机、电子干扰飞机及武装直升机等。在现代战争中,这些作战飞机将面临来自空中、海上和陆地等光电制导武器的攻击。

目前,歼击机、强击机和轰炸机大都加装了导弹逼近光电告警系统、红外干扰弹与红外有源干扰机,以对抗红外制导导弹的攻击。导弹逼近光电告警系统和红外对抗装备也用于保护包括预警机、轰炸机和大型运输机在内的各种作战飞机。

低空作战的武装直升机,除加装红外对抗设备之外,为对付激光驾束制导导弹等地空导弹的威胁,还加装了激光告警和烟幕干扰装置。

国外也在研制定向红外对抗装备,以有效对抗新一代红外导弹。而机载激光致盲武器也已经研制成功并已装备部队,如美国的机载先进光学干扰吊舱和机载"贵冠王子"光电对抗武器系统,可侦察敌方的光电传感器,并发射强激光将其致盲。

国外已装备空基平台的光电对抗装备主要有:美国 AN/ALQ - 204 Matador 红外对抗系统、DASS 2000 防御辅助分系统、Nemesis 定向红外对抗系统、LAIRCM 红外对抗系统、Startfire 自卫系统、AN/ALQ - 214 一体化防御电子对抗射频对抗系统,以色列 PAWS 直升机和运输机用无源空载告警系统、SPS - 65 自保护系统,意大利的 Miysis 红外定向对抗系统、英国 GEC - Marconi 机载激光告警系统,南非 MSWS 多传感器告警系统,以及法国 DAL 激光告警接收机等。

4. 天基作战平台的光电对抗

空间光电对抗同样包括有源对抗和无源对抗两种方式。有源对抗的主要措施是利用激光反卫星系统或微波等定向能武器攻击低轨光学侦察卫星,致盲或干扰星上光电传感器,或者破坏卫星供电系统等;无源对抗主要包括红外隐身、遮蔽干扰等。

大力发展天基系统是美国构建弹道导弹防御必须和支持空军全球作战的需要,也是构建其空天防御体系的重点内容。以太空监视和预警系统为例,美国有天基红外导弹预警卫星系统(SBIRS)、天基红外系统 GEO - 5、侦察监视卫星系统有"锁眼"- 12 光电成像侦察卫星系统、"长曲棍球"雷达成像侦察卫星系统、"折叠椅""大酒瓶"和"入侵者"等电子侦察卫星系统,以及"白云""海军天基广域监视系统"等海洋监视卫星系统。完善的天基一体化信息系统,为美军实施全球打击、构建空天防御体系提供了有力的全球侦察、监视、通信支持。

随着现代光电技术的飞速发展,光电制导武器、光电观瞄设备、光电火控系统大量应用于作战部队,并成为目标侦察和火力攻击的主要力量。因此,针对敌方光电设备的现代光电对抗技术应运而生,并逐步形成光电对抗技术领域。可以说,现代光电对抗技术是伴随着光电制导技术的发展而发展的。

光电精确制导武器首次用于实战是在美、越战争期间,1965 至 1972 年,为了切断越南物资运输通道,美国频频出动了 F - 105 歼击轰炸机、F - 100 歼击机,动用航炮、空空导弹以及"聚能炸弹",对清化大桥进行狂轰滥炸。然而,任美军绞尽脑汁,清化大桥依然未损,而美军战机却在越南防空部队猛烈火力面前损失惨重。1972 年,美国将刚刚研制成功的激光制导炸弹-"灵巧炸弹",急急忙忙从本土运往越南战场。1972 年 5 月 13 日,14 架美军战机向清化大桥投下了"灵巧炸弹",随着震天动地的巨响,越南军队耗尽心血守卫了 7 年的清化大桥,毁于一旦。这个"灵巧炸弹"实际上就是一种激光制导炸弹,是用激光束照射到目标上,然后利用目标对激光的反射,使炸弹跟踪到目标上面去,所以它的精度非常高。

1981 年 6 月 7 日,以色列空军出动 6 架 F - 15 和 8 架 F - 16 战斗机,偷偷越过沙特阿拉伯和约旦领空,长途奔袭伊拉克首都巴格达东南郊 20 公里的核反应堆基地。飞抵目标后,领队长机首先发射 2 枚光电制导炸弹,导弹精确地穿透混凝土圆形屋顶后爆炸,后面飞机鱼贯俯冲,将炸弹扔进已炸开的缺口中。仅仅 2 分钟,伊拉克历时 5 年、耗资 4 亿多美元建造的核反应堆顷刻化为废墟。

　　1991 年 1 月 17 日,在海湾地区的"沙漠风暴"行动开始了。凌晨 3 时,2 架美军 F-117A 轰炸机悄然飞抵巴格达上空,投下了海湾战争中的第一枚激光制导炸弹,这颗炸弹从巴格达通信中心大楼的通风孔进入大楼内部爆炸,整个大楼被摧毁。接着另一枚激光制导炸弹也准确击中伊军防空司令部大楼。整个战争中,伊拉克腹地通往科威特战区交通要道上的 52 座大型桥梁,被光电制导武器摧毁 41 座。

　　由此可见,光电制导武器在现代战争中被广泛使用,面对光电制导武器的严重威胁,各国竞相开展针对性的现代光电对抗技术研究。最先使用的是烟幕技术,由于光波穿透云雾和烟尘的能力比较差,如果在光电设备和目标之间有烟幕遮蔽,则光电设备的效能就会大大降低。烟幕可以采用制式器材施放,如烟幕弹、烟幕车等,也可以采用简便器材形式,如燃烧轮胎、燃油、喷放水蒸气等。因此,烟幕是对付光电制导武器简易而有效的手段之一,也是最早用于实战的现代光电对抗技术。

　　越南战争期间,美军炸毁了清化大桥以后,充分认识到光电精确制导武器的作战能力。于是,使用了电视制导、激光制导炸弹等光电制导武器轰炸越南河内附近的安富发电厂。为了保护电厂,越南采取了卓有成效的光电对抗技术,就是利用发电厂四周的热气管道喷放大量水蒸气,使整个发电厂雾气腾腾,导致美军的电视制导、激光制导炸弹不能精确地寻找到目标位置,十几枚炸弹无一命中,从而取得了很好的防御效果。

　　烟幕技术在海湾战争中及科索沃战争也有体现。在海湾战争的头一周,天空阴雨连绵,加上伊拉克故意点燃多处油井和油库,使得许多地区烟云笼罩,美国的照相侦察卫星和飞机很难发现地面目标。更为严重的是,由于烟雾弥漫以及其他的一些原因,竟然发生了美军飞机用导弹炸死一批美海军陆战队队员的误伤事件。在科索沃战争中,南联盟利用燃烧废旧轮胎产生烟幕,有效地降低了采用电视制导的美军巡航导弹的命中率。

　　红外制导导弹是飞机的最大威胁,据统计,世界上被导弹击落的飞机中约有 85% 以上是由红外制导导弹击落的。为此人们采用了两种办法来干扰红外制导导弹,一种办法就是使用红外诱饵,发射后就可以出现一个很强的红外辐射,这时导弹就锁定红外诱饵,而不是锁定飞机或者某一个目标;另外一种办法是采用红外有源干扰机,模拟红外导弹的制导信号,进行调制以后产生一个错乱的假信息,使导弹偏离目标。

　　越南战争期间,苏联制造的"萨姆"-7 红外制导导弹,曾经创造了一个月击落美军战机 24 架的战绩。但后来美军使用红外诱饵弹,这种干扰弹可以辐射出强烈的红外线,在作战中,投放到被保护目标周围,"萨姆"-7 红外制导导弹的命中率大大降低。"萨姆"-7 红外制导导弹很快进行了改进,能够分辨出诱饵弹与飞机的红外辐射差别,并在第四次中东战争中再次扬威,使用从苏联引进的"萨姆"-7 红外制导导弹,让以色列的战机吃够了苦头。为了对抗改进的"萨姆"-7 红外制导导弹,以色列采用一种新的干扰方法——"喷油"诱饵。由于燃油燃烧时发出的红外线很强,且与飞机尾气产生的红外特性相同,这就使得"萨姆"-7 红外制导导弹分不清哪是飞机哪是诱饵,因此在对抗中再次处于下风。

　　随着激光技术的发展,以激光为干扰源的有源干扰迅速发展起来,如英国和阿根廷的马岛之战中,英国军舰就利用激光致眩阿方战斗机的观瞄设备和飞行员,使其致眩发现不了攻击目标,丧失作战能力,且瞬间成为英军的活靶子。

　　以高能激光直接摧毁目标也成为光电对抗技术的一个重要发展方向：一是用激光照在人的眼睛上，可以致盲，照在皮肤上，就可以造成烧伤；二是照在武器平台上，如用高能激光可以烧毁飞机的油箱上，并破坏电子设备；三是可以用激光拦截导弹，高能激光照射在导弹的整流罩上，可以烧毁整流罩，并破坏电子设备，使导弹失控；四是可以攻击卫星。因此光电对抗武器在 21 世纪已进入防御武器装备的主流范畴，成为一个重要的发展方向。例如，美国在 2004 年开展了高能激光拦截迫击炮弹、火箭弹的试验，并取得了成功。

思考题

1. 光电对抗的主要作战对象有哪些？
2. 描述光电制导的信息链路。
3. 激光半主动寻的制导的原理、工作方式及特点有哪些？
4. 电视制导的原理、工作方式及特点有哪些？
5. 红外制导的原理、工作方式及特点有哪些？
6. 对光电制导武器实施光电对抗的主要手段有哪些？
7. 简述红外干扰中自动增益干扰原理。
8. 光电对抗的方法途径有哪些？
9. 简述光电欺骗干扰的作战机理。
10. 简述光电对抗系统的基本构成。
11. 光电对抗系统的主要指标有哪些？

第3章 光电告警技术

光电对抗首先就要探测来袭威胁目标,实现对来袭威胁目标的告警功能。光电告警技术是指用于截获、分析、识别敌方目标(包括光电设备和飞机、导弹等)辐射的光波信号,判断威胁程度,实时告警和为实施光电干扰提供情报的技术。主要有激光告警技术、红外告警技术、紫外告警技术和光电综合告警技术等。本章将分别介绍这些光电告警技术,在第一节首先介绍光辐射探测技术。

3.1 光辐射探测技术

对于光电告警系统来说,能否迅速、准确、灵敏地截获系统周围的威胁光信号是其性能优良的关键,也是能否完成作战任务的关键。为此,首先要选择光辐射截获接收性能优良的光电探测系统,同时系统还要根据接收到的光辐射判断目标存在与否。因此,为了能获得最佳的判断结果,还需要有一个适用于光电告警系统的判断准则。

3.1.1 光辐射的截获接收方式

在目标识别中,截获是指按照一定的检测方法来判断目标信号是否存在,并实时地解析目标信号,以得到目标特征信息的过程。

目标截获技术很多,包括雷达信号截获、光辐射截获、通信信号截获、GPS 信号截获技术等,光辐射截获是其主要技术之一。从自动检测角度分析,光辐射截获就是通过光电探测器,将携带有待测目标信息的辐射或反射光波转化为电信号,以供后续的信号处理、信息解析、输出控制等使用。所以光辐射探测所采用的光电探测器的性能,将直接影响光电告警系统对光辐射探测和截获的能力,随着光电子技术的高速发展,光电探测器性能有了很大的提高,可供光辐射截获选用的光电探测器种类和型号也很多,在光辐射截获中探测器的灵敏度、响应时间、频率响应等 3 个指标对光辐射截获性能影响较大。

1. 灵敏度(响应度)

光电探测器灵敏度是表示探测器的光电转换特性、光电转换的光谱特性以及频率特性的度量。

电压灵敏度:$R_u = U_s/P$(探测器输出信号电压 U_s 与输入光功率 P 之比)。电流灵敏度:$R_i = I_s/P$(探测器输出信号电流 I_s 与输入光功率 P 之比),P 一般是指分布在某一光谱范围内的总功率。

灵敏度高说明光电探测器对微弱光信号的敏感能力强,但光电探测器对干扰信号也较敏感,所以灵敏度高的光电探测器抗干扰性能较差。光电探测器对于不同波长的入射光,其灵敏度也不同,灵敏度随波长变化的特性称为光谱灵敏度(曲线)。所以光电探测器标定的灵敏度参数一般是针对某一确定波长的入射光而言的。

2. 响应时间

光电探测器的响应时间是表示光电探测器输出的电信号对入射光变化的响应快慢程度。光电探测器的响应时间对光辐射截获的性能影响很大。响应时间短,说明该光电探测器的输出能跟随入射光的变化而变化,可忽略响应滞后;响应时间长,说明该光电探测器的输出不能跟随入射光的变化而变化,产生响应滞后。

所以,光辐射截获所用光电探测器的响应时间,必须短于光电探测器输入光信号的变化时间。(光电探测器输入的光信号频率即入射光的变化频率)。

3. 频率响应

光电探测器的频率响应与其响应时间有关,是描述光电探测器的灵敏度在入射光波长不变时,随入射光调制频率而变化的特性。

频率响应是光电探测器对入射光调制频率的响应度,光电探测器一般有一个截止响应频率。所以输入的光信号频率,必须在光电探测器的响应频率范围内。

因此,不同的光辐射截获探测需要选择相应的满足技术指标要求的光电探测器。灵敏度够不够、响应时间快不快、频率响应能不能满足要求均影响光辐射截获的质量。在光电告警系统中,选择光电探测器需要关注以下因素。

(1)实际光谱测量范围,这是选择光电探测器的首要问题;

(2)光电倍增管是高灵敏度探测器,使用波长通常到 900nm;

(3)光伏型探测器响应快、灵敏度高;

(4)光电导型探测器响应较慢;

(5)高性能红外探测器需要配套制冷装置;

(6)选择配套的前置放大器,发挥光信号探测最大效益。

在选择光电探测器时,除了解光电探测器性能之外,还要厘清所采用的光辐射截获方式。主要可分为直接截获接收、散射辐射截获接收、漫反射辐射截获接收和几种方式的复合截获接收。

① 直接截获接收

直接截获接收是光电探测器直接接收来自光源的光辐射能量,所以可接收到的能量最强,给出的接收信号也最强,探测距离远,定位精度高。

为了能直接截获目标光辐射能量,则要求光电探测器必须处在目标光辐射能量的主截面之内,因而直接截获接收方式对光电探测器和目标光辐射的轴线对准性要求很高。

② 散射辐射截获接收

散射辐射截获接收是光电探测器接收来自目标光,被大气分子或气溶胶粒子经过多次散射后的少量光辐射能量。

这种接收方式探测空域大,探测距离较近,对探测器和目标光辐射的轴线对准性要求低,但对目标光的方向识别能力相对较弱。要求探测器有较高的接收灵敏度,所接收的信号强度取决于目标光和探测器的相对位置方位及当时的大气条件。

③ 漫反射辐射截获接收

漫反射辐射截获接收是光电探测器接收来自目标光经过目标及其周围的物体一次或多次漫反射后的光辐射能量。所以这种方式与散射辐射截获接收一样,截获的光辐射不包含目标光的方向信号。

这种接收方式探测空域较大,探测距离近,对目标光的方向识别能力差,截获光辐射能量较弱,要求探测器有更高的接收灵敏度。

④ 复合截获接收

复合截获接收是把上述几种光辐射截获方式综合起来,实现直接截获接收和反射、散射截获接收的复合系统。这种方式综合了以上三种截获接收方式的优点,且符合各种复杂条件下光辐射截获的实际情况,所以实际应用过程中要考虑光电探测器的转换响应性能,即较宽的灵敏度响应曲线。

下面根据光辐射的不同截获方式,介绍光电告警系统的几种光辐射截获接收的理论计算。

3.1.2 光辐射截获的理论计算

先简单介绍描述光辐射现象的几个主要参数。

辐射通量(又称辐射功率):单位时间内辐射体所辐射出的总能量。用符号 Φ_e 表示,单位为瓦特(W)。

辐射强度:点辐射源在一定方向上单位立体角内辐射通量的大小。

$$I_e = \frac{\mathrm{d}\Phi_e}{\mathrm{d}\Omega} \tag{3-1}$$

式(3-1)中,I_e 的单位为瓦每球面度(W/sr)。

辐(射)出射度:面辐射源表面上任意一点处单位面积出射辐射通量的大小。

$$M_e = \frac{\mathrm{d}\Phi_e}{\mathrm{d}S} \tag{3-2}$$

式(3-2)中,M_e 的单位为瓦每平方米(W/m²)。

辐(射)照度:某一表面被其他辐射体照射,表面某一点单位面积被照射辐射通量的大小。

$$E_e = \frac{\mathrm{d}\Phi_e}{\mathrm{d}S} \tag{3-3}$$

式(3-3)中,E_e 的单位为瓦每平方米(W/m²)。

辐照度 E_e 与辐出射度 M_e 方向相反。

辐(射)亮度:辐射表面单位面积 $\mathrm{d}S$ 沿一定 n 方向上的单位投影面积 $\mathrm{d}s_n$ 和单位立体角 $\mathrm{d}\Omega$ 的辐射通量。即沿一定方向上单位面积的辐射强度。

$$L_e = \frac{\mathrm{d}^2\Phi_e}{\mathrm{d}\Omega \cdot \mathrm{d}s_n} = \frac{\mathrm{d}I_e}{\mathrm{d}s_n} \tag{3-4}$$

辐（射）照度是描述被辐射目标（如光电探测器）的技术参数，其他都是描述辐射源本身的技术参数。

1. 非相干辐射的直接截获接收计算

假设目标是面积为 A_1 的小面源（目标光辐射源），其光谱辐亮度为 L_λ，倾角为 θ_1，接收器入射孔（接收窗口）的面积为 A_2，倾角 θ_2，A_1 与探测器的接收窗口 A_2 相距为 R，探测器内的光电转换器件面积为 A_d，如图 3-1 所示。

于是，目标 A_1 向探测器的接收窗口所在方向发射的光谱辐射强度为

$$I_\lambda = L_\lambda \cos\theta_1 A_1 \tag{3-5}$$

若不考虑大气的衰减条件，到达探测器接收窗口 A_2 处的光谱辐射功率为

$$P_{1\lambda} = L_\lambda \cos\theta_1 A_1 \frac{A_2}{R^2} \cos\theta_2 \tag{3-6}$$

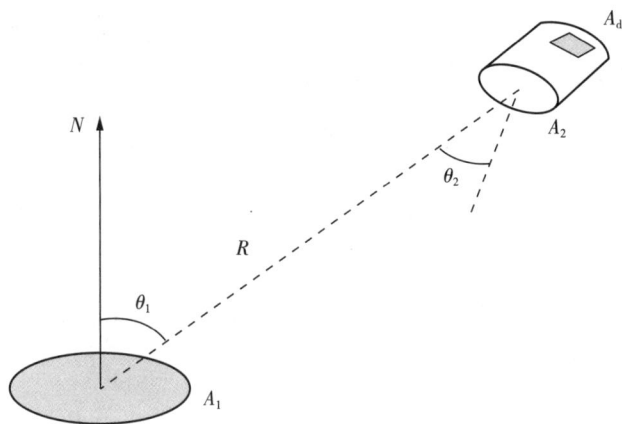

图 3-1　非相干辐射的直接截获接收示意图

若考虑大气衰减的影响，到达探测器接收窗口 A_2 处的光谱辐射功率为

$$P_{2\lambda} = P_{1\lambda} e^{-\int_0^R \delta(\lambda, x)\, dx} \tag{3-7}$$

式（3-7）中，$\delta(\lambda, x)$ 是插入大气的光谱衰减系数。

到达光电探测器上的光谱辐射功率为

$$P_{3\lambda} = P_{2\lambda} \tau_\lambda \tag{3-8}$$

式（3-8）中，τ_λ 为探测器接收器的光谱透过率。

若接收器的工作波长范围从 $\lambda_1 \sim \lambda_2$，则接收器接收到的有效功率为

$$P = \int_{\lambda_1}^{\lambda_2} P_{3\lambda}\, d\lambda = \int_{\lambda_1}^{\lambda_2} P_{2\lambda} \tau_\lambda\, d\lambda$$

$$= \frac{A_1 A_2 \cos\theta_1 \cos\theta_2}{R^2} \int_{\lambda_1}^{\lambda_2} L_\lambda e^{-\int_0^R \delta(\lambda, x)\, dx} \tau_\lambda\, d\lambda \tag{3-9}$$

若光电探测器的电压响应度为 R_v，则探测器的输出电压为

$$U = P \cdot R_v \tag{3-10}$$

这说明探测器的输出电压，对应的是探测器可响应波段范围内的光谱辐射有效功率。例如，对空探测来袭目标威胁，其 $3 \sim 5\mu m$ 中红外辐射特征明显，当选择中红外透镜和相应频率响应光电探测器时，则探测器输出量 U 是对来袭威胁目标光辐射的截获，即是对来袭威胁目标中红外辐射特征信息的度量。

2. 激光束主瓣能的直接截获接收计算

假设激光在大气中传播时遵守几何光学规律，大气是各向同性的均匀介质，探测器接收器与激光发射源的主光轴相互平行且靠近。若激光器输出的光功率为 P_t，则发射激光经过激光源的发射光学系统后，其辐射强度为

$$I_t = \frac{P_t}{\Omega_t}\tau_t = \frac{4P_t}{\pi\theta_t^2}\tau_t \tag{3-11}$$

式（3-11）中，θ_t 为光束主瓣部分的发散角；τ_t 为发射光学系统的透过率。

与激光源相距为 R 远处的光电探测器的接收窗口上的辐照度为

$$E = \frac{P_t\tau_t\tau_R}{A} = \frac{P_t\tau_t\tau_R}{\Omega_t R^2} = \frac{4P_t}{\pi\theta_t^2}\frac{1}{R^2}\tau_t\tau_R \tag{3-12}$$

式（3-12）中，A 表示接收器入射孔的面积，τ_R 表示 R 路程上插入大气的透过率，$\tau_R = e^{-\mu R}$，μ 为其衰减系数。

所以，探测器接收器处的辐照度为：

$$E = \frac{4P_t\tau_t}{\pi\theta_t^2}\frac{1}{R^2}e^{-\mu R} \tag{3-13}$$

对于按基模或低阶模工作的激光器，可以近似认为光束内的能量分布是相对于光轴对称的高斯分布，则在与激光源相距 R 远处的像平面上的照度分布为

$$E_t(\theta_1) = \frac{2P_t\tau_t}{\pi\theta_t^2}e^{-\frac{4\theta_1^2}{\theta_t^2}}\frac{1}{R^2}e^{-\mu R} \tag{3-14}$$

θ_1 为偏离光轴方向的角度。

若探测器接收器入射孔的面积 A 小于主瓣光斑，则该接收器所截获接收的激光功率为

$$P_r = \frac{2P_t\tau_t}{\pi\theta_t^2}\frac{1}{R^2}e^{-\mu R}\int_A e^{-\frac{4\theta_1^2}{\theta_t^2}}ds \approx \frac{2P_t\tau_t A}{\pi\theta_t^2 R^2}e^{-\frac{4\theta_1^2}{\theta_t^2}}e^{-\mu R} \tag{3-15}$$

于是，探测器的光电转换器件所接收到的光辐射功率为：

$$P_d = \tau_r \cdot P_r = \frac{2P_t\tau_t\tau_r A}{\pi\theta_t^2 R^2}e^{-\frac{4\theta_1^2}{\theta_t^2}}e^{-\mu R} \tag{3-16}$$

式中，τ_r 为光电探测器接收光学系统的透过率。

同样，若光电探测器的电压响应度为 R_v，则探测器的输出电压为

$$U = P_{\text{d}} \cdot R_{\text{v}} \tag{3-17}$$

这说明探测器的输出电压,对应的是探测器可响应激光波段的光谱辐射有效功率。例如,对空探测来袭激光制导武器,其目标指示器发射 $1.064\mu\text{m}$ 激光导引信号,当选择 $1.064\mu\text{m}$ 光学透镜和相应频率响应的光电探测器时,则光电探测器输出量为 U,是对来袭激光制导导弹目标指示器导引激光的直接截获,即是对导引激光特征信息的度量。

3. 激光束的散射能截获接收计算

当光通过不均匀介质时一部分光偏离原方向传播的现象称为散射。

假设激光源与告警接收装置之间的几何关系如图 3-2 所示。

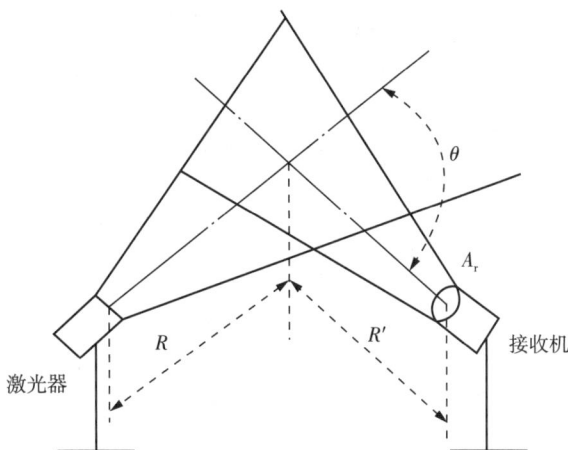

图 3-2　激光束的散射能截获接收示意图

探测原理是因大气组分的散射体造成了照射激光的散射现象,一般可探测的散射激光能量比较低,需选择高灵敏度的光电探测器。

假设激光源发射的激光束与探测器接收器瞬时视场相交部分的体积为 V,由 V 内的大气介质作为散射体,且散射体中心与激光源相距为 R,与探测器接收器相距为 R,则散射体 V 内的光谱辐照度由前述公式可知:

$$E_\lambda = \frac{4P_{\text{t}\lambda}\tau_{\text{t}}}{\pi\theta_{\text{t}}^2 R^2}\text{e}^{-\mu R} \tag{3-18}$$

假定激光束在散射体 V 内只有单散射,于是从散射体 V 散射到接收器方向的光谱辐射强度为

$$I_\lambda(V) = E_\lambda V P(\theta) = \frac{4P_{\text{t}\lambda}\tau_{\text{t}}}{\pi\theta_{\text{t}}^2 R^2}\text{e}^{-\mu R} V P(\theta) \tag{3-19}$$

式(3-19)中,$P(\theta)$ 为散射相角函数,它表示每单位体积、每单位立体角的散射截面,对于瑞利(Rayleigh)散射有 $P(\theta) = 3/4[1 + \cos(2\theta)]$,$\theta$ 为散射角。

探测器接收器截获接收到的光谱辐射功率为

$$P_{\text{r}\lambda} = I_\lambda(V)\Omega_{\text{r}}\tau_{R'} = \frac{4P_{\text{t}\lambda}\tau_{\text{t}}}{\pi\theta_{\text{t}}^2 R^2}\text{e}^{-\mu R} V P(\theta) \frac{A_{\text{r}}}{R'^2}\text{e}^{-\mu R'} \tag{3-20}$$

式(3-20)中，A_r 为接收器入射孔的面积(同样可以得到探测器的输出电压)。

4. 激光束的漫反射截获接收计算

当光线照到不平的表面而发生光路变化的现象称为漫反射。激光器发出的激光，经过目标表面漫反射后，有一部分漫反射激光进入光电探测器光学窗口。

假设目标与激光源相距为 R，与探测器接收器相距为 R'，目标面积为 A_r，接收器接收孔面积为 A_s，激光源与垂直线夹角为 φ，接收器与垂直线夹角为 φ'。

激光器发射的光功率为 P_t，发散角为 θ_t，于是发射立体角 $\Omega_t = \pi\theta_t^2/4$，设 Ω_r 表示目标对激光器所张的立体角，则目标接收到的光功率为

$$\begin{cases} P_r = \dfrac{P_t\tau_t\Omega_r}{\Omega_t}e^{-\mu R} & (\Omega_r \leqslant \Omega_t) \\[2mm] P_r = P_t\tau_t e^{-\mu R} & (\Omega_r > \Omega_t) \end{cases} \tag{3-21}$$

式(3-21)中，μ 为激光器与目标之间插入大气的衰减系数。于是，目标面积 A_r 上的辐照度 E_r 可表示为

$$\begin{cases} E_r = \dfrac{P_r}{A_r} & (\Omega_r \leqslant \Omega_t) \\[2mm] E_r = \dfrac{P_r}{A_t} & (\Omega_r > \Omega_t) \end{cases} \tag{3-22}$$

式(3-22)中，A_t 为激光束投射到 A_r 上的光斑面积。

假设目标上的漫反射系数为 ρ(大多数漫反射目标的 $\rho \leqslant 0.2$)，则目标面的漫反射辐射亮度为

$$L = \frac{\rho}{\pi}E_r \tag{3-23}$$

因此，投射到接收器上的漫反射辐射功率为

$$\begin{aligned} P_p &= LA_r\Omega_s\cos\varphi' e^{-\mu'R'}\tau_\lambda \\[1mm] &= \frac{\rho}{\pi}E_r A_r\Omega_s\cos\varphi' e^{-\mu'R'}\tau_\lambda \\[1mm] &= \frac{\rho}{\pi}\frac{P_t\tau_t\Omega_r}{\Omega_t}e^{-\mu R}\Omega_s\cos\varphi' e^{-\mu'R'}\tau_\lambda \end{aligned} \tag{3-24}$$

式(3-24)中，Ω_s 为接收器通光孔对目标所张的立体角；μ' 为目标与接收器间插入大气的衰减系数。

把所有立体角的计算公式代入，当 $\Omega_r \leqslant \Omega_t$ 时，则 P_p 可写为

$$\begin{aligned} P_p &= \frac{\rho P_t\tau_t}{\pi}\frac{4}{\pi\theta_t^2}\frac{A_r\cos\varphi}{R^2}\frac{A_s}{R'^2}\cos\varphi' e^{-\mu R}e^{-\mu'R'}\tau_\lambda \\[2mm] &= \frac{4\rho P_t\tau_t A_r}{\pi^2\theta_t^2 R^2}\frac{A_s}{R'^2}\cos\varphi\cos\varphi' e^{-\mu R}e^{-\mu'R'}\tau_\lambda \end{aligned} \tag{3-25}$$

若 $\Omega_r > \Omega_t$，则 P_p 可改写为

$$P_p = \frac{\rho P_t \tau_t A_s}{\pi R'^2} \cos\varphi' \, e^{-\mu R} \, e^{-\mu' R'} \tau_\lambda \qquad (3-26)$$

若目标并非理想的漫反射体，那么反射辐射将集中在一个不太大的立体角 Ω_f 内。于是，接收器所能接收到的功率为

$$P_p = \frac{\rho P_r \tau_t}{\Omega_f} \Omega_s \cos\varphi' \, e^{-\mu' R'} \tau_\lambda = \frac{P_r}{A_r} \Omega_s \cos\varphi' \sigma_r \, e^{-\mu' R'} \tau_\lambda \qquad (3-27)$$

式（3-27）中引入了目标反射截面 σ_r 的概念，其定义为 $\sigma_r = \rho A_r / \Omega_f$。当 $\Omega_r \leqslant \Omega_t$ 时，有：

$$P_p = \frac{4 P_t \tau_t}{\pi \theta_t^2} \frac{\sigma_r}{R^2} \frac{A_s}{R'^2} \cos\varphi' \cos\varphi \, e^{-\mu R} \, e^{-\mu' R'} \tau_\lambda \qquad (3-28)$$

当 $\Omega_r > \Omega_t$ 时，只要令 $A_r = A_t = \frac{\pi}{4} R^2 \theta_t^2 / \cos\varphi$，代入上面的 σ_r 即可。

上面分析了四种光辐射截获方式与计算方法，一般地，在光辐射探测过程中，对光辐射的截获，可能会同时出现多种截获方式，如对半主动激光制导的引导激光截获时，可能会同时存在散射、漫反射甚至直接辐射等情况。当然，这 3 种截获方式对光电探测器来说，所能截获的激光功率，量级差别较大，当 3 种方式同时截获时，检测模块对光电探测器的性能要求高，所以采用哪种方式，需要根据实际环境要求选择一种或多种方法综合实现光辐射截获接收的计算。

3.1.3　激光离轴散射截获半径计算

激光告警设备除了可对直射激光告警，还可以对经过大气散射的直射激光信号告警。其中，直接入射光束能量集中、密度大，但由于激光发散角小，光斑半径通常只有米级，如果只探测直射激光束，那么激光告警器的警戒范围很小。我们知道，激光在大气中传播时，大气分子对它的吸收和散射非常微弱，而大气气溶胶对它的吸收和散射效应则比较显著。大气气溶胶粒子的吸收和散射一方面导致直射激光信号受到衰减，另一方面也使得远离直射光束的大气散射激光信号显著增强。因此，如果大气散射激光辐照度大于激光告警系统的探测灵敏度阈值，那么大气散射的激光信号将会被告警器离轴探测而进行告警，从而扩大激光告警系统的警戒范围。当离轴探测距离达到特定的告警探测概率（如 98%）时，此时的离轴距离称为散射截获半径。

1. 离轴散射探测模型

激光源位于 E 点，激光光轴沿 EO 方向传输，激光告警探测设备位于 D 点，O 是光束主轴上的一点，S_1、S_2 分别是路径上的任意点，探测器的法线方向由 D 点指向 F 点。$ES_1 = X$，$EO = R$，$OD = d$，$S_1 D = l$，光传播速度是 C，激光束发散角是 θ，气溶胶粒子散射角是 β。

从发射第一个脉冲开始计时，激光束沿主轴传输时间是 T_0，散射光传输到探测点 D 的时间与主轴激光传输到散射介质前端 S_1 的时间和是 T_D，那么有

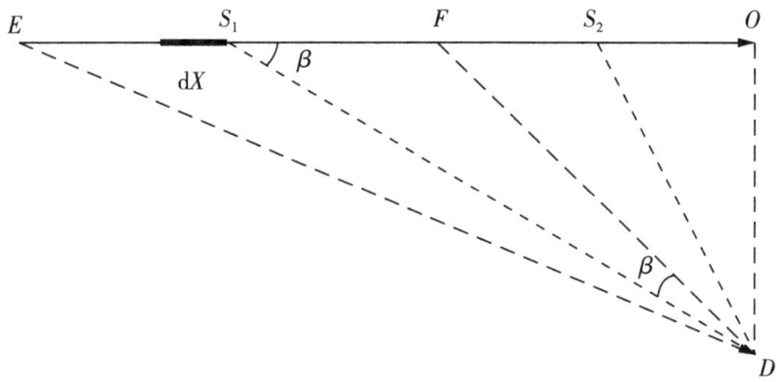

图 3-3　激光告警散射截获半径测试示意图

$$X = CT_0 \qquad (3-29)$$

$$X + \sqrt{(R-X)^2 + d^2} = CT_D \qquad (3-30)$$

则

$$X = \frac{(CT_D)^2 - R^2 - d^2}{2(CT_D - R)}$$

由于 X 随散射光传输时间 T_D 变化, 对 T_D 求微商, 有:

$$\frac{\mathrm{d}X}{\mathrm{d}T_D} = \frac{C\,(CT_D - R)^2 + Cd^2}{2(CT_D - R)^2} \qquad (3-31)$$

散射距离 l 为

$$l = \frac{(CT_D - R)^2 + d^2}{2(CT_D - R)} \qquad (3-32)$$

散射角 β 的余弦为

$$\cos\beta = \frac{R-X}{l} = \frac{d^2 - (CT_D - R)^2}{d^2 + (CT_D - R)^2} \qquad (3-33)$$

入射到散射介质前端的激光辐射照度:

$$I_i = \frac{W}{S}\tau \qquad (3-34)$$

大气透过率:

$$\tau = \exp(-\alpha X)$$

式中, S 为光斑面积, $S = \dfrac{\pi(X\theta)^2}{4}$; W 为脉冲激光功率; α 为大气消光系数, $\alpha = 3.912/\mathrm{Vis} \times (0.55 \times 10^6/\lambda)^q$, Vis 为大气能见度, q 一般情况下取 1.3。

将以上各参数代入 (3-34) 式, 可得到:

$$I_i = \frac{4W}{\pi(\theta CT_0)^2}\exp(-\alpha CT_0) \qquad (3-35)$$

假设探测视场内的介质散射属于单次散射,在某一时刻 D 点接收的散射光是点 S_1 处由激光光束截面以及间距为 dX 所构成圆柱体内散射粒子所产生前向散射光共同贡献的结果。因此,主轴上 S_1 点附近,间距为 dX 的光柱在观测方向 β,散射到 D 点的微辐射照度为

$$dI_S = I_i \frac{\int_r F(\beta,\omega)n(r)dr}{k^2 l^2} S \times dX \times \cos\delta \qquad (3-36)$$

将式(3-31)、式(3-32)、式(3-35)代入式(3-36),可得到:

$$dI_S = W\exp(-\alpha CT_0) \cdot \frac{2C}{d^2+(CT_D-R)^2}dT_D \cdot \frac{\int_r F(\beta,\varphi)n(r)dr}{k^2}\cos\delta \quad (3-37)$$

那么对 T_D 求积分得到探测视场内总的散射辐射照度为

$$I_S = \int_{T_D}\int_r W\exp(-\alpha CT_0) \times \frac{2C}{d^2+(CT_D-R)^2} \times \frac{F(\beta,\varphi)n(r)}{k^2} \times \cos\delta dT_D dr$$

$$(3-38)$$

式中,$F(\beta,\varphi)$ 为散射函数;φ 为电矢量极化角;l 为散射距离;$n(r)$ 为气溶胶粒子谱分布;δ 为散射光入射方向与告警设备光学系统法线的夹角。

从式(3-38)可以看出,散射光光强和照射激光器的波长、主轴激光传输距离、离轴距离、大气能见度、气溶胶的成分及探测器的视场等因素有关。

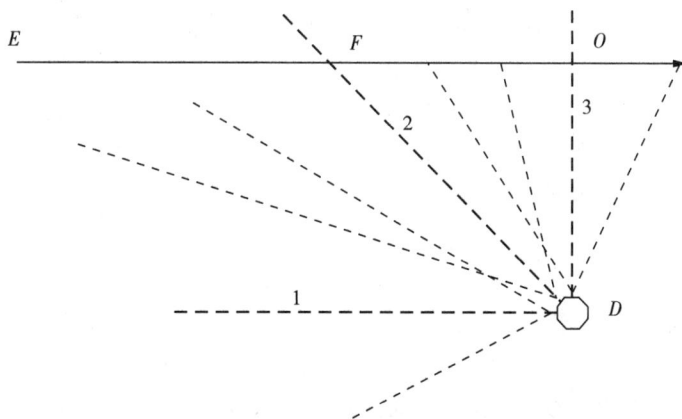

图 3-4　告警天线离轴散射截获接收示意图

假设由 n 个探测器组成的阵列式告警天线接收散射光强和探测方向的关系,如图 3-4 所示。告警天线位于 D 点,光源位于 E 点,激光束的光轴沿 EO 方向,虚线分别为三个探测器的光轴,实线分别为其视场范围,依据散射光到达探测器的时间先后将探测器编为 1、2、3 号,1 号、2 号和 3 号探测器的法线方向与激光光轴的夹角分别为 $180°$、$45°$ 和 $90°$。通过计算,可以得到探测器 1 接收的散射光强峰值大于其他两个探测器,告警系统接收散

射光最强的方向为180°方向。

　　2. 离轴散射截获的影响因素分析

　　某一固定参数的 $1.06\mu m$ 脉冲激光在低空大气中传输时，激光信号离轴散射截获半径与入射激光能量、大气能见度有关。激光告警系统中散射截获半径一般是指探测概率达到98%时所对应的离轴距离。图3-5是根据式(3-38)仿真计算得到的能见度与散射截获半径的关系曲线。

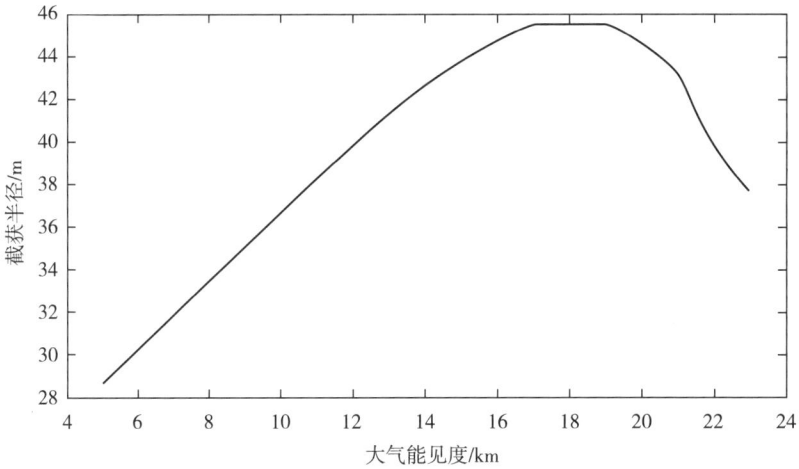

图 3-5　大气能见度与散射截获半径的关系曲线

　　威胁源激光斜程传输条件下，散射截获半径与能见度呈非线性变化。图3-5说明，大气能见度逐渐增加，大气对散射激光信号的衰减减小，散射截获半径随之变大，当能见度达到某个值时对应的散射截获半径最大。然后随大气能见度的增加，气溶胶粒子密度的降低，散射激光信号强度减弱，散射截获半径逐渐减小。仿真结果表明，散射截获距离和能见度之间呈非线性关系，有一个最佳的能见度对应一个最大的散射截获半径，此时激光告警设备的散射截获能力最强。

3.1.4　奈曼－皮尔逊准则

　　大家知道，通过截获技术可以实现对来袭威胁目标告警。在截获方式的计算中，做一些简化和假设(如大气环境影响、不考虑探测器的灵敏度精度等)，实际上这些假设都会直接影响到告警的真实状态，也就是简化和假设会最终产生告警装置的输出误差，即出现假报警(虚报警)，从而影响告警装置的性能。显然，对于光电告警系统来说，设计者总是期望其目标的检测概率高且目标的虚警率低，当然如何从技术上解决这一对矛盾需求，是本节要讨论的问题。

　　讨论判定准则之前，首先介绍几个与告警相关的基本概念。

　　1. 正确报警

　　当目标信号与噪声信号同时存在时，系统检测到目标信号存在，并做出目标存在的判断(报警)。正确报警的概率用 P_d 表示，有时也称检测概率。正确报警的风险因子用

C_{11} 表示。

2. 虚警

当只有噪声存在的条件下,系统误检测而做出目标存在的判断,虚警率用 P_f 表示,虚警带来的风险因子用 C_{10} 表示。

3. 虚警时间

虚警时间是指在这一段时间内系统平均只给出不大于一次的虚警,用 τ_f 表示。下面讨论虚警时间 τ_f 和虚警率 P_f 之间的关系。

一个噪声脉冲不引起虚警的概率为 $(1-P_f)$,那么 n 个独立的噪声脉冲皆不引起虚警的概率为

$$P_0 = (1-P_f)^n \tag{3-39}$$

当 $P_f \ll 1$ 时,有

$$P_f \approx (1/n)\ln(1/P_0) \tag{3-40}$$

例如,取 $P_0 = 0.5$ 时,则 $P_f \approx (1/n)\ln 2 = 0.693/n$,$n$ 为独立的噪声脉冲数。

若放大器的频带宽度为 Δf,则在 τ_f 时间内的独立噪声脉冲数 $n = \tau_f \Delta f$。Δf 一般取信号持续时间 Δt 的倒数,就是系统瞬时视场 $\bar{\omega}$ 扫过目标所经历的时间,即

$$\Delta t = \frac{\bar{\omega}}{\Omega} T_f \tag{3-41}$$

式中,Ω 为系统总视场,T_f 为帧时间。因此,有

$$n = \tau_f \frac{\Omega}{\bar{\omega} T_f} \tag{3-42}$$

把此结果代入式(3-40),有

$$P_f = \frac{0.693}{\tau_f} \frac{\bar{\omega} T_f}{\Omega} \tag{3-43}$$

4. 漏警

漏警是当目标信号与噪声信号同时存在时,系统未检测到目标信号,而做出目标不存在的错误判断(报警)。漏警率用 P_1 表示,其风险因子用 C_{01} 表示。

5. 正确不报警

当只有噪声存在的条件下,系统做出目标不存在的正确判断,正确不报警率用 P_c 表示,其相应的风险因子用 C_{00} 表示。

于是系统检测,并做出判断的总的错误概率 P 可表示为

$$P = P_{H_1} P_1 + P_{H_0} P_f \tag{3-44}$$

P_{H_1} 表示目标信号与噪声同时出现的概率,P_{H_0} 表示只有噪声出现的概率。可以理解为:系统告警错误概率等于总的信号漏警率加上噪声信号虚警率,且系统作出判断而带来的平均风险:

$$\overline{C} = P_{H_1}(C_{11}P_d + C_{01}P_l) + P_{H_0}(C_{10}P_f + C_{00}P_c) \tag{3-45}$$

目标和噪声出现的总风险等于探测概率的正确报警风险加上漏警的风险;噪声出现的风险等于探测概率的正确不报警风险加上虚警的风险。

这几个与探测告警相关的基本概念的含义是相互联系的,而且存在制约且矛盾关系。例如,正确报警和漏警、正确不报警和虚警等,一般在告警应用系统中都会给出告警率(正确告警率)、虚警率和虚警时间。

奈曼－皮尔逊准则(简称 N-P 准则)的基本思想是:在给定一个允许的虚警率 P_f 的条件下,使系统的探测概率 P_d 尽可能地大。该准则与贝叶斯准则(置信度)表达上不同,但实质上是一致的(可以理解为在允许的误差范围内,完成一项任务所追求的最大概率)。

假设允许的虚警率值为 P_f,则根据 N-P 准则应使探测概率 P_d 尽可能大,或者漏警率 P_l 尽可能地小。即按 N-P 准则,有

$$\begin{cases} P_f = 常数值 \\ P_l 尽可能地小 \end{cases}$$

构造一个函数:

$$K = \lambda P_f + P_l \tag{3-46}$$

式(3-46)中,λ 为待定乘子。根据 N-P 准则,K 应尽可能地小。另外,平均风险可用下式表述:

$$\overline{C} = C_0 + \left[(C_{10} - C_{00})P_f P_{H_0} + (C_{01} - C_{11})P_l P_{H_1} \right] \tag{3-47}$$

式(3-47)中,$C_0 = P_{H_0}C_{00} + P_{H_1}C_{11}$ 为不可去除的风险。

式中右边方括号的内容用 C' 表示,则有:$\overline{C} = C_0 + C'$,按贝叶斯准则应有 $\overline{C}$ 最小,则 C' 项尽可能地小,令 $\dfrac{(C_{10} - C_{00})P_{H_0}}{(C_{01} - C_{11})P_{H_1}} = \eta_0$,于是有

$$C' = (\eta_0 P_f + P_l)(C_{01} - C_{11})P_{H_1} = C''(C_{01} - C_{11})P_{H_1} \tag{3-48}$$

$C'' = (\eta_0 P_f + P_l)$,按贝叶斯准则,C' 尽可能地小,即要求 C'' 尽可能地小。

将 C'' 的表示式与 N-P 准则中的构造函数 K 表示公式相比可知,奈曼－皮尔逊准则与贝叶斯准则本质上一致。

3.2　激光告警技术

以激光为信息载体,发现敌方光电装备,获取其方位、种类、工作状态、性能参数、运行状况等"情报"并及时报警的技术就称为激光告警技术。研究激光告警技术的目的是快速探测激光威胁的存在,尽可能确定出其方位、波长、强度、脉冲特性(脉宽、重频、编码特性等)等信息,并进行声光报警,以便己方能及时采取规避、防护、干扰等措施,从而使

己方人员或武器装备免遭杀伤、干扰或破坏。

激光告警器的作战效果是十分显著的,它能大大提高所保卫目标的生存能力。在典型的作战情况下,一枚马赫数为 2 的激光制导导弹,从 3～4km 以外直升机上发射,从发射到击中目标仅需 6.4～6.8s,这就要求光电对抗系统反应迅速。而系统的反应时间与告警器的方位分辨精度有关,当告警精度为 8°时,由十字准线捕获目标需时 3～4s;当告警精度为 0.1°时,目标被定位仅需 0.1s,留给火控系统的反应时间则达 6s。

实施激光告警功能的装备即为激光告警器,其战术技术性能通常由以下几项指标来衡量。

(1)告警距离:是指当告警器刚好能确认威胁存在时,威胁源至被保护目标的最大距离,有时也称为作用距离。

(2)探测概率:是指当威胁源位于告警器视场内时,告警器能对其正确探测并发出警报的概率。

(3)虚警与虚警率:虚警是指事实上不存在威胁而告警器误认为有威胁并错误发出的警报,发生虚警的平均时间间隔的倒数称为虚警率。

(4)告警空域:是指告警器能有效侦测威胁源并告警的角度范围,也称为视场角。

(5)角分辨力:是指告警器恰能区分两个同样威胁源的最小角间距。

3.2.1　激光告警基本原理

激光告警就是尽可能地确定出目标的方位、波长、强度、脉冲特性(脉宽、重频、编码特性等)等信息。

1. 激光目标探测

与激光雷达的目标探测基本原理相似,激光目标探测是采用激光作为光源去照射目标,通过对目标反射回波的探测,获取目标回波的强度、频率、相位、偏振态、吸收光谱、反射光谱及拉曼散射光谱等信息,从而判别目标的距离、角位置、速度、运动轨迹及外形等等。所探测的激光目标回波信号都是十分微弱的光信号,尤其是对非合作目标的探测更是如此(或者低到 10^{-7}～10^{-8}W),有时还会低到光子计数水平,如何从混杂的噪声中提取出有用的激光信号就是激光目标探测要解决的关键技术。

在激光目标探测中应用较多的是光子探测器:包括外光电转换型器件,如响应波段从紫外到近红外的光电倍增管、强流管等;由锗、硅或多元合金制作的光电二极管、锗掺杂光探测器(内光电转换器件)等,其覆盖波段范围宽、使用方便,是当今激光目标探测系统中不可替代的关键元件。

所有的光电探测系统都无一例外地要受到各种固有噪声的干扰影响,甚至会受人为干扰的影响(光电干扰)。实际使用中,常用系统的最小探测功率(等效噪声功率(NEP))来表征该系统的探测能力(系统的 NEP 就是信噪比 SNR=1 时的信号功率)。

由于背景噪声、探测器噪声及信号放大电路噪声等的存在,在实际的激光目标探测中,接收信号极其微弱,有时甚至会出现信噪比小于 1 的情况。因此,在系统设计时,首先应确保系统能接收到尽量大的信号,获得尽可能高的信噪比,使信噪比达到设计要求值。一般来说,适当增加发射功率,减小发射激光束发散角,可以提高回波信号强度,但

这有一定的限度。因此,最好的办法是减小接收系统的噪声,提高系统的接收灵敏度。减小接收系统噪声的办法如下:

(1)合理选择接收视场,插入窄带滤光片,抑制背景光的干扰。

(2)合理选择发射激光的调制波形,以获得最好的信噪比。

(3)采用抗干扰能力强的探测方法,如外差探测方法。

(4)在信号的处理过程中,采取适当的措施,如低噪声前置放大器,并合理选取放大器的带宽。

如果上述各项措施都不足以达到信噪比大于1,还可以利用信号与噪声在时间特性上的差异,实现信噪比小于1的情况下提取淹没在噪声中的信号,可采取的方法有相关检测、取样积分、光子计数方法等。

2. 激光目标识别

激光目标识别是通过发射激光光束照射未知目标,然后检测目标回波信号的强度、频率变化量、相位移动值、偏振态改变情况、目标反射光谱与吸收光谱的特征或者外形图像来判别目标的种类和属性。如果这些目标的特征属性是唯一的,就可以通过与数据库的数据进行对比来鉴别目标。广义地说,这些目标的独特属性,就像人的外貌、声音、指纹和DNA一样都可以用作区分和识别的判据。

激光雷达可以测量目标的特征振动频谱、特征反射光谱、特征吸收光谱和特征散射光谱(拉曼散射)、目标飞行速度、目标滚转特征等,这些都是激光雷达目标识别的依据。成像激光雷达的最大优点就是可以获得高分辨率的目标三维图像。把获得的图像数据送入计算机中,经一定的算法程序对图像数据进行处理,使因地物背景或其他干扰噪声造成的模糊图像变得清晰,显现出具有一定对比度、有清晰边缘轮廓和外形细节的图像。然后与计算机数据库中的目标数据进行对比,将场景内的各种各样的目标加以区别。例如,对敌我双方的目标、民用建筑物、工事、背景植物(树木、草丛)等一一加以识别、区分,然后选择出需要打击的目标,实现场景中目标自动识别(ATR)。常用的目标识别算法有Maximal Clique算法、Alignment算法、Relaxation Labeling算法、归一化Hough变换算法和Indexing算法等。

在军用战车、军舰和飞机上也常常采用多个传感器进行目标探测,以提高目标识别能力。多传感器包括主动传感器和被动传感器。为了最大限度地发挥多传感器的作用,提高目标识别效果,必须对多传感器数据进行数据自动融合处理。在选择数据融合系统时,以成像激光雷达与前视红外传感器融合系统最为有效,有研究结果表明,两个传感器数据融合后,图像识别能力大大提高。图像数据融合可以采用以下3种融合级别。

(1)像素级融合:这种融合有可能获得其他融合级中不能显示出的许多细节。

(2)特征级融合:从各传感器中取出特征数据,如外形、边缘、方向、矩,将这些特征在分类处理之前融合。

(3)决策级融合:目标分类由各传感器独立完成,对分类判断采用置信度值融合。

成像激光雷达和前视红外组合系统适宜采用特征级融合或决策级融合,这两种传感器的数据融合已用于目标自动识别系统。

3. 激光告警方式

激光告警的原理如图3-6所示。激光告警具有探测概率高、虚警率较低、反应时间短、动态范围大、覆盖空域广、工作频带宽等优点。激光告警按其工作方式的不同,一般可分为主动式激光告警和被动式激光告警两类。

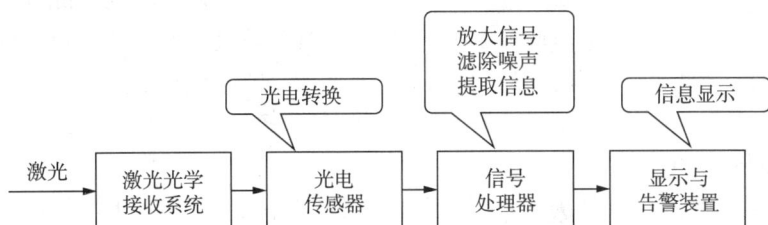

图 3-6 激光告警的原理

主动式激光告警是通过主动发射激光来扫描目标所在空间区域,分析和提取目标的回波,从而在背景中获得目标的信息,主要设备有激光雷达和激光相机等。

被动式激光告警是利用光电探测元件,接收敌方各种激光设备与武器所发射的激光束并进行处理从而获得目标的信息。按处理方式不同,它又分为激光威胁告警和激光侦察监视两类。激光威胁告警是探测到敌激光信号后,确定其来袭方向,测定光束的主要技术参数,并及时发出警报。为实时识别敌方激光辐射源和为情报系统提供决策信息,激光告警技术要求系统有依据平时情报侦察建立的激光威胁数据库或智能决策系统。激光侦察监视则是能最大限度连续不断地获取敌方各种激光武器和装置的战术技术情报。

3.2.2 激光告警的关键技术

激光告警技术涉及激光、信息处理、编码识别等多个学科领域,多波长探测、微弱信号处理、虚警抑制、多元相干探测、杂光干扰抑制等是必须解决的关键技术。

1. 多波长探测技术

20 世纪 90 年代初,随着激光技术军事应用的深入,激光器发生了许多重大变化。工作在人眼安全波段的激光器开始取代对视力有害的红宝石和钕玻璃激光器;可调谐的可见和近红外激光器消除了红宝石和钕玻璃激光器易被对抗的弱点;用于对抗热寻的和红外搜索跟踪系统(IRST)的 $3\sim5\mu m$ 的激光器,以及用于对抗 $8\sim14\mu m$ 前视红外的激光器已出现;CO_2 和其他高相干激光器系统已用于激光雷达和通信。鉴于激光威胁频谱的日益扩展,激光告警的工作波段也必将因此而不断拓展,只能探测单一波长的激光告警器已不能满足使用要求,必须发展多波长探测装备。

2. 微弱信号处理技术

在复杂的战场环境中,由于可探测到的激光信号是经多次反射或漫反射的信号,非常微弱,处理不好将会出现被噪声淹没的情况。例如,对于空间物体的检测,常常伴随着强烈的背景辐射;在光谱测量中,特别是吸收光谱的弱谱线更容易被环境辐射或检测器件的内部噪声所淹没。为了进行稳定和精确地检测,需要有从噪声中提取、恢复和增强被测信号的技术措施。通常的噪声(闪烁噪声和热噪声等)在时间和幅度变化上都是随机发生的,分布在很宽的频谱范围内。它们的频谱分布和信号频谱大部分不相重叠,也没有同步关系。因此降低噪声、改善信噪比的基本方法可以采用压缩检测通道带宽的方法。当噪声是随机白噪声时,检测通道的输出噪声正比于频带宽的平方根,只要压缩的带宽不影响信号输出就能大幅降低噪声输出。此外,采用取样平均处理的方法使信号多次同步取样积累。由于信号的增加取决于取样总数,而随机白噪声的增加却仅由取样数的平方根决定,因此可以改善信噪比。根据这些原理,常用的弱光信号检测可分为光纤耦合、锁相放大器、取样积分器和光子计数器等几种方式。

3. 虚警抑制技术

由于激光信号的长重复周期性,甚至在一场战斗中激光测距机只发射一个激光脉冲,因此对激光告警设备提出了凝视性能要求,即要求激光告警器能够长时间警戒整个空域。然而,由于光电探测元件的白噪声、阳光、炮火闪光、宇宙射线、电磁干扰以及背景光干扰等产生虚警,因此必须解决激光告警器的虚警问题。虚警率实质上是系统噪声大于探测阈值的概率,灵敏度越高,微弱信号处理能力越强,作用距离也越远,但出现虚警的概率也越大。

采用时序控制、设置波门、软件处理等技术手段可有效地抑制虚警。

4. 多元相关探测技术

利用激光优异的相干性是探测激光威胁的最好方式,能剔除阳光、火光、曳光弹、探照灯等光干扰。

激光告警接收机已成功地应用了多元相关探测技术,即在一个光学通道内,采用两个并联的探测单元,并对探测单元的输出进行相关处理。由于在两个探测单元中噪声干扰脉冲瞬时同时出现的概率几乎为零,因此该电路几乎能滤除全部的噪声干扰信号,并且能保证告警器有较高的探测灵敏度。多元相关探测技术可使激光告警器的虚警率下降达两个数量级,多元相关探测技术兼顾了探测灵敏度和虚警率这两个技术参数,它使激光告警器在具有最大探测灵敏度的同时,保证具有极低的虚警率。

5. 杂光干扰的抑制技术

为消除或抑制自然光及灯光、火焰、炮火闪光等可能对激光告警性能的影响,常采取以下措施。

(1)光谱滤波:利用置入探测光路中的窄带滤光片,只允许特定波长的激光威胁信号通过,摒弃其他光辐射,可取得很好的效果。

(2)电子滤波:根据威胁激光信号的脉冲特征也可以抑制干扰。例如,敌方测距激光的脉冲宽度常为纳秒量级,据此设计滤波器就可减少干扰。

(3)门限控制:威胁激光的幅值通常很高,设计阈值比较器能剔除低于阈值的噪声。

6. 激光主动探测回波识别技术

光电系统一般是通过一定口径的光学系统将目标反射回来的光信号会聚到一个高灵敏度的光电传感器上或是将目标成像到位于焦点的传感器上,这些传感器又与一高放大倍数的电路相连接组成信息系统。光电传感器在接收光学信号的同时,会将部分入射的光信号按原路反射。由于该部分反射能量较为集中,其功率密度远大于漫反射目标,在一定距离上根据二者的能量差异足以区别出目标和背景。

根据光学镜头的后向反射特性,激光回波信号强度、脉冲宽度等特征,通过设置阈值、正交相位检波技术能够实现目标识别。

7. 到达角(AOA)测量技术

从战场使用来说,都希望告警器能准确提供激光威胁源的方向信息,但实际情况常影响这种信息的可靠性。例如,告警器收到的激光能量不是由威胁源直接传来的,而是经由中间某物体的散射后进入告警器;另外,大气传输造成激光波前畸变和光束抖动,使进入告警器的光束方向不是威胁激光的真实走向;加之某些军用激光器的单脉冲特性,可能造成"漏检",等等。

采用凝视成像技术能够克服以上困难。它把视角范围内的场景和入射激光聚焦光斑成像于探测器面阵,并通过屏幕直观显示,以便于判断和准确测向。而且,凝视系统不会像扫描系统那样有漏掉单脉冲的可能。

8. 宽动态范围的实现技术

战场上激光威胁的能量可能相差好几个量级,加之告警器收到的激光光斑既可能直接从激光器发射来,也可能经过一个或多个漫反射体散射而来,因此射入告警器的能量密度可能有 10 个量级以上的变化,这要求告警系统具有很宽的动态范围。尽管许多光电探测器的线性动态范围可能很宽,但前置放大器及偏置电路往往只有 3~4 个量级的线性动态范围,故全系统宽动态范围的实现也是关键。

3.2.3　主动式激光告警技术

主动式激光告警技术是利用光学系统后向反射的"猫眼"效应,对战场上敌方的光电装备进行定位和识别的技术手段。它兼具激光测距和目标识别两种功能,应用脉冲激光测距原理得到目标的距离信息,利用激光回波强度同时辅助于回波宽度与数量进行目标识别。

1. "猫眼"效应探测的原理

光电装备的光学系统在受到激光束辐照时,由于光学"准直"作用,其产生的"反射"回波强度比其他漫反射目标(或背景)的回波高几个数量级,就像暗中的"猫眼",如同猫的眼睛反应,因此称为"猫眼"效应。黑暗中的猫眼及其光学原理图如图 3-7 所示。

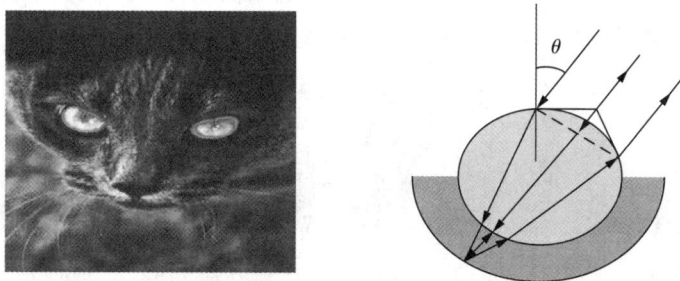

图 3-7　黑暗中的猫眼及其光学原理图

如图 3-8 所示为"猫眼"效应原理示意图。图 3-8 中,L 是光学物镜,其像方焦点为 F,焦面上有分划板 G(或光探测器)。若有激光束沿 AA' 方向射至 L,则 L 使之沿 $A'F$ 射向 G,经过 G 的反射,一部分光能沿 FB' 返回 L,经 L 后沿 $B'B$ 射出。同理,沿 BB' 射来的激光束经过光学系统后会有一部分沿 $A'A$ 方向射出。由于透镜 L 的聚焦功能和 G 的镜面反射，系统产生了光学"准直"作用。由于这种作用，反向传播的激光回波能量密度比其他目标(或背景)的回波能量密度高得多。

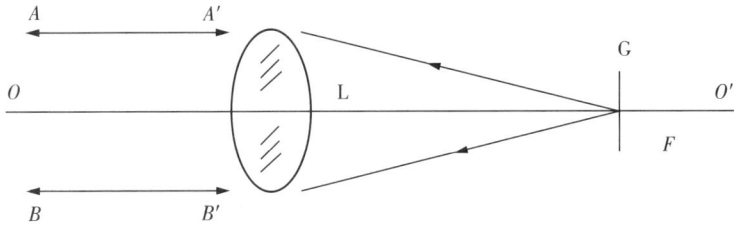

图 3-8 "猫眼"效应原理示意图

当主动式激光告警设备工作时，由激光发射系统以扫描搜索方式向目标空域发射激光束，当激光束射到敌方光电装备视场之内时，"猫眼"效应造成的激光回波携带了此光电装备的许多信息，接收这些信息并作相应处理，就能得到敌方光电装备所在的方位、距离、探测器种类、工作波长、运动状态等参数，进而依据常设数据库和专家系统确定敌方光电装备的属性(甚至型号)，发布指挥决策信息和告警信号，向火控系统、对抗系统发出指令。

总之，主动式激光告警是通过主动发射激光扫描目标所在区域，检测、分析和提取目标的回波信号，从而在自然背景中获得目标的信息。在扫描到存在光学和光电观瞄设备时，由于其"猫眼效应"，目标对入射激光产生的后向反射激光比漫反射强得多。通过对回波信号特性进行分析，达到侦察光学和光电观瞄设备的目的。如图 3-9 所示为美国 Mirage-1200 便携式双筒激光主动探测器及其探测效果。

图 3-9 美国 Mirage-1200 便携式双筒激光主动探测器及其探测效果

2. 激光对"猫眼"类光学镜头的作用距离

激光对漫反射小目标的激光测距方程为

$$P_{\mathrm{p}} = \frac{4 P_{\mathrm{t}} A_{\mathrm{r}} A_{\mathrm{s}} \tau_{\mathrm{t}} \tau_{\lambda} \tau^2 \rho}{\pi \theta_{\mathrm{t}}^2 R^4} \tag{3-49}$$

激光对漫反射大目标的测距方程：

$$P_p = \frac{P_t A_r \tau_t \tau_\lambda \tau^2 \rho}{\pi R^2} \qquad (3-50)$$

式(3-50)中，P_t 为激光器输出功率；θ_t 为入射激光束散角；τ_λ 为接收光学系统透过率；R 为告警系统光学镜头与目标光学镜头之间的距离；A_s 为告警系统光学窗口面积；A_r 为目标光学窗口面积；τ_t 为发射光学系统透过率；τ 为单程大气透过率，ρ 为目标反射率。

假设反射束散角为 θ，为分析方便假定激光从接收光学镜头中心发出，并且只考虑大气衰减对激光传输的影响，不考虑大气扰动的影响，则主动式激光告警"猫眼"类光学镜头的距离方程为

$$P_p = \frac{16 P_t A_r A_s \rho \tau_t \tau_r \tau^2 \tau_s^2}{\pi^2 \theta_t^2 \theta^2 R^4} \qquad (3-51)$$

"猫眼"效应适合探测迎头光学目标，产生"猫眼"效应的条件如下：
(1)光源主动照射目标光学窗口。
(2)照射光进入目标光学窗口的频率波门。
(3)目标光学系统产生焦平面反射(光轴对准要求)。
所以，若没有观察到猫眼效应，也不能说明在观察视场内没有镜头类光学目标。

3. 回波信号的目标识别

目标识别就是区分出镜头类光学目标信号和漫反射背景信号。根据激光大气传输特性和光学镜头与漫反射体后向反射特性，回波信号反射到告警系统时输出信号的幅度、脉冲宽度和目标数量等不同。识别方法有以下几种，这些方法或单独运用，或综合运用。

(1)激光回波信号波长识别法

通过改变主动照射激光的波长以及相应更换接收激光回波滤光片，根据"猫眼"效应原理，通过观察检测到激光回波光斑的变化，可以判断出光学目标的工作波段。例如，主动照射激光的波长由 $1.06\mu m$ 改变为 $10.6\mu m$ 时，检测到的光斑由微弱变强时，则在光斑处产生了"猫眼"效应，即可判断出，强光斑是一个光学目标且其工作波段为 $10.6\mu m$。

(2)激光回波信号强度识别法

根据以上分析可知，镜头类光学目标与背景回波信号强度相差较大，这给目标识别带来了极大的便利。应用脉冲激光发射源，对回波信号采用双回路接收：第一回路为漫反射回波信号检测放大电路(高增益放大电路)，增益与带宽根据对漫反射目标的理论计算及实验数据设计；第二回路为镜头回波信号检测放大电路(低增益放大电路)，增益与带宽根据对光学类目标的理论计算及实验数据设计，然后分别进行阈值检测，可以判断出目标类别。

(3)回波信号脉宽识别法

由光的传播速度可以算出，距离每增加1m，传输时间增加约6.7ns，如果背景为有一定纵深的曲面，激光作用到背景表面上的时间将不同，反射时刻也不同，经接收探测器的累积将是一个展宽的激光回波信号。纵深愈大，展宽愈大。

一般地,漫反射小目标的纵深都不大,所以它对激光的反射信号的宽度都很窄;而漫反射大目标不仅面积大,其纵深也大,所以它对激光的反射信号的宽度都比较宽。

在接收通道设计回波信号脉冲宽度检测电路时,比较不同目标激光反射信号的脉冲宽度可区分大小目标。

(4)回波信号追踪识别法

在某些条件下,大气或背景后向散射信号与镜头目标信号幅度脉冲宽度相当,采用上述两种方法无法识别目标。激光在传输和反射过程中,因大气湍流的影响和漫反射激光之间的随机相互干涉导致激光光强的随机起伏变化,并且大气微粒的飘忽不定使得对激光的后向散射处于不定状态,所以回波波形、幅度会产生无规则的变化。这种现象虽然会对激光侦察产生干扰且影响侦察概率,但可以利用回波信号的随机性采取时间追踪法来识别回波信号的特性。具体方法就是对第一次回波进行记忆,下次回波到来后重新对幅度或脉冲宽度进行比较,若两者时间相关、幅度或脉冲宽度相符则为目标。

4. 主动式激光告警系统

主动式激光告警系统一般包括:高重复频率的激光器、激光发射/接收系统、光束扫描系统、信号处理器、伺服机构、声/光/电示警单元等主要硬件和相应数据库,以及软件系统。

主动激光告警通过主动发射激光来扫描目标所在空间,分析和提取目标的回波,从而在背景中获得目标的信息(利用"猫眼"效应原理)。主动告警在工作过程中始终需要发射激光,易暴露。

毫无疑问,主动式激光告警系统的激光波长应与被侦测对象的工作波段相匹配,否则就不能产生明显的"猫眼"效应。目前,主动式激光侦察主要使用 $1.06\mu m$ 和 $10.6\mu m$ 两个波长,因而只能探测工作波段也包含这两个波长的光电装备。

美制"魟鱼"激光武器系统作战时,先以波长为 $1.06\mu m$ 的高重频低能激光对其所覆盖的角空域进行扫描侦察。一旦搜索到光电装备,就启动致盲激光进行攻击。

美国空军的"灵巧"定向红外对抗系统作战的主要对象是红外制导导弹。使用时,它首先发射激光并接收由导引头返回的激光回波,据此判断敌方导弹的方位、距离及其种类等,以确定最有效的调制方式实施干扰,这就是"闭环"定向干扰技术。

3.2.4 被动式激光告警技术

被动式激光告警是利用光电探测器件接收敌方各种激光设备与武器所发射的激光束,确定其来袭方向,测定光束的主要参数,并及时发出警报。

需要注意的是,探测器只接收响应频率一致的威胁目标发射的激光信号;探测器光学接收窗口可接收直接照射、漫反射、散射的同频激光信号;探测器光学接收窗口接收的大多属漫反射和散射激光信号,因此被动激光告警属于弱信号检测技术领域。

常见的被动激光告警技术有光电二极管阵列型激光告警技术、相干识别型激光告警技术、成像型激光告警技术。

1. 光电二极管阵列型激光告警技术

光电二极管阵列型激光告警技术是利用光电检波阵列作为探测元件,探测来袭激光武器发射的激光束,从而确定敌激光信号类型、参数的被动式激光告警技术。光电二极管阵列型激光告警器由激光探测头、微弱信号放大、信号处理器及报警/显示器、信息传输等部件组成。图 3-10 所示为光电二极管传感器阵列型激光告警系统及其内部结构示意图,每个探测器都由保护玻璃、滤光片、视场光阑和光电探测器组成,如图 3-11 所示为光电二极管阵列型激光告警系统单个探测单元结构框图。

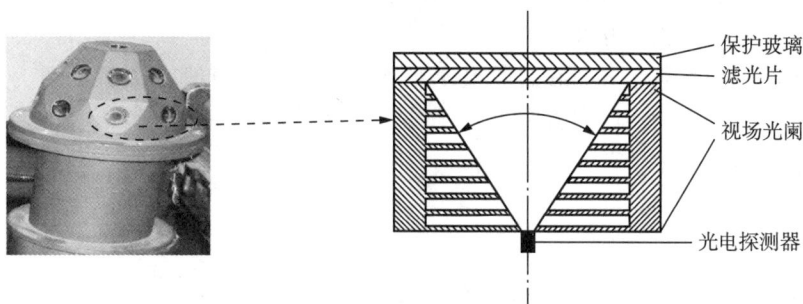

图 3-10　光电二极管阵列型激光告警系统及其内部结构示意图

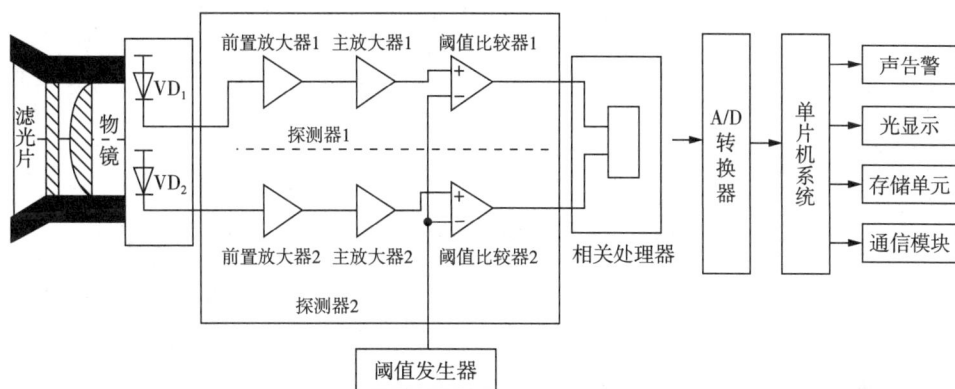

图 3-11　光电二极管阵列型激光告警系统单个探测单元结构框图

激光探测头由物镜、滤光片及光电转换器件组成;信号处理器包括阈值发生器、阈值比较器、前置放大器、主放大器、相关处理器、A/D 转换器及单片机等;报警/显示器则有声/光/电警示装置、监视器和存储电路。其基本原理是光电二极管探测阵列接收告警空域任何角度的来袭激光信息,通过光纤束耦合到激光告警信息处理单元,经光电检波转换为电信号,由微弱信号放大阵列进行大动态范围的放大处理后送信号处理器完成角度分选、威胁类型判识、虚假信号剔除形成告警通信报文传送至其他指控单元,共享告警信息。

(1)多元相关探测机理

从图 3-11 看出,每个阵列单元物镜焦平面的同一聚焦点上有两个相同的并联探测器 VD_1、VD_2,且 VD_1、VD_2 各有独立的前置放大器、主放大器及阈值比较器。当有威胁激光进入该阵列单元时,信号经放大后由两路阈值比较器进行比较,把低于阈值的噪声滤除,然后送至相关处理器。因为同一单元中两并联探测器同时出现白噪声的概率近乎为零,而威胁激光脉冲信号在两个探测器中具有相同的振幅和相位。因此,对两者做相关处理可确保目标信号被顺利提取,而探测器自身的噪声被有效地去除。

(2)传感器阵列及其告警方位确定

为了保证覆盖足够大的角空域,通常以多个光电二极管阵列单元按一定方式组合,称为阵列型系统。例如,在同一水平面内按圆对称方式排布 n 个相同的阵列单元,以确保水平面内具有 $360°$ 的视场角。

若 8 个阵列单元均匀分布在告警器水平方位上且每个阵列单元视场角为 $45°$ 时,则告警方位角度分辨率为 $45°$,激光告警器水平视场分割如图 3-12 所示。

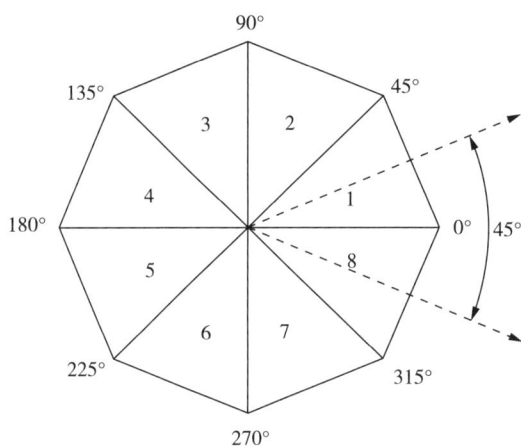

图 3-12　8个探测器激光告警视场分割示意图

假设阵列单元视场角为 $67.5°$;相邻两个阵列单元的视场角有重叠角 $22.5°$,则 8 个阵列单元均匀分布时,其水平视场分割如图 3-13 所示,可实现告警方位角度分辨率 $\leqslant 22.5°$ 的指标要求。

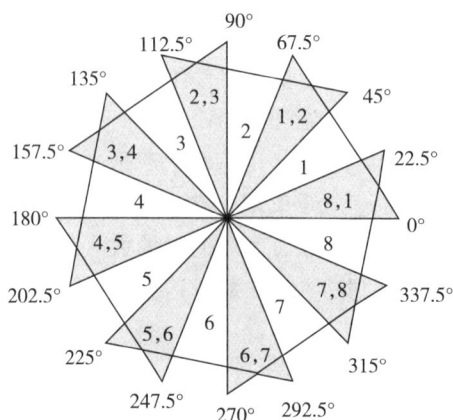

图 3-13　8个阵列单元告警视场分割示意图

通过上述分析可知,告警器阵列单元的数量与其探测器视场角的设计会直接影响告警系统的角度分辨率。例如,英国普莱塞雷达公司在水平面内以圆对称形式布置 12 个探测单元,每个单元具有 45°的视场角,每隔 30°安置一个这样的单元,使每相邻两单元具有 15°的视角重叠区,这就把水平方位的角分辨率提高到 15°。

(3)威胁激光信号参数确定

激光告警器不仅要确定威胁激光源的方位,还要确定威胁源的基本参数。例如,工作波长、脉冲宽度、脉冲重复频率、能量幅度等。

一般说来,激光测距机发出的脉冲宽度为 6～10ns 的单脉冲激光,其脉冲宽度小,重复频率低;而激光制导目标指示器的指示激光束与测距激光相似,但重复频率高,脉宽为 10～20ns 的编码高重频脉冲激光;致盲式激光武器的激光也与测距激光相似,但能量密度高;通信用的激光是调制的连续波或重复频率很高的脉冲串;"硬破坏"用的激光武器常采用连续波激光或脉冲宽度较大的脉冲光,其能量密度极高。这些典型特征都是判断威胁种类的基本依据。所以,激光告警器具有来袭方位告警和威胁目标类型判定两个功能。

挪威和英国合作研制生产的 RL1 型激光告警接收机是已批量装备部队的阵列型激光告警系统。它包含激光探测传感器和显示控制器两大部件,供装甲车辆使用(激光探测传感器伸出车顶,显示控制器装于车内)。全系统有 5 个激光探测单元,一个指向天空,4 个在水平面内对称分布。每个单元的视场角均为 135°(无物镜),相邻单元视场有 45°的重叠区。系统采用了有效地抑制二次反射的技术。其主要指标如下:

① 探测波段:$0.66～1.1\mu m$;

② 探测器:硅光电二极管;

③ 覆盖空域:水平 360°,俯仰 180°;

④ 角分辨率:45°;

⑤ 虚警率:$10^{-3}/h$。

属于此类的激光告警器还有英国与挪威联合研制的 RL2 型、英国 SAVIOUR 型、法国 THOMSON-CSF 型、以色列 LWS-20 型等。它们的共同优点是结构简单、成本较低;缺点是定向精度不高。一般来说,此类告警器主要用来启动烟幕干扰装备。

2. 相干识别型激光告警技术

相干识别型激光告警技术基于法布里-珀罗(Fabry-Perot)标准具(F-P 标准具)或迈克尔逊球面镜干涉原理而工作,从技术应用成熟度考虑,这里只介绍法布里-珀罗干涉仪型激光告警技术。

法布里-珀罗干涉仪型激光告警设备是利用法布里-珀罗标准具对激光的调制特性来探测和识别来袭激光的,此时的法布里-珀罗标准具被称为相干分析器。

(1)法布里-珀罗标准具的工作原理

法布里-珀罗标准具是由可摆动的 F-P 标准具、透镜、探测器、鉴频器、计算机、警示装置、记录设备等组成,如图 3-14 所示。

法布里-珀罗标准具可抽象描述为是由两个镀有部分反射能力透射膜的平行平面组成,相距为 d,其间的介质折射率为 n。其光路图如图 3-15 所示。

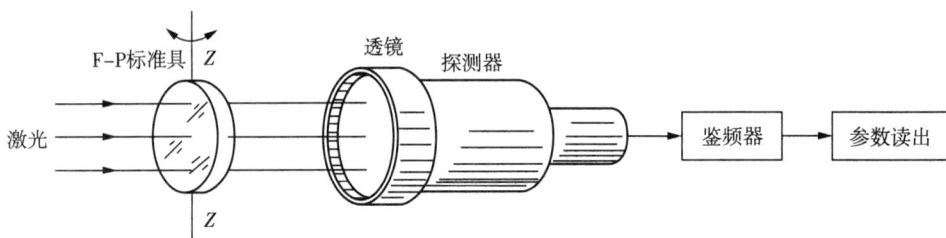

图 3 - 14 法布里-珀罗标准具组成

一束光线投射其上,形成直接透射光 1 和经二次反射后再透射的透射光 2,这两束相邻光线的光程差为

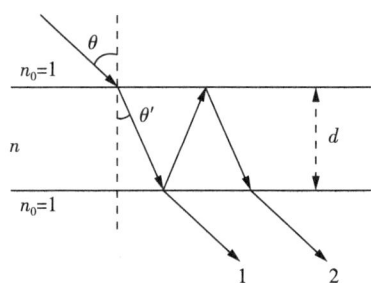

图 3 - 15 法布里-珀罗标准具光路图

$$\Delta = \frac{2nd}{\cos\theta'} - 2d\tan\theta' \cdot n_0 \cdot \sin\theta = 2nd \cdot \cos\theta' \tag{3-52}$$

光程差与介质的折射率 n 和标准具内入射光的倾角 θ' 有关。通过摆动 F - P 标准具,即周期性改变 θ' 角,可得到通过 F - P 标准具的输出光强随倾角 θ' 的变化关系。

F - P 标准具的出射光强:

$$I = \frac{I_0}{2}\Big[1 + \cos\big(\frac{4\pi nd}{\lambda}\cos\theta'\big)\Big] \tag{3-53}$$

I_0 为入射光强,λ 为入射光线的波长。并可得到 I 与 θ' 的关系曲线如图 3 - 16 所示。

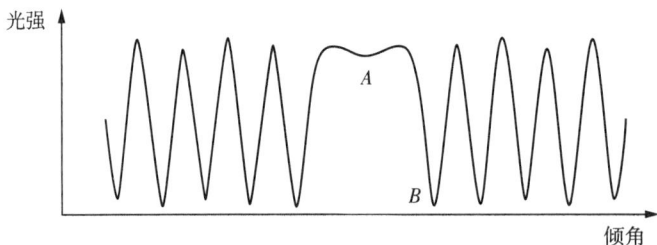

图 3 - 16 F - P 标准具中出射光强 I 与倾角 θ' 关系曲线

可见,出射光强信号 I 是一个随 θ' 变化的调频波,对称分布于以 $\theta' = \theta = 0$ 的两侧。从 F - P 标准具工作过程可知,A 和 B 间的夹角与入射激光的波长 λ 有关;F - P 标准具的摆动角与入射激光的角度有关(方向)。所以,该方法可测激光波长和入射光方向,且虚警率低。但需要机械转动扫描探测,不能截获单纯的激光短脉冲。

(2)法布里-珀罗干涉型激光告警的原理

法布里-珀罗干涉仪型激光告警的原理图如图 3 - 17 所示。入射激光从某一个方向通过光阑 1 投射到分级法布里-珀罗标准具 2 上,该分级式标准具的上半部比下半部高(或低)出 $\lambda/4n$ 的奇数倍,并使标准具围绕垂直于光轴的轴线匀速摆动。

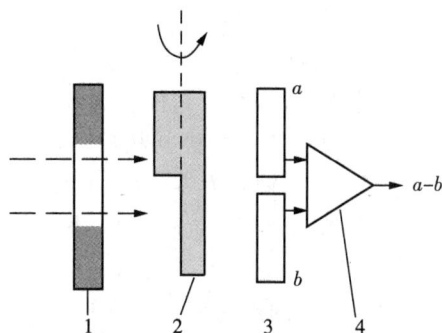

1—光阑；2—法布里-珀罗标准具；3—a、b 为两个探测单元；4—运算器

图 3-17　法布里-珀罗干涉仪型激光告警原理图

于是，透过标准具的激光光强 I 可表示为

$$I=\frac{I_0}{2}\left[1+\cos\left(\frac{4\pi d}{\lambda}\sqrt{n^2-n_0{}^2\sin^2\theta}\right)\right] \tag{3-54}$$

并可测得 I-θ' 曲线，当 $\theta'=\theta=0$ 时，有

$$I=\frac{I_0}{2}\left[1+\cos\left(\frac{4\pi nd}{\lambda}\right)\right] \tag{3-55}$$

此时，即为 I-θ' 曲线中的 A 点位置。

① 入射光的方向

若在标准具摆动的角范围内有激光入射，则可测出一条 I-θ' 曲线，从此曲线上定出 A 点，即激光束垂直入射标准具的位置，那么可从此时标准具所摆动到的角度位置精确定出入射激光束的方向。

$\Delta\varphi$ 为相邻两光线的位相差。由出射光强的公式（3-53）可知，光束垂直于标准具受光面时，$\theta'=\theta=0$（即图 3-16 中的 A 点位置）。

$$\Delta\varphi=\frac{2\pi\Delta}{\lambda}=\frac{4\pi n}{\lambda}d\cos\theta'=\varphi_0=\frac{4\pi n}{\lambda}d \tag{3-56}$$

② 入射光的波长

I-θ' 曲线上的 B 点位置（$\theta'=\theta'_B$）出射光强极小，即

$$\varphi_B=\varphi_0-\pi=\frac{4\pi nd}{\lambda}-\pi=\frac{4\pi n}{\lambda}d\cos\theta'_B \tag{3-57}$$

于是：

$$\cos\theta'_B=1-\frac{\lambda}{4nd} \tag{3-58}$$

式（3-58）说明只要测出 I-θ' 中 A、B 两点的角度差 θ'_B，就可测定入射激光的波长，即

$$\lambda=4nd(1-\cos\theta'_B) \tag{3-59}$$

③ 抑制杂光干扰

采用分级法布里-珀罗标准具的目的是消除背景光的干扰。当背景光(非相干光)投射到分级标准具上时,上下两部分均有光输出,并投射到各自的光电探测器 3 上,这两个探测器的偏置极性相反,所以它们输出信号的极性相反,送到求和放大器 4 中相加而抵消,即相加器 4 在背景光入射情况下,其输出为零,消除了背景光干扰。

所以,当有激光入射到分级标准具上时,标准具上、下半部分厚度有 $\lambda/4n$ 的奇数倍的差异,激光干涉结果使上、下半部分的输出一个是亮纹,一个是暗纹,所以相加后不影响对相干光的测量结果,这样就使系统的虚警率大大降低。

美国 AN/AVR-2 是最典型的法布里-珀罗干涉仪型激光告警器,也是世界上第一种批量装备部队的法布里-珀罗干涉仪型激光告警器。它有 4 个探测头和 1 个接口比较器,可实现 360°方位角空域覆盖,常与 AN/ALR-39 雷达警戒接收机联用,平均无故障时间(MTBF)为 1800h。

美军将 AN/AVR-2 装在 AH-1 型直升机转子附近的机身两侧,每侧有两个激光探测头,实现水平方位 360°周视。当威胁激光照射直升机时,激光探测头把光信号转换为电信号送给 AH/ALR-39 雷达警戒接收机的显示器,从显示屏可以判断来袭方位角,还可大致知道威胁的能量等级。

3. 成像型激光告警技术

光电二极管阵列型激光告警技术受传感器数量的限制,角分辨率不可能很高(一般为十几度到几十度),不适于装备在歼击机之类的作战平台上,一般也不适于单独用作激光有源干扰装备的配套设施。

成像型激光告警技术的工作原理是广角凝视成像体制,角分辨率比低精度阵列型激光告警技术约高一个量级。成像型激光告警器一般包含成像探测头、显示/控制器两大部件,前者主要由超广角物镜或鱼眼镜头、CCD 面阵、窄带滤光片、分光镜、光电转换元件、数据处理单元及计算机组成(图 3-18);后者主要包括激光光斑显示器、警示信号装置、控制部件、指令传送接口以及信息存储单元等。

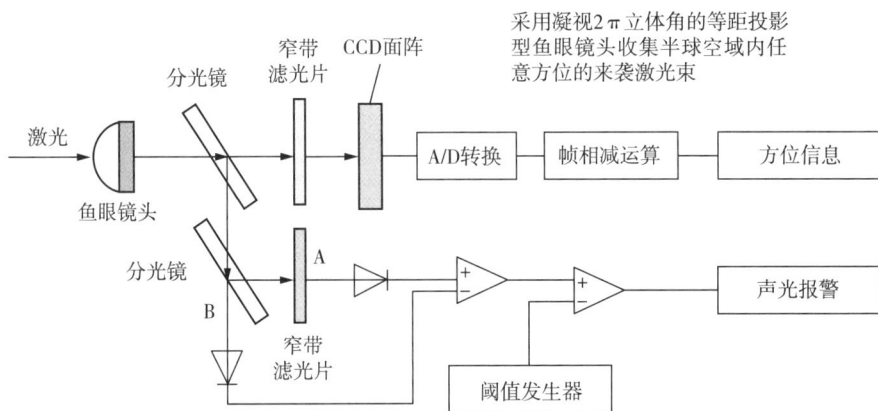

图 3-18 成像型激光告警系统的工作原理

成像探测型激光告警系统主要利用鱼眼镜头的超大空域覆盖特性。鱼眼镜头视场角一般大于 90°。实时性好、定位精度高。一般地,标准镜头视场角为 45°～60°,广角镜头视场角为 60°～80°,超广角镜头视场角为 80°～120°,鱼眼镜头视场角为大于 120°。

当鱼眼镜头,$2\omega = 160°$,$f' = 22.86$,$D/f' = 1/2$,可用作超广角照相、电影放映镜头,如图 3-19 所示。

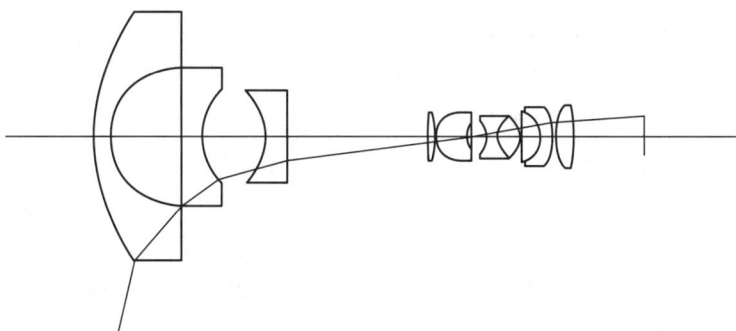

图 3-19　鱼眼镜头(1)

当鱼眼镜头,$2\omega = 220°$,$f' = 6.3$,$D/f' = 1/2.8$,可用作超广角照相机、投影仪镜头,如图 3-20 所示。f' 表示焦距,决定成像大小;D/f' 表示相对孔径,决定像面照度及分辨率;2ω 表示视场角,决定成像范围。

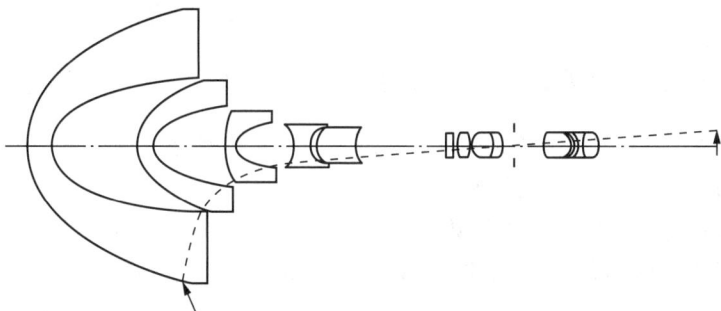

图 3-20　鱼眼镜头(2)

图 3-21 是 $2|\omega| \geqslant 90°$ 时,鱼眼透镜成像效果,从图中可以看出,图像明显变形。

图 3-21　$2|\omega| \geqslant 90°$ 时,鱼眼透镜成像效果(变形像)

LAHAWS 成像型告警器是美军 20 世纪 70 年代末期的装备,它采用凝视 2π 立体角的等距投影型鱼眼透镜收集半球空域内任意方位的来袭激光束,将其成像于(100×100)像元的 CCD 面阵上予以显示。工作波长为 $1.06\mu m$,覆盖空域为半球范围(方位 360°,俯仰 0°~90°);威胁定向精度为 3°。

LAHAWS 成像型告警器采用了一系列抑制干扰的措施,其工作过程为:鱼眼透镜后面的 4∶1 分光镜把入射光能量分送两个通道,80% 的能量通过窄带滤光片,经光谱滤波后聚集于 CCD 面阵光敏面,20% 的能量又经过 1∶1 分光镜又分成两个通道,A 路经过滤光片,滤掉威胁激光信号,只保留背景信号。B 通道中有威胁信号和背景信号。A、B 两通道的输出经过相减运算后放大,使背景信号被去除。因此,在没有威胁激光时,相减后输出为零;当有威胁激光时,相减后输出不为零。经过放大和高速阈值比较器处理,检测出威胁激光信号,驱动声/光指示器报警。同时,CCD 面阵输出的视频信号经过 A/D 转换和帧间相减运算,也去除了背景,突出了威胁激光光斑影像。此光斑在 CCD 面阵上的位置经过解算,可以准确标识激光威胁源的方位,并由监视器显示出来。为防止强激光造成器件饱和,系统还采用了自动增益控制措施。其本质是产生威胁激光报警信号、解算威胁目标方向信息。

由于利用了鱼眼透镜(或超广角镜头)的超大空域覆盖特性,以及 CCD 面阵的光电转换/信号处理与传送性能,此类告警器具有实时性好、定位精度高(误差为零点几度到几度)等优点,是一种中精度告警器。但该类探测器光学结构较复杂,会影响目标探测灵敏度;鱼眼透镜产生成像变形现象,需后续图像校准。随着光电器件性能的发展,该方式将大量应用。

3.2.5 光纤延时编码激光告警器

光纤延时编码激光告警器是美国率先研制的一种新型激光告警器(图 3-22),其主要部件是半球形传感头和以光纤延时编码的分布式传感器阵列,系统的角分辨率可达 1°。在半球的顶部中央置有鱼眼透镜(覆盖上半球 2π 立体角空域),探测上半球空域内来自任意方位的激光辐射信号(产生告警信号,但无方位信息);顶部以下按纬线高度布置圆对称传感器阵列,每个传感器的物镜都位于同一个半球面上,并以光纤与之耦合;所有光纤集束与同一光电转换器件相连,光纤的长度随传感器物镜所处方位的不同而不同,实现以光纤延迟时间来表示的方位编码,即方位角与光纤的延迟时间有一一对应关系。

当有威胁激光信号辐射告警器时,系统以顶部鱼眼镜头截获接收的激光辐射信号为起始计时信号(产生告警信息并启动计时),以相应方位传感器输出的激光信号为计时终点信号,根据延迟时间判定来袭威胁目标方位,并发布告警信息。系统的角分辨率可达 1°。光纤延迟时间编码激光告警器的特点如下:

(1)实时性好,目标探测告警精度、灵敏度高;

(2)要检测信号光纤传输时间,对检测精度要求高;

(3)光路结构复杂,对微系统设计要求高。

随着光电器件性能的发展,该告警方法也会被大量地应用。

前面主要介绍了对激光威胁信号的激光告警技术,传感器阵列型、法布里-珀罗干涉

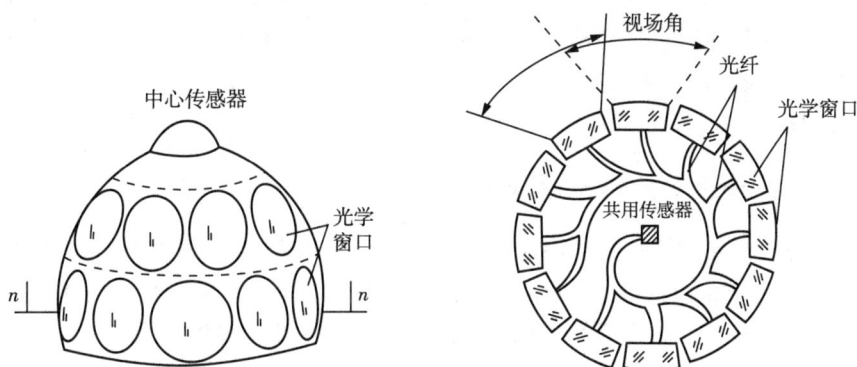

图 3-22 光纤延时编码激光告警器原理图

仪型、CCD 成像型等 3 种典型激光告警方法的共同点,是采用被动探测方式对来袭激光威胁目标进行方位探测、威胁类型判定和激光波长识别。3 种方法性能比较如表 3-1 所列。

表 3-1 3 种激光告警方法性能比较

激光告警方法	主要功能	优点	缺点	发展状况
传感器阵列型	以 15° 的分辨力大致判断激光来袭方向	简单、成本低、灵敏度高	测向精度低、不能测激光波长	已有装备
法布里-珀罗干涉仪型	测定激光来袭方向和波长	① 使用一个单元的光电接收器; ② 虚警率低	① 需机械扫描装置; ② 不能截获单次激光短脉冲	已有装备
CCD 成像型	测定激光来袭方向。并可显示图像	① 探测灵敏度比相干型高; ② 虚警率低、角分辨率较高	不能测定激光波长	原理试验

3.3 红外告警技术

红外告警技术是利用红外传感器探测目标的红外辐射信号,依据目标辐射特征和预设数据库进行分析处理、目标类型判别,以确定目标类型和方位信息并实时报警的技术手段。探测告警目标对象应具有显著的红外辐射特征,如敌方来袭导弹(包括战术导弹、洲际导弹、巡航导弹等)、飞机或其他重要威胁目标。

目前,红外告警装备绝大多数采取"被动"式工作体制,但也有附带红外照明装置以构成"主动"式系统,如俄罗斯坦克上的一种红外告警器为了提高对目标的探测能力,采用了主动红外照明手段。

红外告警的功能包括连续观察威胁目标的活动,探测并识别出威胁导弹,确定威胁导弹的详细特征,并向所保护的平台发出警报。告警的应用可分为战术与战略两类。机载、舰载、车载导弹逼近告警系统就是一种战术应用系统,而星载红外预警接收机是一种战略应用预警系统,是用来保护一个大的区域或国家,如可用于战略导弹防御系统来探测洲际弹道导弹。

3.3.1 红外告警的基本原理

红外告警按探测波段可分为中波告警和长波告警以及多波段复合告警,中波一般指 $3\sim5\mu m$ 的红外波段,长波指 $8\sim14\mu m$ 的红外波段。红外告警系统必须从背景中把目标检测出来。它提取目标的特征有目标的瞬时光谱特征、目标辐射的时间特征、多光谱特征和图像特征。

1. 目标的瞬时光谱特征

某些重要目标在特定时刻的辐射具有明显的特征,由此可以识别此类目标。例如,导弹发射时,尾焰在红外波段 $2.7\mu m$ 处有一个辐射峰值,在 $4.2\mu m$ 处附近有"红"($4.35\sim4.5\mu m$)与"蓝"($4.17\sim4.2\mu m$)两色的辐射峰值,如图 3-23 所示。而背景辐射不具备这种特征,所以依据特定时刻的这种光谱特征可以感知导弹的发射态势。

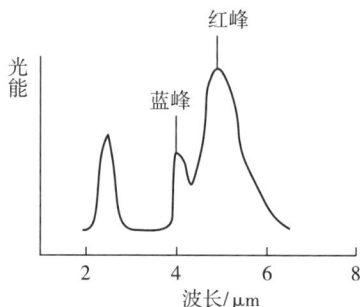

图 3-23 导弹尾焰波谱曲线图

综合考虑大气对特定波段光辐射的吸收作用因素的影响,导弹来袭时,红外告警系统主要探测 $1\sim3\mu m$ 和 $3\sim5\mu m$ 的红外波段辐射光信号,以识别导弹尾焰的红外辐射特征。采用信号处理技术探测峰值和时序,图像处理技术识别其波形。

2. 目标辐射的时间特征

有些目标的辐射强度随时间而变化,且这种变化遵循着一定的规律。即目标在特定时刻的辐射具有明显的特征,据此告警系统可以识别此类目标类型。而背景辐射不具备这种特征,所以依据特定时间段的目标辐射光谱特征可以感知目标。

以导弹为例,它在刚发射时的红外辐射强度很高;在助推段时,其辐射强度相对下降;至惯性飞行段时,则辐射强度更弱。根据红外辐射强度随时间变化的这种规律,可以识别导弹和判定其运动状态(在时序上针对目标运动过程光辐射的红外特征识别方法)。

3. 多光谱特征

任何物体都有相应的红外辐射光谱曲线。不同物体在某一波长附近的辐射强度可能相同或相近,但不可能在各波段都有相同或相近的辐射强度。

如果同时获取红外区域多个波段的辐射,并进行信息融合处理,就能更充分地表现特定目标的特征,从而发现和识别目标。

4. 图像特征

目标的红外图像不仅包含了其红外辐射强度信息,而且直观展现了它的几何形状,其总信息量比只利用辐射强度时要大得多,因此利用红外图像提取目标是迄今为止目标探测最可靠的方式之一。不仅如此,有了图像就可以充分运用先进的图像处理技术,可准确识别目标,精密标定目标方位,并可利用帧相减运算提供目标运动参数,建立航迹预测其坐标和实施跟踪(基于图像的目标探测跟踪技术)。

3.3.2 红外告警系统的组成

红外告警系统一般包括红外探测单元、信号处理单元、告警信息发布单元,如图 3 - 24 所示。

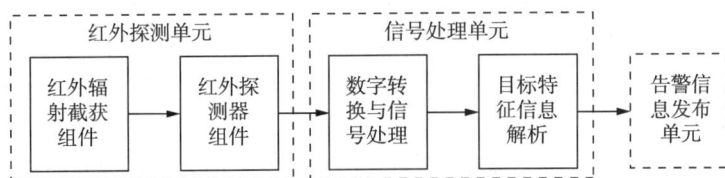

图 3 - 24 红外告警系统的组成框图

(1)红外探测单元:一般由外罩、光学系统、滤光片、探测器、制冷器和预处理电路等组成(扫描型探测系统中还有光学的、机械的或光学/机械扫描部件)。其功能是搜集目标的红外辐射,并将其转换为电信号,经过一定的预处理后传输给信号处理单元。可以说,它相当于全系统的"眼睛"。

(2)信号处理单元:把信号进一步放大,实行 A/D 转换后进行数字信号处理。运用预存数据库和各种软件,进一步提取和识别目标,提供其所属种类、运动参数、方位角、俯仰角等信息。

(3)告警信息发布单元:接收上述信息后以声、光、电信号报警并显示目标信息,同时启动相应机构实施防御。

红外告警按成像方式可分为扫描型红外侦察告警和凝视型红外侦察告警。扫描型红外探测器采用线列器件,靠光机扫描装置对特定空间进行扫描,以发现目标。凝视型采用红外焦平面阵列器件,通过光学系统直接搜索特定空间。

3.3.3 红外告警关键技术

1. 重要目标及典型背景的红外辐射特征数据库的建立

掌握重要目标(如导弹、飞机、导弹发射场等)和典型背景(例如天空、云层、林地、沙漠、雪地、水面)的红外辐射特征及这种特征随时间的变化规律,利用两者的差异,重点检测目标的暴露特征,准确地快速探测目标和识别目标。

另外,研究大气对红外辐射的传输特性也很重要,因为它直接影响告警装备所接收到的目标红外辐射能量。

由于光电对抗技术的发展,许多重要目标在不断提高隐蔽性和改进性能,这使得现有的经验和规律可能过时和失效。例如,更高性能的导弹加速度比以往大得多,使之在被发射时很快就结束了助推过程,此后便靠惯性滑行至目标。这使得助推段的探测比以往要困难,且过去的时间规律不能照搬。

2. 外场试验与内场仿真技术

红外告警系统的内场仿真是系统设计的重要方法,先进的外场试验则是检验系统性能的必要手段。它能真实地仿照实战条件,如作战对象及其运动方式、电磁环境、背景条件、干扰与噪声、载体的速度、过载、振动及天候情况等。

3. 光学系统设计与制造技术

为了提高红外告警系统的光学增益,合理的光学系统设计必不可少。光学系统设计一方面是提高对光辐射的频率选通能力,采用加滤光片、透镜镀膜等技术减少对探测器敏感波段信号的衰减,同时对其他波段光辐射进行抑制;另一方面是设计合理的光学聚焦系统,使入射光信号能够有效地会聚到探测器接收面上,减少光路中的信号衰减。

4. 探测器技术

目前,探测器的性能、尺寸普遍成为红外系统发展的重大制约因素。毫无疑问,优质的集成度高而成本相对较低的红外探测器,尤其是大面积、高分辨力的红外焦平面阵列(FPA)已成为红外告警装备的核心部件。当前还特别需要高性能的非制冷探测器,它们的使用将使红外告警装备面目一新。

5. 信息处理技术

红外告警系统探测器的输出信号(一般为微伏量级)常与噪声相仿。要把有用信号检出并放大至几十毫伏到上百毫伏,要求前置放大器具有优良的噪声抑制能力和较高的放大系数。同时,为保证系统的工作距离、高探测概率和低虚警率等性能,需要一系列先进的信号与信息处理技术。如高增益/低噪声的放大技术、自适应门限检测技术、时/空滤波技术、扩展源阻隔技术、目标识别/分选技术、目标跟踪技术、模式识别技术与数据融合技术等。

6. 图像处理技术

红外告警系统在刚捕获到目标时,由于距离较远,目标在"图像"中通常只占据很少几个像素,且表现的红外辐射强度也很低。相比之下,背景辐射却可能较强。如何在这种情况下把弱小目标检出并达到实时性要求就成为首要难题,此即所谓红外弱小目标检测问题。

同时,战场情况非常复杂,人为的和自然的干扰因素很多,许多重要目标可能同时出现,其运动状态又可能各不相同,加之气候条件的影响等,对多目标的快速识别和处理更加困难。

红外侦察告警设备可以安装在各种固定翼飞机、直升机、舰船、战车和地面侦察台站,用于对来袭的威胁目标进行告警,目前以这种用法构成了多种自卫系统。同时它可以单独作为侦察设备和监视装置,这时一般都配有全景或一定区域的显示器,类似于夜视仪或前视装置。此外,还可以与火控系统连接作为搜索与跟踪的指示器。

红外告警接收机的典型参数,如表3-2所列。红外告警技术具有如下优点:

(1)具有全球角空域(4π立体角)覆盖能力;

(2)能全天候、全天时的工作,告警反应时间短,虚警率低;

(3)能在复杂背景和战场环境下工作,与雷达形成双通道探测告警功能;

(4)探测距离足够远(对战术导弹的探测距离大于 $10\sim15km$);

(5)测角精度高(精度 $0.1\sim1mrad$),能提供目标运动参数,告警识别率高;

(6)通用组件模块化,能携载于多种平台;

(7)体积小,重量轻,成本低,易维修。

表 3-2　红外告警接收机的典型参数

参数类型	参数范围
探测概率 P_d	$0.95\sim0.99$
虚警率(FAR)	$1.0\sim0.1/h$
探测距离	$1\sim10km$
警戒视场	$0°\sim360°$
探测到报警的时间	$0.5s$

3.4　紫外告警技术

紫外告警技术是指利用紫外探测器件截获接收和处理目标自身的紫外辐射信号,实施探测和识别,指示目标方位并发布警报的技术手段。紫外告警技术是一种先进的用于导弹告警的技术,是光电告警技术的一个重要组成部分。与红外告警相比,紫外告警设备具有虚警低、不需要制冷、体积小和质量轻等优点。

在 20 世纪 60 年代至 70 年代初,国外已开始进行紫外波段探测洲际导弹发射的研究工作,一些基础研究工作取得进展,掌握了紫外波段大气传输特性,开发了大气传输计算程序,一项关键技术就是紫外传感器。经过几年的开发,美国洛勒尔公司成功研制了世界上第一台导弹逼近紫外告警系统,在 1988 年装备部队并在海湾战争中成功地应用。

3.4.1　紫外告警基本原理

紫外告警系统在中紫外波段工作,如图 3-25 所示。由于臭氧层的吸收等原因,该波段的太阳紫外辐射被阻隔而不能到达低空,于是形成"太阳光谱盲区"(或称为光谱"黑洞")。这使得该波段的紫外探测系统有效地避开了最强大的自然光所造成的复杂背景,剔除了一个最棘手的干扰源,使虚警显著减少,大大减轻了告警系统的信号处理难度和工作量。

系统采用光子检测方法,充分利用目标光谱辐射特性和光辐射的时间特性,运用数字滤波、模式识别、自适应阈值等方法,保证高信噪比探测,提高了系统的灵敏度。

紫外告警系统有概略型紫外告警系统、成像型紫外告警系统两种。概略型告警系统通过紫外物镜接收导弹羽烟的紫外辐射,以单阳极光电倍增管为探测器件做光电转换。相对于成像型紫外告警系统而言,它体积小、重量轻、功耗小,而且能引导烟幕弹、红外干扰弹的投放,但角分辨率低,灵敏度也较差。成像型紫外告警系统通过大相对孔径的广

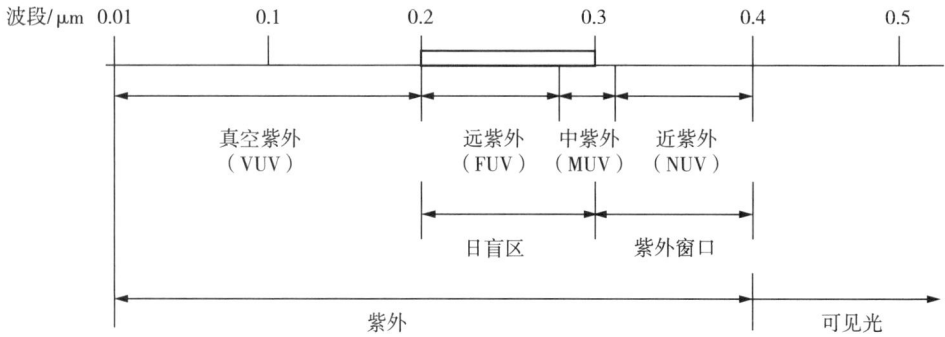

图 3-25 紫外告警工作在中紫外波段

角紫外物镜接收导弹羽烟的紫外辐射,以面阵探测器形成光电图像,基于此提取目标。相比之下,它探测和识别目标的能力更强,角分辨力很高,不仅能引导烟幕弹、红外干扰弹的投放,还能指引定向干扰机,并且有良好的目标态势估计能力,是紫外告警的主导潮流。

3.4.2 紫外告警系统的组成

紫外告警系统包括紫外探测单元、信号处理单元、显示/控制单元。显示/控制单元可与其他光电设备共用,功能与红外告警器中的一样。紫外探测单元通常包括若干个(如机载系统为 4～6 个)紫外传感器,组合起来构成全方位、大空域的覆盖(如 $360° \times 92°$),每个传感器均以凝视工作体制收集紫外辐射,经光电转换和多路传输把信号送至信号处理单元。信号处理单元先对信号做预处理,再送入计算机做统计判断,确定有无威胁源。若有,则解算其角方位并向显示/控制单元发送信息,若有多个威胁源,则还要排定威胁程度的次序。紫外告警系统组成如图 3-26 所示。

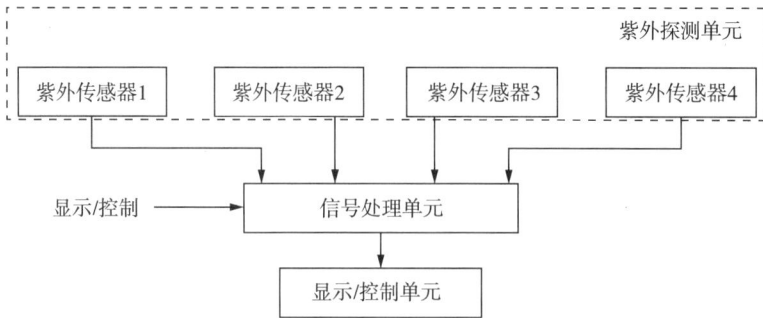

图 3-26 紫外告警系统的组成

每个传感器都有光学整流罩、紫外物镜、窄带滤光片、光电转换器件(对成像型紫外告警系统是增强型 CCD-ICCD 面阵,如 512×512 或 256×256 像元;对概略型紫外告警系统是非制冷光电倍增管)。成像型紫外告警系统不仅能准确指示目标所在方向,还能大致估算其所处的距离。图 3-27 所示为成像型紫外告警系统的组成示意图。

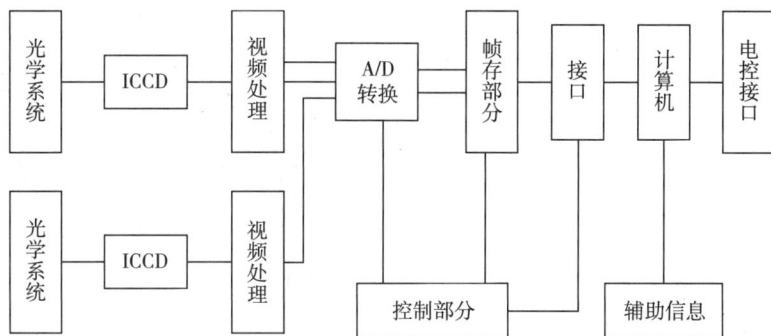

图 3-27　成像型紫外告警系统组成

3.4.3　紫外告警的关键技术

1. 紫外线在大气中的传输特性

大气对紫外线传输产生影响的主要因素有氧分子的吸收、臭氧分子的吸收、瑞利散射、气溶胶的吸收和散射。在波长 $0.2\sim0.3\mu m$ 的紫外辐射区,氧有很强的吸收带,在 $0.25\mu m$ 以上,氧的吸收效应与其他衰减效应相比已不明显。臭氧是大气中吸收紫外辐射的重要气体,臭氧主要分布在 $10\sim50km$ 高度层,极大值在 $20\sim25km$ 高度层。臭氧在 $0.253\mu m$ 附近有强吸收带。瑞利散射可描述为大气分子和原子对电磁波的弹性散射,发生在粒子的半径比指定波长小得多的情况下。因为单个分子和原子的直径为 $0.001\sim0.01\mu m$ 量级,对波长 $0.2\sim0.3\mu m$ 波段的紫外辐射,瑞利散射是一种较强的机制。气溶胶是悬浮于大气中的固体或液体粒子,包括水滴、冰晶、灰尘微粒、各种凝结核。气溶胶对紫外的衰减包括吸收和散射两种过程,但吸收比散射弱得多。

研究表明,大气对 $0.2\sim0.3\mu m$ 波段的透过率很低。因此,在低层大气中,形成了日盲区。对于军事紫外探测设备而言,若工作在 $0.2\sim0.3\mu m$ 的日盲波段,由于军事目标(如飞机和火箭的尾焰)的紫外辐射强度高于太阳的紫外辐射,则目标会在背景上形成亮点,因此,$0.2\sim0.3\mu m$ 紫外波段是适用于紫外告警的重要波段。

2. 目标和背景紫外辐射特性

导弹尾焰的紫外辐射特性。在固体或液体燃料的导弹尾焰中,产生紫外辐射的主要原因有温度辐射、化学发光、探照辐射、粒子辐射、分子电辐射,最主要的是温度辐射和化学发光。如图 3-28 所示为美国空军地球物理实验室测得的导弹尾焰光谱,在 $0.263\mu m$ 附近出现了吸收峰。在观测和假设的基础上,对导弹尾焰建立了数学模型。此模型把气体分为空气和导弹尾焰喷射气流,将粒子按大小划分为 5 种类型,并对每种粒子的辐射进行计算。根据这些模型计算出 4 个时间点的流场,再计算出由流场中的粒子产生的辐射信号,而把流场模型与辐射模型相结合,就可以得到导弹在不同高度、不同速度下的辐射强度。

天空背景紫外辐射特性。天空中大气辉光覆盖了从 $0.1\sim0.39\mu m$ 整个紫外频谱。大气辉光主要是由于不能到达地面的太阳紫外辐射在高层大气中激发原子并与分子发

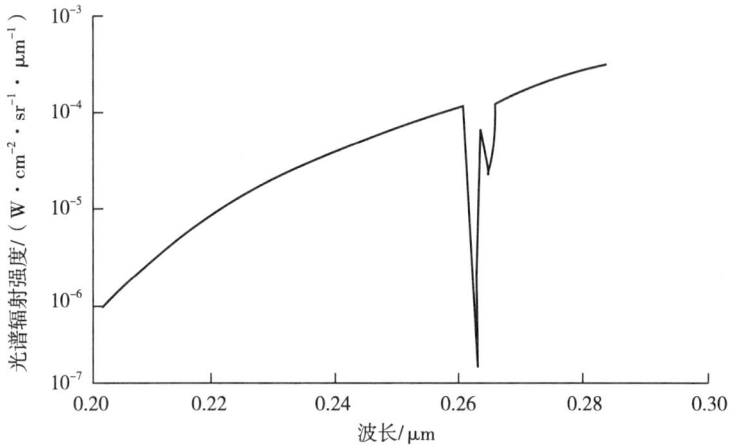

图 3-28 导弹尾焰辐射光谱

生低概率碰撞产生的。大气辉光由钠原子、氧原子、氧分子、氢氧根离子及其他连续发射谱组成。如图 3-29 所示为天空背景的紫外辐射谱。

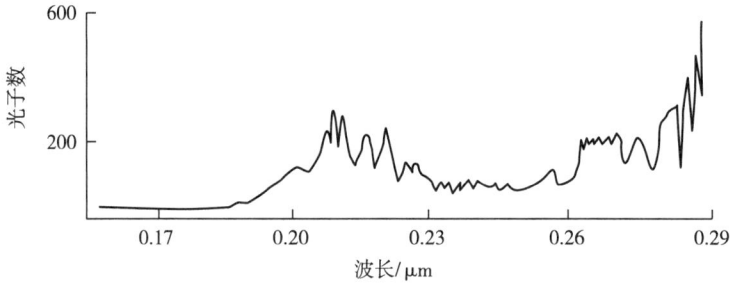

图 3-29 天空背景的紫外辐射谱

3. 紫外探测器件

(1)真空器件。日盲型紫外光电倍增管与一般光电倍增管的不同点在于紫外光电倍增管光窗透紫外线,并且其光电阴极对可见光不敏感。常用的光电阴极有 Rb_2Te、Cs_2Te 或 KbrCsI。光窗通常采用石英和 MgF 材料。自 20 世纪 80 年代以来,随着微通道板(MCP)技术的发展,带有 MCP 结构的光电倍增管(MCP - PMT)和聚焦型紫外像管相继出现(图 3-30)。与传统的结构相比,MCP 具有响应快、抗强光、分辨率高、体积小等优点,而且可得到信号的二维图像,实现高分辨率成像探测。

紫外电子轰击型 CCD(UV - EBCCD)是一种灵敏度极高的探测器件,UV - EBCCD 的工作原理如图 3-31 所示。紫外线照射到紫外光阴极上产生光电发射,光电子通过电场(磁场)的聚焦和加速,以高能量轰击 CCD 器件,经 CCD 控制电路输出视频信号。

(2)固体紫外探测器件。固体紫外探测器件是一种新型紫外探测器件,包括紫外增强型硅光电二极管、紫外雪崩二极管、GaAsP 和 GaP 加膜紫外光电二极管、GaN 单晶紫外光电二极管、GaN 和 GaAlN 探测器、紫外 CCD 等。固体紫外探测器件在实际应用中

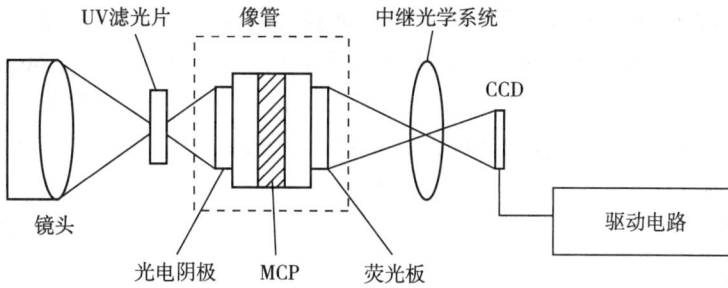

图 3-30 采用普通 CCD 器件对紫外源成像原理图

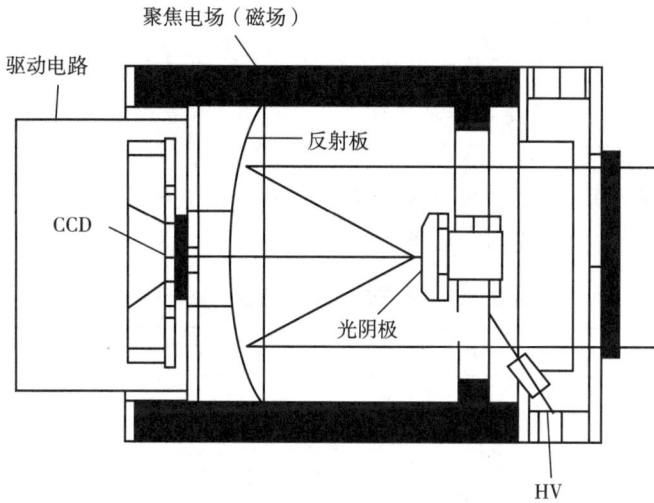

图 3-31 UV-EBCCD 工作原理示意图

有许多优点,如体积小、耐劣环境、工作电路简单等。

目前可用于紫外成像的固体 CCD 器件有两种:一种是对普通 CCD 光敏元表面加膜 CCD(UV-CCD),另一种是薄型背照式 CCD(BT-CCD)。CCD 都是由半导体硅材料制成的,光谱响应范围为 $0.4 \sim 1.1 \mu m$。UV-CCD 是通过在 CCD 表面覆盖薄层荧光材料,荧光膜层先吸收紫外光再发射出可见光,完成紫外到可见光的光谱转换。其光谱响应曲线如图 3-32 所示。

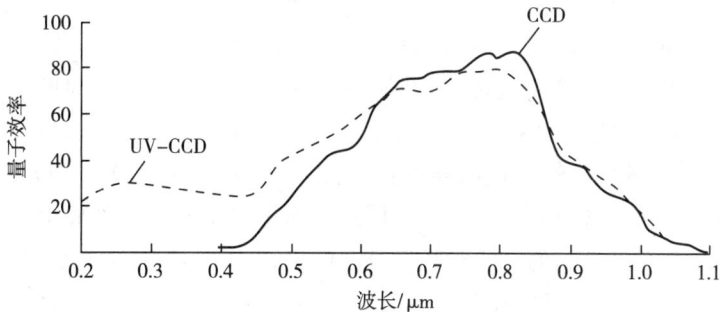

图 3-32 紫外 CCD 光谱响应曲线

一般地,紫外告警系统的主要作战对象是导弹,其响应波段必须在小于 290nm 的波长范围内。由于高空臭氧层对中紫外辐射具有很强的吸收作用,使到达地面的太阳光在 290nm 波长附近中断,自然光辐射在波长小于 290nm 的光谱波段内非常微弱,波长超过 290nm 后将迅速增大。紫外告警系统的使用高度在 12km 以下的中低空最为有效。紫外告警的特点如下:

① 虚警率极低;

② 测角精度高(可达 0.5°);

③ 空域覆盖好;

④ 无电磁辐射;

⑤ 与其他告警器的兼容性好;

⑥ 对太阳、外来电磁辐射、载体发动机等具有优异的抗干扰能力;

⑦ 不用制冷器,也不需要预热时间;

⑧ 成本较低,体积较小,易维修。

紫外告警的缺点是:在导弹发动机熄火后就不能截获导弹,另外也无法获得距离信息。表 3-3 列出了 3 类导弹告警设备的性能比较。

表 3-3 3 类导弹告警设备的性能比较

告警设备	紫外	红外(扫描)	红外(凝视)
探测距离	好~适中	好	好
虚警率	很低	很高	很高
探测精度	高	高	高
导弹发动机熄火探测	不能	能	能
视场覆盖	很好	很差	很好
距离数据	无	无	无
对太阳敏感度	低	高	高
可靠性	高	低	低
产品价格	一般	高	很高

由德国 Daimler - Benz 航天公司和美国 Litton 应用技术公司联合研制的 MILDS Ⅱ型导弹探测系统,可用于探测来袭导弹的逼近,指示导弹的到达方向和时间。其关键技术与 AN/AAR - 60 相同,也是成像型体制。系统对导弹告警的响应时间约为 0.5s,指向精度优于 1°,告警距离约为 5km。

针对战斗机、直升机和运输机的导弹预警,以色列装备开发局的 Rafael 公司研制出紫外波段被动导弹预警系统 Guitar - 350,探测导弹尾焰发出的紫外辐射,当探测到威胁源时发出警告并激活飞机上的红外对抗系统。Guitar - 350 系统的单个探测器视场角为 120°,系统处理部分包含内部惯性角度单元(internal inertial angle unit),可补偿飞机的摆动操作。利用大口径物镜,该系统比现有的导弹告警系统灵敏度高,且拥有更远的预警距离。可对飞行中的导弹进行追踪,系统的复杂算法可排除假目标(闪光弹等)的干扰。装备于直升机的 Guitar - 350 系统有 4 个探测器,覆盖水平 360°、俯仰 120°的可攻击视场。装备于战斗机的 Guitar - 350 系统有 6 个探测器,覆盖全球形空间视场。Guitar - 350 导弹预警系统能提前 4～6s 进行预警,总质量不超过 15kg,总功率不超过 200W。Guitar - 350 如图 3 - 33 所示。

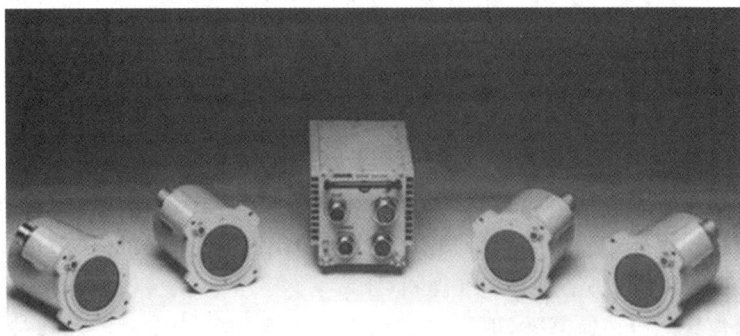

图 3 - 33　Guitar - 350 展示图

3.5　光电综合告警技术

以上介绍了单波段光电告警技术,总体上说,这些告警设备结构和性能优化、体积小、功耗低,使用简便,在目标防御中发挥了重要作用。但其感应波段单一、感应距离近,不符合大区域防御要求。尤其在现在多维复杂战场环境下,工作在各种不同电磁频谱下的复杂装备混合使用,初显了电磁战争规模特点,如不同方向、不同工作波段的制导武器攻击同一个目标,察打一体化无人机精确攻击目标等。很显然,单一波段的告警设备已不能满足类似的战场要求,往往需要具有多波段、大区域的目标告警功能的告警系统,这就发展了光电综合告警技术。

可以说,信息作战环境和要求使光电综合告警技术应运而生,如激光制导导弹攻击目标时,它不仅表现有制导波束的激光辐射特征信息,还表现有导弹发动机工作时的羽烟紫外辐射特征信息、红外辐射特征信息等,多种信息的综合利用不仅可以准确地探测这类导弹、精确地指示其位置,准确地判明其导弹类型,例如,是红外制导导弹还是激光制导导弹等,而且还能有效地剔除假目标,显著降低虚警率。同时,可依据不同波段获得的数据比对处理获取目标距离信息。

3.5.1　光电综合告警的分类及其特点

光电综合告警可对红外、激光、紫外等不同波段的光电威胁目标的辐射信息进行复合探测、综合处理,即在探测头上有机组合,在数据处理上有效融合,并充分利用所有告警信息资源,实现数据处理优化、功能相互支援及任务综合分配。

光电综合告警技术是把两种或多种单一波段侦察告警在结构和信息处理层相融合,从结构上采用"共孔径"或部分"共孔径"一体化设计技术,在数据处理上采用多光谱信号处理和信息融合技术,实现工作任务统一分配、单一告警功能互补、单一设备优化配置,以提高总体防御作战效能为目的的技术总称。光电综合告警主要体现在多波段告警性能上,包括激光、红外、紫外等多种波段告警形式的综合,典型告警装置有红外/激光综合告警、红外/紫外综合告警、紫外/激光综合告警等。光电综合告警优点如下:

(1)补充和完善目标探测信息,显著提高告警判决的准确性和可靠性。多波段告警技术综合探测可以获得威胁目标的多波段相关信息,如红外/激光复合告警,可以获得目标的红外特征信息和激光制导信息;不同波段光辐射对应的大气衰减不同,依据大气传输衰减理论,利用不同波段实施目标探测时,运用数据处理技术可以有效地进行距离估计,从而感知目标距离这一重要告警信息。光电综合告警系统利用获得更多的信息,运用信息融合方法会使判决结果更加准确和可靠。

(2)目标告警反应快速高效,明显提高综合告警系统的反应时间和作战能力。光电综合告警一体化包含了共形设计、光路复用、资源共享、信息融合和多探测器数据并行处理等诸多相关技术。相对于单个波段独立工作的分离激光系统而言,其信号获取和信号处理能力在时效性上有了很大提高,因而可实现目标告警的快速反应和高效发布,提高了防御系统的整体作战能力。

(3)综合告警系统集成化设计,大大提高系统的性价比和适用性。集成化设计可以使系统性能优化、结构精小,减小机动平台安装的占空比及设备的体积、重量,降低设备造价,性价比高、适用性强,特别适合应用于高价值平台(如导弹发射车,舰船等)的末端防御系统。

3.5.2 红外/激光综合告警技术

红外/激光综合告警技术主要是探测红外和激光特征信号的威胁目标,例如,红外告警用于导弹发射和飞行主动段的目标探测;激光告警用于探测激光制导系统的激光辐射。既可同时完成对激光威胁目标和红外特征明显的威胁目标的感知,又可对激光制导导弹进行红外/激光复合探测。

红外/激光综合告警系统通常采用共孔径、探测器分立设置的结构方式,接收的辐射经过同一光学系统会聚和分束器分光后,分别送到不同滤光片上,经滤光片光谱滤波,送至相应的红外和激光探测器。探测器每个像素视场内的光学信号随后转换成电信号。告警设备一般采用凝视型,以多元探测器件实现对光电威胁目标的精确探测,同时可抑制假目标(激光告警的特点)。以共孔径结构凝视空间能形成大视场范围,体现出高度集成化的结构优势,减少了体积、质量,增加了可靠性,便于实现双波段探测器空间视场配准以及在时间上的同步。

红外/激光信息量较大,通常采用分布式计算机系统进行数据综合处理。探测器的红外、激光威胁信息分别处理后,送到告警信息融合处理单元,实时进行特征提取并对目标威胁程度进行综合处理判断,如威胁目标分类、多目标处理、目标等级识别及威胁程度自动排序等,对激光、红外威胁目标的方向、种类自动进行战场威胁态势图显示,实施优先告警。德国埃尔特罗公司的 LAWA 激光告警器,它能探测红宝石激光、Nd:YAG 激光、CO_2 激光和普通红外辐射。

3.5.3　红外/紫外综合告警技术

一般说来,在导弹威胁目标告警过程中,红外/紫外综合告警是采用大视场紫外告警发现目标和小视场红外告警跟踪目标的结合。紫外告警由多个成像型探测头构成,对空域进行全方位监视;红外告警则是一个小视场的探测跟踪系统。紫外告警截获、探测并发现威胁目标后,把威胁目标方位信息传给中心处理控制器,中心处理控制器通过控制专用装置完成对红外告警的目标引导。由于导弹发动机燃烧完毕后,导弹飞行继续存在较低的红外辐射能量,红外告警还可对目标继续跟踪,表现了极高的灵敏度和分辨率,能在任何方式下跟踪导弹。所以紫外告警是对威胁目标进行截获、探测,红外告警则是对目标进行跟踪,两者以"接力"方式进行工作,从而完成综合告警。

红外/紫外综合告警采用单独的光学系统和分立的探测器件,对现有紫外、红外探测头进行复合设计,通过数据相关处理,尽早、尽快发现目标,提高战场态势估计水平。紫外告警完成对导弹的发射探测,红外告警对导弹进行跟踪,以提供定向红外干扰机等干扰设备的目标数据。同时,二者做信号相关处理,可大大降低告警虚警率,完成对导弹类目标的可靠探测,由于红外告警的角分辨率可达 1mrad,因此对导弹的定向精度可优于1mrad。

红外/紫外综合告警效能互补,为先进红外对抗提供了一种新的行之有效的告警形式,它通过探测、截获、跟踪威胁目标,可使干扰装备更加有效地对抗红外制导导弹。美国 1997 年推出的 AN/AAQ-24 红外定向对抗系统采用的即这种告警系统,后来莱昂纳多 DRS 公司开发的双色先进告警系统(2C-AWS)也采用了红外/紫外综合告警技术。

3.5.4　紫外/激光综合告警技术

单独的紫外告警不能区分来袭的光电制导导弹是红外制导还是激光制导,只有同激光告警的数据相关后,才能做出判断;另外,紫外/激光告警可对激光制导导弹进行复合告警,通过数据相关降低激光告警的虚警率。紫外/激光综合告警通常以成像型紫外告警和四象限探测激光告警构成综合一体化系统,以结构紧凑、安装灵活的阵列探测头实现紫外、激光威胁目标的定向探测,满足机动平台定向干扰的需求。

紫外/激光综合告警设备由探测头、信号处理器、显控盒等组成。每个探测头的紫外、激光光学视场完全重叠且均为 90°,4 个探测头形成 360°×90°的监视范围。紫外探测器对空间进行准成像探测。4 个不同波长的激光探测器均布在紫外探测通道周围,对激光波长进行识别。当激光威胁源或红外制导导弹出现在视场内时,产生告警信号并在显示器上显示出相应的位置。

紫外/激光综合告警不仅在探测头结构形式上有机结合、在数据处理上有效融合,而且由于探测头输出信号均为纳秒级脉冲信号,因此接口、预处理电路及电源等方面可资源共享。另外,它可对激光驾束制导进行复合探测,这是因为两者视场完全重叠,当驾束制导导弹来袭时,紫外告警通过探测羽烟获得数据,激光告警通过探测激光指示信号获得数据,两者做相关处理,能获得导弹来袭角信息和激光特征波长。

20世纪80年代末期,美国LORAL公司研制带有激光告警的AAR-47紫外告警机改进型,将探测头更新换代,采用4个激光探测器,装在现有紫外光学设备周围,同时使用了一个小型化实时处理设备。激光探测器工作波长0.4~1.1μm,可对类似于瑞典博福斯公司生产的RBS70激光驾束制导导弹告警。

世界各国相继研制了激光、红外、紫外等多种告警技术综合的实用告警系统,光电综合告警技术不断地朝向多种工作波段、主动/被动工作体制相结合的一体化、智能化方向发展。

美国F-22战斗机装备的告警系统可利用紫外辐射、可见光、红外辐射实施多波段侦察告警;英国普莱西雷达公司研制的复合光电告警器能有效探测红外探照灯和两种波长激光;美国海军的综合电子战发展工作经历了两个阶段:第一阶段是研制和演示"最佳对抗响应软件";第二阶段是将导弹逼近告警、激光告警和"最佳对抗响应软件"综合在单一处理器模块上,形成综合告警功能,并通过综合一体化集成控制,提高干扰效果。此外,美国伯金埃尔默公司把激光、毫米波告警装置与AN/ALR-46A雷达告警接收机相结合的DOLRAM计划项目也表现了综合告警的技术优势。

思考题

1. 对光电告警系统而言,截获光辐射的方式有哪几种?
2. 描述非相干辐射直接截获接收的光谱辐射功率计算过程。
3. 什么是激光离轴散射截获半径?
4. 激光离轴散射截获的主要影响因素有哪些?
5. 奈曼·皮尔逊准则的基本思想是什么?
6. 为消除或抑制自然光及灯光、火焰、炮火闪光等都可能对激光告警性能的影响,常采取的措施有哪些?
7. 简述多元相关探测原理。
8. 激光主动探测回波识别技术的基本原理是什么?
9. 光电二极管阵列型激光告警器由哪几个部分组成?
10. 设光电二极管阵列型激光告警器的水平方向均匀布置了8个探测器,试计算出该告警器最佳告警方位分辨率,以及对应的单个探测器窗口视场角,并画出其视场分割图(方位)。
11. F-P干涉仪型激光告警器如何测量入射光的方向、波长以及如何抑制杂光干扰的?
12. 简要比较光电二极管阵列型、相干光识别型和CCD成像识别型激光告警技术的性能特点(主要从告警灵敏度、测向、识别波长和结构、使用等方面分析)。
13. 简述红外告警系统的一般组成及各部分作用。
14. 简述紫外告警系统的一般组成及各部分作用。
15. 什么是光电综合告警技术?与单一波段光电告警相比有什么优点?

第4章　光电有源干扰技术

光电有源干扰技术是指利用己方光电系统发射或转发某种与敌方光电系统工作波段相应的光波信号,阻止或削弱敌方有效使用光电系统所采取的技术和方法总称。光电有源干扰一般分可为欺骗式干扰和压制式干扰,如图4-1所示。它们一般需要有一台光频段辐射源或激光器作为干扰源,故称为有源干扰。一个防御系统是否运用了有源干扰技术主要看是否具备3个要素:使用己方光电装备、发射或转发激光干扰信号,以及实施欺骗式或压制式干扰方式。

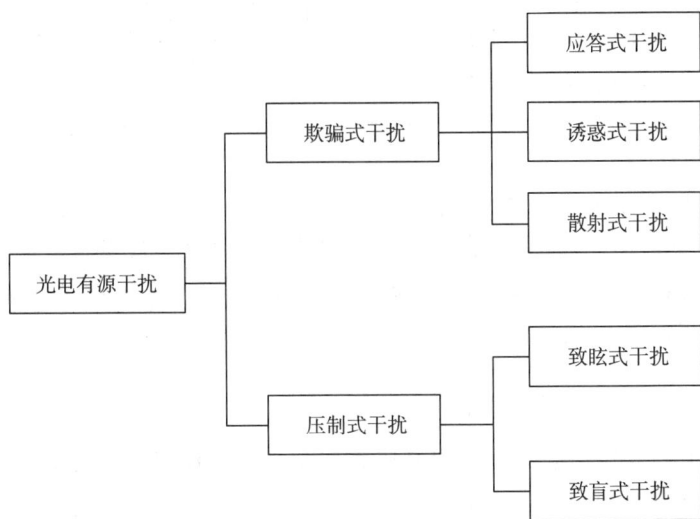

```
                              ┌──── 应答式干扰
                ┌─ 欺骗式干扰 ─┼──── 诱惑式干扰
                │             └──── 散射式干扰
  光电有源干扰 ─┤
                │             ┌──── 致眩式干扰
                └─ 压制式干扰 ─┤
                              └──── 致盲式干扰
```

图 4-1　光电有源干扰的分类

现役装备和在研的光电有源干扰系统中的压制式干扰系统,根据辐射光源输出能量的大小,可分为致眩式干扰和致盲式干扰。压制式干扰是利用辐射光源致眩或致盲敌方光电武器系统中的光电探测器,使敌方光电武器系统不能探测和跟踪目标,从而丢失或偏离真实目标。用作压制式干扰的激光器的工作波段必须选择在敌方光学系统、光电探测器的响应波段范围内。

从干扰作用对象角度分析,光电有源干扰又可分为激光制导有源干扰、电视制导有源干扰、红外制导有源干扰和光电观瞄设备有源干扰等。

本章首先介绍几种光电对抗的激光干扰源技术,然后从激光制导有源干扰、电视制导有源干扰、红外制导有源干扰、光电观瞄设备有源干扰等几个方面论述光电有源干扰的作用原理及相应有源干扰系统的一般组成和干扰技术。

4.1 激光干扰源技术

不同的激光干扰方式需要选择不同的激光干扰源,影响激光干扰源作战性能的因素很多,如跟踪精度和环境适应性等,但最关键的因素还是到达目标的远场激光功率密度,这是对目标实施干扰的基础,因而高能量、高光束质量的激光干扰源技术是光电有源干扰的关键技术之一。

4.1.1 光电干扰激光器技术

激光器的基本结构由工作物质、泵浦源和光学谐振腔三部分构成,如图 4-2 所示。其中,工作物质是激光器的核心,是激光产生的源泉所在。要产生高能量、高光束质量的干扰激光,需要关注激光工作方式、泵浦源和热管理等激光器技术。

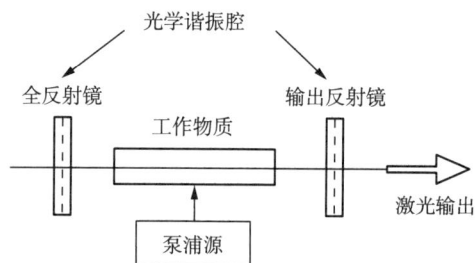

图 4-2 激光器的基本结构

1. 激光工作方式

目前 100kW 级的高能固体激光器研制,在技术路线上大致分为两类:一类是单口径输出方式,包括热容激光器、薄片激光器等,通过增加增益介质口径和模块数目进行定标放大;另一类是多链路合成方式,包括板条激光器和光纤激光器等,通过多条链路能量叠加的方式进行定标放大。

(1)热容激光器

严格地说,热容激光器不是一种新构型的激光器,"热容"是指一种工作模式,即在激光激射过程中不对激光介质进行冷却,而是在两个激射过程的间隙进行强制冷却。采用热容方式工作时,由于不进行散热,激光介质内部的温度梯度较小,在理论上带来的热畸变也比较小;另外,由于表面温度高于内部温度,激光介质表面的应力表现为压力,激光介质能承受的压力比张力至少强 5 倍,激光介质的破坏阈值大幅度提高,因此使得允许的泵浦强度也大幅提高。

图 4-3 所示为二极管泵浦的热容激光器光学结构示意图,从图 4-3 中可以看出,为了校正光束质量,激光器中添加了比较复杂的自适应光学系统。

热容激光器的工作原理在本质上讲是增益介质表面的压应力设计,主要优点是增加了增益介质的抗损伤能力,从而使得输出功率比常规的散热方案大幅度增加。但是,热容工作模式存在两个致命缺点:①激光的光束质量随着出光时间的增加迅速退化;②热容激光的工作机制决定其不能长时间出光,冷却需要几十秒至数分钟,难以符合实用要求。因此,热容激光器虽然具有定标放大至 100kW 的能力,但其应用前景并不乐观。

(2)光纤激光器

光纤激光器具有低阈值、高效率、全固化和结构紧凑等优点,且其比表面积大,因此

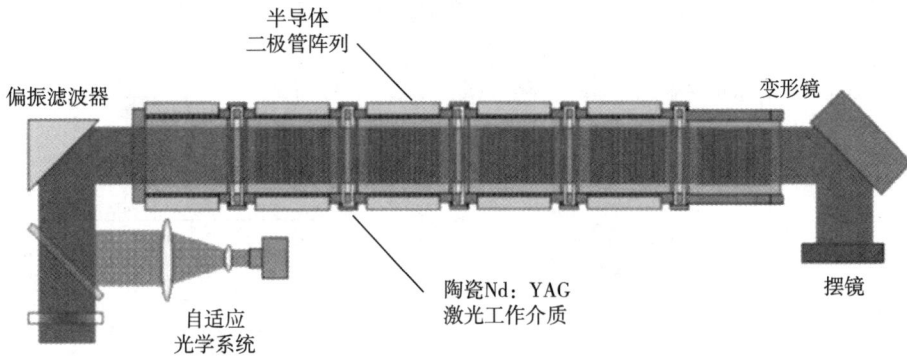

图 4-3　二极管泵浦的热容激光器光学结构示意图

具有更好的热管理性能。为实现高功率激光输出,通常采用双包层增益介质光纤的主振荡功率放大(MOPA)结构。

双包层增益介质光纤基本结构如图 4-4 所示,由纤芯、内包层、外包层以及保护层组成。信号激光在纤芯中传输,传输条件和普通光纤一致。内包层尺寸和数值孔径比纤芯大,折射率小于纤芯,多模泵浦激光在其中传输;外包层由折射率较内包层小的材料构成;保护层则由聚合物材料构成,起到保护光纤的作用。此外,在纤芯和外包层之间形成了一个大截面、大数值孔径的光波导,使得更多的多模泵浦激光能耦合进入光纤,泵浦激光在内包层中传输,多次穿越掺有稀土离子的纤芯,实现高效泵浦。

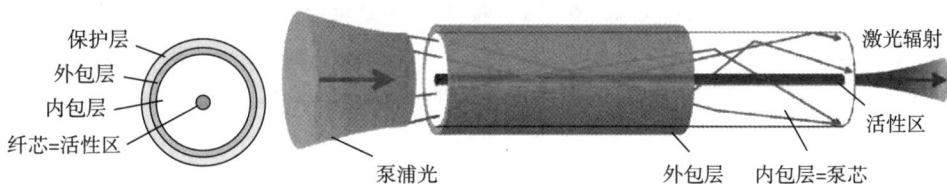

图 4-4　双包层光纤结构及包层泵浦原理示意图

MOPA 技术就是采用性能优良的小功率激光器作为种子源,种子激光注入单级或多级光纤放大器系统,最终实现高功率放大的激光技术。MOPA 光纤激光器结构示意图,如图 4-5 所示。它的优势在于整个系统输出激光的光谱、频率和脉冲波形等特性由种子源激光器决定,而输出功率和能量大小则依赖于放大器增益特性。因此,采用 MOPA 技术较易获得高重复频率、超短脉冲和窄线宽的高功率激光。

固体激光器、光纤激光器以及半导体激光器均可作为种子源。通常情况下,种子源只需要提供较低功率或能量的激光输出,但是要求种子光具备较好的光束质量、较窄的线宽以及较高的稳定性。功率放大器(主放大级)是 MOPA 系统的核心组成部分,其性能直接决定输出激光的光束质量和功率大小。简单地说,MOPA 光纤激光系统通常由种子源、泵浦源、增益介质光纤、光隔离器及耦合系统等部分组成,其主放大级即"高功率光纤放大器"。为了获得高增益,通常采用包层泵浦技术,泵浦激光通过耦合系统进入双包层光纤内包层,被掺杂离子吸收,形成粒子数反转以提供增益;信号激光从端注入纤芯,

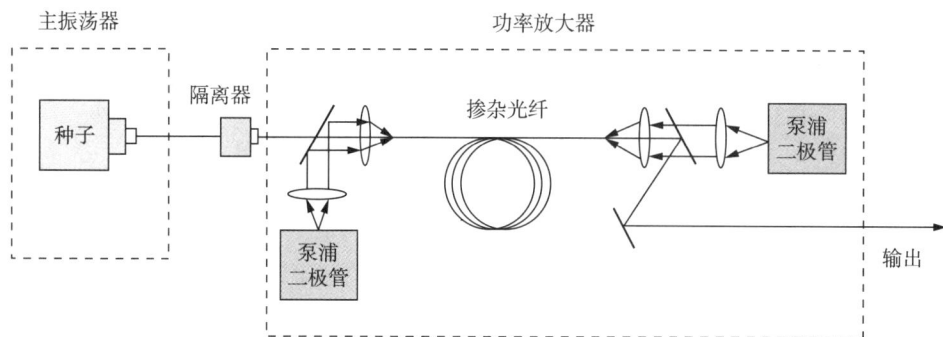

图 4-5 MOPA 光纤激光器结构示意图

沿光纤传输,并被有效放大,最终实现高功率(能量)的激光输出。

高功率 MOPA 光纤激光系统在体积、重量、效率、结构等方面优势明显,可进一步提高激光输出特性。因此,在战术激光武器、光电对抗等军事领域,高功率 MOPA 光纤激光系统展现出很强的应用潜力。

2. 激光泵浦技术

激光泵浦一般采用光泵浦、电泵浦、化学泵浦以及热泵浦等方式。其中光泵浦是利用外界光源发出的光照射激光工作物质,以实现粒子数反转,如激光测距装置中常用的氙灯泵浦电光调 Q 脉冲 Nd:YAG 激光器及前面介绍的热容激光器、光纤激光器等。电泵浦是以气体放电方式进行泵浦激光工作物质,如 He-Ne 激光器和 CO_2 激光器等,或是以结电流注入的方式泵浦激光工作物质,如半导体激光器等。化学泵浦是指利用化学反应释放的能量来泵浦激光工作物质,如战术激光武器早期使用的氧碘激光器。热泵浦是指利用外界产生的热能或小型核反应释放的能量来泵浦激光工作物质,如核泵浦 He-Ar 激光器等。

当今战术激光武器和光电对抗技术领域中应用的高功率激光器大多采用光泵浦方式,下面以半导体激光器泵浦光纤激光器为例简要介绍。

(1)端面泵浦

端面泵浦方式包括透镜组耦合和直接熔接耦合。

如图 4-6 所示的透镜组耦合端面泵浦方式。半导体激光器出射的激光经过透镜组整形后,聚焦或直接耦合进光纤内包层。该耦合系统最突出的特点是能承受较高的功率,但受光学系统像差等因素影响严重,需要对光束进行控制和整形,使聚焦光斑与光纤内包层良好匹配。透镜组端面泵浦方式简单可靠,是目前最常用的方法,也是最成熟的技术。

直接熔接耦合的端面泵浦方式如图 4-7 所示,若干个激光二极管发射出的多模泵浦激光通过多模光纤注入光纤合束器实现模场匹配,使得多束光纤输出的激光能有效地从双包层光纤端面注入内包层。合束器所有器件均为波导结构,方便熔接,可实现光纤激光系统全光纤化。但高功率激光系统中合束器对熔接工艺的要求较高,且插入损耗较大,可承受功率有限。因此,该泵浦方式虽然在光通信系统和 MOPA 系统前级有广泛的应用,但是否满足高功率泵浦的要求仍需深入研究。

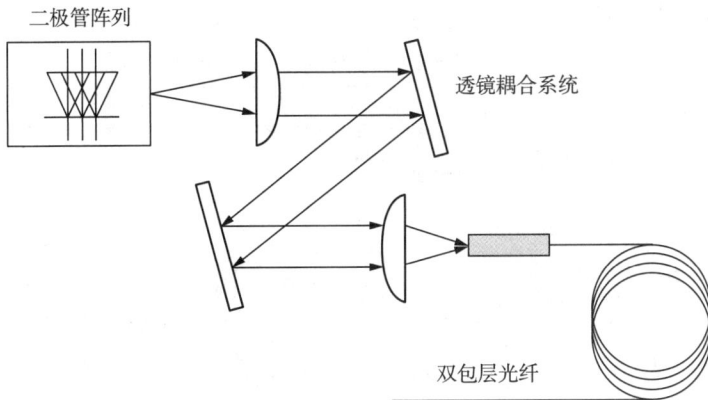

图 4 - 6 透镜组耦合端面泵浦方式

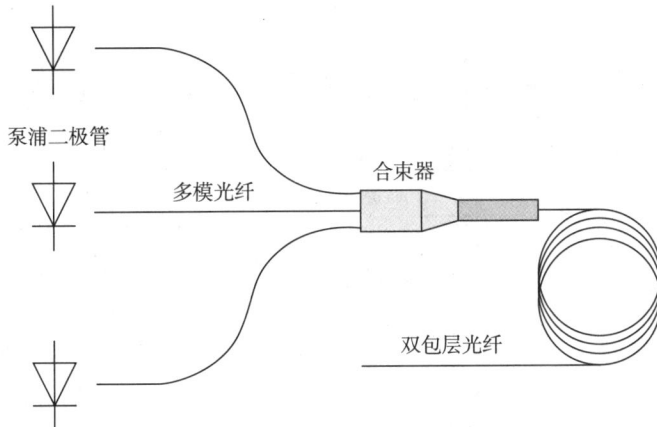

图 4 - 7 直接熔接耦合端面泵浦方式

（2）侧面泵浦

侧面泵浦技术的提出解除了端面泵浦方式对光纤端面的限制,使泵浦激光在光纤中的分布更均匀,可实现多点泵浦,功率扩展性较好。侧面泵浦技术发展至今,最具代表性的有：多模熔锥侧面耦合、V 型槽侧面耦合、嵌入反射镜侧面耦合和光纤斜抛侧面耦合等。

如图 4 - 8 所示为多模光纤熔锥侧面耦合方式。它是将多根裸光纤和去掉外包层的双包层光纤缠绕在一起,高温加热使之熔化,同时在两端拉伸光纤,使光纤熔锥区成为锥形过渡段,能够将泵浦光通过多模光纤由双包层光纤侧面导入内包层,实现定向侧面耦合。此耦合器不同于端面泵浦合束器,整个过渡区由石英光纤拉伸而成,没有熔接点,因此可承受较大功率;同时,侧面耦合可以实现光纤激光系统多点泵浦,降低光纤端面的压力,该技术的耦合效率能达到 80% 以上。

V 型槽侧面泵浦技术方式如图 4 - 9 所示。先将双包层光纤外包层去除一小段,在裸露的内包层上刻蚀出一个 V 型槽,槽的斜面用作反射面,泵浦激光由半导体激光器经

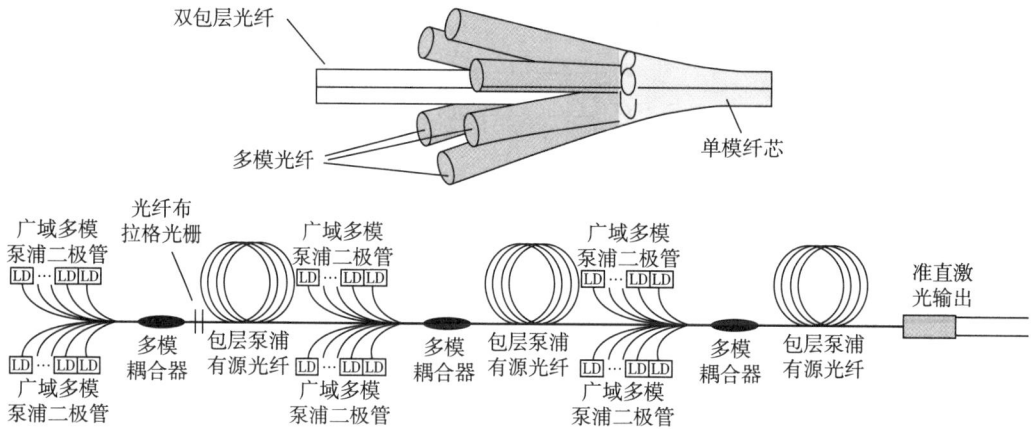

图 4-8　多模光纤熔锥侧面耦合方式

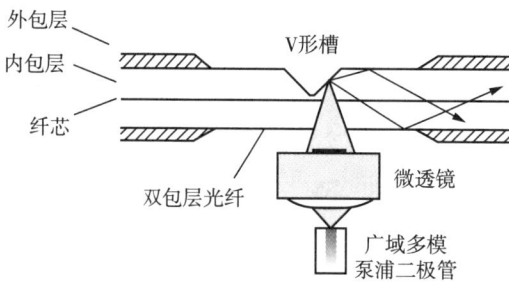

图 4-9　V 型槽侧面泵浦方式

微透镜耦合,使其在 V 型槽侧面会聚,反射进入内包层,实现泵浦。该技术耦合效率可达 75% 以上。

相比而言,最简单可靠的透镜组端面耦合方式则是目前构建 MOPA 系统主放大级的最佳选择。

3. 热管理技术

泵浦效率、热管理和光束质量是决定激光干扰源将高功率激光束高效传送到来袭威胁目标的三个主要因素。提高泵浦效率可以降低对输入功率的要求,同时减少废热、激光介质吸收泵浦辐射而产生的热和由冷却过程造成的热流结合起来导致热透镜、应力、退偏、双折射等热效应。随着泵浦功率增加,热效应随之加剧,使激光器的阈值升高、效率降低,并导致折射率分布不均,产生光学畸变,严重劣化光学质量,甚至会损坏激光介质,严重影响固体激光器的最大输出功率,因此,激光器的有效热管理十分必要。减少激光器废热的方法一般包含以下五种。

(1)强迫冷却技术。强迫冷却技术包括强迫风冷和强迫液冷,是借助外界能力使气体或液体进行被迫流动,通过流体与热源表面接触,将热量带走,表现为增大对流换热系数。

(2)辐射冷却技术。辐射冷却是应用热量以电磁波形式向外辐射的原理,在元器件周围放置吸热材料来进行元器件的散热。

(3)相变冷却技术。相变冷却技术就是应用材料在相变的过程中吸热和放热的原理,实现对热源进行制冷和加热的功能。

(4)热管散热技术。热管散热技术是应用液体在冷凝段和蒸发端进行液-气来回的相变和回流,实现将热量从蒸发端传递到冷凝段的散热装置。其特点是具有较高的传热能力,且均温性较好。

(5)热电制冷技术。热电制冷技术是热电制冷器件的一种功能,它可实现沿温度梯度相反的方向进行泵浦,以达到制冷的目的。其优点是结构紧凑,无运动件,可用于低温下工作,控制温度精确。

对热管理要求较高的设备,单独的热设计技术并不能满足散热要求,需要采取多种方式相结合的方法,来达到要求的散热条件。

4.1.2　变频激光产生技术

当单一波长干扰激光难以有效对抗来袭目标时,需要波长可调谐的变频激光对来袭目标实施有效干扰。产生波长可调谐的变频激光光源的主要方法有以下两种。

一是激光器的工作介质具有较宽的激光上能级,在腔内调谐元件的作用下,在特定波段范围内输出变频激光。例如,变频范围为 $780 \sim 920nm$ 的 Cr:LiSAF 激光器,这类激光器发散角过大,在军事应用中受到限制,而且这类激光系统不具备多波段调谐能力,不能适用于光电对抗系统的需求。

二是利用倍频、光学参量振荡等非线性光学频率变换技术,在泵浦激光基础上,变换调谐出各波段变频激光。其中,利用非线性晶体的频率下转换效率的光学参量振荡(OPO)技术,可实现不同波段激光的连续调谐,是产生变频激光的重要手段。

OPO 系统的结构如图 4-10 所示。该系统具有如下特点:

(1)调谐范围宽。普通的激光器只能输出一种或几种波长的激光,而只要更换非线性晶体,OPO 系统的调谐范围可从紫外到远红外,满足不同波段的干扰需求。

(2)可实现全固化设计。OPO 系统是通过非线性晶体进行激光频率的转换,只需一块或几块晶体即可实现多波段输出,其泵浦源可采用半导体泵浦的固体激光器,因而整个激光系统可做到小型化、全固化。

(3)有望实现高功率、窄线宽输出。

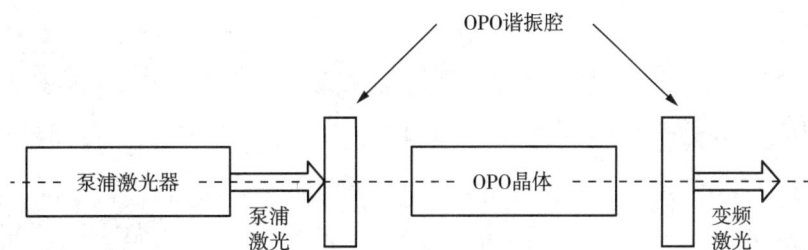

图 4-10　OPO 系统结构示意图

然而,光学参量振荡过程中能量转换效率较低、光束质量较差,需要对 OPO 系统的泵浦光源和谐振腔进行优化,以满足光电干扰对激光功率密度的需求。

1. 光学参量振荡系统泵浦光源优化技术

根据光学参量振荡的原理可知,要得到较高的能量转换效率,要求泵浦光功率高、线宽窄、光束质量好。可以利用非线性相位共轭波前畸变补偿技术和法布里-珀罗标准具压窄线宽技术等对泵浦激光器结构进行优化设计。

（1）非线性相位共轭波前畸变补偿技术

激光系统中存在光学元件的不均匀性、激光工作介质的内部缺陷，以及各类热效应、退偏效应等，这些都能造成激光波前的畸变，降低输出光束质量。

而相位共轭波恰好是入射波的时间反演，观察相位共轭波就好似对入射波作逆时的回顾。在理想情况下，在任一空间位置上它们均具有相同的波面（波前）形状，只是两者的传播方向相反，因此相位共轭过程又常被称为波前反转过程。

相位共轭过程的波前反转特性的一个重要应用就是补偿光波的波前畸变。利用非线性光学相位共轭技术，让光束两次或多次往返通过同一畸变光路，使光路中的相位畸变得到补偿或改善。在高功率的固体脉冲激光器中，常用带受激布里渊散射（SBS）相位共轭镜的激光谐振腔及带 SBS 相位共轭镜的双程或多程主振荡－功率放大系统来补偿光路的相位畸变。

带 SBS 相位共轭镜的激光器的结构如图 4 - 11 所示，其实物照片如图 4 - 12 所示。

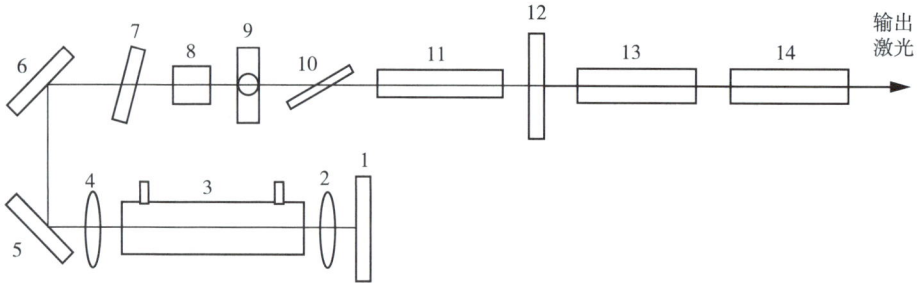

1、12—全反射后腔镜、输出镜；2、4—聚焦透镜；3—SBS 介质池；5、6—45°全反镜；
7—标准具；8—KD*P 晶体；9—选模光阑；10—起偏器；11—谐振级；13、14——一级、二级放大。

图 4 - 11　带 SBS 相位共轭镜的激光器结构示意图

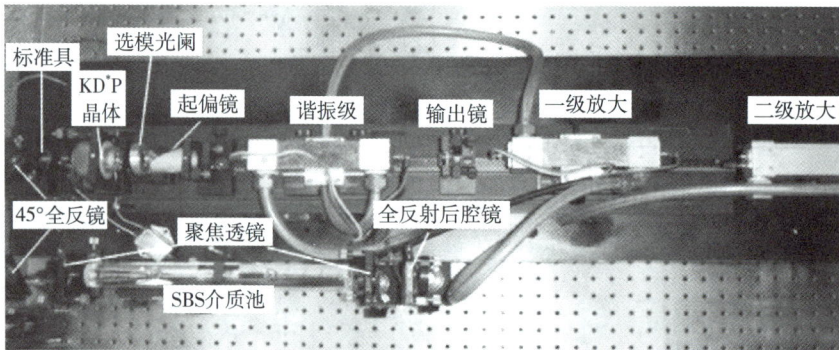

图 4 - 12　带 SBS 相位共轭镜的激光器

图 4 - 11 中，为了获得发散角小、单色性好的基横模、单纵模种子激光，本振级利用 SBS 相位共轭镜（包括两个聚焦透镜和一个介质池）构成相位共轭激光腔，有效补偿激光器系统热畸变导致的光束质量的下降，提高系统工作的稳定性。在光路中安装了选模光阑来进一步优化小发散角基模种子激光的光束质量。在谐振腔中安装电光调 Q 开关

(KD*P 晶体和布儒斯特起偏器)可以有效改善 SBS 相位共轭镜非线性启动过程的稳定性,并使输出激光脉冲宽度稳定。另外,在本振级后面加装了两级放大 Nd:YAG 棒,以提高泵浦激光输出能量。

(2)法布里-珀罗标准具压窄线宽技术

为了提高相位共轭镜的反射效率,进一步改善激光的光束质量,增加激光单频点的能量密度,提高 OPO 的能量转换效率,可在激光器中加装 F-P 标准具以压窄激光线宽,如图 4-11 中 7 所示。F-P 标准具的优点在于标准具平行平面板间的厚度可以做得很薄,因而对增益线宽很宽的激光工作物质,如 Nd:YAG、红宝石等激光器,均可获得单频激光输出,且由于谐振腔长没有发生变化,激光器仍可保持较高的输出功率。

(3)热致双折射退偏补偿技术

在大功率激光系统中存在热致双折射退偏振现象,导致输出激光线偏振度降低,严重影响后继倍频和光学参量振荡过程的变频能量转换效率。可以采用将 90°石英旋转器和 1/2 波片相结合的热致双折射退偏补偿方法。

热致双折射在固体激光晶体棒截面中的每一点处,感生双折射的主轴都是呈径向和切向的,双折射大小与晶体棒半径的平方成正比,通过激光晶体棒的线偏振光束的退偏振效应严重。补偿原理就是要在激光晶体棒截面上每一点的径向和切向偏振辐射都获得相等的相位迟滞。如图 4-13 所示,激光谐振级输出的线偏振激光束通过一级放大晶体棒时,由于晶体棒内径向温度分布,在相同半径 r 处的径向偏振光和切向偏振光之间产生相位差 $\Delta P_r(r) - \Delta P_\theta(r)$,再经过 90°石英旋转器后,径向偏振光变为切向偏振光,再经过二级放大晶体棒后也产生了相位差 $\Delta P_r(r) - \Delta P_\theta(r)$,由于径、切向的颠倒,相对于一级放大级中的径、切向相位差来说,等价于消除了两方向的相位差,即补偿了线偏振激光束在经过两级放大时的退偏振效应,有效地获得了高保偏效果。

图 4-13　热致双折射退偏振补偿技术框图

2. 高转换效率 OPO 技术

OPO 是一种利用非线性晶体的混频特性实现光学频率变换的器件,同时它是波长可调谐的相干光源。具有调谐范围宽、效率高、结构简单及工作可靠等特点,可获得宽带可调谐、高相干的辐射光源。近年来,随着一批新型优质非线性光学晶体的发明、成熟和大量应用,以及非线性光学频率变换和可调谐激光技术的飞速发展,在光参量振荡器这一研究领域取得了不少十分重要的突破,OPO 已经发展成为变频激光的主流。

(1)OPO 晶体选择

用于近红外 OPO 的非线性晶体主要有 ZGP、KTP、KTA、BBO、PPLN 等。其中,ZGP、PPLN 和 KTA 晶体多用于产生中波红外变频激光,而利用 ZGP、PPLN 实现 OPO 运转是国内外研究的热点。BBO 在空气中易潮解,KTP 由于其具有非线性系数大、抗损伤阈值高、透光范围广、走离角小、允许角大等特点,被广泛应用于近红外光参量振荡器,特别是脉冲泵浦、纳秒量级、可调谐 KTP - OPO 备受人们的关注。

(2)OPO 谐振腔型选择

OPO 的腔型主要有直腔和环形腔两种,其中直腔又分为外腔和内腔。采用不同腔型设计的 OPO 装置如图 4 - 14 所示。

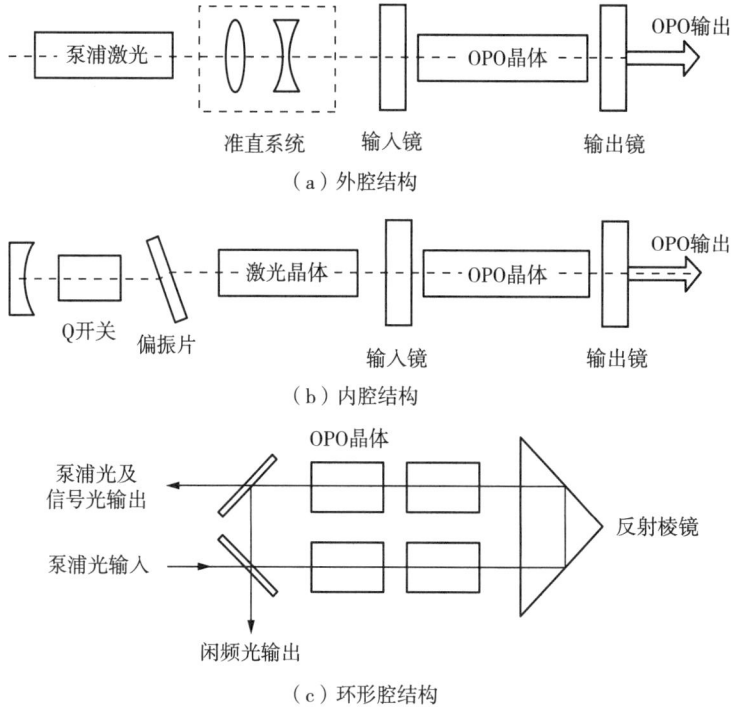

(a)外腔结构

(b)内腔结构

(c)环形腔结构

图 4 - 14 采用不同腔型设计的 OPO 装置

相对于直腔来说,环形腔有以下优点:损伤阈值高,能有效地利用晶体长度;不用考虑泵浦激光的后向反射问题;腔型设计能将所需要的闲频光与泵浦激光和信号光分离,降低了对腔镜镀膜的要求。但其缺点是:泵浦阈值较高,效率较低,结构较为复杂,工程实现难度较大。

相对于外腔泵浦的 OPO 来说,内腔泵浦的 OPO 具有峰值功率密度高、起振阈值低、效率高等优点,而且在结构上比较紧凑,易于小型化,但其输出光束质量较外腔结构差,晶体易损伤。

4.1.3 综合光电对抗激光源技术

激光干扰技术虽然受天气影响大,不具备全天候作战能力,但能够以光速作用目标,目标难以躲避。与传统武器相比,效费比高且无后坐力,具备多批次处理能力等特点,仍然在综合光电对抗中占据举足轻重的地位。

1. 综合光电对抗中激光干扰的两种干扰机制

对于综合光电对抗,要求激光源输出的干扰激光能够准确照射来袭目标,并对来袭目标实施有效干扰。这类干扰一般包括带内干扰和带外干扰两种机制,如图 4 - 15 所示。

带内干扰一般用来打击迎头目标,且激光波长与目标光电传感器的工作波段相匹配,干扰激光可以透过目标光学系统,会聚到光电传感器上,对传感器实施致盲、致眩等有效干扰,此时较小功率干扰激光即可满足需求。

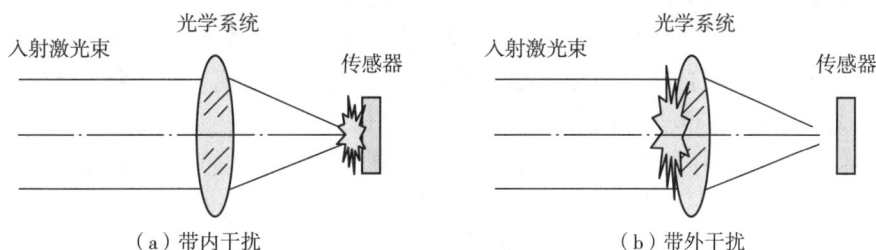

图 4-15　激光干扰的两种干扰机制

带外干扰对干扰激光波长没有特殊要求,打击目标也不限于迎头目标。干扰激光照射来袭目标的外壳、头罩或光学系统等部件,使之发生破裂、剥落、熔化、气化等损伤而失效。相对于带内干扰而言,带外干扰应用更加灵活,但要求干扰激光功率较大,高功率、高光束质量的热容激光器、光纤激光器等日益受到战场青睐。同时,由于需要持续照射来袭目标,带外干扰对光电对抗系统的跟踪精度和稳定性也提出了更高的要求。

2. 综合光电对抗对激光干扰源的技术要求

激光干扰源输出的干扰激光对防御半径内的来袭目标实施有效干扰,则激光干扰源一般需要满足以下技术要求:

(1)激光波长在大气窗口以内。大气衰减是干扰激光功率衰减的主要影响因素,因而干扰激光波长必须在大气衰减相对较小的大气窗口以内,以保证干扰激光经过一定距离大气传输后,到达来袭目标时,仍能满足干扰阈值要求。

(2)带内干扰激光波长与来袭目标工作波段相匹配。带内干扰的干扰激光要能够透过来袭目标光电传感器的光学系统,会聚到传感器上,即光学系统对干扰激光是透的。在光电对抗技术日益发展的今天,越来越多的光电武器会在其传感器前加装滤光片等抗干扰措施,这就要求干扰激光不仅能够透过光学系统,还要能够避开滤光频段。

(3)激光功率密度满足阈值要求。不同的干扰机制、不同的干扰效果需要不同的干扰激光功率密度。带内干扰需要激光功率密度相对较低,但干扰激光经过一定距离大气传输,到达来袭目标光电传感器时,其功率密度至少要大于传感器的探测灵敏度,才能被传感器有效探测而实现干扰。若要达到致眩、致盲或损伤的干扰效果,则激光功率还需进一步增强。带外干扰需要激光功率密度更高。

(4)干扰激光指向精准,稳定性好。激光光束方向性好,束散角小,能量集中,要实施干扰,激光光束必须准确照射被干扰目标,并持续一段时间,如带外干扰,干扰激光对来袭目标的元部件造成剥落、气化等破坏效应,激光必须持续辐照数秒以上,这就要求激光不仅能够精准照射目标,还要能稳定锁住目标,即不仅照得准,还要照得稳。由于大气湍流对激光光束的折转和光束质量畸变等影响,对于高能激光干扰系统,一般还需要自适应光学系统来补偿光束折转和光束质量畸变。

(5)产生高功率高光束质量激光。功率越高、光束质量越好,意味着干扰激光能够在更远距离上照射来袭目标,干扰成功概率越高。近年来,已有学者将功率高达太瓦量级的飞秒激光器用于光电对抗,研究飞秒激光对 CCD 的干扰机理和干扰效果,利用飞秒激光的大气拉丝效应遮蔽成像观瞄系统,已取得值得期待的成果。

(6)多波段一体化的激光干扰系统更具技术优势。不同的来袭光电制导武器,其工作方式不同,工作波段也不相同,都是综合光电防御的对抗目标。若激光干扰系统具备多波段工作能力,能够自动识别并匹配来袭武器工作波段,实现一机对抗多种不同来袭武器,在战场运用将更具灵活性。

(7)体积小易维护的激光干扰系统更适合战场要求。恶劣的战场环境、复杂的地理条件要求精密的激光干扰系统稳定性好,易于维护,且便于安装集成,因而体积小易维护的激光干扰系统在实战环境中更具生命力。光纤激光器在发明之初多被应用于通信和信息传输,但随着半导体激光泵浦技术的日趋完善,光纤激光器体积小、功率高、光束质量优,特别是稳定可靠、维护简便的优势,使其在战场环境中应用越来越广泛。

3. 新型综合光电对抗激光干扰源

为适应现代战场对激光干扰源高功率、多波段、微型化的技术要求,越来越多的新型激光系统被应用于综合光电对抗,除前面介绍的热容激光器、光纤激光器外,自由电子激光器(free - electron laser,FEL)和量子级联激光器(quantum - cascade laser,QCL)等新型激光器都是研究的热点。

(1)自由电子激光器

与传统激光器不同,自由电子激光器是利用自由电子束作为激光工作物质的激光器。自由电子束通常是由各种电子加速器获得,其中最简单的方法就是由直线加速器出来的自由电子束,通过电子枪聚焦成细束,经过磁极周期排列的磁场,产生韧致辐射,当韧致辐射超过阈值后即可辐射激光。

根据固体电子理论,自由电子在周期磁场作用下,产生能带结构,由于没有束缚电子,相当于激光下能级为空,只要注入的电子束能量相近,都认为处于同一激光上能级,而处于粒子数反转状态,只要粒子数反转达到阈值,便可输出激光。

作为新型综合光电对抗激光干扰源的研究热点,自由电子激光器具有以下特点。

① 宽波段,波长覆盖范围极宽。由于自由电子激光器不依赖于原子或分子的受激辐射,而是将电子动能转换为激光辐射,因而其激光振荡的波长覆盖范围极宽,可实现从毫米波到 X 射线的大范围连续调谐。尤其在毫米波波段,自由电子激光器是目前唯一有效的强相干信号源。

② 高功率,是强激光武器的主要潜在手段之一。由于不需要从固体、气体或液体激光工作物质中消除废热问题,因此自由电子激光器可以比传统激光器输出更强、功率更高的激光。早在 20 世纪 80 年代,自由电子激光器就成为美国"星球大战"计划中陆基或天基定向能武器中最有希望的候选者。

目前,自由电子激光器的体积庞大、造价昂贵,只能用于陆基平台,随着小型化和实用化器件的不断成熟,自由电子激光器也必将越来越多地应用到综合光电对抗领域。

(2)量子级联激光器

针对机载平台特别是无人机平台对光电对抗装备小型化、一体化的应用需求,光电对抗微系统应运而生,量子级联激光器是其核心部件。量子级联激光器是基于量子工程设计的、具有级联特征的、光电性能可调控的新原理激光器,是一种以半导体低维结构材料为基础、基于半导体耦合量子阱子带间电子跃迁的单极性半导体激光器。与传统光电对抗激光源相比,量子级联激光器具有以下特点:

① 电光转换效率高。它的有源区由多级耦合量子阱模块串接组成,可实现单电子注入的倍增光子输出而获得大功率。目前,单个中红外量子级联激光器已能稳定输出平均功率大于 1W,同时具备较高光束质量和较高稳定性,成为中红外波段极具竞争力的光源。

② 可选波长范围宽。工作波长由耦合量子阱子带间距决定,可实现波长的大范围选择($2.65\sim300\mu m$),并成为目前唯一实现室温脉冲、连续瓦级工作的多模中红外半导体激光器,其功率比商用铅盐激光器高 3~4 个数量级,在中红外波段输出方面具有较高优势。量子级联激光器是中红外波段光电对抗的优选激光干扰源。

③ 体积小、重量轻。量子级联激光器由电激励直接出光,没有中间光-光转换过程,转换效率高,所需电源和温控比较小,整机体积小、重量轻,可通过电源直接调制输出脉冲激光,是红外定向干扰装备的理想光源。

4.2　激光制导有源干扰技术

激光制导武器的特点是制导精度高(如铜斑蛇激光末制导炮弹命中精度可达 1m 以内),抗干扰能力强(只向与之编码一致的激光信号反射回波方向寻的),昼夜可以使用。由于目标精确打击能力强,是外军空地精确打击的主战兵器,因此,激光制导武器必然成为光电对抗系统的重点作战对象之一。

4.2.1　激光制导导引头抗干扰技术

在第 2 章中分析了激光导引头的原理,激光制导导引头常采用四象限探测器来探测照射到目标上的激光漫反射信号,目标反射的激光编码脉冲信号被导引头光学系统接收聚焦后,落在四象限光电二极管上。当光斑位于寻的器视场中心时,导引头视轴与目标和导引头间连线夹角为零,会聚到四象限探测器上的光斑就落在四象限探测器光敏面的中心,经光电转换及和差处理后,得到的误差信号等于零。否则,误差信号的大小与光斑偏离中心的距离成正比,从而控制激光制导武器舵面并修正其飞行姿态,引导其向目标飞行。

激光目标指示器作用距离一般不超过 7km,当在空中或地面发射激光编码脉冲信号照射目标时,照射激光经目标漫反射后被四象限探测器截获接收,且其信号功率为朗伯分布,可被激光导引头探测器接收的信号较弱,因此对激光导引头探测器的响应灵敏度指标要求较高(如 PIN 光电二极管四象限探测器为 $10^{-6}\,W/cm^2$、雪崩光电二极管四象限探测器为 $10^{-8}\,W/cm^2$)。当然,探测器响应灵敏度越高,就意味着导引头越容易受到环境干扰,所以,随着激光导引头技术的发展,目前激光导引头一般均采取光谱滤波、频率编码、时间波门等抗干扰措施(图4-16),以提高激光制导导引头抗干扰性能。

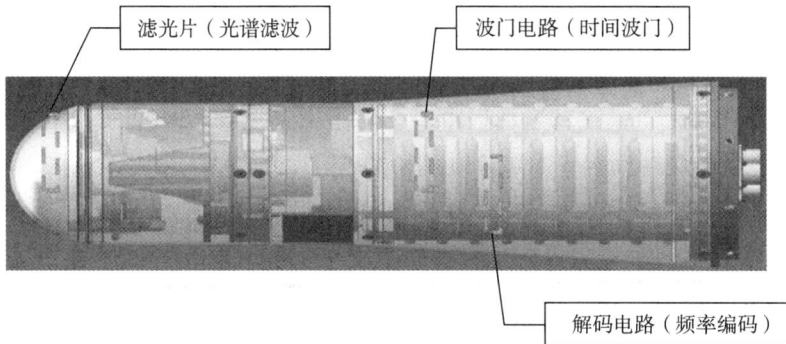

图4-16 激光制导导引头抗干扰措施示意图

1. 光谱滤波技术

光谱滤波技术就是设置一个光谱波门,即在导引头光路中,设置一个中心波长与激光目标指示器激光波长一致的窄带滤光片,滤除其他波长的光信号,使其无法进入探测器,这样就可以减弱太阳辐射、炮火闪光等环境光干扰信号的影响,提高了信噪比。例如,工作波长为$1.06\mu m$的激光导引头的光谱波门中心波长设置为$1.06\mu m$(图4-17)。

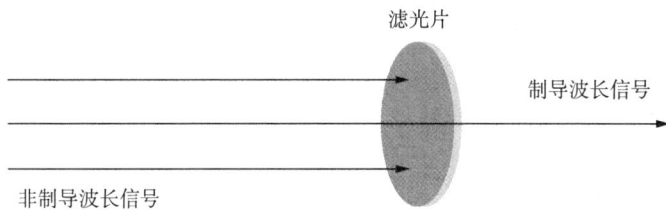

图4-17 光谱滤波技术抗干扰示意图

2. 频率编码技术

频率编码技术即在导引头信号处理电路中采用高速数据采集模块和软件编程,只有与指示激光编码一致的信号才可能被处理。例如,激光目标指示器有不同的编码方式,假设以49ms的周期发射脉冲激光,激光脉冲宽度为10ns,导引头接收到光脉冲信号后,则按49ms的周期采集,只有当连续数个周期均接收到激光脉冲信号时,才认为是指示激光信号。如图4-18所示,激光编码序列是四位二进制编码,从编码头"1"为开始位,"1101"为四位编码,四位编码之间的"0"位为码间空位。

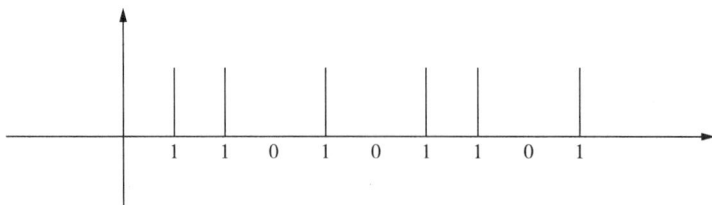

图4-18 频率编码技术抗干扰示意图

3. 时间波门技术

导引头不是一直接收信号,在确认指示激光信号后,只在周期同步时采用波门电路进行信号采集处理,时间波门是为了进一步提高抗干扰能力,每个开放波门只要确保一个指示激光脉冲信号进入即可,目前激光导引头接收时间波门大约 $10\sim20\mu s$。设置激光脉冲录取波门,波门定时开启,波门关闭期间不接收任何信号(图 4-19)。

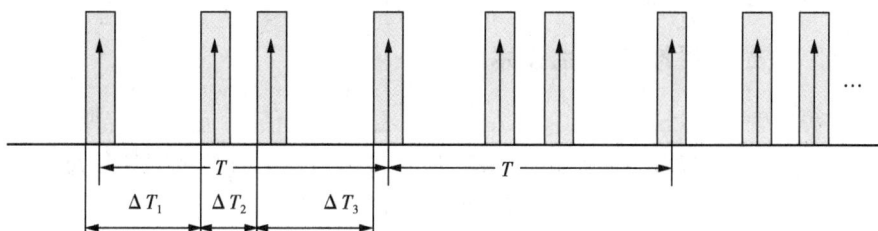

图 4-19 时间波门技术抗干扰示意图

由此可见,激光制导导引头采取抗干扰技术可有效提高系统对环境光信号的抗干扰能力,但同时也给激光制导对抗带来了技术难题。

4.2.2 激光制导导引头干扰机理

在第 2 章中分析过激光制导导引头干扰机理。激光制导导引头干扰方式有以下几种:

(1)遮蔽。降低目标指示激光回波的强度,使敌方导引头探测器不能正常接收到回波。

(2)诱偏或欺骗。在时间波门开启时,产生与光谱波门中心波长一致的干扰激光。

(3)致眩或致盲。激光压制或破坏敌方导引头探测器,使其工作失效。

由此可知,欺骗或致眩干扰激光制导武器是否有效的关键就是在时间波门开启时,产生与光谱波门中心波长一致的干扰激光,并且干扰激光具有足够的峰值功率,可达到导引头探测器响应阈值。所以,能有效干扰激光制导寻的器的要求如下:

(1)干扰激光波长与导引头光谱波门中心波长一致;

(2)干扰激光峰值功率达到导引头探测器响应阈值;

(3)干扰激光在导引头时间波门开启时进入导引头;

(4)干扰激光编码与导引头制导激光编码一致(欺骗)。

当与激光制导导引头工作波长一致的干扰激光信号进入导引头寻的器视场时,则根据导引头制导方式的不同,形成不同的干扰方式。一是寻的器跟踪目标光斑和干扰光斑的合成光强中心,于是寻的器将导引制导武器飞向两个光斑的强度中心,诱使激光制导武器偏离真目标而脱靶,这就是所谓的激光有源欺骗干扰方式;二是对于先进的复杂编码识别的寻的器,由于高重频干扰激光进入其信号波门,产生大量的脉冲信号将制导回波信号掩盖,使导引头无法提取和识别回波信号,干扰信号处理系统,使寻的器无法锁定目标,始终处于搜索状态,从而丧失制导能力,这就是高重频激光堵塞干扰方式。

激光有源角度欺骗干扰和高重频激光堵塞干扰均可实现对激光导引头的干扰。但激光有源角度欺骗干扰方式中的干扰激光必须与指示激光时序一致,对于复杂编码指示激光的同步复制转发技术难度很大,实现的代价较高,同时从作战使用来说,设置假目标受作战环境的地质条件、时间和地点的限制,机动性能受到影响,很难适应机动目标的自主防御。高重频激光堵塞干扰无须指示激光信号参数,不用设置假目标,而且小型化的高重频激光器技术相对成熟,因此,在对机动目标的光电对抗中,采用高重频激光堵塞干扰方式实现对激光制导武器的有源干扰具有一定优势。

4.2.3 激光有源欺骗干扰技术

激光有源欺骗干扰是通过发射、转发或反射激光辐射信号,形成具有欺骗功能的激光干扰信号,扰乱或欺骗敌方激光制导系统,使其得出错误的方位或距离信息,从而丧失或降低激光制导武器的精确制导能力,达到保护目标的目的。

1. 激光欺骗干扰原理与系统组成

根据激光半主动制导的工作原理可知,激光导引头一般是通过四象限探测器接收激光目标指示信号的变化来实现制导的,因此,如果受到敌方激光照射后,通过激光告警技术提取激光波长信息、编码信息,并发射与敌方指示激光参数一致的干扰激光照射远处假目标,则这种干扰激光一旦经假目标反射进入激光导引头视场,激光导引头将难以辨别真假目标,如果干扰激光信号强度大于目标漫反射指示激光强度,那么激光导引头接收的信号中干扰激光信号成为产生偏移量的主要因素。激光导引头将控制导弹沿干扰激光方向飞行,从而使导弹偏离攻击目标,实现对来袭激光制导武器的角度欺骗功能。

其中,激光欺骗干扰技术实现的目标就是使假目标反射的干扰激光编码与导引头制导激光编码在时间和空间上保持一致。技术路线如下:

(1)激光告警系统截获并探测激光目标指示器发出的制导激光信号;

(2)对制导激光信号进行快速解码运算,得出制导激光编码;

(3)根据制导激光编码控制干扰激光器发出干扰激光编码序列;

(4)照射假目标,假目标反射干扰激光信号,欺骗导弹飞向假目标。

因此,对激光制导武器有源欺骗式干扰的预期效果是产生一个具有孪生特征的假目标,以假乱真,欺骗或迷惑激光制导武器。在导弹杀伤半径外的地方设置假目标(确保在导引头视场内),通过假目标反射欺骗的激光目标指示信号,便可实现激光有源角度欺骗干扰以对抗激光制导武器,工作原理如图4-20所示。

假设机载激光照射器照射目标,引导激光半主动制导武器攻击目标,其工作过程可描述为如下:

(1)机载激光目标指示器照射导弹攻击目标,并向机载导弹发出照射信号;

(2)目标区激光告警器截获并检测激光制导信号,发出告警,向激光有源欺骗干扰设备传送制导编码;

(3)激光有源欺骗干扰设备识别解码得到制导激光信号序列,复制产生并发出干扰激光信号,照射假目标;

(4)假目标漫反射激光信号,产生与制导信号一致的诱骗制导信号,欺骗激光制导导

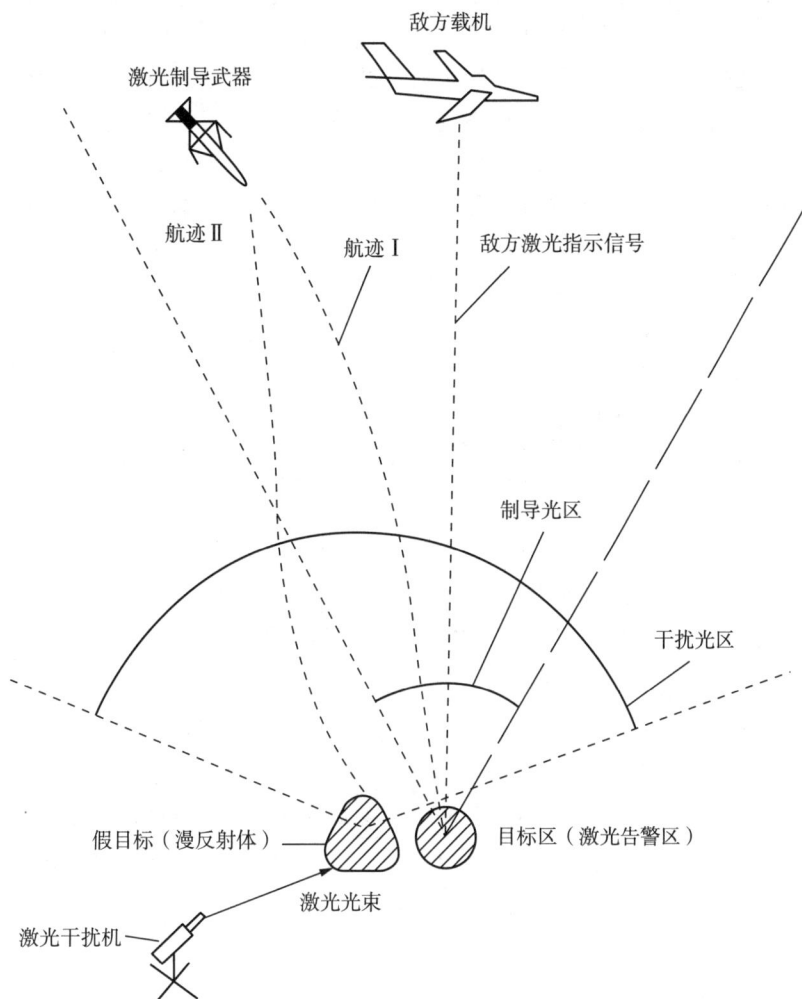

图 4-20　激光有源欺骗式干扰的工作原理

弹攻击假目标。

　　激光有源欺骗干扰需要设置假目标，影响系统机动性能。但受干扰的导弹落点可控（假目标及其附近），附带二次毁伤很小，该方法主要适用于固定目标防御。

　　从理论上讲，激光有源欺骗干扰技术可分为回答式和转发式两种。

　　(1)回答式干扰是将接收到的激光制导脉冲信号进行精确的重频测量和编码识别等信息处理，根据接收到的激光脉冲编码，同时考虑激光干扰机的出光延时，精确地复制出与敌方激光制导信号重频与编码完全一致的干扰脉冲，严格超前同步触发激光干扰机向预设的假目标发射欺骗干扰脉冲，从而将敌方激光制导武器引向假目标。

　　(2)转发式干扰是将激光告警器接收到的激光脉冲信号自动地进行放大，并由激光干扰机进行转发，从而产生激光欺骗干扰信号。

　　显然，回答式干扰要求激光的出光延时时间响应极短，以使干扰脉冲能"挤"入导引头的时间选通波门内；而激光干扰机的输出功率要远远高于敌方激光导引头所接收到的目标反射信号功率。同步转发式干扰要求干扰激光器的出光延时尽量短,使激光干扰信号能落入激光制导系统的时间选通波门内。期间信号处理和激光转发的难度都比较大,所以实际的激光有源欺骗干扰系统往往将转发式干扰和回答式干扰综合应用,即将激光欺骗干扰信号照射一些布设在受敌攻击的真目标附近,利用假目标比真目标反射的激光回波能量强这一特点,从而将激光制导武器诱偏到假目标方向上去。

激光有源欺骗干扰系统由激光告警分系统、信号识别与控制器、激光干扰机及漫反射假目标组成,如图4-21所示。

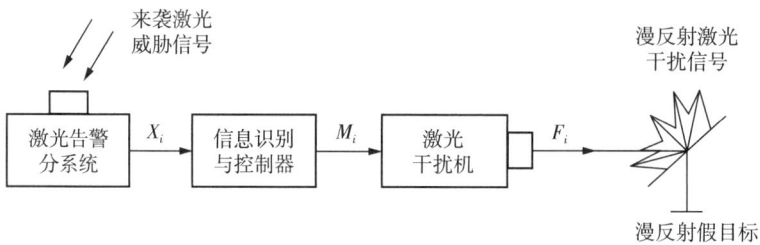

X_i—制导激光信号;M_i—制导激光编码;F_i—制导激光序列
图4-21 激光有源欺骗干扰系统组成框图

激光告警模块主要功能是探测激光威胁信号及其方位,并确定激光波长。有源干扰模块由信号分选器、测量重频器、编码处理器及同步转发器组成。信号分选器对激光告警分系统接收到的脉冲信号,先依据多个激光威胁源的不同方位进行分选,然后对同一方位的多个激光威胁源,进行重频分选;对于分选后的单目标脉冲信号,经高精度重复频率测定,识别编码方式,最后同步转发。激光干扰机发射的激光干扰信号的工作波长、脉冲宽度、脉冲重复频率及编码脉冲的码型要与激光威胁信号完全一致。光学假目标是将接收到的激光干扰机的光束能量向半球状空间辐射,并将角度欺骗信号引至导引头角跟踪系统,把激光制导武器引向假目标。

综上所述,激光有源欺骗干扰的关键技术是导引头激光信号编码识别技术和制导干扰脉冲激光超前同步发射技术。

2. 激光编码识别技术

激光制导武器的制导作用时间一般20~30s,制导信号的频率为10~50Hz,编码方式是脉冲间隔编码(PIE)、有限位随机周期脉冲编码和伪随机码。目前采用的激光编码识别技术主要包括3种:①基于脉冲间隔差异识别计时时钟的最小周期识别技术;②基于信号自相关的激光编码识别技术;③基于差分自相关矩阵的编码识别技术。

第一种激光编码识别技术主要是针对有限位伪随机码的识别技术,其识别原理是:假设激光告警装置接收到制导脉冲信号的时间为t_i,则相邻脉冲之间的时间间隔为

$$\Delta t_i = t_{i+1} - t_i \qquad (4-1)$$

当接收到两个制导信号时,假设激光制导脉冲信号的最小周期T为$\Delta t_i (i=1)$,当接收下一个脉冲时,则

$$\frac{\Delta t_i}{T} = \frac{A_i}{B_i} \qquad\qquad (4-2)$$

式中，A_i 和 B_i 均为正整数。

当 A_i 和 B_i 两者之间不存在公约数时，认为制导脉冲信号的最小周期 T 为 $\Delta t_i / B_i$，令

$$C_j = \frac{\Delta t_i}{T} (j=1,\cdots,i+1) \qquad\qquad (4-3)$$

当 C_j 中有一个大于或等于寄存器的位数 n，则认定激光制导脉冲信号的最小周期 T 为真。如果条件不符合，那么继续接收下一个制导脉冲。通常，假设 $n \leqslant 16$。这种编码识别技术可识别出有限位伪随机码产生器的移位时钟周期。

伪随机码具有耗费时间短、编码频率低、码位少等特点，所以应用广泛。下面以伪随机码为例说明编码识别过程。

假设制导激光信号为 4 位编码，码间停止位为 1 位，置为"0"，则

① 编码码形：0000～1111，制导码形：0001～1111（15 种，0000 不能作为编码）；

② 编码相关性分析（以码形 1001 和 1010 为例）

1001 码发射序列：10010100101001010010010…

1010 码发射序列：10100101001010010010100…

从数字序列角度看，两者编码码形一致，因此编码 1001 和 1010 称为相关码。

对于 4 位编码，0001、0010、0100、1000 为相关码，0110、0011、1100 为相关码，1110、0111 为相关码，1010、0101、1001 为相关码，1101、1011 为相关码。

解码方法 1：

(1)在制导信号序列中，找出最先出现的"1"位，并记为 a_1，顺序记为 a_2、a_3、a_4、a_5、a_6、a_7、a_8；

(2)若 $a_2=0$，则为停止位，编码为 a_3　a_4　a_5　a_6，否则下一步；

(3)若 $a_3=0$，则为停止位，编码为 a_4　a_5　a_6　a_7，否则下一步；

(4)若 $a_4=0$，则为停止位，编码为 a_5　a_6　a_7　a_8，否则下一步；

(5)若 $a_5=0$，则为停止位，编码为 a_1　a_2　a_3　a_4，否则下一步；

(6)上述得到的编码进行相关码判别，若为同类则确定为编码；

(7)否则无编码，不是 4 位制导激光编码信号。

若接收的激光信号序列为：

… 1 0 1 0 0 1 0 1 0 1 0 0 1 0 1 0 0 …
　a_1 a_2 a_3 a_4 a_5 a_6 a_7 a_8 a_9 a_{10} a_{11} a_{12} a_{13} a_{14} a_{15}

则按解码方法(1)得到编码为 1001、0101、1010 为互相关码。所以，确定激光信号序列对应的激光编码为 1001。

解码方法 2：

(1)在制导信号序列中，找出最先出现的"1"位，并记为 a_1，顺序记为 a_2、a_3、a_4、a_5、a_6、a_7、a_8，$i \geqslant 7$；

(2)$n=a_i$,若 $n=0$,则 $k=i-5$,$m=i+5$,否则转步骤(4);

(3)若 $a_k=0$ 且 $a_m=0$,则 i 为停止位,转步骤(5),否则转下一步;

(4)$i=i+1$,若 $i<5$ 转步骤(2),否则转步骤(6);

(5)编码为 a_{i+1}、a_{i+2}、a_{i+3}、a_{i+4},结束;

(6)否则无编码,不是 4 位制导激光编码信号,结束。

若接收的激光信号序列为:

··· 1 0 1 0 0 1 0 1 0 1 0 0 1 0 1 0 0 ···

　　a_1 a_2 a_3 a_4 a_5 a_6 a_7 a_8 a_9 a_{10} a_{11} a_{12} a_{13} a_{14} a_{15}

则按解码方法 2 得到编码为 1001。所以,确定激光信号序列对应的激光编码为 1001。

3. 激光欺骗干扰的关键技术

激光欺骗干扰是对抗激光半主动制导武器的一种有效措施,但技术难度大,主要关键技术有激光威胁光谱识别技术、激光威胁信息处理技术、激光欺骗干扰信号转发技术和激光漫反射假目标技术等。

(1)激光威胁光谱识别技术

随着激光制导技术的发展,激光目标指示信号的频谱将不断拓宽,只具有单一激光波长对抗能力的激光干扰系统将难以适应现代战争的发展。激光威胁光谱识别技术是实现多频谱激光对抗的先决条件。采用多传感器综合告警技术可实现对威胁激光进行光谱识别。

(2)激光威胁信息处理技术

为实现有效地激光欺骗干扰,需对来袭激光威胁信号的形式进行识别和处理,激光制导信号频率较低,每秒还不足 20 个,通常还采用编码形式。因而,可用来进行信息识别和处理的信息量十分有限。为实现实时干扰,要求干扰系统要在很短时间内完成信息识别和处理,采用激光威胁信息时空相关综合处理技术可有效解决这一问题。

(3)激光欺骗干扰信号转发技术

为实现有效地欺骗干扰,干扰信号的模式是最为关键的,通常要求干扰信号与指示信号相同或相关。相同是指干扰信号与指示信号波长相同、脉冲宽度相同、能量等级相同,而且在时间上同步;相关是指干扰信号与指示信号虽然不能在时间上完全同步,但包含有与指示信号在时间上同步的成分。

(4)激光漫反射假目标技术

使用时要求假目标最好是标准的漫反射朗伯体,以保证其全向漫反射和实现全角空域干扰;同时希望它在形体与辐射特征方面都尽量与被保护的目标一致,以干扰敌方的光电成像侦察,起到"以假乱真"作用;甚至还要求它能不怕风吹雨淋、不怕暴晒、冰冻等,能够全天候工作。对构建假目标的要求有以下几点。

① 假目标离防护目标的距离要处在导引头捕获的视场中,并大于导弹落点的杀伤半径。

② 干扰激光束能量要足够大。经假目标反射,在保护目标威胁方位的激光辐射亮度要大于制导激光束在其攻击目标上激光束的辐射亮度,以便有效诱偏来袭导弹。

③ 选择反射率大于 30% 以上的物体作为假目标,如表 4 - 1 所示。

表 4 - 1　目标材料在 1.06μm 的反射率

目标材料	混凝土	草地	树叶 (橡树)	冰面	钢板	镍板	铬板	风化铝板
反射率 (%)	40	47	48	32	58	73	58	55

为了实现激光欺骗式干扰,必须使干扰系统达到以下条件:

① 特征相关性。激光干扰信号与被干扰目标的工作信号在特征上必须相同,这是实现欺骗式干扰的最基本条件。信号特征包括激光的波长、体制(脉冲或连续)、脉冲编码特征、脉宽、能量等级等激光特征参数。

② 时间相关性。激光干扰信号与被干扰目标的工作信号在时间上相关。这要求干扰信号与被干扰目标的工作信号在时间上同步或包含有与其同步的成分,这是实现欺骗干扰的必要条件。

③ 空间相关性。激光干扰信号与被干扰目标的工作信号在空间上相关。干扰信号必须进入被干扰目标的信号接收视场,才能达到有效干扰的目的,这是实现欺骗干扰的又一个必要条件。

随着激光制导技术的出现,欺骗式干扰技术也就相应出现和发展,国外研制欺骗式激光干扰机是从 20 世纪 90 年代初开始的,如美国的 AN/GLQ - 13 车载激光诱骗系统即属于该类设备;德国和英国联合研制的 GLDOS 激光对抗系统,具有对来袭威胁目标的方位分辨能力和威胁光谱的识别能力,可测定激光威胁信号的重复频率和脉冲编码,并可自动实施干扰;英国研制的 405 型激光诱饵系统,最大作用距离 10km,激光脉冲频率 10~20Hz。

4.2.4　高重频激光堵塞干扰技术

实施激光有源欺骗干扰的关键问题是快速识别并复制激光编码和激光干扰信号快速转发。如果敌方导引头采用复杂的编码技术进行制导激光编码,则很难快速识别编码,难以形成有效干扰激光。所以就产生了激光有源干扰的另一种技术,即高重频激光堵塞干扰技术。

1. 高重频激光堵塞干扰原理

激光制导编码是激光半主动制导导引头和激光目标指示器在打击目标前双方约定并共同遵守的。对于导引头探测器来说,只有时间波门打开时,才接收发射的激光制导信号。激光制导武器抗干扰的重要方法是在接收信道设置编码窄波门,只对波门内的信号进行检测,波门外的信号不予理睬。所以,波门越窄抗干扰能力越强。

若要实施有源干扰,则干扰脉冲信号只有进入时间波门内才有干扰的可能。那么,干扰脉冲信号怎样才能进入时间波门呢? 有一种可能,就是使干扰脉冲和制导脉冲信号保持同步,在波门电路为制导脉冲信号开启波门的时刻,同步发射干扰脉冲信号进入时间波门。但从技术实现角度,这难度很大,同时消耗硬软件资源多,难以达到干扰目的。

这里就采用信号通道堵塞的机理,即发射很多的干扰脉冲信号,时间波门一旦开启,干扰脉冲信号就能挤进波门内,在探测器前端产生信号拥挤堵塞,让正常的制导信号淹没在干扰信号中,不能正常识别,起到信号堵塞的作用,这就是高重频激光堵塞干扰技术。

高重频激光堵塞干扰是通过施放重复频率高的干扰激光信号,在全时域充满相近波形的脉冲信号,使干扰激光进入接收时间波门,起到淹没其正常导引回波信号的作用,且相对于激光脉冲宽度而言,其重复频率高淹没的概率也大。如果干扰激光信号重频足够高、峰值功率满足导引头响应阈值要求时,将在导引头时间波门内充满大量的激光干扰脉冲信号,使各信道放大器及信号处理电路产生堵塞,无法接收正常激光导引信号,并产生错乱的导引头目标飞行偏移量,进而产生错误的控制信号,使导弹丧失制导功能而丢失目标,达到有效干扰的目的。

在时间波门开启时,产生与光谱波门中心波长一致的干扰激光。

由于弹体移动所造成的光程差,目标指示器时钟频率的抖动,指示器和导引头时间基准的不一致等因素使得导引头的时间波门宽度大于制导脉冲宽度,一般为 $10\sim20\mu s$。

图 4-22 描述了时间波门内干扰信号和制导信号的关系,激光干扰信号脉冲充满整个时间波门,超出传感器的工作范围,产生信道堵塞,扰乱制导探测器的输出信号,不能正常识别编码,找不到目标。

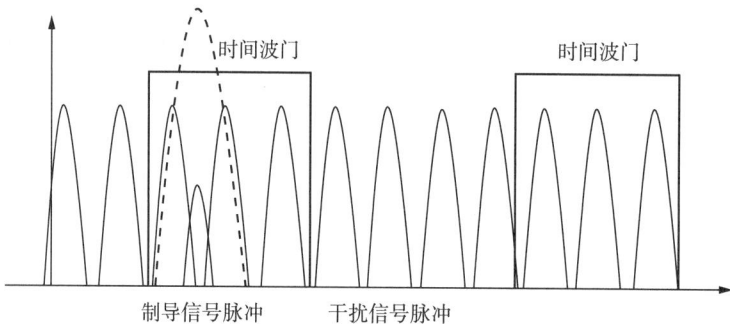

图 4-22 时间波门内干扰信号和制导信号示意图

(1)导引头处于目标搜索状态

导引头只在周期同步时,产生时间波门进行信号采集处理,即检测激光信号脉冲序列、识别制导编码、寻找到目标后,进入目标跟踪状态。

在导引头工作时刻之前,释放激光干扰信号,则导引头检测不到正常制导回波信号,一直处于目标搜索状态,找不到攻击目标,干扰有效。

特别地,导引头为了抗干扰,一般采用波门内脉冲信号识别的方法来剔除干扰信号,如检测脉冲宽度,只有符合预定的脉冲宽度信号才有效,其他脉宽信号被剔除。所以要增大干扰信号重复频率,需要在每个时间波门内均有两个以上完整的干扰激光脉冲,才能确保干扰有效。在实际应用中,在激光告警后,系统应尽快实施高重频激光干扰信号,才能在导引头目标搜索状态时形成有效干扰。

(2)导引头处于目标跟踪状态

在确认目标指示信号后,导引头由搜索进入跟踪,导引头并不一直接收信号,只在周期同步且有制导信号时进行信号采集处理(若只在"1"时产生时间波门,则在"0"时不产生),如图 4-23 所示。

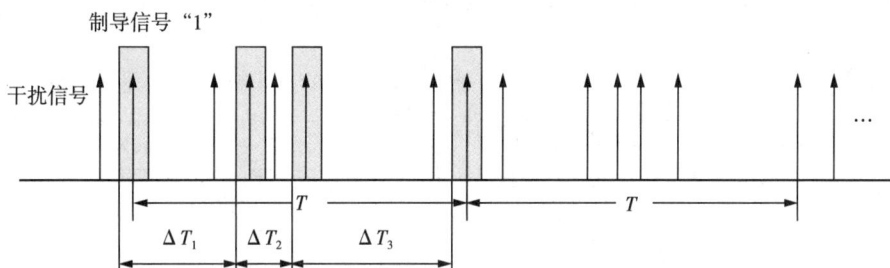

图 4-23　时间波门与检测信号的关系

当干扰信号频率大于制导信号频率,如大于 3 倍。则在时间波门内可检测到两个以上干扰信号脉冲(图 4-24),高重频激光干扰效果与激光干扰源的激光平均功率、激光重复频率和激光脉冲脉宽有关。

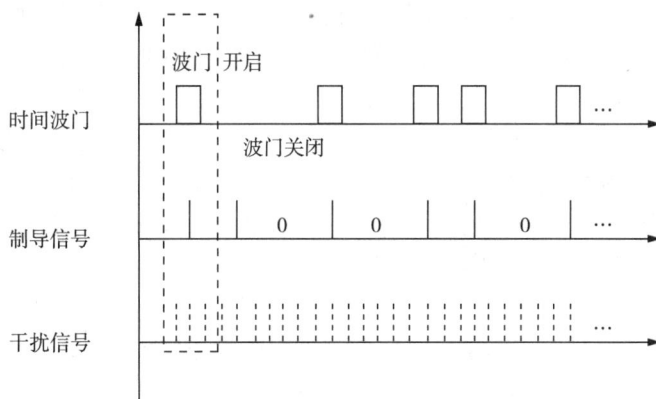

图 4-24　时间波门内可检测到两个以上干扰信号脉冲

为提高重频激光对窄波门的干扰效果,用频率 130kHz、脉冲宽度 6ns 的激光照射模拟激光导引头,模拟激光导引头时间波门选为 $20\mu s$,波门信号和探测器输出信号如图 4-25 所示。从试验结果可以看出,高重频干扰激光可进入导引头时间波门,而且进入波门内的脉冲分布是随机的,与理论分析结果一致。

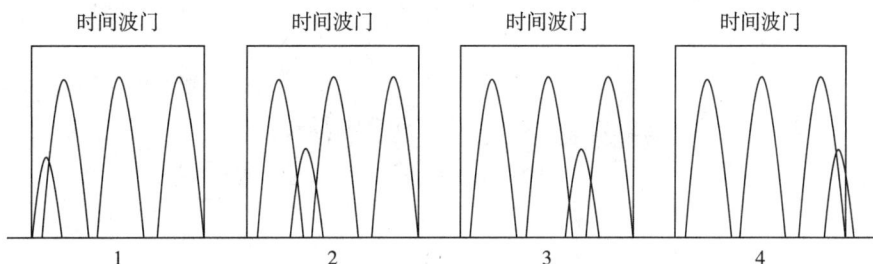

图 4-25　时间波门激光干扰信号有效性分析

2. 高重频激光定向堵塞干扰系统组成

高重频激光定向堵塞干扰装备主要由激光源、激光电源、控制模块、激光光路、转发器和可搭载转发器的伺服平台等组成,其组成框图如图 4 - 26 所示。

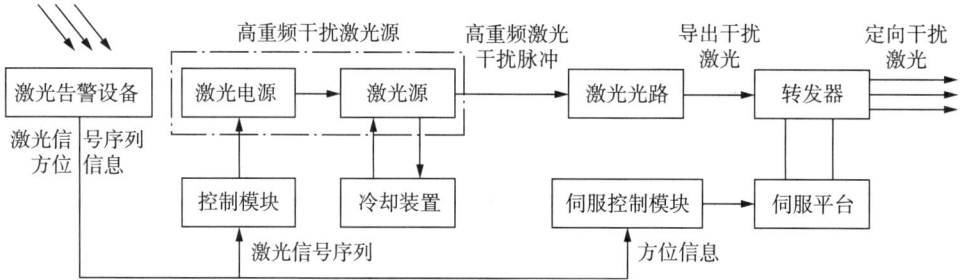

图 4 - 26 高重频激光有源定向干扰装备组成框图

控制模块实现干扰并对高重频激光有源定向干扰系统各组成模块的控制,包括启动、激光发射、关闭激光源、冷却装置启动等。激光电源主要功能是为激光器提供动力,并对激光输出的功率、波长、工作状态等进行控制。激光器实现电光转换,将电能转换为满足需要的高重频激光信号。冷却装置的功能是给激光器冷却,使其工作温度稳定。激光光路是激光器输出口与高重频激光干扰设备激光转发器之间的连接通路,激光信号沿这条通路传播时,应尽量减小激光信号强度的损失。转发器将激光光路导出的激光干扰信号发射出去,并与激光器、激光光路协调控制激光发散角,以保证激光干扰的作用距离。伺服平台和伺服控制模块是实现定向干扰功能,使小发散角的激光能在数公里处以较大的概率照射高速运动的激光制导武器。

激光告警设备发出告警信息、控制模块对激光序列信号解码,同时按方位信息伺服控制转发器对准来袭目标,若确定来袭目标则控制转发器实施高重频激光干扰。

高重频激光干扰效果示意图如图 4 - 27 所示。

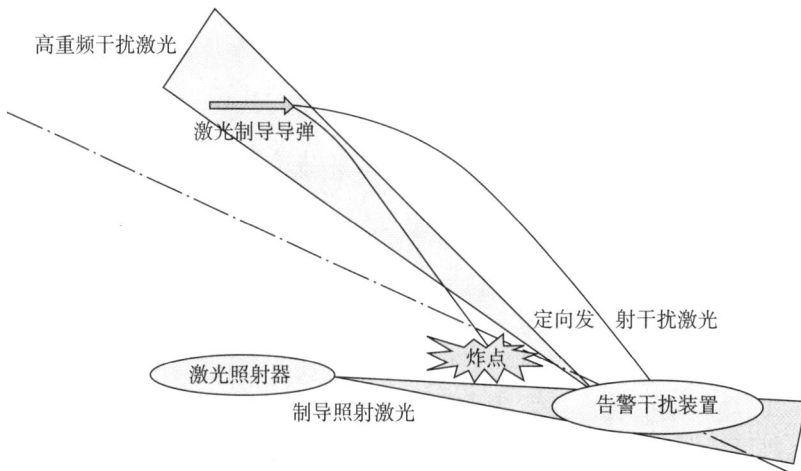

图 4 - 27 高重频激光干扰效果示意图

3. 高重频激光定向堵塞干扰的关键技术

根据高重频激光有源定向干扰装备的组成原理和功能,实施高重频激光定向堵塞干扰的关键技术主要有高重频脉冲激光干扰源产生技术、高重频干扰激光定向发射技术、高时效激光告警与激光定向干扰一体化技术。

其中,$1.06\mu m$ 高重频有源激光发生原理如图 4-28 所示。二极管泵浦被动调 Q 激光器产生的高重频激光效率高,体积小、工作寿命长,其工作频率可大于 $100kHz$、激光峰值功率可大于 $1kW$,能实现对激光制导武器的有效干扰。

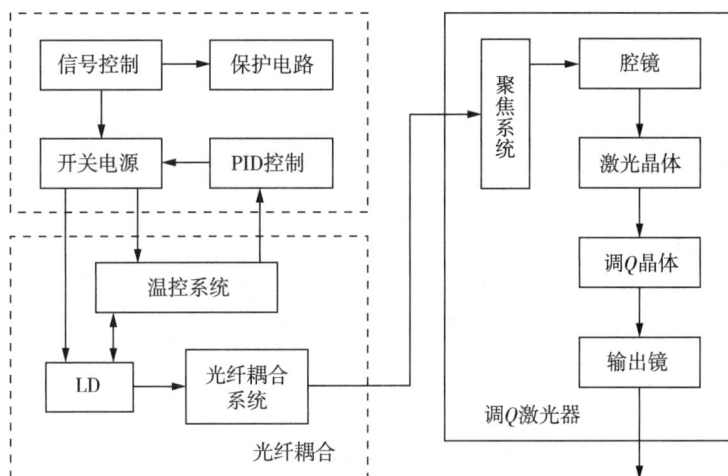

图 4-28　高重频干扰激光发生原理

将激光二极管输出波长为 808nm 的激光经快慢轴分别准直形成条形光,条形光再经折射法进一步整形后,通过耦合器耦合进光纤作为泵浦源,经自聚焦透镜聚焦后,直接对 YAG 激光晶体进行端面泵浦,输出波长为 1064nm 的干扰激光。在腔内插入调 Q 晶体,即可实现脉冲激光输出。

高重频激光干扰需产生高重频激光,同时干扰激光需要一直照射导弹导引头,高精度随动系统跟踪目标实施定向干扰,不需要设置假目标,所以系统机动性好、应用广泛,但受到干扰的导弹落点不可控,可能会有附带毁伤;干扰激光波段固定,常用于要点目标的机动防御。激光有源欺骗干扰需要布设假目标,且假目标在导引头视场内,高位编码复制技术难度大,干扰激光波段固定,导弹受干扰后弹着点可控,适用于固定目标防护。

4.3　红外制导有源干扰技术

随着红外技术与装备的发展,红外对抗已成为现代战场上一个重要的组成部分。红外对抗最主要的对象是红外制导武器,红外有源干扰采用导弹寻的器类似的处理方法,给导弹发送假信息,导弹寻的器同时收到真目标和干扰机的信息,使制导偏差控制信号混乱,从而不能准确导引到目标而使导弹脱靶。

4.3.1 红外制导武器干扰原理

早期的主动红外对抗所用辐射源多为氙灯、红外曳光弹等,它们能产生数倍于被攻击目标的辐射强度,从而起到诱骗红外制导导弹的目的,这对于点跟踪工作体制的第一代红外点源式制导导弹有一定效果,但随着第二代红外成像制导导弹的应用,这种对抗方式已满足不了作战需要,必须研究新的对抗技术。激光以其高强度、良好的相干特性和极高的空间分辨率成为新一代红外对抗的制导辐射源。例如,美国海军在对两种红外防空导弹的对抗试验中,针对便携式红外防空导弹(如美国的"毒刺",俄罗斯的"SAM-7"),研制出基于激光的"机载定向红外对抗(TA-DIRCM)"装置,应用激光辐射源干扰各种工作体制的红外制导导弹,并取得了满意的干扰效果。

当干扰红外寻的器时,重要的是要考虑寻的器在目标上的驻留时间(或占空比)的影响。对旋转扫描寻的器来说,除了分划板上不透明的调制扇区之外,目标是被连续观察的,这意味着干扰窗口在所有时间都是打开的。对于圆锥扫描寻的器来说,作为干扰的窗口可能会减小,因为干扰的扰动迫使进动圆在扫描周期一部分时间内离开了分划板。对于单探测器扫描系统,如玫瑰花瓣扫描寻的器,在目标上的驻留时间通常比较小,只占扫描周期的百分之几,干扰的机会将急剧下降,而且扫描寻的器使用脉冲信号处理,进一步限制了干扰机的有效性。

1. 对旋转扫描红外导引头的干扰机理

旋转扫描导引头有一个带50%定相扇面图像的调制盘,其中典型的是日出式调制盘,如图4-29所示。

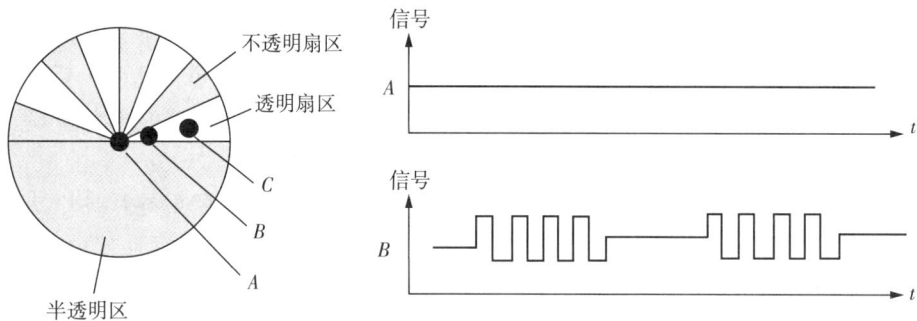

图4-29 旋转扫描导引头的调制盘示意图

(1)旋转扫描导引头工作原理

调制盘的作用主要有3点,即提供目标空间方位信息、进行空间滤波以抑制背景噪声、调制信号处理能克服"零点漂移",以提高探测精度和稳定性。

远处目标的辐射经过光学系统会聚,成为调制盘上一个很小的光斑。光斑成像于调制盘的不同部位代表了远处目标相对于导引头的方位不同,就等价于获得了目标的方位信息,包括目标的方位角和失调角,从而可以引导导弹向目标攻击。具有恒定辐射强度的目标辐射,经过调制盘调制后,被位于调制盘后面的探测器接收,得到调幅信号波形。目标成像于调制盘的不同部位,探测器输出的信号就不同。信号处理过程如图4-30所示。

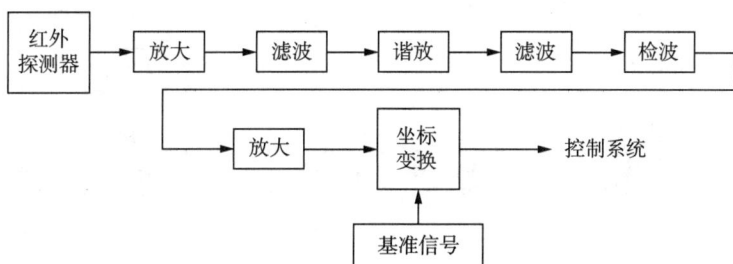

图 4 - 30　旋转扫描导引头的信号处理过程

将探测器信号进行载波放大后,将载波滤去,恢复其波形的包络,包络的频率就是调制盘的旋转扫描频率。该波形相对于某个基准的相位角,就决定了驱动导引头使目标像移到中心处的角度方向。像点离中心越远,波形的幅度越大,对控制系统中导引头施加的扭矩也越大,引导导弹向对准目标的方向偏转,直至目标像点位于调制盘中心。当像点处在调制盘图形的中心处时,对导引头施加的扭矩为零,因为探测器输出信号不产生调制波形。

干扰的目的就是使能控制扭矩变异,远处目标的辐射经过光学系统会聚,形成调制盘上一个很小的光斑,其盘中位置代表了远处目标相对于导引头光轴的方位,等价于获得了目标的方位信息(Δ)。像点离中心点越远,波形的幅值越大,即偏差越大距离越远,需要对控制系统中导引头施加的扭矩越大,引导导弹向目标飞行(目标像点位于调制盘中心)。

当目标在导引头视场范围内时,调制盘能产生目标调制信号,可探测目标方位和距离,以此控制导弹飞向目标,使目标位于调制盘中心点,此时目标方位和距离值为零。当目标在导引头视场范围外时,调制盘不产生目标调制信号,导引系统不起作用,如图 4 - 31所示。

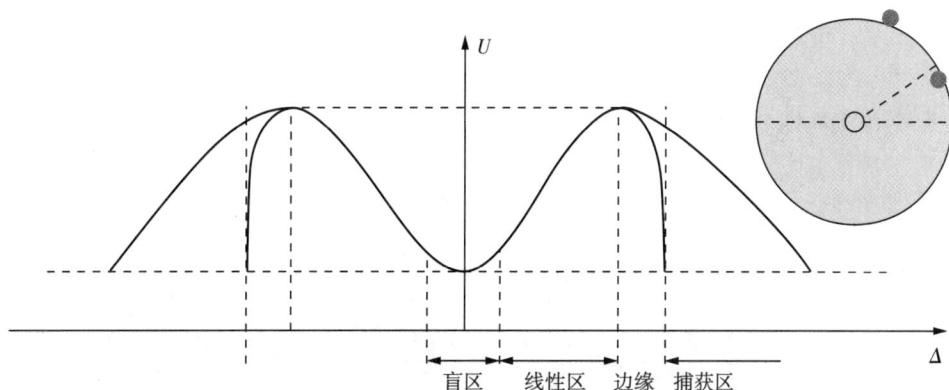

图 4 - 31　旋转扫描导引头的调制盘特性

(2)激光干扰旋转扫描导引头

激光干扰旋转扫描导引头的原理如图 4 - 32 所示,目标红外辐射信号 → 产生伪目标调制信号 ω → 探测伪目标方位距离信息 → 扰乱干扰红外辐射信号。

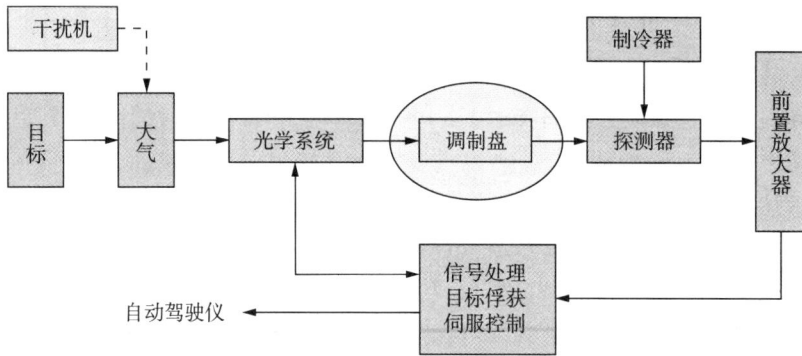

图 4 - 32   激光干扰旋转扫描导引头的原理

假设目标辐射在调制盘上的入射功率为 A，干扰激光（时间调制）在调制盘的激光功率为 $P_j(t)$，调制盘的调制函数为 $m_r(t)$（图 4 - 33）。则导引头探测器上所得到的总辐射功率 $P_d(t)$ 可表示为

$$P_d(t) = \left[A + P_j(t) \right] m_r(t) \qquad (4 - 4)$$

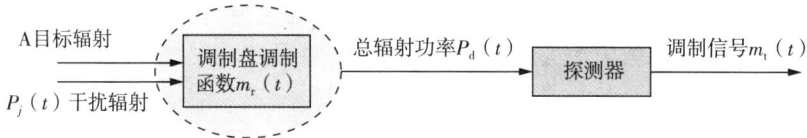

图 4 - 33   激光干扰旋转扫描导引头探测器光信号

因为调制盘是以角频率 ω_m 旋转的，所以经调制盘调制的光信号是时间的周期函数。其具体形式还与光斑在调制盘上的位置有关，可以用复数形式的傅里叶级数表达为

$$m_r(t) = \sum_{n=-\infty}^{\infty} c_n \exp(jn\omega_m t) \qquad (4 - 5)$$

若激光干扰机发射的功率也是周期性的，角频率为 ω_j，则 $P_j(t)$ 可表示为

$$P_j(t) = \sum_{k=-\infty}^{\infty} d_k \exp(j k\omega_j t) \qquad (4 - 6)$$

因此有

$$P_d(t) = \left[A + \sum_{k=-\infty}^{\infty} d_k \exp(j k\omega_j t) \right] \sum_{n=-\infty}^{\infty} c_n \exp(jn\omega_m t) \qquad (4 - 7)$$

在探测器上，$P_d(t)$ 转变为电压或电流，用载波放大器、包络检波器和进动放大器电路处理，用此信号去驱动导引头。

为进一步了解干扰发射机对导引头的干扰作用，考虑以下例子。调制盘的调制函数如图 4 - 34 所示。

在正弦近似下（不失一般性）为

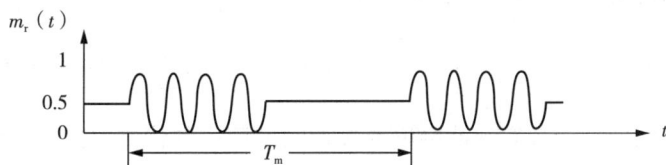

图 4 - 34　调制盘的调制函数

$$m_r(t) = \frac{1}{2}\big[1 + \alpha m_t(t)\sin\omega_c t\big] \tag{4-8}$$

式(4-8)中，α 为调制效率，$0 \leqslant \alpha \leqslant 1$，其大小与光斑离中心的距离有关，在中心处为零，在边缘处为 1；$m_t(t)$ 是方波函数，周期与调制盘旋转周期相同(图 4 - 35)；ω_c 是载波频率，与调制盘的旋转频率及各个扇区的角宽度有关。

图 4 - 35　$m_t(t)$ 示意图

$m_t(t)$ 的傅里叶级数表达式为

$$m_t(t) = \frac{1}{2} + \frac{2}{\pi}\sum_{-\infty}^{\infty}\frac{(-1)^n}{2n+1}\sin\big[(2n+1)\omega_m t\big] \tag{4-9}$$

假设激光干扰机发射的调制功率也具有频率为 ω_c 的载波形式，并在频率 ω_j 处选通(图 4 - 36)，则有 $P_j(t) = \frac{B}{2}m_j(t)\big[1 + \sin\omega_c t\big]$。

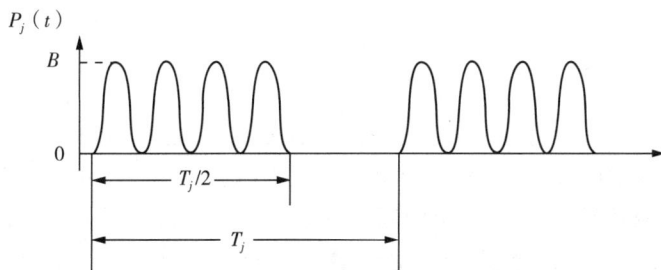

图 4 - 36　$P_j(t)$ 示意图

其中，$m_j(t)$ 具有与 $m_t(t)$ 相同的表达式，但要用 ω_j 替换 ω_m；B 为干扰发射机的峰值功率。$m_j(t)$ 的傅里叶级数表达式为

$$m_j(t) = \frac{1}{2} + \frac{2}{\pi}\sum_{k=0}^{\infty}\frac{(-1)^k}{2k+1}\sin\big[(2k+1)\omega_j t + \varphi_j(t)\big] \tag{4-10}$$

式(4-10)中，$\varphi_j(t)$ 为相对于 $m_j(t)$ 的任意相位角。

在这种特殊情况下，$P_d(t)$ 变为

$$P_d(t) = \frac{1}{2}\left[A + \frac{1}{2}Bm_j(t)(1 + \sin\omega_c t)\right]\left[1 + \alpha m_t(t)\sin\omega_c t\right] \qquad (4-11)$$

假设载波放大器只让具有载波频率或接近载波频率的信号通过，则载波放大器的输出可以用下式表达。

$$S_c(t) \approx \alpha\left[A + \frac{1}{2}Bm_j(t)\right]m_t(t)\sin\omega_c t + \frac{1}{2}Bm_j(t)\sin\omega_c t \qquad (4-12)$$

载波调制的包络为

$$S_c(t) \approx \alpha A m_t(t) + \frac{1}{2}Bm_j(t)\left[1 + \alpha m_t(t)\right] \qquad (4-13)$$

将包络信号 $S_c(t)$ 用进动放大器做进一步处理，此放大器是被调谐在旋转频率 ω_m 附近工作的。假设 ω_j 与 ω_m 接近，则导引头的驱动信号由下式决定。

$$P_d(t) \approx \alpha\left(A + \frac{B}{4}\right)\sin\omega_m t + \frac{1}{2}B(1 + \alpha)\sin\left[\omega_j t + \varphi_j(t)\right] \qquad (4-14)$$

显然，当干扰为零（$B=0$）时，导引头所获得的驱动信号为真实的目标信号。当 $B \neq 0$ 时，驱动信号发生畸变，且该畸变随 B 的增大而加深，从而使导引头对目标的光学锁定中断。

为了进一步说明这一点，假定被干扰的对象是"响尾蛇"9B 空空导弹。这种导弹采用惯性稳定导引头跟踪目标。惯性部件为内框架式陀螺。在进动线圈磁场的作用下，陀螺转子上的永久磁铁会受到电磁力作用，其大小 M 与磁铁的磁矩 P 和线圈磁场 H 的乘积成正比（即与进动线圈中的电流成正比）。M 将会使陀螺产生进动，进动方向是使 M 趋向于零（即对准目标），进动速率与 $P(t)$ 和 $\exp(j\omega_m t)$ 的乘积中的直流分量或慢变分量有响应，故跟踪误差速率的相位矢量（模及相位角）正比于：

$$\bar{\varphi}(t) \approx \alpha\left(A + \frac{B}{4}\right) + \frac{1}{2}B(1 + \alpha)\exp\left[j\beta(t)\right] \qquad (4-15)$$

式（4-15）中，$\beta(t) = (\omega_m - \omega_j)t - \varphi_j(t)$，此相位矢量如图 4-37 所示。

当没有干扰发射时（$B=0$），像点便沿同相的方向和以正比于 αA 的速率被拉向中心。有干扰发射机调制波时，除了有恒定的同相分量外，还引入正弦扰动。这样，平衡点就不再位于中心处。当相位矢量作部分转动时，图像被拉向中心，当处于图 4-37 中的阴影区域时（若 $B > 2\alpha A$，便会出现这种情况），图像又从中心处推出。若角度 $\beta(t)$ 的变化速率足够缓慢，则图像有可能被推到调制盘之外。这种情况与目标和干扰发射机的辐射信号、干扰发射机的波形参数及导引头的参数有关。

因此，当视场里有红外诱饵时，中心不再是平衡点，导弹不再跟踪目标，跟踪误差变化取决于目标在导弹响应波段内的辐射功率 A 与诱饵在导弹响应波段内的辐射功率 B 的比值以及红外诱饵与目标的相位差 φ_j。由于红外诱饵不断地远离目标，该误差变化率也变得越来越大。

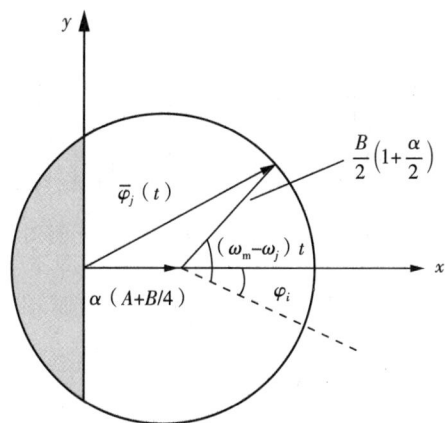

图 4 - 37　激光干扰旋转扫描导引头相位矢量图

　　总之,旋转扫描导引头激光干扰必要条件是:①干扰激光调制频率与调制盘信号调制频率基本一致;②干扰激光功率 B 足够大,能与目标的红外辐射能量相匹配。

2. 对圆锥扫描调制盘的干扰原理

(1)圆锥扫描导引头的工作原理

与旋转扫描导引头不同,圆锥扫描导引头采用圆形对称的调制盘,如图 4 - 38 所示。

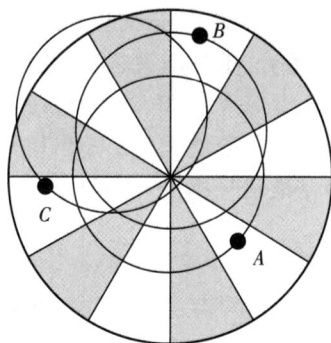

图 4 - 38　圆锥扫描导引头圆形对称的调制盘示意图

当目标图像处于视轴上时,此调制盘产生恒定的载波信号,如所示。

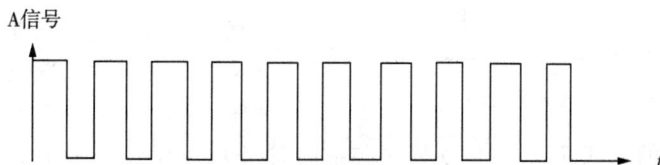

图 4 - 39　圆锥扫描导引头 A 信号示意图

当圆锥扫描导引头存在很小的跟踪误差时作频率调制,如图 4 - 40 所示。

当目标像点的扫描环在扫描周期的部分时间内扫出调制盘外面有很大的跟踪误差

B信号

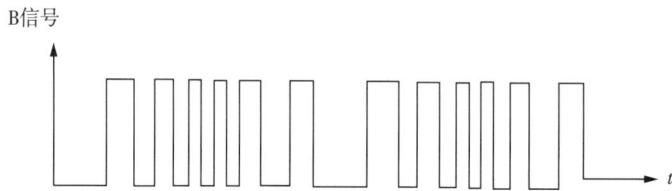

图 4-40　圆锥扫描导引头 B 信号示意图

B瞬时频率

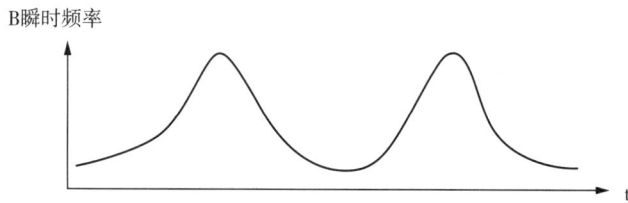

图 4-41　圆锥扫描导引头 B 信号瞬时频率示意图

时，做振幅调制。跟踪误差的有关相位信息，由扫描环的中心相对调制盘的运动方向提供。若没有目标视线的转动速率，当扫描环与调制盘同心时导引头便达到了一个平衡点。当有视线转动速率时，扫描环偏离中心，直到因视线的转动速率引起的跟踪误差产生必要的对导引头的驱动力矩为止。这就是跟踪回路的平衡原理，即在驱动导引头产生的扭矩与视线的运动达到平衡之前，跟踪点(扫描环的中心)将在调制盘上移动。信号处理过程包括宽带放大、带宽限幅、鉴频、低通滤波、坐标变换等。

其中，主要部分的功能实际上是一个频率检波器和一个频率解调器，其作用是将红外探测器的瞬时频率检出，最终使经低通滤波后的输出信号与瞬时频率成正比。

该波形相对于某个基准(由基准信号提供)的相位角，决定了驱动导引头使目标像移到中心处的角度方向。

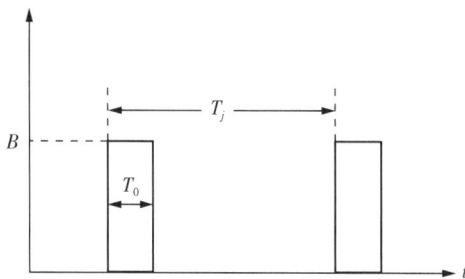

图 4-42　激光干扰波形

(2)激光干扰圆锥扫描导引头机理

若将分段某种调制的激光辐射叠加到目标上，导引头便力图使像点在调制盘上建立新的平衡点。平衡点在调制盘上也不可能是静止的，这与干扰的波形有关。为了解这种平衡过程，考虑干扰发射机在部分扫描周期内打开，而其余部分关闭的情况，这种干扰的波形如图 4-42 所示。

干扰发射机的周期 T_j 与导引头圆锥扫描的周期 T_m 相同。在这种情况下，当干扰发射机打开、扫描圆环的一部分离开调制盘时，导引头将建立一种伪平衡状态。如果扫描圆环被进一步外推，直到干扰发射的调制信号不再处于调制盘上为止，则出现跟踪误差，它将章动环拉向调制盘的中心。在圆环被拉向中心时，干扰发射机调制信号会产生一个将圆环向外推的误差。这样，当由于干扰发射机引起的误差与偏轴目标产生的误差平衡时,便达到伪平衡点。

从上面的分析已经可以看出,由干扰机引起的扰动在导引头跟踪回路中可能会产生相当大的影响,进而影响导弹的跟踪性能,最终使导弹的脱靶距离增加。

3. 对红外成像导引头干扰原理

红外成像导引头的工作原理如图 4-43 所示,根据其成像方式可分为红外凝视成像制导和机械扫描成像制导两类。下面主要描述红外凝视成像制导的干扰原理。

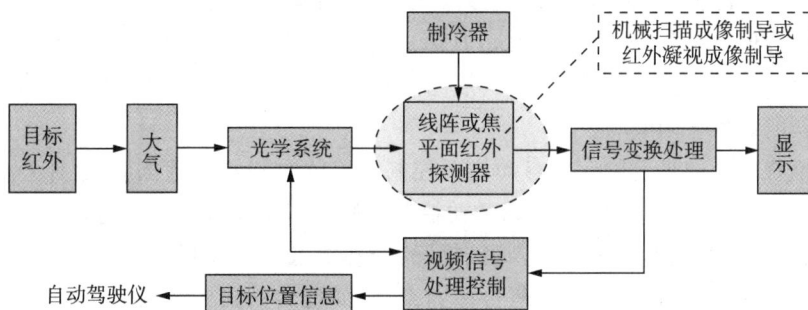

图 4-43 红外成像导引头工作原理

对于采用焦平面阵列(FPA)的红外凝视成像导引头来说,导引头的窗口对激光干扰机在所有时间都是打开的,一旦干扰将直接影响跟踪功能。干扰该类导引头的基本着眼点是设法破坏寻的器的运转,一是干扰寻的器的信号处理器,通过调制的红外辐射来破坏信号处理器中的自动增益控制时间常数,使信号处理器无法正常工作;二是干扰寻的器的光学传感器,用一定的激光功率直接作用红外探测器使其饱和,达到致盲或硬摧毁的目的。

(1)对自动增益控制电路的干扰

自动增益控制(AGC)在红外系统及其他电子设备中得到广泛的应用。根据使用情况一般对自动增益控制电路提出静态特性和动态特性的要求。例如,自动增益控制所需要的最小信号和相应的输出信号幅度、输入信号的动态范围、输出信号的动态范围、自动增益控制回路有足够的稳定裕度和较好的动态品质等。

一般地,自动增益控制电路的控制电压是将主放输出经检波 RC 网络滤波变换成直流信号后再去控制主放的前级工作点,实现主放增益闭环控制。由于采用 RC 网络滤波使得自动增益控制时间常数达到几百毫秒。为了实现主放增益的快速控制,不宜采用储能元件(电容器)产生控制信号。自动增益控制电路采用多级门限同时检测前放输出幅值,经逻辑电路处理转换成控制码分别控制多路电子开关,完成主增益自动分级控制的目的。由于控制通道中没有 RC 网络,只有数字逻辑控制电路,因此获得快速自动增益控制特性。

自动增益控制电路一般包括主放大器、峰值检波和低通滤波等几部分,当目标因距离等因素发生变化而使输入信号的幅度变化时,调节主放大器的增益,使信号处理器输出信号幅度基本保持不变。自动增益控制电路有两个重要指标,即时间常数和动态范围。时间常数的选取与红外辐射的调制方式有关,一般在点跟踪体制的红外制导导弹中,对目标红外辐射的调制频率较低,AGC 的时间常数较大;而对于红外热成像装备或成像制导导弹来说,数据率较高,AGC 的时间常数小。动态范围的选取与目标特性、信号随目标姿态角的变化、目标间距离有关。

干扰自动增益控制的一种方法是:按照与 AGC 的时间常数相对应的周期打开和关闭干扰发射机。这类干扰发射的目的是在尽可能大的工作周期内使导引头不能接收正确的目标跟踪信号。当干扰发射机辐射突然关闭时,导引头必须增加其增益,使目标信号提高到工作范围内。当干扰发射机再打开时,导引头信号就被迫处于饱和状态。若干扰发射机的辐射电平相对于目标很大,AGC 的干扰就可能破坏导引头的跟踪及导弹的制导功能。这类干扰发射的效果与干/信比、用于提高和降低信号的 AGC 的时间常数以及信号处理的类型等因素有关。

如果干扰信号的重复频率为自动增益控制电路的时间常数的倒数,且干扰信号的功率比探测信号的功率大 m 倍,则自动增益控制电路将根据干扰信号来选通放大通道。显然,其选通的放大通道不能满足对探测信号的处理要求。这种利用信号的饱和现象进行干扰的方式,对处理与幅值有关的信号探测系统,如旋转扫描式导引头比较有效。不过,对具有比较大的自动增益控制动态范围(如 10^5)的光电探测系统,要使信号达到饱和状态,所需的干扰信号强度可能较大。例如,若红外导引头的等效噪声输入(NEI)电平为 10^{-11} W·cm^{-2} 数量级时,这种导引头可能要在信号电平达到 $10^{-6} \sim 10^{-5}$ W·cm^{-2} 时才开始饱和。为了将足够的辐照强度送到 2km 远的导引头处,所需的干扰发射机的强度至少为 $40 \sim 400$ kW·sr^{-1}。

(2)对红外探测器的干扰

对于制导或成像侦察应用的红外探测器来说,它们的探测灵敏度都很高,如HgCdTe 探测器,其灵敏度可达 1.0×10^{-9} W,其动态范围为 10^5,探测器的饱和光强为1.0×10^{-4} W。红外探测器材料的光吸收能力一般比较强,其峰值吸收系数一般为 $10^3 \sim 10^5$ cm^{-1},入射在探测器上的辐射大部分被吸收,结果引起温度的上升,造成不可逆的热破坏。因此,对红外探测器的干扰主要分为低能激光饱和压制性干扰和高能激光破坏性干扰两种方式。低能激光饱和压制式干扰使较低的激光能量打入红外探测器,其信号处理电路、主要是前置放大电路产生饱和。高能激光破坏性干扰是利用高能激光的能量,使红外探测器、调制盘或光学系统产生物理损伤,使之炸裂或熔融。

红外探测器的破坏阈值与激光波长、辐照时间、探测器结构材料的热学性质等有关。一般地,激光干扰源输出能量只要大于 1.0×10^{-2} W 量级,对于应用 HgCdTe 材料的红外探测器来说,就能够起到很好的干扰效果。对于其他材料的红外探测器来说,如 PtSi、InSb 等,由于它们的灵敏度、饱和光强不同,有效地干扰激光能量会有差异,但根据不同材料的红外探测器的饱和曲线来计算,只要干扰激光的连续输出能量达到瓦级就能有效干扰各种材料的红外探测器。

美国海军研究实验室的试验结果表明,当辐照时间很短时($t < 10^{-5}$ s),激光破坏阈值 E_0(辐照单位 W/cm^2)与 t 成反比;在中等辐照时间(10^{-5} s$< t < 10^{-2}$ s),E_0 与 t 的平方根成反比,当 $t > 10^{-2}$ s 时,E_0 不变。投射到光学传感器上的激光功率为

$$P=\frac{4P_1\tau_1\tau_2A_c}{\pi\theta_t^2R^2} \tag{4-20}$$

式(4-20)中,P_1 为发射激光的功率(W);θ_t 为激光发散角(rad);τ_1 为大气传输衰减系数;τ_2 为光学系统透过率;A_c 为目标的有效集光面积(m^2);R 为干扰激光源到目标距离(m)。

激光器输出功率为 10W,激光发散角为 2mrad,红外热成像设备的有效集光口径为 80mm,可计算出在 1km 距离上的有效干扰激光功率为 1.01×10^{-2} W,干扰效果如图 4-44所示。

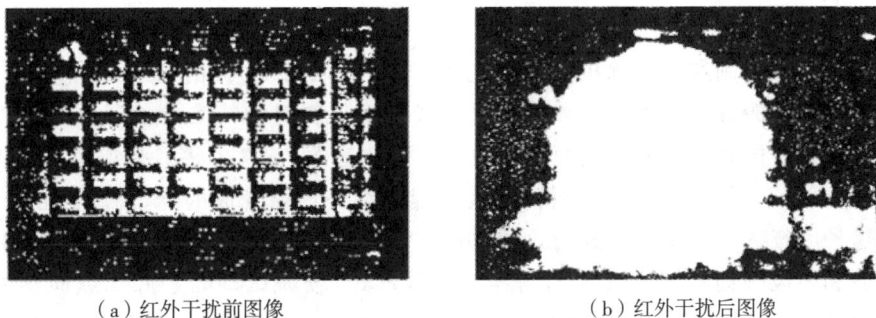

（a）红外干扰前图像　　　　　　　　（b）红外干扰后图像

图 4-44　干扰效果

4. 激光干扰红外导引头的作用分析

当对红外导引头进行激光干扰时,由于干扰源与目标是并置的,因此导引头在目标上的驻留时间(或占空比)就是一个重要的特征值,它涉及激光干扰信号有多大的机会进入导引头。

对于旋转扫描的导引头,除了处于调制盘的不透明调制扇面上之外,它对目标是做连续观察的,这意味着导引头的窗口在所有时间对干扰机都是打开的。

对圆锥扫描导引头来说,尽管扫描像点在一个周期的部分时间内可能会离开调制盘,可能会使干扰激光束进入探测器的机会减小,但这并不影响激光干扰机的有效作用,扫描圆环离开平衡位置正好说明干扰机发挥了干扰作用。

对于采用单探测器的亚像元扫描系统(如玫瑰花瓣扫描式)的导引头来说,它在目标上的驻留时间通常很小(为扫描周期的百分之几),在这种情况下干扰的机会就大大降低。另外,扫描式导引头采用脉冲处理技术,进一步限制了干扰机的作用。干扰机只可能会在信号幅值上引入偶然的扰动。一般地,人们无法预测这种不大的随机幅值扰动会怎样影响导引头的性能。这种脉冲也许能干扰导引头自动增益控制电路的工作,也有可能降低导引头及导弹的性能,但对于这种干扰作用不能抱什么期望,因为产生这种作用的概率实在太小了。线性扫描阵列的导引头的情况与此非常相似。

对于采用红外焦平面阵列探测器的凝视成像型导引头的情况,导引头的窗口对激光干扰机在所有时间都是打开的,但激光欺骗干扰对这种导引头基本上是无效的,因为其对目标方向的判别方式不依赖于某一个或几个探测单元的强度,而是目标对应单元在阵列上的位置。对这些导引头采用致盲式干扰,可能效果更好。

4.3.2 红外制导有源干扰系统

红外有源干扰系统是针对红外导弹寻的器的工作原理而采取相应措施的有源干扰设备,其干扰机理与红外制导导弹的导引机理密切相关,其主要干扰对象为红外制导导弹和红外侦察设备。

1. 红外干扰机的组成及工作原理

按干扰光源的调制方式来分,可分为热光源机械调制红外干扰机和电调制放电光源红外干扰机两种典型形式。前者采用电热光源或燃油加热陶瓷光源,红外辐射是连续的,而后者的光源通过高压脉冲来驱动。

(1)热光源机械调制红外干扰机

热光源机械调制红外干扰机由红外光源、光学增强系统、机械调制式高速旋转部件等组成。红外光源发出能干扰红外点源导引头的红外辐射($4\sim5\mu m$ 波长);热光源机械调制红外干扰机的光源是电热光源或燃油加热陶瓷光源,其红外辐射是连续的。由干扰机理得知,要想起到干扰作用,必须将这些连续的红外辐射变成闪烁、调制的红外辐射。能起到这种断续透光作用的装置,称为调制器,它由控制机构、斩波控制、旋转机构、陶瓷红外光源和斩波圆筒构成。可控调制器有多种形式,较为典型的是开了纵向格的圆柱体,它以角频率 ω_j 绕轴旋转,辐射出特定的调制函数的红外辐射。如图 4-45 所示为热光源机械调制红外干扰机的组成。

(2)电调制放电光源红外干扰机

电调制放电光源红外干扰机由显示控制器、光源驱动电源和辐射器三部分构成。其光源是通过高压脉冲来驱动的,它本身就能辐射脉冲式的红外能量,因此不必像热光源机械调制干扰机那样需要加调制器,而只需通过显示控制器控制光源驱动电源改变脉冲的频率和脉冲宽度便可达到理想的调制目的。这种干扰机的编码和频率调制灵活,如用微处理器在编码数据库中进行编码选择,可更有效地对多种导弹起到理想的干扰作用。这种干扰机的缺点是大功率光源驱动电源体积、质量较大,而且与辐射部分的结构相关性较小。

这种类型红外干扰机常选择超高压短弧氙灯、铯灯、蓝宝石灯等强光灯作为光源。典型产品如 AN/ALQ-204 斗牛士(Matador)干扰机,由洛拉尔公司研制,已装备在美国总统专机、英女王座机和其他国家的首脑级重要人士专机上,它采用脉冲调制灯和复合干扰码。基本系统包括:能够同步工作的多部发射机和控制器单元,每部发射机具有 $4\sim12kW$ 的红外辐射能力。光源采用非相干调制的氙弧光灯,只能干扰工作在 $1\mu m$ 和 $2\mu m$ 波段的第一代红外制导导弹,对工作在 $3\sim5\mu m$ 波段的新一代红外制导导弹则无能为力。

(3)定向红外干扰机

人们从红外对抗的实践中得出规律,红外干扰机产生的光辐射越强,导弹偏离飞机的距离就越大。而随着更先进导弹的不断问世,也迫使人们加大干扰机的输出功率。但是干扰机的输出功率不能无限增大,它受到干扰机体积、输出孔径尺寸和基本功率消耗的限制。这就促使人们开发出定向红外对抗(DIRCM)技术,即将红外干扰能量集中到狭窄的光束中。当红外导弹逼近时,导弹逼近报警系统(MAWS)将光束引向来袭导弹方

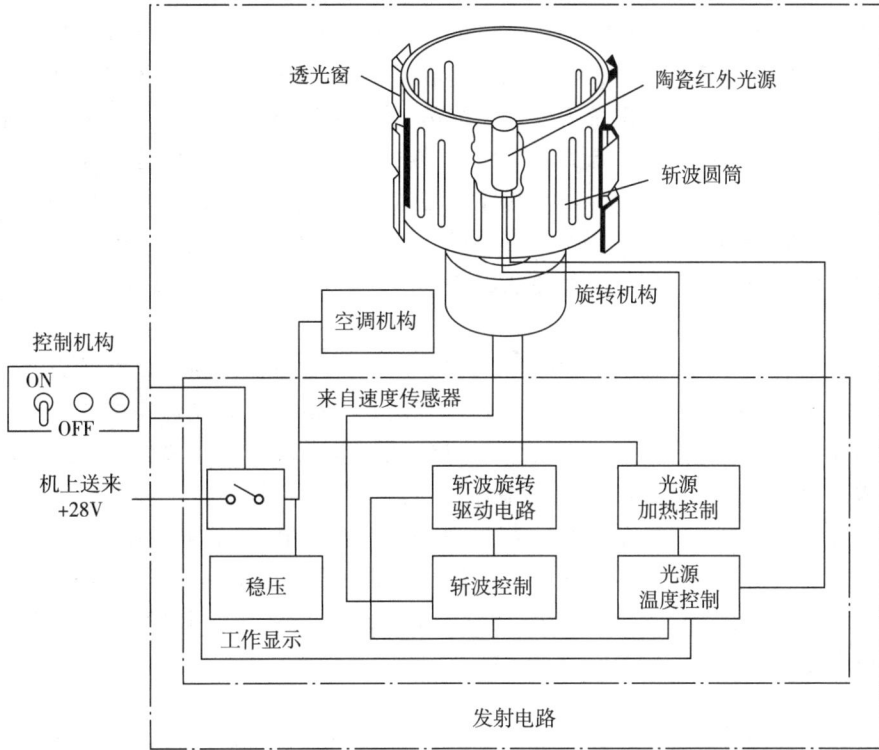

图 4-45　热光源机械调制红外干扰机的组成

向,使导弹导引头工作混乱而脱靶。

定向红外对抗是以系统的复杂性为代价的,主要采用红外激光器作为干扰源,运用定向干扰技术,实现目标探测告警和干扰于一体的功能。为使红外干扰光束及时准确指向来袭导弹,必须跟踪导弹并给出导弹的方位数据。这项功能是由导弹逼近报警系统完成的。一般采用无源红外或紫外探测的导弹逼近报警系统,它具有 360°覆盖范围。由于导弹逼近报警系统无源探测,且红外干扰能量定向发射,因此大大提高了载机的隐蔽性。最典型的定向红外对抗装备是"复仇女神"定向红外干扰系统,如图 4-46 所示。

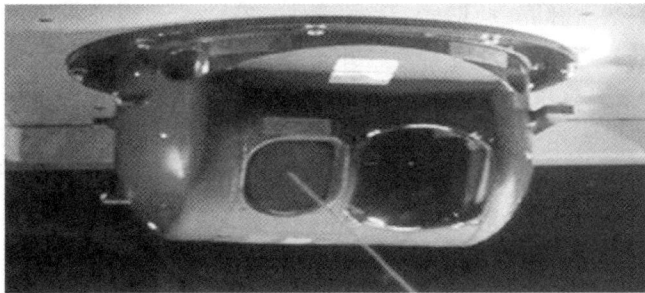

图 4-46　"复仇女神"定向红外对抗系统(DIRCM)

定向红外对抗系统第一代采用弧光灯作为干扰机,但对工作于 $3\sim5\mu m$ 波段的新一代红外制导导弹则无能为力;第二代采用激光干扰机,以替代第一代红外干扰机。在大型飞机上安装两部干扰机,机身两侧一边一部。当用于直升机上时,采用一部干扰机即可满足要求。定向红外对抗系统为模块化结构,重约 123 磅(1 磅=0.4536kg),可组合成各种形式来保护约 14 种不同类型的飞机。"复仇女神"的告警系统是 AN/AAR-54P MAWS 导弹逼近紫外告警系统,可探测导弹尾焰的紫外能量,跟踪多个辐射源并按照杀伤导弹、非杀伤导弹或杂波对辐射源进行分类。它的探测距离是现 MAWS 的两倍,虚警率也大大降低。该系统使用宽视场传感器和小型的处理器。根据覆盖范围要求的不同,可以使用1~6 个传感器。

当导弹来袭时,告警系统确定导弹对所保护目标是否构成威胁,跟踪并启动以大功率弧光灯为主的对抗措施以干扰导弹。四轴炮塔可方便地与激光器相结合。而用于固定翼飞机和直升机上的定向红外对抗发射机包括带有准确跟踪传感器和红外干扰机的指示炮塔。罗克韦尔公司生产的精确跟踪传感器位于方位轴上。这种传感器采用高灵敏度的碲镉汞中波焦平面阵列技术。当导弹告警系统告警时,发射机跟踪来袭导弹,并向导弹发射高强度红外光束。其跟踪系统是四轴的。在导弹威胁情况下,精确跟踪传感器处理来袭导弹图像,供"复仇女神"定向红外对抗系统使用,发射机锁定并跟踪目标,持续干扰来袭导弹。

光源采用相干的定向红外光源即激光器,可干扰新一代的红外制导导弹。干扰新一代的红外制导导弹的要求是干扰能量要足够大,以便使聚焦在红外导引头探测器上的能量尽可能高,还要求干扰光源的效率高、体积小、重量轻、寿命长、发射波长与导弹的工作波长匹配。其干扰机理与激光干扰旋转扫描导引头的机理一致。

2. 红外干扰弹的组成及工作原理

红外干扰弹也称为红外诱饵弹或红外曳光弹。红外干扰弹已有几十年的实战运用历史,其优点是有效、可靠性高、廉价、效费比高。几十美元的红外诱饵弹,往往能使几万、十几万美元的红外点源制导导弹失效。

红外干扰弹按其装备的作战平台划分,可分为机载红外干扰弹、舰载红外干扰弹和车载红外干扰弹等。按功能划分,可分为普通红外干扰弹、气动红外干扰弹、微波和红外复合干扰弹、可燃箔条干扰弹、可见光红外干扰弹、红外和紫外双色干扰弹、快速充气的红外干扰气囊等具有特定或针对性干扰功能的红外干扰弹。

红外干扰弹一般由弹壳、抛射管、活塞、药柱、安全点火装置和端盖等零部件组成。弹壳起到发射管的作用,并在发射前对红外干扰弹提供环境保护。抛射管内装有火药,由电底火起爆,产生燃气压力以抛射红外诱饵。活塞用来密封火药气体,防止药柱被过早点燃。安全点火装置用于适时点燃药柱,并保证在膛内不被点燃。

如图 4-47 所示为红外干扰弹干扰示意图。

1)红外干扰弹的工作原理

红外干扰弹是一种具有一定辐射能量和红外光谱特性的干扰器材,用来欺骗或诱惑敌方的红外侦测系统或红外制导系统。投放后的红外干扰弹可使红外制导武器在锁定目标之前锁定红外干扰弹,致使其制导系统跟踪精度下降或被引离攻击目标。

这种干扰方式又称为质心干扰,用于
对抗红外点源制导导弹,需要红外诱饵快
速形成,并且能持续一段时间。以保证在
起始时刻目标和诱饵同时处于导引头视
场角内,并能将导弹引离目标。红外诱饵
弹的干扰方式还有以下几种。

① 冲淡干扰。在目标还未被导弹寻
的器跟踪上时,就已经布设了诱饵,使来
袭导弹寻的器在搜索时首先捕捉诱饵。

② 迷惑干扰。当敌方还处于一定距
离之外时,就发射一定数量的诱饵形成诱
饵群,以迷惑敌导弹发射平台的火控和警
戒系统,降低敌识别和捕捉真目标的能力。

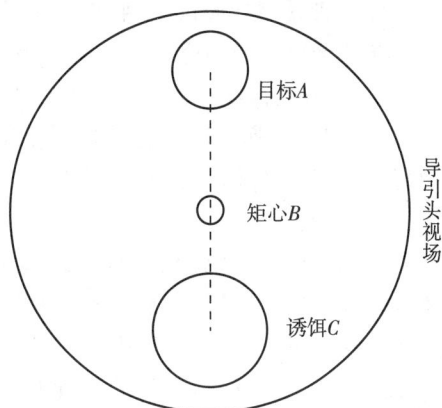

图 4-47　红外干扰弹干扰示意图

③ 致盲干扰。致盲干扰主要用于干扰三点式制导的红外测角仪系统。当告警发出
信息时,立即向来袭方向发射红外诱饵,诱饵的发射光谱与导弹光源的匹配,且发射强度
高于导弹光源,当诱饵进入制导系统的测角仪视场中时,测角仪即发生混乱,不能引导导
弹正确飞向目标。

(2)红外干扰弹的技术要求

红外干扰弹能有效地干扰红外导引头,它的性能要满足以下技术要求。

① 辐射特性。目前红外导引头的工作波段一般为 $1.8\sim3.5\mu m$ 和 $2.5\sim5.5\mu m$,舰
载红外干扰弹的光谱可达到 $8\sim14\mu m$。表 4-2 给出了国外几种导引头的工作波段。

表 4-2　国外几种导引头的工作波段

序号	型号	工作波段/μm
1	AIM9B(美)	1.8～3.2
2	AIM9E(美)	2.2～3.4
3	AIM9D(美)	2.8～4.0
4	MATRA-R-530(法)	3.5～5.3
5	RED-TOP	3.0～5.3
6	SRAAM	4.1～4.9

理想的红外诱饵弹红外光谱辐射特性应与被保护目标在这些导引头工作波段内有
相似的光谱分布,但辐射强度应比目标的辐射强度大 K 倍以上。这一比率 K 称为压制
系数,一般要求 $K>2$ 至 $K\geqslant10$。

② 起燃时间和燃烧持续时间。红外诱饵弹从引爆至达到额定辐射强度的一半所需
时间称为起燃时间。为保证诱饵形成时能处在导引头视场内而吸引着导引头,一般要求
起燃时间为 $0.5\sim1s$。

燃烧持续时间,即保持诱饵的额定红外辐射强度的时间,对单发诱饵来说,必须大于

敌方红外导引头的制导时间。目前,红外空空导弹在其常用的射程内飞行时间为 $10\sim$ 20s,因此红外诱饵弹的燃烧持续时间应为 8s 以上。

③ 诱饵弹射出速度和方向。诱饵弹射出速度和方向的选择,应使敌方导弹在击中诱饵或诱饵燃完时,导弹不能伤及目标或重新跟踪目标。投放速度也不能过大,速度过大则可能超出导引头的跟踪能力,使导引头无法跟踪诱饵,起不到诱骗的作用,投放速度一般为 $15\sim30m/s$。

在实际工程中,干扰弹相对载机的抛出角 α 和抛离速度 v_0 这两个参数非常重要,如图 4-48 所示。如果 α 和 v_0 过小,由于靠近飞机下表面一定厚度的空气密度很大,若红外干扰弹不能穿过这个厚度的空气,有可能造成干扰弹贴在机尾而酿成事故;如果 α 和 v_0 过大,由于导引头视场很小,很可能在诱饵尚未形成干扰时就飞出视场而使干扰无效。

目前,红外空空导弹一般跟踪角速度为 $1°/s$ 左右,杀伤半径约为 10m,所以红外诱饵弹以 $23\sim30m/s$ 的速度向下投放为宜。

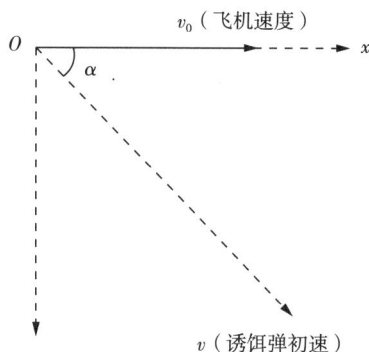

图 4-48　干扰弹投掷方向示意图

④ 投放时刻和时间间隔。如果机上有准确可靠的红外报警设备,则一旦发现导弹来袭便可尽快投放诱饵弹。如果机上无报警设备,那么为了安全起见一旦发现敌机占据攻击位置,便可投放红外诱饵弹,这时需多发定时投放。多发定时投放可以对付敌方连续发射的红外导弹。

美国 B-52 轰炸机机载红外诱饵弹的战术技术指标实测结果如表 4-3 所示。

表 4-3　美国 B-52 轰炸机机载红外干扰弹的战术技术指标实测结果

尺寸/ (mm×mm)	起燃时间/s	等效温度/℃	燃烧时间/s	辐射强度/(W/sr)	
				1.8～33	3～3.5
60×120	0.5～1	2300～2500	8～10	60000	38000

红外诱饵弹的投放装置种类很多,但大多数机载红外诱饵弹的投放装置是与箔条干扰弹共用的,两种弹可以混装,以对付不同的导弹和不同的战术应用。所以红外诱饵弹的外形多与箔条干扰弹的外形相同。

4.3.3　新型红外诱饵技术

"道高一尺,魔高一丈",这是对抗与反对抗永恒的法则。红外制导导弹为了不受红外干扰弹的干扰,采取了变视场等方法。例如北大西洋公约组织装备的一种红外点源制导导弹,一旦导弹视场中出现两个光点(目标和干扰弹),立即从原来的 1.6°视场变为 0.8°视场。为了有效干扰新型红外点源制导导弹,近年来又发展了新型红外干扰技术。

1. 拖曳式红外干扰技术

拖曳式红外干扰弹由控制器、发射器和诱饵三部分组成。飞行员通过控制器控制诱饵发射,诱饵发射后,拖曳电缆一头连着控制器,另一头拖曳着红外诱饵载荷。诱饵由许多 1.5mm 厚的环状筒组成,筒中装有由燃烧材料做成的薄片。薄片分层叠放于装有螺旋释放器和步进电机的燃烧室内。当薄片与空气中的氧气相遇时就发生自燃。当诱饵工作时,圆筒顶端的盖帽被弹出,步进电机启动,活塞控制螺杆推动薄片陆续进入气流中。诱饵产生的红外辐射强度由电机转速来调节,转速越高,单位时间内暴露在气流中的自燃材料就越多,红外辐射就越强,反之亦然。由于战术飞机发动机的红外特征是已知的(例如,在 $3\sim5\mu m$ 波段的辐射强度约为 $1500W/sr$),因此通过电机转速的控制产生与之相近的辐射。在面对两个目标时,有的导引头跟踪其中较"亮"者,而有的则借助于门限作用跟踪其中较"暗"者。针对这点,诱饵被设计成以"亮-暗-亮-暗"的调制方式工作,以确保其功效。薄片的释放快慢还与载机飞行高度、速度等有关,其响应数据已被存储在计算机内,供作战时调用。

2. 气动红外干扰技术

针对先进的红外制导导弹能区分诱饵和目标的特点,红外干扰弹增加了气动或推进系统,就构成了一种新型的气动红外干扰弹。气动红外干扰弹投放后,可在一段时间内与飞机并行飞行,使红外制导导弹的反诱饵措施失效。气动红外干扰弹通过对常规红外诱饵的结构的改动,来改进其空气动力特性,进而改变红外诱饵发射后的弹道。

如果在干扰弹上另外再加一个固体发动机来增加推力,就可有效地改善其弹道性能。如果推力足够大,甚至可使干扰弹飞向飞机前方。这种气动红外诱饵飞行轨迹可与飞机相仿,导弹很难区分真伪。

3. 喷射式红外干扰诱饵技术

喷射式红外干扰诱饵当前主要有"热砖"诱饵和等离子体喷射式诱饵两种。

"热砖"是喷油延燃技术的俗称。以机载情况为例,当飞机受红外导弹威胁时,突然从发动机喷口喷出一团燃油,并使之延迟一段时间后燃烧。燃烧时产生与飞机发动机及其排气相似的红外辐射(但强度更高),似乎形成了一块由飞机上抛出的"热砖",它引诱来袭导弹偏离飞机。"热砖"的形成燃料可以是被保护体发动机本身使用的燃油,也可以是专门配制的油料。美国的 AN/ALE-32、AN/ALQ-147 就是产生这种诱饵的机载装备。

4. 面源仿真红外诱饵

面源仿真红外诱饵形为块状并系有配重,发射后在空中组成"十"字形、三角形、"黑桃"形等轮廓,模拟飞机的外形和热图像,诱骗敌方成像导引头。通过依序发射或一次齐射多发,能在预定空域形成大面积红外干扰"云",这种"云"不仅能模仿被保护体的红外辐射光谱,还能模仿其空间热图像轮廓和能量分布,造成一个假目标,以欺骗敌红外成像制导导引头。

4.4　电视制导有源干扰技术

4.4.1　电视制导武器有源干扰机理

光电探测器件都存在最大负载值。当 CCD 图像传感器在成像光学系统的像平面上时,远处的闪光源经成像光学系统后,辐照在 CCD 图像传感器上的光斑仅占光敏面的一小部分;当闪光照射时,被光照射的区域达到了饱和,出现光斑,而未被光照射的区域还有有效图像信号输出;但是当光足够强时,整个探测器都处于饱和状态,没有有效图像信号输出,这时的闪光功率密度为此类光电器件的闪光饱和阈值。

CCD 对 $1.06\mu m$ 的激光具有较强的响应,利用激光对 CCD 探测器的破坏或干扰效果明显。$1.06\mu m$ 激光对 CCD 探测器系统的破坏分为软杀伤与硬破坏,两种干扰方式均可使电视导引头产生信号输出错误,软杀伤是使导引头暂时丧失制导功能,而硬破坏是使导引头永久丧失制导功能。干扰效果如图 4-49 所示。

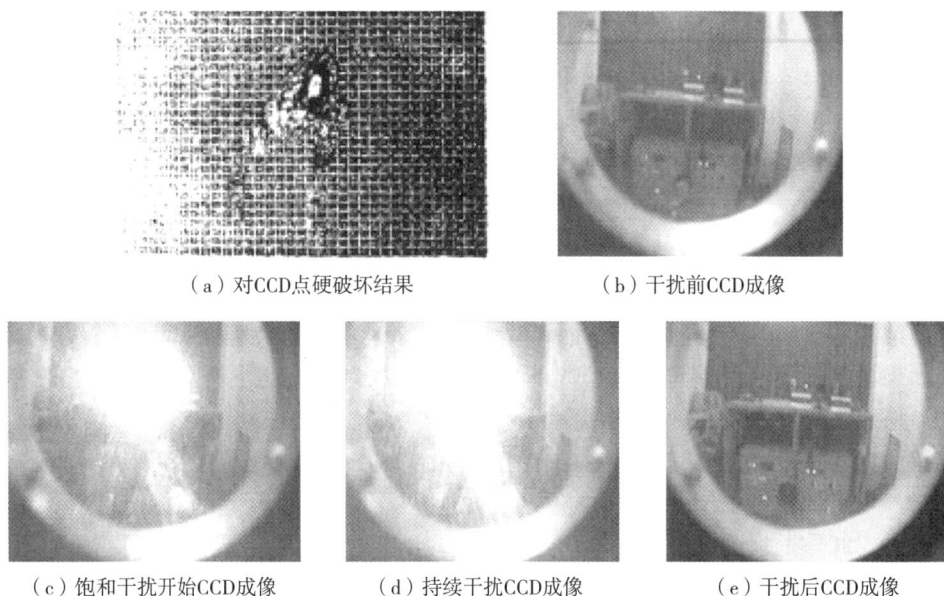

（a）对CCD点硬破坏结果　　　　　　　（b）干扰前CCD成像

（c）饱和干扰开始CCD成像　　　（d）持续干扰CCD成像　　　（e）干扰后CCD成像

图 4-49　$1.06\mu m$ 激光对 CCD 探测器软杀伤和硬破坏干扰效果

$1.06\mu m$ 激光对 CCD 探测器软杀伤和硬破坏,面阵 CCD 遭激光辐照产生点破坏后,CCD 的工作性能变化是:由清晰的图像信号输出变为无任何图像信号输出,其破坏效果将是整个 CCD 图像传感器件无信号输出,不能工作,而不是像场中存在一个暗点。这是由 CCD 图像传感器的工作原理和结构决定的,CCD 探测器工作时,它的像元(或光敏元)与驱动信号转移的时序脉冲电极及控制栅极等在同一平面内交替排列,且具有相同的基底。高能脉冲激光具有作用时间短、峰值功率高等特点,当激光辐照在其表面上,可破坏 CCD 的金属铝栅极膜(每个栅极厚约 $1\mu m$,宽约 $15\mu m$)、SiO_2 膜层(厚约 150nm)和 P 型 Si 衬底;而且连续激光具有显著热传导作用过程,将首先汽化和熔化的是 CCD 探测器表面的这些电极(一般这些电极用铝蒸镀而成,由于电极极薄,其破坏阈值较低)和覆盖层上的金属,造成时序脉冲电极或控制电极的短路和断路,即影响 CCD 的成像效果。

根据图像效果和无信号输出的现象判断,两种情况应该同时存在,而短路是致命的损坏。强激光脉冲对 CCD 的点破坏是致命的,一旦对某一点形成破坏,则整个 CCD 由于铝栅极膜破坏,引起短路,无法输出图像,但该干扰机理所需能量大,而一般能量的激光脉冲即可实现对 CCD 的成像饱和干扰,但这种干扰可恢复。

4.4.2　电视制导干扰系统组成和工作原理

1. 电视制导武器定向干扰系统的组成

电视导引头受到强激光脉冲照射时,将使部分像元饱和甚至致盲,在其已稳定锁定目标的情况下这种干扰照射将严重扰乱其跟踪匹配模式,以致其无法正确成像而丢失目标,因此,采用高能量的 $1.06\mu m$ 激光,可实现对电视导引头的干扰。电视制导武器定向干扰系统在随动伺服系统对来袭目标进行精确跟踪的同时,定向地发射窄波束的强光脉冲,对电视导引头实施压制式干扰,使其功能暂时失效。

电视定向干扰系统包括干扰源、定向干扰控制器、冷却系统和伺服系统,如图 4-50 所示。干扰源包括一台 $1.06\mu m$ 固体调 Q 脉冲激光器和激光发射系统;定向干扰控制器包括激光激励源和控制接口。干扰源输出经光路与定向干扰伺服系统导光口衔接,干扰激光由二级反射棱镜通过伺服平台输出,将强峰值功率的激光脉冲发射指向电视制导武器。在图 4-50 中,激光激励源根据控制信号,产生激光器工作需要的电压。激光器在激励源的作用下,工作物质受激发射,产生激光信号。冷却系统将激光器工作时产生的热量带走,保持稳定的工作温度。发射光学系统将激光器产生的激光进行光学调整,使发射激光的均匀性、发散角等达到最佳状态。反射棱镜将水平射出的激光调整为垂直方向,与伺服系统导光口衔接,便于干扰激光通过随动平台的激光转发器定向干扰来袭导弹。定向干扰伺服系统的功能就是确保干扰激光可对准来袭的电视制导武器。

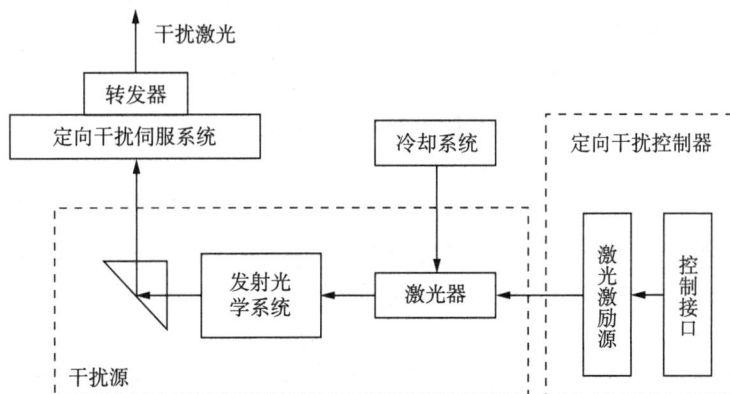

图 4-50　电视定向干扰系统组成

2. 电视制导武器有源定向干扰原理

由激光对 CCD 的干扰试验可知:

(1)大功率脉冲激光器可对 CCD 造成物理损坏,由高能激光产生热量将 CCD 栅极膜熔化引起短路,使其失去成像能力,但是损伤阈值偏高,对激光源输出能量要求严格。

(2) $1.06\mu m$ 波长激光对 CCD 具有较强的干扰能力,且照射时间越长,干扰效果越明显。当作用到 CCD 上的激光能量密度较小时,为可恢复的饱和干扰;当作用到 CCD 上的激光能量密度足够大时,为不可恢复的过饱和干扰。

因此,采用脉冲激光实现对电视导引头的饱和干扰是可行的,且易于实现。其实现的关键技术是脉冲激光的峰值功率是否足够大,即小型大功率激光器的设计技术,辐照的激光能否进入制导武器接收系统,即定向干扰技术。

4.4.3 电视制导武器有源干扰关键技术

电视制导武器有源干扰的关键技术主要体现为大功率干扰激光产生技术。由于激光器的体积限制,其输出功率有限。通过压窄激光发散角,可大幅度提高其干扰功率,但激光发散角受到随动伺服平台跟踪精度限制。

从体积结构、峰值功率等因素考虑,电视制导干扰激光源采用固体调 Q 脉冲激光器,由激光振荡器、放大器、扩束镜等组成,如图 4-51 所示(其中 1~5 构成激光振荡器)。

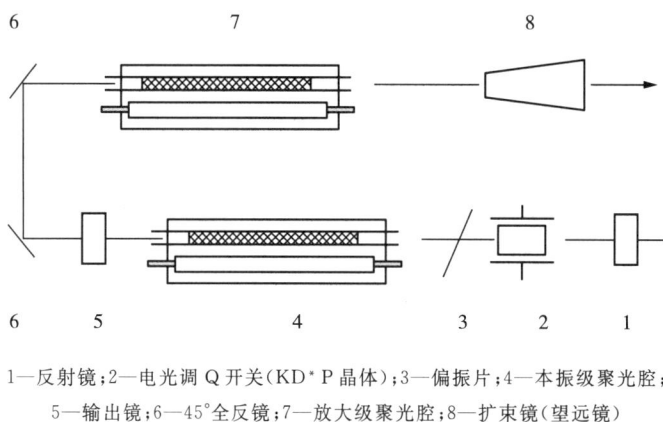

1—反射镜;2—电光调 Q 开关(KD*P 晶体);3—偏振片;4—本振级聚光腔;
5—输出镜;6—45°全反镜;7—放大级聚光腔;8—扩束镜(望远镜)

图 4-51 电视制导干扰激光器组成

可以采取如下措施,以提高电视制导激光干扰源的性能。

1. 谐振腔

采用变反射率高斯镜(VRM)作为输出镜,并采用非稳腔作为谐振腔,保证输出光斑近场均匀、发散角小。同时该腔型光斑无强点,不但提高了关门电压(输出能量),而且避免了对光学系统各元件的破坏,提高了系统可靠性。

2. 聚光泵浦系统

为达到较高的能量输出和最佳的光斑效果,高效率、高性能的聚光腔是必不可少的关键部件,系统采用了紧包式漫反射石英聚光腔。该聚光腔采用优质的漫反射材料,配合与光学材料相应的尺寸设计,使激光棒(Nd:YAG 晶体)能够得到均匀、高效的泵浦。该腔内激光棒的水冷均匀对称,使得在较高重频下激光输出光斑无畸变,并最终保证系统调 Q 关门电压高,能量输出大。选用掺铈石英作为外壳的脉冲氙灯,有效滤除灯光中的紫外线,并将其转化为有用的泵浦光,这样不但提高了电光泵浦效率,同时也避免激光晶体产生色心,延长了晶体寿命。

3. 电光调 Q 开关

采用优质的双折射晶体 KD*P 作为电光调 Q 开关,其驱动电路采用加压触发方式,可有效改善温度变化对 KD*P 1/4 波电压的影响,避免了由于关门高压不稳造成的对动态输出能量的影响。同时,这种加压式触发电路也消除了退压式关门高压对整个系统及外界的干扰。以上技术最终保证系统获得动态高效的激光输出,以及获得 8ns 左右窄脉冲宽度激光脉冲。

4. 机械结构

采用军工级要求设计的机械外壳,可以有效防止扭曲、变形等对光路产生的影响。在全部光学调整架中取消了弹簧调整结构,同时全部调整架均采用锁紧机构,这样大大提高了机械结构的稳定性和可靠性。此外,该外壳采用全密封设计,能够有效防潮、防尘,避免了恶劣环境带来的器件损坏,从而延长了光学元件及系统的使用寿命。

5. 望远镜(扩束镜)

为进一步压窄激光输出的发散角,在放大级的输出末端增加了一个望远镜(扩束镜),目镜和物镜均采用优质光学材料磨制而成。

6. 电源技术

为减小定向干扰控制器的体积和重量,依托成熟的开关电源技术,将干扰激光激励源和有关控制电路集中布置在标准机箱内,形成定向干扰控制器。

激光器电源采用开关逆变电源,其基本组成如图 4-52 所示。激光激励源由本振级电路、放大级电路、Q 开关电路组成。根据系统需要两级氙灯高压可调,调 Q 开关延迟可调。工作过程如下:220V 交流电源加电后,电源开关闭合,指示灯亮,风扇运转,软启动板输出弱电信号,控制器、Q 开关板等弱电板工作,220V 交流电经整流桥整流滤波后送晶闸管。按下预燃键,预燃电路工作,电磁阀吸合,预燃电压将激光器中氙灯点亮,同时储能电容进行电荷积累,达到激光成熟需要的高压,按下重频选择键,发射键,发射激光。

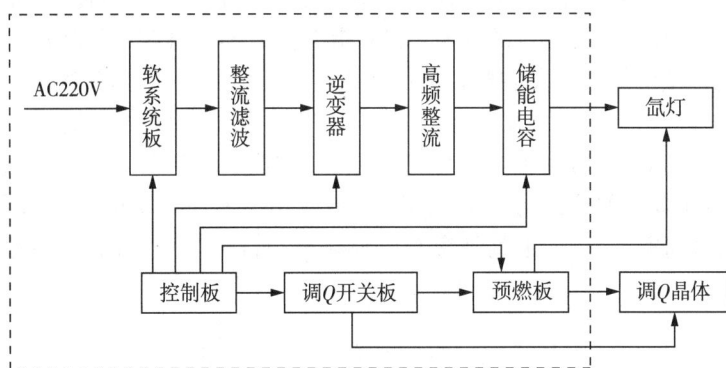

图 4-52 激光电源的基本组成

根据干扰激光激励源的工作要求,采取如下措施以保证并实现相关技术指标要求。

(1)激励源选用开关型脉冲激光电源,与传统晶闸管电源相比,具有充电精度高、加载在脉冲氙灯上的注入能量稳定、电源效率高等特点,大大减小了电源的体积,提高可靠性。

(2)电源系统提供冷却水联锁保护开关,在水冷系统工作不正常时能够切断激光器供电电源。

(3)选用单台电源支持两路输出,并且两路输出能量分别可调,最大限度提高了系统使用的灵活性,使两路光泵浦系统均能达到最佳输出状态。

（4）采用新型的功率变换电路和功率开关器件，实现软开关工作模式，变换桥具有峰值过流保护，输出具有过电压保护功能，工作可靠性较高。

4.5 光电观瞄设备有源干扰技术

高技术条件下作战，指挥人员决策需要及时、全面、准确地侦察情报，这些情报来自空中、海上、地面乃至太空，其主要探测元件是安装在各种平台上的光电传感器，因此，对光电观瞄设备的有效干扰是光电对抗的重要内容。

4.5.1 光电观瞄设备组成与工作原理

光电观瞄设备主要用于完成目标探测、识别、瞄准、跟踪，其关键部件是其光电转换器件，从组成上划分，主要是光学系统和光电探测器件；从应用上划分，主要有激光测距机、光电跟踪仪等。由于光电跟踪仪的工作原理与电视制导和红外成像制导相似，因此可参考光电制导技术相关内容。

激光测距机主要由激光发射系统和接收反射光的探测系统组成。对返回激光的探测有两种方式：一种是直接（非相干）探测；另一种是外差式（相干）探测，激光测距机一般采用前一种方式。

以脉冲—回波方式工作的激光测距机原理，如图 4-53 所示。系统操作人员或火控系统一旦下达发射激光的命令，激光器 1 发射一束窄发散角激光脉冲，经光学系统 2 扩束后由指示与稳定系统 3 指引，经过大气层 4 指向目标 5，和稳定系统连接的是传感器 6，与激光点火同时发出的电触发信号启动数字式测距计时器 7，一部分激光被目标反射后再次通过大气和测距机光学系统，聚焦到前面有窄带光学滤波器 8 的光探测器 9 上，光信号在这里转换为电信号，并送往放大器和匹配滤波器 10，后者的输出在比较器 11 中与探测阈值比较，比较器的输出用于关闭测距计时器，由时钟 12 即可读出计时器由开启到关闭所经历的时间间隔Δt，这也就是激光由辐射源到目标，再由目标到探测器所经历的时间。

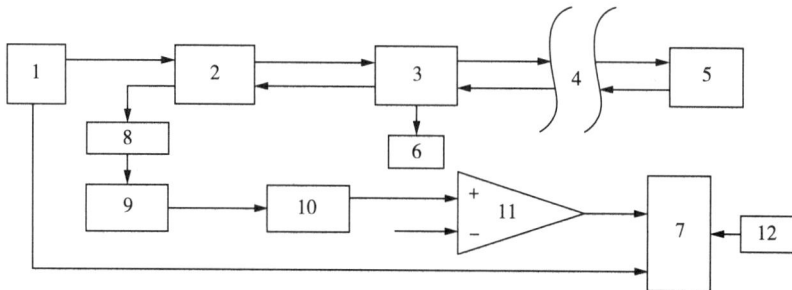

1—激光器；2—光学系统；3—指示与稳定系统；4—大气层；5—目标；6—传感器；7—测距计时器；
8—窄带光学滤波器；9—光探测器；10—放大器和匹配滤波器；11—比较器；12—时钟

图 4-53 激光测距机原理框图

假设激光传播的路径上大气折射率为 n,则相应的光速为

$$v = \frac{c}{n} \tag{4-21}$$

式中,c 为光在真空中的传播速度。

由于大气的不均匀性和非稳态特性,折射率 n 是空间和时间的函数,而且,一般来说,是相当复杂的函数。于是,光在大气中传播的速度随波前所到达的位置而变化;或者换一种方式说,光在传播期间不同时刻具有不同速度。如果用 r_1 和 r_2 分别表示由光源到目标和由目标到探测器的距离,则有

$$r_1 + r_2 = \int_0^{\Delta t} v(t) \mathrm{d}t \tag{4-22}$$

为了简单起见,将路径上的折射率用其平均值 $\bar{n}$ 代替,由式(4-22)得到 $r_1 + r_2 = (c/\bar{n})\Delta t$,如果进一步假设由光源到目标和由目标到探测器的距离相等,即 $r_1 = r_2 = r$,则最终得到

$$r = \frac{c}{2\bar{n}}\Delta t \tag{4-23}$$

式(4-23)是激光测距的基本理论依据,其中,真空中的光速 c 是常数,$\bar{n}$ 可根据具体大气条件给出,激光测距机的任务就是准确地测定时间间隔 Δt,并由式(4-23)求出目标与激光发射点的距离。

目前常见的激光测距机,除有一部分采用 CO_2 气体激光测距机之外,大多数用固体激光测距机,主要器件性能参数如表 4-4 所列。

表 4-4　常见测距机的激光参数

激光测距机类型		Nd:YAG	红宝石	铒玻璃	CO_2	拉曼频移 Nd:YAG 固体 激光测距机
波长/μm		1.064	0.6943	1.54	10.6	1.543
激励方式		闪光灯 或二极管	闪光灯	闪光灯 或二极管	放电激励	闪光灯 或二极管
脉冲能量/J		0.01~10	0.01~50	0.01~0.1	0.01~100	0.005~0.3
脉宽/ns		8~20	2~50	20~30	20~100	6~15
脉冲重复率/ Hz	未冷却	<1	<0.1	<0.3	<1	<1
	冷　却	>100	≥10	<10	>100	>100

与红宝石激光器相比,Nd:YAG 固体激光测距机的主要优点是具有较高的转换效率和能以高重复频率运转,后一特性对防空应用、坦克火控等来说至关重要。Nd:YAG 激光的两个缺点来自其 1.06μm 的波长,其一是与现代火控系统中 $8\sim12\mu$m 的热像仪不相匹配;其二是容易伤害操作人员的眼睛。CO_2 气体激光测距机的工作波长为 10.6μm,恰

好处于典型热像仪的工作范围内,但这一波长容易被水蒸气吸收,因而在潮湿条件下使用时最大测距范围受到限制,观测湿的或被积雪覆盖的目标时问题尤为严重。拉曼频移 Nd:YAG 激光测距机和铒玻璃激光测距机均工作在人眼安全的波长上,且比 CO_2 激光测距机价格低廉,但铒玻璃激光重复频率较低,因而不适合要求高脉冲重复频率的防空系统应用。

4.5.2 激光测距机干扰技术

激光测距机是当前装备最为广泛的一种军用激光装备。从脉冲激光测距机的工作原理可以看出,光电接收器是整个激光测距机的核心,没有它就无法接收测距的光回波;而电子波门的打开与关闭时间对应着测距距离,如过早或过迟关门,都将带来测距误差。激光测距机有源干扰分为欺骗式干扰和软杀伤压制干扰两类,根据产生的欺骗干扰形式的不同,激光测距欺骗干扰技术又可分为产生测距正偏差和产生测距负偏差两类。

1. 产生测距正偏差技术

产生测距正偏差可分为无源型和有源型两种。无源型采用光纤二次延迟技术,即在所保卫平台受到敌方激光测距信号照射后,由光纤经极短的二次延迟后,沿原路反射回去。同时,对所保卫的目标(如坦克)采用涂隐身涂料等激光隐身技术,使其激光回波极小。这样,在敌激光测距机设定的距离选通范围内探测到的只是产生测距正偏差的干扰信号,即测量得到的距离值比真实距离值远,使敌方造成错误判断,从而成功地进行了激光干扰。

有源型采用电子延迟和激光器,在受到敌方激光测距信号照射后,经极短的电子延迟,沿原路发射一个与敌方测距信号同波长、同脉冲宽度的信号,从而产生测距正偏差的干扰信号,使敌方造成错误判断,有效地对敌方进行了干扰。

德国研制的一种干扰设备,在所保卫平台四周均匀分布许多会聚透镜,每个会聚透镜的焦平面与一根光纤相耦合,而所有光纤与一根延迟光纤相连接,在延迟光纤的尾端设有反射镜。这样,在任一方向入射的激光信号都会被一个透镜所接收,并由延迟光纤二次延迟,沿原路反射回去,产生一个正偏差(远距离)的错误测距脉冲。由于这个欺骗干扰脉冲的作用,原来介于激光测距机与所保卫平台之间的真实距离被掩盖,敌方所得到的是一个正偏差的虚假测距数据,从而造成判断失误,丧失战机。延迟时间是由延迟光纤的长度所决定,其长度选择,应使反射回去的激光干扰脉冲能落入激光测距机所设定的距离选通范围之内。这种干扰方法不需要激光器,能自动产生正偏差的测距干扰脉冲,结构简单、成本低,所以可方便地安装在各种要保护的平台上。

2. 产生测距负偏差技术

产生测距负偏差主要方法是向警戒空域连续不断地发射高重频激光脉冲,使敌方激光测距机不管在何时开机对我方测距时都会接收到负偏差虚假测距信号,即测量得到的距离值比真实距离值近,从而有效地隐蔽真目标,其组成如图 4-54 所示。

假设干扰机输出峰值功率为 P_F,其输出光束发散角为 θ_F,激光测距机与我方距离为 L,不难得到干扰机所需峰值功率为

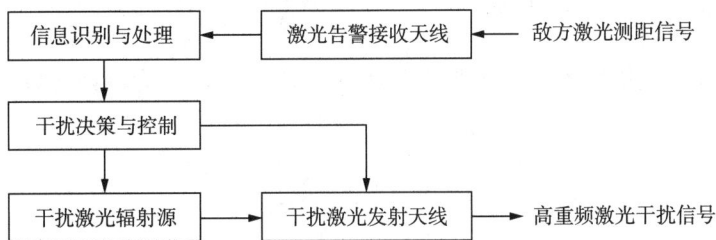

图 4-54　激光测距干扰机的组成框图

$$P_{\mathrm{F}} = \frac{\pi P_{\min}\theta_{\mathrm{F}}^2 L^2 \mathrm{e}^{\alpha L}}{4 A_{\mathrm{r}} \tau_{\mathrm{r}}} \qquad (4-24)$$

式中，$P_{\min}$ 为激光测距机最小可探测功率；A_{r} 为测距机接收孔径面积；τ_{r} 为激光测距机接收光学系统透过率；α 为大气消光系数。

式（4-24）称为干扰方程，为了能对激光测距机实现干扰，在激光测距机尚未收到目标回波之前，干扰脉冲就应该至少"挤进"去一个脉冲充当其目标回波。因此，干扰发射机的激光脉冲重复频率应满足

$$f_{\mathrm{F}} \geqslant c/(2L) \qquad (4-25)$$

式（4-25）中，c 是真空中的光速。由式（4-24）和式（4-25）可知，通常所需干扰机激光输出峰值功率为 500W 左右，光束发散角为 5～6mrad，重复频率不低于 50～300kHz，平均功率为数瓦，用连续泵浦声光腔调 Q 的 Nd:YAG 固体激光器就可以实现这一指标，也可采用半导体二极管激光器。

类似于前述的二次延迟干扰装置，在所保卫平台的四周均匀地设置许多会聚透镜，每个会聚透镜与一根光纤相耦合，而所有光纤与高重频脉冲激光器相耦合干扰激光器可采用 Nd:YAG 固体激光器，也可采用半导体激光二极管，产生的激光干扰脉冲信号强，延迟时间精确可调，所以能非常有效地干扰敌方激光测距机。

3. 激光测距机的软杀伤压制干扰

目前，大量装备的激光测距机大多数都是 Nd:YAG 固体激光测距机，还有少量的红宝石激光测距机在服役。它们的接收机使用的几乎都是硅光电探测器。光电探测器的损伤阈值取决于激光辐照时间、激光束直径、激光波长、探测器材料的光学和热学特性，以及探测器结构等因素。在发生永久性损伤前，在远低于损伤阈值的辐照下，光电探测器将先发生过载，使接收机饱和阻塞，得不到目标信息。受激光辐照的硅光电二极管永久性损伤与激光照射时间和激光波长之间有一定关系。当辐照度低于阈值时，加反偏压的硅光电二极管响应度和暗电流正常，一旦稍超过阈值，探测器的响应度则降至原来的 1%，且其二极管特性严重丧失，呈现为不可逆的永久性损伤。在显微镜下观察发现探测器光敏面增透膜脱落，并出现火山口状的小坑，表明硅已熔化和再结晶。当激光脉冲持续时间由 10^{-8}s 增大到 1s 时，功率密度阈值下降 5 个数量级，能量密度阈值增加两个数量级。

根据热模型，阈值能量密度可近似表示为

$$E_0 = E_{\Delta T}\left[1+\frac{a\tau\alpha\,\pi^{1/2}}{\mathrm{arctg}(4\alpha\tau/r^2)^{1/2}}\right] \qquad (4-26)$$

式（4-26）中，a 为热扩散率；α 为光吸收系数；τ 为照射时间；r 为照到光敏面上的激光斑半径。而且

$$E_{\Delta T} = \Delta T_{\mathrm{th}}\frac{\rho c_{\mathrm{p}}}{(a-R)\alpha} \qquad (4-27)$$

式（4-27）中，ρ 为密度；c_{p} 为定压比热容；R 为反射率；ΔT_{th} 为样品表面所需之温升。

不难导出，使激光测距接收机探测器致盲所需的激光发射能量应满足下式：

$$E_{\mathrm{t}} \geqslant \frac{10^{10}\pi\theta_{\mathrm{t}}^2 L^2 E_0\,\mathrm{e}^{\alpha L}}{4G} \qquad (4-28)$$

式（4-28）中，E_0 为探测器的损伤阈值能量密度；G 为测距接收机的光学增益；E_{t} 为战术激光武器的输出脉冲能量；θ_{t} 为输出束散角；L 为距离；α 为大气衰减系数。

由 G 的定义可知：

$$G \geqslant \frac{\eta A_{\mathrm{r}}}{\left(\frac{\pi}{4}\right)d^2} = \eta\left(\frac{D}{d}\right)^2 \qquad (4-29)$$

式（4-29）中，A_{r} 为测距接收光学孔径面积；D 为接收孔径；η 为接收光学透射率；d 为接收光学系统的弥散圆直径。

式（4-28）中出现 10^{10} 因子，是因能量密度 E_0 以 $\mathrm{J/cm^2}$ 为单位，而距离 L 是以 km 为单位。假设输出激光脉宽 $\tau=20\mathrm{ns}$，$E_0=65\mathrm{J/cm^2}$，$\theta_{\mathrm{t}}=0.2\mathrm{mrad}$，$\alpha=0.18\mathrm{km^{-1}}$，$G=4\times10^4$，则 $L=2\mathrm{km}$ 时所需激光发射能量为 2.93J，输出峰值功率 $P_{\mathrm{t}}=150\mathrm{MW}$。

思考题

1. 在当前的激光制导武器导引头中，都采取了抗干扰措施，可概括为"一码两门"，请简要分析这种情况下要对导引头实施有源光电干扰的主要途径。

2. 简述激光有源角度欺骗干扰的基本原理。

3. 若激光半主动制导武器的时间波门为 $10\mu\mathrm{s}$，则实施高重频激光堵塞干扰的最小重复频率是多少？请简述高重频激光堵塞干扰的原理。

4. 激光高重频干扰对激光驾束制导导引头是否有效，为什么？

5. 简要分析定向红外干扰机是如何对红外制导系统实施有源定向干扰的？

6. 简述红外无源干扰和红外有源干扰方式的异同点？

7. 分析对红外凝视成像型导引头探测器自动增益控制（AGC）电路干扰机理。

8. 分析电视制导武器有源定向干扰机理。

9. 分析激光测距欺骗干扰机理。

第5章 光电无源干扰技术

光电无源干扰技术源于对红外制导导弹的对抗。对于制导而言,制导系统对目标的攻击要经历目标探测、目标识别、目标跟踪、目标毁伤 4 个阶段。对前 3 个阶段,可采用相应的光电对抗措施,如遮障或伪装、隐身、激光干扰等。其中,遮障是通过改变探测器和被保护目标之间媒介的光谱传播特性或改变被保护目标/背景光谱对比度的方法来阻断传播通道;伪装是用涂料、染料或其他材料来改变或掩盖目标或背景电磁波谱特性(如颜色、图案、热图,发射率、反射率等)的一类技术手段;隐身是指使敌方光谱探测器在一定条件下不能探测或识别出被保护目标的技术手段;设置光电假目标则是一种以假乱真的干扰,使得敌方探测器系统不能正常探测或跟踪被保护目标。它们的共同特点是,不依靠物体自身的光辐射形成干扰作用,而依靠外界的光源照射产生干扰作用,其技术基础主要是微粒的消光作用、物体的散射作用和表面反射作用。

光电无源干扰技术是指利用一些本身不产生光波辐射的烟幕、箔条或光波吸收体等干扰材料或者器材,散射、反射或吸收对方光电设备发射的光波,使其效能削弱或破坏,以及对己方目标辐射或反射的光波能量进行吸收和遮挡的技术措施。

光电无源干扰技术是以遮蔽技术、融合技术和示假技术为核心,以"隐真示假"为目的。"隐真"目的是隐蔽或降低目标的显著光电特征,以减少探测、识别和跟踪系统接收的目标信息;"示假"就是显示假目标,迷惑、欺骗侦察识别系统,降低其对真目标的探测识别概率。

在一些情况下,光电无源干扰中的遮障或伪装也被统称为隐真,称为"减少目标特征信号的一类技术"。本章主要介绍烟幕干扰技术、光电伪装技术和光电隐身技术。

5.1 烟幕干扰技术

历史上各国军队都广泛地使用过烟幕,如在古代战争中,人们常利用自然雾来隐蔽军队行动,并以烟作为通信联络的手段。而使用制式发烟器材较大规模地施放烟幕,则始于第一次世界大战,1914 年 11 月俄军首次用发烟罐施放烟幕,掩护部队行动。第二次世界大战中,发烟器材已趋于完善,伪装烟幕得到了广泛的应用,在第聂伯河战役中,苏军用烟幕遮蔽了 69 个渡口,德军虽出动了 2300 架次以上的飞机进行狂轰滥炸,仅有 6 枚命中目标;盟军在诺曼底登陆战役中,更是大量使用了 M1 型和 M2 型发烟机,迷惑德军,掩护部队登陆,对盟军开辟第二战场作战奠定了基础。

第二次世界大战结束后,随着军事科学技术的发展,人们对烟幕的作用在认识上产生较大的分歧,烟幕的研究也受到了影响,发展步伐较为缓慢。特别后来对战略武器优势的争夺,被视为只能对可见光起"软防御"作用的烟幕技术更加受到冷落。直到 20 世纪 70 年代,现代热红外侦察与末制导武器的崛起和服役,使各种军事目标的生存和安全受到严重威胁。于是烟幕气溶胶因其独特的光屏蔽作用而重新受宠,成为光电对抗斗争中的重要手段。现代战争中烟幕的作用越来越大,应用频率也越来越高,已经从早期对抗可见光波段,发展到可以对抗紫外、可见光、红外甚至扩展到对抗毫米波波段。

5.1.1 烟幕干扰的基本原理

烟幕是由在空气中悬浮的大量细小物质微粒组成的,即通常说的烟(固体微粒)和雾(液体微粒)组成,属于气溶胶体系,是光学不均匀介质,其分散介质是空气。而分散相是具有高分散度的固体和液体微粒,如果分散相是液体,这种气溶胶就称为雾;如果分散相是固体,这种气溶胶就称为烟。有时,气溶胶可同时由烟和雾组成。所以,气溶胶微粒有固体、液体和混合体之分。

烟幕干扰技术就是通过在空中施放大量气溶胶微粒来改变电磁波的介质传输特性,以实施对光电探测、观瞄、制导武器系统干扰的一种技术手段,具有"隐真"和"示假"双重功能。

1. 烟幕对激光的干扰原理

烟幕通过两个方面实现激光干扰:一方面,通过构成烟幕的气溶胶微粒对激光的吸收和散射作用,使得穿过烟幕后激光束的功率(能量)大大衰减,在减小了激光侦测和制导的作用距离的同时,也降低了激光对目标的危害;另一方面,气溶胶微粒的后向散射作用,使得烟幕对于激光侦测装备和激光制导武器成了一个亮背景,从而降低了目标的信噪比,使其作用距离进一步减小。另外,它还可以作为对敌方实施欺骗干扰时使用的激光假目标。

如图 5-1 所示,对激光制导武器的干扰,烟幕微粒将会对激光产生折射、反射、衍射和吸收,可以使激光目标指示器的激光束或目标反射的激光束的能量严重衰减,导致激光导引头接收不到足够的光能量,从而失去制导能力。另外,烟幕还可以反射激光能量,起到假目标的作用,使导弹被引诱到烟幕前爆炸。

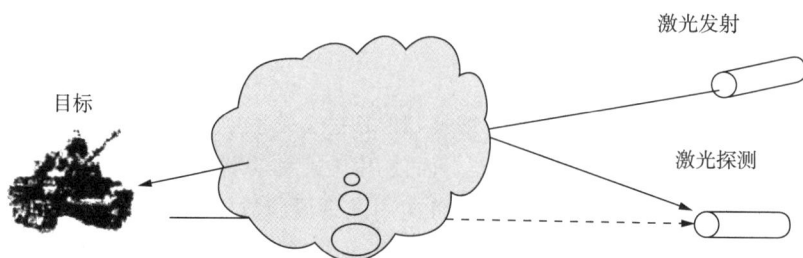

图 5-1 烟幕干扰示意图

烟幕对激光的吸收和散射称为烟幕的消光作用。消光原理解释如下:

激光在均匀分布的烟幕中传播,经过一定距离 L 后,其光强变为

$$I(L) = I_0 \exp[-\mu(\lambda)L] \tag{5-1}$$

这就是布格尔-朗伯特(Bouguer-Lambert)定律。消光系数 $\mu(\lambda)$ 包含气溶胶微粒的吸收和散射贡献。即

$$\mu(\lambda) = \alpha(\lambda) + \beta(\lambda) \tag{5-2}$$

式(5-2)中,α 为吸收系数,β 为散射衰减系数。

对于工作于红外大气窗口的激光而言,大气分子衰减作用与烟幕相比很小,所以可不考虑大气分子的作用,若气溶胶微粒之间的距离足够大,使每个微粒对入射光的衰减作用不受其他微粒的影响,则可以认为上述各个系数与气溶胶微粒的粒子数密度 N 成正比,即

$$\begin{cases} \mu(\lambda) = N\overline{\sigma_E(\lambda)} \\ \alpha(\lambda) = N\overline{\sigma_A(\lambda)} \\ \beta(\lambda) = N\overline{\sigma_S(\lambda)} \end{cases} \tag{5-3}$$

式(5-3)中,$\overline{\sigma_E(\lambda)}$、$\overline{\sigma_A(\lambda)}$、$\overline{\sigma_S(\lambda)}$ 为气溶胶体系平均每个微粒的消光截面、吸收截面、散射截面。

2. 烟幕对可见光的干扰原理

烟幕对可见光产生的遮蔽效应,究其根本原因是烟幕对光产生散射和吸收,造成目标散射来的光线衰减而使观察者看不清目标;另外,由于烟幕反射太阳及周围物体辐射、反射的可见光,增加了自身的亮度,从而降低了烟幕后面目标与背景的视觉对比度。

烟幕对可见光散射和吸收的原因主要如下:

烟幕对光的散射作用是由光在烟粒子内部的折射、烟粒子表面的反射、衍射和其他原因造成的。光照射到邻近的微粒上又被第二次散射,以至第三次至多次散射。综合结果使烟幕的每个微粒不仅被最初射来的光线照亮,而且又被其周围其他微粒多次散射的光照亮。

(2)烟幕不仅能散射光,而且能吸收光。当光通过一个物体时,辐射能转化为其他形式的能,如电、热、化学能等,从而使光的强度减弱。烟幕对光的吸收由两部分作用组成:一部分是分散介质(空气)的吸收作用;另一部分是分散相(微粒)的吸收作用。空气对光的吸收作用比分散相对光的吸收作用小得多,对烟幕来说主要是烟的微粒对光的吸收。

总之,烟幕对可见光的衰减,同样遵从朗伯-比尔定律,其透过率为

$$\tau_s = e^{-\alpha_s R_s} \tag{5-4}$$

式(5-4)中,α_s 为烟幕的消光指数,与烟幕浓度材料的消光性质有关;R_s 为烟幕厚度。

式(5-4)说明,烟的浓度或厚度越大,烟幕材料对光的消光作用越强,则散射的光越厉害,吸收也越多,光的衰减越厉害。由于光通过烟幕层时的衰减,使定向透射系数变小,透明度降低,从而有效地遮蔽了目标。

3. 烟幕对红外光的干扰原理

烟幕对红外光的遮蔽主要体现在辐射遮蔽和衰减遮蔽两方面。辐射遮蔽是指烟幕利用燃烧反应生成的大量高温气溶胶微粒所产生的较强红外辐射来遮蔽目标和背景的红外辐射,从而完全改变所观察目标和背景固有的红外辐射特性、降低目标与周围背景之间的对比度,使目标图像难以辨识,甚至根本看不到(图 5 - 2)。以辐射遮蔽效能为主的烟幕主要用于干扰敌方的热成像探测系统,使热像仪上显示的只是一大片烟幕的热像,而看不清烟幕后面目标的热像。衰减遮蔽型烟幕主要是靠散射、反射和吸收作用来衰减电磁波辐射(图 5 - 3)。衰减作用是烟幕干扰的最主要的作用,凭借烟幕中多达 $10^9/cm^3$ 数量级的微粒对目标和背景的红外辐射产生吸收、散射和反射作用,使进入红外探测器的红外辐射能低于系统的探测门限,从而保护目标不被发现。烟幕粒子的直径等于或略大于入射波长时,其衰减作用最强。当烟幕浓度达到 $1.9g/m^3$ 时,对红外辐射能削弱 90% 以上,浓度更高时,甚至可以完全屏蔽目标发射和反射的红外辐射。

图 5 - 2　辐射遮蔽型烟幕效果

图 5 - 3　衰减遮蔽型烟幕效果

普通烟幕对 $2\sim2.6\mu m$ 红外波段辐射干扰效果较好,对 $3\sim5\mu m$ 红外波段辐射有干扰作用,而对 $8\sim14\mu m$ 红外波段辐射则不起作用。在烟幕中加入特殊物质,其微粒的直径与入射波长相当,因此对所有波段的红外辐射都有良好的干扰作用。例如,在普通的六氯烷烟火剂中加入 10%～25% 聚氯烯、煤焦油等化合物,可使发烟剂燃烧后生成大量 $1\sim10\mu m$ 碳粒,从而提高了烟幕对 $3.2\mu m$ 以上红外辐射的吸收能力。

以对红外成像制导武器的干扰为例,简单说明一下烟幕的干扰作用。

对于红外成像制导武器来说,它的关键部分有 2 个,1 个是视频信号处理器和 1 个是跟踪器(图 5 - 4)。

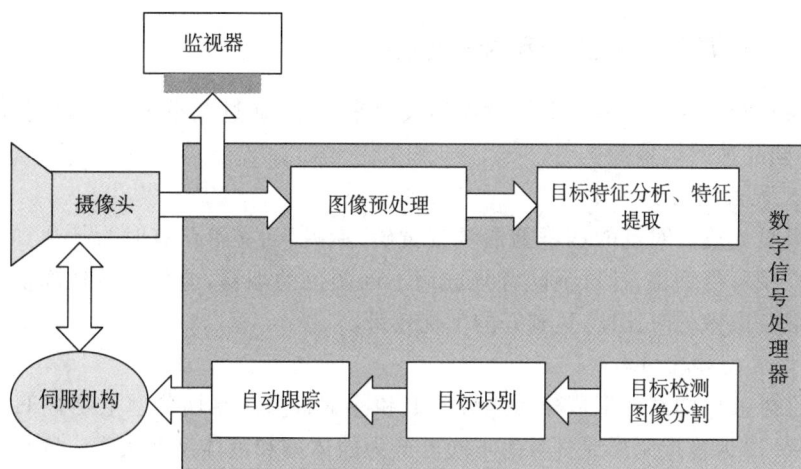

图 5-4　红外成像制导武器导引头

对于视频信号处理器,烟幕直接影响系统的特征提取及特征选择过程。

进行特征提取时首先要进行图像分割,目的是将红外图像中的目标和背景分割开来。当有烟幕存在时,会无法分割图像。

对于矩心跟踪系统,烟幕的存在使目标的亮度产生严重的不均匀变化时,波门会扩大,信息值超过阈值的像元数会变化,从而降低跟踪精度。

对于相关跟踪系统,当有烟幕遮蔽目标时,会造成实时图像的亮度产生不均匀变化,可使实时图像的亮度分布函数与预存图像的亮度分布函数改变,引起跟踪误差。此外,烟幕的扰动以及图像亮度的不均匀随机变化,使得配准点位置随机漂动,还有一些次峰值会冒充配准点,使系统的跟踪误差进一步加大。

当烟幕浓度增大时,会使得红外导引头系统的信噪比减小,当小到系统的最低灵敏度时,导引头将不能正常工作,捕捉不到目标。

5.1.2　烟幕干扰的分类

烟幕干扰的主要应用包括:重要区域防空、地面平台自卫、海上岛礁防护、重点目标防御、海面舰艇防护、侦察监视阻断等。

烟幕从战术使用上分为遮蔽烟幕、迷盲烟幕、欺骗烟幕和识别烟幕 4 种。

(1)遮蔽烟幕。主要施放于我方阵地或我方阵地和敌方阵地之间,降低敌方观察哨所和目标识别系统的作用,便于我方安全地集结、机动和展开,或为支援部队的救助及后勤供给、设施维修等提供掩护。

(2)迷盲烟幕。直接用于敌军前沿,防止敌方对我方机动地观察,降低敌方武器系统的作战效能,或通过引起混乱和迫使敌方改变原作战计划,干扰敌前进部队的运动。

(3)欺骗烟幕。用于欺骗和迷惑敌方,常与前两种烟幕综合使用,在一处或多处施放,干扰敌方对我方行动意图的判断。

(4)识别烟幕。主要用于标识特殊战场位置和支援地域,或用作预定的战场通信联络信号。

5.1.3 烟幕干扰的选择和施放原则

烟幕材料的选择原则依据干扰对象的波段来确定,通过调整烟幕材料配方、生产工艺,制成不同品种的烟幕剂。

1. 可见光波段对抗烟幕

用于可见光波段对抗的烟幕剂通常有黄磷、赤磷、油雾等。有时为了达到更好的干扰效果还采用彩色烟幕,针对不同背景选用不同颜色的烟幕,能更有效地降低对方光电侦察系统截获图像的对比度,达到好的干扰效果。

2. 红外波段对抗烟幕

用于红外波段的红外烟幕分为热烟幕型和冷烟幕型。热烟幕型主要有HC(六氯乙烷)型烟幕。冷烟幕按照形成材料的不同可分为固体型和液体型两大类。固体型有金属粉、无机和有机粉末以及表面镀金属的颗粒等,液体型常以水、油、硫酸铝水溶液以及一些有机化合物为原料,由烟雾机加热汽化成烟或直接喷射成烟。

3. 1064nm 激光波段对抗烟幕

用于 1064nm 激光波段对抗的烟幕材料主要有六氯乙烷、白磷、金属及其合金等。

4. 毫米波对抗烟幕

主要材料有青铜粉、石墨粉、黄铜粉等。

5. 多波段对抗烟幕

德国发明的全波段烟雾剂,能有效干扰可见光、红外和毫米波整个波段的雷达。

烟幕干扰的施放原则:

1. 对遮蔽范围的要求

一是要求烟幕能遮蔽足够大的范围,烟幕的面积通常要增大到目标面积的 10~15 倍,发烟点的配置面积也应超过目标面积的 5~10 倍,二是应避免烟幕与目标对称分布,目标不要位置烟幕面积的正中间,烟幕应与目标形状轮廓不重复。

2. 对发烟点的要求

施放烟幕的发烟点,分为环形配置和方形配置,也可以是两者混合配置。环形配置是将发烟点围绕被遮蔽体,配置在 1~3 道同心圆环形线上,一般在比较平坦和风易吹过的地区上使用。方形配置是把配置发烟点的全部面积划分为若干个方形,均匀配置发烟点,每个方形上设置 20~40 个点,一般在地形起伏较大,或充满丛林、建筑物、工事等地,且能造成空气的涡流或引起风向变化的地形上使用。有时还可夹杂假目标配置烟幕,使敌难以寻找真目标的位置。

3. 考虑影响效果的因素

影响烟幕效果的因素是多方面的,其中风、湿度、温度与降水、地形等对烟幕的干扰效果有直接影响。风的影响主要是风向和风速,配置在斜风所消耗的发烟器材比正面风少 1/4~1/3,风速为每秒 3~5m 时对施放烟幕最有利,每秒 9m 以上的强风和每秒 1m 以下的弱风都不宜于设置烟幕。湿度大比湿度小产生的烟幕更浓密,大雨影响烟幕的遮蔽能力,小雨增加烟幕的遮蔽效果。地形对烟幕的传播会产生很大影响,高地、峡谷、河川、凹地、树林和灌木丛不利于烟幕的消散和传播。

4. 施放方法

分为连续施放和断续施放两种。为了迅速而可靠地对重要目标施放烟幕,发烟点可在最初的 10~15min 内连续不断地发烟,然后经过 2~3min 停歇后重新发烟,而后再发烟 2~3min,停歇 2~3min,交替进行。发烟点应构筑有工事设备,以防止发烟器材和操作人员受到敌飞机轰炸的杀伤和损坏。

5.1.4 烟幕干扰的发展历程

第二次世界大战中,烟幕曾用于防空作战,使敌机无法投弹或投而不中,从而大大减少了部队和装备的损失。1942 年,苏联红军在强渡第聂伯河的战役中,为掩护部队渡河,在长达 30km 的河面上空大规模地施放了烟幕,使整个河面变成一片云海。德军为轰炸渡口共出动飞机 2300 多架次,由于烟幕的干扰,飞行员无法判定渡口、河岸和河心的位置,只能无的放矢地狂轰滥炸一气,结果只有 6 枚炸弹命中渡口。

从 20 世纪 50 年代开始,光电制导技术在作战中大量应用。美国针对此类导弹研制了干扰红外制导的烟幕干扰弹,如 M76 烟幕干扰弹,弹体内部装填的干扰剂为赤磷,能有效遮蔽红外波段,可配用于 M239、M243 等多种烟幕发射器。在 M48H 主战坦克两侧的 M239 烟幕发射装置,分别配置 6 个发射管,可在车前形成高 7~12m,110°~180°的扇形烟墙。

M56"土狗"发烟车于 1994 年 9 月定型,1995 年生产,1998 年 10 月正式列装,中国台湾地区于 2004 年斥资 4 亿新台币采购一批"土狗"发烟车,用于反空降、反登陆作战。目前,美军已将 M56"土狗"发烟车淘汰,转而装备更先进的 M58"狼式"发烟车,无须中间加油或再提供遮蔽材料,M58"狼式"发烟车能持续生成 90min 可见光和 30min 红外遮蔽烟幕。

2020 年 1 月 24 日,美军工程师完成了对安装在"斯特瑞克"战车上的新型战场烟幕生成系统的测试,士兵使用安装在"斯特瑞克"战车上的遮蔽模块进行了一系列模拟交战,通过降低敌方在可见光和近红外波段的探测能力,利用小型化的遮蔽生成器技术产生有效的视觉遮蔽云来对抗敌军。

用于坦克装甲车辆自卫的烟幕干扰弹,主要针对末敏弹、来袭导弹以及直瞄武器的侦察与探测,在来袭方向上形成有效遮蔽烟幕,保护己方不被攻击。

美国还装备了 XM49 型发烟机,可实现多频谱遮蔽。另外,在缺乏制式烟幕剂的情况下,也可以通过燃烧木材、油料、废弃物等办法,产生大量烟幕,对制导武器产生干扰。一是在地面上点燃火堆或燃烧废旧轮胎等物资,产生大量的烟幕,使激光制导武器失去目标,将其引向别处;二是采用燃烧油料、木材和点燃煤油灯等简单方法产生热源,干扰红外制导武器。

5.1.5 烟幕干扰技术的发展趋势

现代烟幕技术的发展以成功研制出红外遮蔽烟幕剂为标志,未来的研究重点是:一方面提高烟幕的遮蔽能力,扩大有效遮蔽范围(可见光、红外、毫米波及微波),加快有效烟幕的形成速度,延长烟幕持续时间;另一方面加强烟幕器材的研制,拓展烟幕技术的使用范围,并与光电侦察告警装置、计算机自动控制装置组成自适应干扰系统。

烟幕干扰技术的主要发展趋势如下:

(1)重点发展高效能的烟幕干扰材料,提高材料的遮蔽性能,选择无毒、无刺激性、无腐蚀性,且具有防化学、防生物、防核辐射的发烟材料。主要体现在以下三个方面:①继续改进常规烟幕剂,提高红外波段的遮蔽能力,消除刺激性和毒性,降低传统烟幕剂燃烧释放的物质对人体造成的伤害以及对环境的污染。②大力发展热红外烟幕干扰材料研究,寻求宽频带吸收的绝缘材料,以及通过一些有机物的不完全燃烧反应生成大量碳微粒。③积极开展双模复合型、宽波段复合型烟幕材料研究,经过多频谱干扰剂技术的不断发展,可遮蔽可见光、红外和毫米波等多频谱。同时这种干扰剂能进一步简化装药结构,提高装药量,增大遮蔽面积。

(2)加速发展烟幕的成形及施放技术的研究,以使烟幕快速形成,有效地发挥作用。发展重点是:①寻求发烟弹的最佳结构设计和装药结构设计。为满足未来复合药剂的装药要求,需要针对药剂的不同性质,设计不同的装药结构和点火、传火、燃爆元件,配制相应的扩爆、引燃药,并合理组合,以使发烟剂均匀扩散。采用智能化计算、精确控制、定位抛撒施放等技术,在抛撒前能精确到达被保护目标的预定位置,控制实现精准抛撒,形成烟幕有效遮蔽。②发展大面积烟幕施放技术。通过烟幕战车采用多管火箭发射系统齐射发烟弹,在保护区域内快速、持续地布设浓烈的大面积烟幕,可对各种重点目标、重点区域及军事行动实施遮蔽。

(3)发展多用途烟幕干扰系统,以适应不同情况的需要。发展重点是:①加强坦克等装甲车辆防护用烟幕榴弹系统的研究,在现行的装甲车辆上加装机械发烟机,在保护区域内实施烟幕遮蔽。②发展烟幕、假目标的组合施放系统、并与侦察告警设备一体化,以便对各种探测、制导威胁做出快速反应,自动、适时地施放和形成烟幕,并使其与假目标同时或有选择地施放,使二者相互补充和相互加强。未来发展的烟幕干扰弹应兼具预警信息和被保护目标的特征,运用智能运算技术,合理高效自动形成有效遮蔽目标的最佳烟幕尺度和合理遮蔽时间,形成无人化战场目标防御能力。

(4)非焰剂型人造雾无源干扰新技术。烟幕难以实现宽广地域的整体伪装防护,而人造雾是一种很好的方式。目前,一般是通过烟火剂燃烧的方式将吸湿性催化剂分散在空中形成合适粒径大小分布的催化凝结核,吸湿后由于物理化学效应降低了微粒表面的饱和水蒸气压,使空气中的水汽自发凝聚包裹而成小水滴,最终形成具有很好光电遮蔽效果的大面积雾障。它作为宽广地域的整体伪装防护具有以下特点:①宽频谱伪装。雾是可见光的天然遮障,对红外激光、热红外同样具有极佳的吸收的散射作用,对毫米波也有一定的衰减。②物质用量少,成本低。造雾剂仅向空中提供凝结核,形成人造雾的主要成分来自大气中的气态分布,不需携带和布撒。正因为如此,人造雾技术才可能实现宽广地域的快速布设。③人造雾完全由小水滴构成,与天然雾的成分结构和形成过程相似,无毒、无害,不会对人员和装备产生伤害和腐蚀危害。④技术伪装与天然伪装的有机结合。性能再高的技术伪装难免不留人为的痕迹,伪装技术的发展也总是滞后于侦察探测技术和装备器材的发展水平和速度,合理恰当的天然伪装是简便有效的方法。人造雾正是体现了这种思想,以人工方式实现天然伪装,既不易被敌人察觉,也不致影响己方的作战行动。

(5)单向透明烟幕。未来干扰剂的研发,需考虑研制单向透明的烟幕,即能有效阻断来袭威胁的探测,又不影响和降低我方探测系统的性能,形成单向透明的"烟幕墙"。

5.2　光电伪装技术

伪装利用电磁学、光学、热学、声学等技术手段,改变目标原有的特征信息,隐真示假,降低敌人的侦察效果,使敌方对己方军队的位置、企图、行动等产生错觉,造成其指挥失误,以最大限度地保存自己,打击敌人。

光电伪装是通过伪装涂料、伪装网等手段,降低或改变目标各部分之间以及目标与背景之间对可见光、热红外的散射和辐射特性的差异,或是模拟或扩大目标与背景的上述差异,以构成假目标欺骗敌方,从而使敌方不能发现和识别目标所采取的技术措施。

光电伪装技术主要措施有涂料伪装、遮障伪装和假目标伪装。涂料伪装就是用颜料或涂料来改变目标或背景的颜色,从而降低目标显著性的一种伪装措施。遮障伪装就是用一定的物质将被保护目标遮挡起来,以阻断或严重削弱目标反射的可见光和辐射的红外线,使敌方的光电探测器不能接收到目标信号或接收到的信号很微弱,从而不能发现和识别目标。光电假目标是利用各种器材或材料仿制成的,在光电探测、跟踪、导引的电磁波段中与真目标具有相同特征的各种假设施、假兵器、假诱饵等。在真目标周围设置一定数量的形体假目标或目标模拟器,主要为降低光电侦察、探测、识别系统对真目标的发现概率,并增加光电系统的误判率(示假),进而吸引敌方精确制导武器的攻击,大量地分散和消耗敌方精确制导武器,提高真目标的生存概率。

5.2.1　涂料伪装技术

涂料伪装利用涂料、染料和其他材料来改变目标、遮障和背景的颜色及斑点图案,以消除目标的光泽,降低目标的显著性和改变目标外形。

主要可分为保护迷彩、变形迷彩和仿造迷彩。保护迷彩是利用接近于背景光谱反射特性的单色迷彩进行的伪装,主要用于伪装处于单调背景的目标。变形迷彩是利用形状不规则的斑点所组成的多色迷彩进行的伪装,从而最大限度地歪曲和改变目标的外形特征,使探测到的特征更像另一种性质完全不同的物体,从而欺骗敌方的光电成像系统,使之不能发现和识别目标。仿造迷彩是通过仿制目标周围背景光谱反射特性和图案的多色迷彩进行的伪装。如图 5-5 所示为涂有三色迷彩的德国"豹 1"坦克在电视成像下的效果。

涂料伪装都是通过降低或改变目标各部分之间以及目标与背景之间对可见光的反射和红外辐射特征的差异来实现的。

人的大脑在分析视觉信息时,一直在寻找连续性。如果观察对象具有单一的连续的

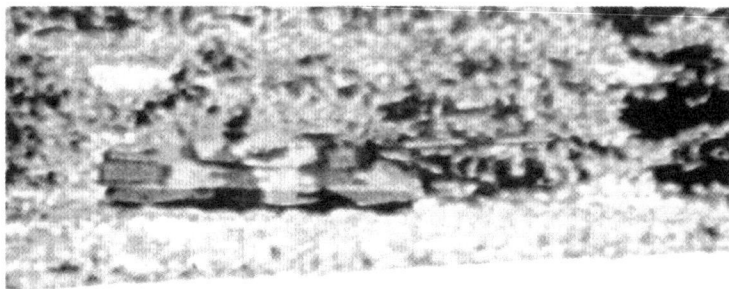

图 5-5　涂有三色迷彩的德国"豹 1"坦克在电视成像下的效果

颜色,我们往往将它识别为单独的物体,如在丛林中,会将伪装材料上的颜色斑驳的部位识别为周围枝叶的众多细小的组成部分。如图 5-6 所示为可见光油彩伪装的成像效果。

图 5-6　可见光油彩伪装的成像效果

　　可见光迷彩是由绿、黄、茶、黑等颜色组成不规则图案的一种新式保护色。迷彩服要求它的反射光波与周围景物反射的光波大致相同,不仅能迷惑敌人的目力侦察,还能对付红外侦察,使敌人现代化侦察监视仪器难以捕捉目标。如今,迷彩已不仅仅是在士兵的军服和头盔上使用,各种军用车辆,大炮,飞机等军用器材装备上也普遍涂上了迷彩。如图 5-7 所示为可见光迷彩伪装的成像效果。

21式作训服

图 5-7　可见光迷彩伪装的成像效果

随着高分辨率观瞄器材的出现和发展,传统迷彩的伪装效果大大降低,因此出现了伪装效果更佳的数码迷彩,数码迷彩又称为数位迷彩或数字迷彩,是一种由"像素"组成的新式迷彩服。这种新图案利用视觉心理学原理,能够适应多种环境背景下的隐蔽需求,设计主要针对沙漠、丛林及海洋的抗扰夜视器材。如图5-8所示为可见光数码迷彩伪装的成像效果。

从近距离来看,数码迷彩的图案就像把显像荧光屏的点放大,呈现出一格一格的方形小色块,这与传统迷彩的流线抽象图案完全不同;然而当从远距离看时,数码迷彩的图案却能够非常容易地融入各种不同的背景之中,让人眼不容易发现。

图5-8 可见光数码迷彩伪装的成像效果

5.2.2 遮障伪装技术

遮障伪装技术主要用来模拟背景的电磁波辐射特性,使目标得以遮蔽并与背景相融合,是固定目标和停留时运动目标最主要的防护手段,特别适用于有源或无源的高温目标,可有效地降低光电侦察武器的探测、识别能力。遮障伪装通常由伪装网和依托伪装网的人工遮障来实现。

1. 伪装网

伪装网由边缘加强的聚酯纤维网粘以切割的伪装布或聚乙烯薄膜构成。伪装布或聚乙烯薄膜的两面按林地、荒漠等背景的特点设置不同的迷彩图案,使之在可见光和近红外区具有与战场背景相近的光谱反射特性(用于雪地背景时,伪装网采用具有高紫外线反射率并打有规则圆孔的合成纤维白色织物,使之具有与雪地类似的光反射特性),将伪装布或聚乙烯薄膜做不同形式的切割,能较好地模拟背景表面状态和明暗相间的情况,使架设成的伪装网产生三维效果的视感。伪装网的网孔多为正方形(尺寸为57mm×57mm或85mm×85mm),其整体制式形状可为矩形、正方形或多边形,为适应不同大小的情况,制式基准网可以方便地互相拼接。

伪装网的伪装原理是利用伪装网组成拱起或者平面的遮障,以减弱装备的平面反射,消除装备的外形特征,以此增加敌方的侦察识别难度。

伪装网是使用最普遍的伪装装备,其功能已从早期的可见光和近红外伪装,发展到紫外、可见光、近红外、中远红外和雷达波等多波段伪装。

目前,外军装备的伪装网主要为第二代和第三代伪装网,其中第二代伪装网中代表同类先进水平的是美国组合式轻型林地、荒漠和雪地合成纤维伪装遮障系统。这种伪装网在雷达波段能有效地掩盖目标,显著降低雷达回波能量,从而防止敌雷达侦察。该网除了具有良好的可见光和雷达伪装性能之外,还可以防止红外照相侦察。雪地遮障可供全积雪和部分积雪地区背景使用,它具有较高的紫外反射率,防止在紫外波段被探测到。

近来在主动红外伪装技术方面取得重大改进,可与背景的红外信号特征相匹配的材料性能有了大的提升,降低由战车推进系统或者旋转部件产生的红外信号将极大地减少被敌方装备的红外成像系统发现的机会,让车辆"遁形"。2011 年,在伦敦国际防务装备展上,BAE 系统公司首次展示它的自适应主动式红外伪装系统,配装在 CV90 装甲样车上。

2019 年,瑞典萨伯公司已研发一种"先进热辐射可逆伪装遮蔽"系统,是萨伯公司研发的首个可逆热模式伪装系统,旨在通过遮蔽和干扰战车或其他军事资产的热信号来与背景融合,从而达到保护战车或其他军事资产的目的。该伪装系统的可见图案是可逆的,意味着它的每一面都有不同的颜色,允许用户选择最有效的模式。

2. 人工遮障

人工遮障主要由伪装面和支撑骨架组成。支撑骨架通常采用质量轻的金属或塑料杆件做成具有特定结构外形的骨架,起到支撑、固定伪装面的作用。而对光电侦察、探测、识别起作用的主要是伪装面,伪装效果取决于伪装面的颜色、形状、材料性质、表面状态及空间位置等与背景的电磁波反射和辐射特性的接近程度。伪装面主要由伪装网、隔热材料和喷涂的迷彩涂料组成。对常温目标伪装采用由伪装网并在上喷涂迷彩涂料制成的遮障即可;对无源或有源高温目标伪装,还需在目标和伪装网之间使用隔热材料以屏蔽目标的热辐射。

人工遮障按用途和外形可分为水平遮障、垂直遮障、掩盖遮障、变形遮障。

(1)水平遮障。水平遮障是遮障面与地面平行,架空设置在目标上面的一种遮障。它通常设置在敌地面观察不到的地区,用于遮蔽集结地点的机械、车辆、技术兵器和道路上的运动目标,可妨碍敌方空中观察。

(2)垂直遮障。垂直遮障是遮障面与地面垂直设置的遮障。它主要用于遮蔽目标的具体位置、类型、数量和活动,如遮蔽筑城工事、工程作业和道路上的运动目标等,以对付地面侦察。垂直遮障可分为栅栏遮障和道路上空垂直遮障,栅栏遮障设置在目标暴露于敌方的一侧,或设置在目标周围。道路上空垂直遮障是横跨道路架空设置的垂直遮障,可妨碍敌方沿道路纵向观察。

(3)掩盖遮障。掩盖遮障是遮障面四周与地面或地物相连以遮盖目标的遮障。它主要用于对付地面侦察和空中侦察。根据遮障面的形状可分为凸面掩盖遮障、平面掩盖遮障和凹面掩盖遮障。凸面掩盖遮障用于掩盖高出地面的目标,如掩体内的火炮、坦克、车辆和材料堆列等,其外形应与周围地物相似。平面掩盖遮障用于掩盖不高出地面的目标,如壕、交通壕、露天工事、道路及位于沟、坑内的目标等。凹面掩盖遮障用于掩盖冲沟、壕沟等内的目标。

(4)变形遮障。变形遮障是改变目标外形及其阴影的遮障。它既可用于伪装固定目标,又可用于伪装活动目标。变形遮障可分为檐形遮障、冠形遮障和仿形遮障。檐形遮障与地面成水平或倾斜设置在目标上或目标近旁,以防空中侦察,可制成扇状、伞状等,其尺寸不小于目标长度或宽度的 1/3,并在上面涂刷与目标或背景相似的颜色。冠形遮障与地面成垂直设置在目标上或设置在目标近旁,以防地面侦察,可制成不规则的扁平状,尺寸不小于目标高度的 1/3。仿形遮障应仿造一定的外形,使目标从表面上失去军事目标特征,可仿造民用建筑物、建筑上的装备或其他地物等。

5.2.3　假目标伪装技术

光电假目标是利用各种器材或材料仿制成的,在光电探测、跟踪、导引的电磁波段中与真目标具有相同特征的各种假设施、假兵器、假诱饵等。在真目标周围设置一定数量的形体假目标或目标模拟器,主要为降低光电侦察、探测、识别系统对真目标的发现概率,并增加光电系统的误判率(示假),进而吸引敌方精确制导武器的攻击,大量地分散和消耗敌方精确制导武器,提高真目标的生存概率,故也有人把目标模拟器称为干扰伪装。随着光电侦察和制导武器效能的日益提高,假目标的作用愈加显得突出。光电假目标的另外一种应用是已方导弹打靶。

在科索沃停战后,北约报道摧毁南联盟 120 辆坦克、220 辆装甲车、超过 450 门火炮和迫击炮,而实际摧毁数量仅为 14 辆坦克、18 辆装甲车和 20 门火炮。可见,假目标的作战效能再一次得到印证,光电假目标真正成了战场目标的"挡箭牌"。

通常光电假目标按照其与真目标的相似特征的不同可分为形体假目标,热目标模拟器和诱饵类假目标。

1. 形体假目标

形体假目标就是制作成与真目标的外形、尺寸等光学特征相同的模型,如假飞机、假导弹、假坦克、假军事设施等,主要用于对抗可见光、近红外侦察及制导武器。

形体假目标现已发展为利用多种材料制作的防可见光、近红外、中远红外及雷达的综合波段的假目标,主要有薄膜充气式、膨胀泡沫塑料式和构件装配式。

薄膜充气式,即目标模拟气球,如海湾战争中伊拉克使用的充气橡胶战车,就是用高强橡胶,内部敷设电热线,外部涂敷铁氧体或镀敷铝膜,最外层喷涂伪装漆而制成的。

膨胀泡沫塑料式为可压缩的泡沫塑料式模型,解除压缩可自行膨胀成假目标,如美国的可膨胀式泡沫塑料系列假目标,配有热源和角反射体,装载时可将体积压缩得很小,取出时迅速膨胀展开成形,并且无须专门工具,具有体积小、质量轻、造型逼真等特点,同样具有模拟全波谱段特性的性能。

构件装配式(如积木)可根据需要临时组合装配,如瑞典的装配式假目标是将涂聚乙烯的织物蒙在可拆装的钢骨架上制作的,用以模拟假飞机、假坦克、假火炮等。

还有的用玻璃钢做表层并在内部贴敷不锈钢片金属布(或在玻璃钢表面镀敷金属膜)制成壳体,壳体内用燃油喷灯在发动机等发热部位加热,最外层喷涂伪装涂料制作的导弹、飞机、坦克等假目标系列;也有的用聚氨酯发泡材料做外形,内贴金属丝防雷达布,并敷设由电热丝加热或燃油喷灯加热的假目标;此外,使用胶合板、塑料板、泡沫板、橡胶、铝皮、铁皮等就便材料制作各类假目标,并在内部安装角反射体、热源、无线电回答器,也具有较好的宽波段性能。

火箭式假目标可以在目标反射信号的强度、速度、加速度,甚至更多的信号特征上模拟真实目标,可以实现长时间的飞行。通常包括3个组成部分:发动机、飞行控制系统和干扰设备。除了其本身对雷达信号的反射,还装有无源反射器或有源的干扰发射机或转发器,甚至还有红外、声学干扰设备等。

形体假目标的设计自然是与真实形体越相近越好,但是会大大增加假目标的制造难度和成本,失去制作假目标的意义。综合考虑光电探测器的性能、大气的影响、目标与背景的亮度对比等因素后,形体假目标所需要模拟的精度存在一个上限。

传统的假目标在可见光波段都能达到很好的示假效果,但是在红外波段通常因不能很好地模拟目标的红外特征而暴露。这主要是由于假目标的表面温度分布往往不能和真目标相吻合。

2. 热目标模拟器

热目标模拟器就是与真目标的外形、尺寸具有一定相似性的模型,且与真目标具有极为相似的电磁波辐射特征,特别在中、远红外波段,主要用于对抗热成像类探测、识别及制导武器系统。

要在红外波段很好地模拟目标的热图像,就需要有相应合适的热源及其控制技术,尤其是目标的明显热特征部位,合适的热源模拟非常重要。

由于电热膜可折叠、面积不受限制、外形可选择,因此用它可制成各种红外假目标。更有透明电热膜技术,可见光相对透视率达80%以上,可以方便地和现有光学假目标相结合,制成可见光和红外宽频谱的假目标。

若对温度进行控制,由于电热膜热惯性小,可以制成能逼真模拟目标特征随时间和空间变化的可控式红外假目标。

普通电热膜是将特制的可导电非金属材料及金属载流条印刷、热压在两层绝缘聚酯膜间制成的金属纯电阻式发热体,其厚度一般为微米到毫米级,在外加电场能的激发下,可产生特定波长的红外线并以辐射的方式传递热量,且没有氧化现象,不断裂不脱落,能在高温环境下工作。

热电膜的特点:面状发热,温度可精确调控,热惯性小,传热速度极快;热分布随意;可折叠,外形可选择;热效率高;使用寿命长,工作温度范围大;无明火,无污染,安全可靠;物理、化学性能极为稳定;电路系统紧凑;安装和接线方便;电源可选性强。

3. 诱饵类假目标

诱饵类假目标就是仅要求与真目标的反射、辐射光频段电磁波的特征相同,而不求外形、尺寸等外部特征相似的假目标,如光箔条诱饵、红外箔条诱饵、气球诱饵、激光假目标、角反射体等,主要用于对抗非成像类探测和制导武器系统。如图5-9所示,白俄罗斯一辆T-72坦克在尾部设置小火炉,来躲避红外制导武器的攻击,火炉的热红外辐射会诱导红外制导武器发生偏离,遭遇攻击哪怕是有一厘米的偏离,人员和装备都可能得以幸存。

激光假目标可配合隐蔽的激光源产生距离欺骗干扰、角度欺骗干扰和激光近炸引信干扰等干扰模式。

激光假目标是具有较高反射率的激光反射体或散射体。根据激光照射下假目标的反射与散射场分布是否具有统计规律,又可以进一步将激光假目标分为散射式假目标和

图 5-9　挂在坦克后面的小火炉

反射式假目标。

（1）角反射器

激光角反射器是由 3 块互相垂直的平面镜组成的一种立体结构。它的反射面有不同的尺寸和形状，常用的形状有三角形、方形和扇形，如图 5-10 所示。

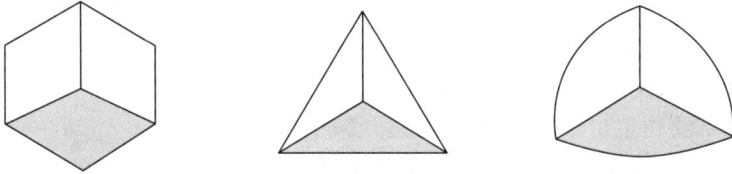

图 5-10　激光反射器结构示意图

激光角反射器可以作为激光假目标使用，原因是它能够把入射到它上面的激光的绝大部分按原方向反射回去，即使光源离轴很显著也是这样。这是激光角反射器的优异特性。因此激光角反射器具有尺寸小、激光雷达截面大等优点。

（2）漫反射板

一般漫反射板被假设成与水平面夹角为 β（图 5-11）。由于激光源一般是车载的，距离地面只有 2～3m，而激光源距离假目标有数百米远，因此可认为激光是水平照射在漫反射板上。

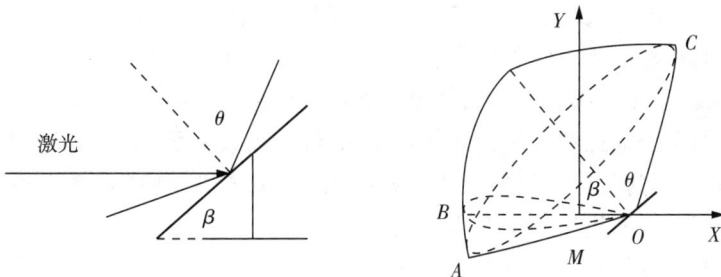

图 5-11　漫反射板光学示意图

由于漫反射板为朗伯体,反射的光强在不同方向是不一样的,因此在不同方向上的干扰距离也不一样。

(3)漫反射球

对于升空的漫反射气球,激光束水平照射在圆球上,将球面看成理想的朗伯反射面,其防护范围为锥形区域(图 5-12)。从光度学可知,该反射面各个方向的散射激光的辐射亮度相同。

图 5-12 漫反射球光学示意图

按照选材和制作成形可分为制式假目标和就便材料假目标。

制式假目标就是按统一规格定型生产,列入装备体制的伪装器材,不但轻便牢固、架设撤收方便、外形逼真,而且通常加装反射、辐射配件,以求与真武器装备一样的雷达、红外特性,如充气式假目标、骨架结构假目标、泡沫塑料假目标、木制假目标等形体假目标和由带有热源的一些材料组成的热目标模拟器等。

就便材料假目标就是就地征集的或利用就便材料加工制作的假目标,作为制式假目标的补充,具有取材方便、经济实用,能适应战时和平时大量及时设置假目标的需要,在制作好的假目标中用角反射体和其他金属材料可模拟真实目标的雷达波反射特性,用发热材料可模拟真目标热辐射特性。

根据假目标战术使用要求,在设计制作与设置假目标时应满足以下要求。

① 假目标的主要特性,如颜色、形状、电磁波反射(辐射)特性应与真目标相似,大于可见尺寸的细部要仿造出来,垂直尺寸可适当减小。

② 有计划地仿造目标的活动特性,及时地显示被袭击的破坏效果。

③ 对设置或构筑的假目标应实施不完善的伪装。

④ 假目标应结构简单、取材方便、制作迅速。经常更换位置的假目标应轻便、牢固、便于架设、撤收和牵引。

⑤ 制作、设置和构筑假目标时,要隐蔽地进行,及时消除作业痕迹。

⑥ 假目标的配置地点必须符合真目标对地形的战术要求,同时为保护真目标的安全,真假目标之间应保持一定的距离。

4. 光电假目标技术发展趋势

为适应战场的需要,国外已研制和装备了大量不同类型的形体假目标,如瑞典巴拉居达公司生产的假飞机、假坦克、假炮、假桥等装配式假目标,美军研制的 40 自行高炮、105 自行榴弹炮、155 野战加农炮、2.5t 卡车等薄膜充气假目标及 M114 装甲输送车等可膨胀泡沫塑料假目标。海湾战争中伊拉克使用胶合板、铝皮、塑料等就便材料制作的假目标,大量地消耗了多国部队的精确制导武器,并保存了自身的军事实力,显示了假目标在现代战争中的重要地位和作用。此外,为对抗红外前视系统和红外成像制导系统的威胁,国外正加紧研制为目标设计的专用热模拟器,如美国研制的"吉普车热红外模拟器""热红外假目标"等多种热目标模拟器。

未来光电假目标技术的发展重点如下。

(1)发展形体假目标生长模型设计技术和快速制造工艺,使其具有光学、红外及雷达

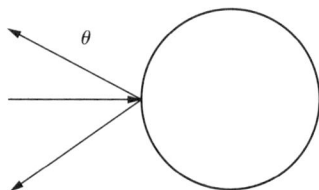

等多波段欺骗能力,进一步改进完善形体假目标"以假乱真"性能,增加制式假目标的种类。

(2)加速发展热红外模拟器的研制,使其能对真目标的热图像进行"全昼夜"的逼真模拟。

(3)发展诱饵假目标生成技术,完善诱饵类假目标系统的性能,使假目标成为整个目标和整个防御系统的一个有机组成部分。

(4)由于新型干扰物的不断涌现,以及干扰机制的不同,需要对干扰物的投放技术及各种假目标的布设技术进行研究,以有效地分配干扰资源。例如,针对毫米波制导系统的特点,要从投放速度、散开时间、投放布放方位、条件等因素综合考虑,优化设计,最大限度地发挥干扰效能。

5.2.4　光电伪装技术的发展趋势

未来伪装遮蔽防护器材的发展,主要向轻型化、一体化、机动化和智能化发展。

(1)轻型化。国外伪装遮蔽防护器材在向多波段扩展的同时,也强调其易用性,即要求轻质高强,便于携带、架设和撤收。例如,伪装网的质量从 20 世纪 60 年代的每平方米 300g 左右减到现在超轻型伪装网每平方米 100g 左右。

(2)一体化。按照以往的模式,武器装备出厂后再对其进行伪装处理,一是伪装难度较大,特别是对机动目标来说,很难保证伪装器材与装备紧密结合。所以,未来研制的伪装遮蔽器材将作为武器装备的一个分系统来考虑,伪装遮蔽防护器材将会与装备融为一体,设备、撤收自如的通用或专用的变形遮蔽系统,通过外形设计、内部设计、吸波材料的选用等手段达到伪装效果,使伪装与其他软、硬防护系统一体化。

(3)机动化。当前的伪装遮蔽防护器材对静止目标的防护已比较完善,而对动目标的伪装尚不足以防护现代战场日益增大的侦察和攻击威胁。目前各国积极开展各种研究以解决机动目标的伪装问题,如瑞典的机动伪装系统和高机动性车载伪装系统、美国高机动性伪装项目和机动装备多光谱伪装系统。

(4)智能化。伪装的难点在于在变化的背景中保持目标与背景的融合,因此开发具有一定智能能力、有较强的自适应能力的智能伪装遮蔽防护器材需求较为迫切,随着微电子学在各个领域的大量运用,智能伪装遮蔽防护器材将会得到快速发展。

5.3　光电隐身技术

5.3.1　光电隐身基本原理

隐身技术是指减小目标的各种可探测特征,使敌方探测设备难以发现或使其探测能力降低的综合性技术。根据原理和应用的不同,隐身技术一般分为视频(可见光)隐身、红外隐身、激光隐身、毫米波隐身、紫外隐身等。有些隐身技术是跨波段的,如外形隐身,对毫米波、微波均适用;有的隐身技术,如喷管导流引射技术,主要用于降低红外辐射,对毫米波辐射也有抑制作用。

隐身技术只是缩短探测器的有效作用距离,有效压缩敌方反应时间,增加自身战场生存能力和作战能力,隐身并不是完全"看不见"。

全频段、全空域的隐身能力,不但在技术上是无法实现的,实际上也是没有必要的,只要抓住主要矛盾,避开不利的实用环境,让敌方发现不了才是隐身的主要目的。

5.3.2 光电隐身分类和手段

光电隐身是减小被保护目标的某些光电特征,使敌方探测设备难以发现目标或使其探测能力降低的一种光电对抗手段。

1. 可见光隐身技术

可见光隐身就是要消除或减小目标与背景之间在可见光波段的亮度与颜色差别,降低目标的光学显著性,主要用于对抗光学侦察。目标表面材料对可见光的反射特性是影响目标与背景之间亮度及颜色对比的主要因素,同时,目标材料的粗糙状态以及表面的受光方向也直接影响目标与背景之间的亮度及颜色差别。因此,可见光隐身的主要措施为控制目标的光反射特征、色度和亮度等。

(1)特殊的涂料

可见光探测技术与许多因素有关,如观测者的位置、视角、太阳的位置以及云雾分布情况等。飞机飞得越高,散射到飞机上的光线就越多,为实现隐身就应该给高空飞机涂敷能吸收光线的暗色涂料。明天呈浅灰色,阴天呈绿色,夜间或在红外线照射下呈黑色,使舰船在各种情况下都能与水面背景相融合。美军还采用特种涂料,使机场跑道随季节和天气变化而自动变色,形成隐身机场。

(2)奇异蒙皮

在武器平台的蒙皮中植入由传感器、驱动元件和微处理器组成的控制系统,可监视、预警来自敌方的威胁,使武器平台达到电磁和光电隐身。美空军正实验一种能够吸收雷达波的复合蒙皮,它在不充电时可以透光,并改变亮度和颜色,从而使飞机与上方的天空和下方的地面相匹配;充电时能使雷达波发生散射,使敌方雷达地跟踪距离缩短一半。美国军方正在实验另一种蒙皮是可欺骗导弹的"闪烁蒙皮",它涂敷一种能使可见光和红外光的反射强度发生变化,从而产生"闪烁"感的特殊涂料,可使飞机变成能对付导弹的干扰机。

(3)变色的材料

为了消除目标与背景的色差,美军已研制出一种电致变色聚合物材料,并制成薄板覆盖在目标表面,这种薄板在充电时能发光并改变颜色,在不同电压的控制下会发出蓝、灰、白等不同颜色的光,必要时还可产生浓淡不同的色调,以便与天空的色调相一致。

(4)特殊的照明

在兵器和作战平台上,可用传感器测试目标各部位的亮度,并用灯光照射低亮度部位,以消除不同部位的亮度反差,并使整个目标与背景的亮度相匹配。实验证明,沿着机翼前缘和发动机整流罩边缘安装一些光束可控的照明灯,通过调节灯光的强度使之与天空匹配,飞机就与背景浑然一体了。最新研制的热寻的导弹带有视频传感器,可以通过鉴别飞机轮廓区分诱饵照明弹和目标飞机,但如果飞机装上使轮廓变模糊的照明灯,并且涂上抑制散射的油漆,导弹将很难发现它。

2. 激光隐身技术

任何目标都处于一定的背景之中,激光侦测(激光雷达的作用是侦察、激光测距机的作用是测量)和跟踪总是千方百计地利用目标与背景在整个光频段上反射或辐射特性的差别,使目标从背景中凸显出来,以获得相关的战术、技术情报。显然,这种特性上的差异越小,进行激光侦测和跟踪就越困难,即目标在一定程度上实现了激光隐身。

从目前主要激光威胁源的工作特点来看,激光侦测和激光火控是依靠目标的激光回波工作的,激光半主动制导是依靠目标的激光双向反射波工作的,因此目前实现激光隐身的主要措施是最大限度地降低目标对激光的反射,以有效地降低激光雷达、激光测距机、激光半主动制导武器的作用距离。

激光隐身技术是指采用激光屏蔽、低反射涂料及伪装等技术,降低敌方激光探测系统及激光制导系统发现概率的反光电侦察技术。激光隐身的基本出发点就是减小反射截面和降低表面反射率。

激光隐身是通过降低目标对激光的回波信号,使目标具有低可探测性。要实现激光隐身,必须减少目标的激光雷达散射截面(LRCS)。其包括以下几种方法。

(1)外形技术。激光回波的强弱不仅与目标材料的反射率有关,还与目标形状有关,采用合理的目标结构,可以大大减少激光回波。

① 消除可产生角反射效应的外形组合。飞机的机翼、机尾和机身之间的组合都是能产生角反射器效应的部位,可采用翼身融合体结构、V 型尾翼和倾斜式双立尾结构的方法。美国的 F-117 改进型战斗机就具有机翼机身均匀过渡的结构,具有宽的加厚的中段和相对短的外翼,没有垂直尾翼,有效地增强了隐身能力。

② 变后向散射为非后向散射。采用倾斜式双立尾对付侧向入射光,或采用后掠角和三角翼结构对付正前方入射光,这样就减小了前方和侧向的激光反射截面。

③ 用边缘衍射代替镜面反射。尽量使机上可造成镜面反射的部分平滑,使之形成边缘衍射而无强反射,减弱回波信号。

④ 用平板外形代替曲边外形。激光散射截面的大小与目标的几何面积直接有关。对两个投影面积相同的物体,平板的散射截面积比球体小 4 个数量级。因此可将飞机的机身、短舱等处向扁平方向压缩,制成近似三角形机身。

⑤ 缩小飞机尺寸。设计时尽量缩小飞机尺寸,当采用高密度燃油及适应这种燃油的发动机时,就可以在不增加飞机尺寸的前提下提高航程。

⑥ 减少散射源数量。散射源数量越多,散射总强度越高。可采用一些柔性薄膜将舱盖周围浮动表面与固定表面间的空隙遮挡起来,或使飞机的机翼尽量接近最低限度的气动布局。

⑦ 利用某一部件遮挡住另一部件。加大短舱外侧的弦长来遮挡发动机短舱,或用机翼等部件遮挡发动机的进气口和喷口等部位。美国的"哈夫达什"空空导弹能平挂在机腹下面,消除了原来由武器的曲边、投射架和外挂架引入的散射截面。

⑧ 对外挂武器或装备的隐身。外挂武器最好的隐身方法是将其隐蔽于机身内部。

如"RAH-66科曼奇"武装直升机机载导弹均装在武器舱门上,飞行时呈保形状态,只在发射或装填时呈悬挂状态,起落架和航炮也可以收进机身内且其旋翼桨叶根部覆盖吸波防护板。激光截面积仅为"阿帕奇"直升机的1/630。

(2)材料技术。激光吸收材料的作用在于对激光有强烈吸收从而减小激光反射信号或改变激光频率。吸收材料按材料的成型工艺和承载能力分为涂覆型和结构型。

① 涂覆型。降低目标对激光的后向散射,如利用涂料降低目标表面的光洁度,或在目标表面涂覆吸收材料,使目标反射信号强度减弱;或在网上涂覆吸收激光的涂料,制成激光伪装隐身网。主要从两个方面降低目标材料的漫反射:一是研究对激光具有高吸收的材料;二是研究涂层的表面形态,以构造漫反射表面,使入射的激光能量以散射的形式传输到其他方向上,同时进行多层结构设计,波长匹配层导入激光信号,吸收层消耗激光能量。

② 结构型。将结构设计成吸收的多层夹芯,或把复合材料制成蜂窝状,在蜂窝另一端返回,这样即降低了反射激光信号的强度,又延长了反射光的到达时间。

(3)减小"猫眼"效应。兵器上各种光学孔径的激光雷达散射截面积比背景要大几个数量级。减小"猫眼"效应的主要措施有:适当调整离焦量,"猫眼"效应大小与光学系统中焦平面附近的反射物有关,它随着反射物离焦量的增大而迅速变小,当离焦量达到$100\mu m$时,光学系统的回波强度可以比无离焦时减小两个数量级以上,因此适当的离焦可以有效地减小"猫眼"效应。它同时还与反射物的反射率成正比,因此采取减小探测器(或分划板)的表面反射率的办法,也可以减小"猫眼"效应。另外,还可以在光电装备中采用无"猫眼"效应结构。

3. 红外隐身技术

目前,红外无源干扰技术主要是红外隐身技术,该技术是通过降低或改变目标的红外辐射特征,实现对目标的低可探测性。这可通过改变结构设计和应用红外物理原理来衰减、吸收目标的红外辐射能量,使红外探测设备难以探测到目标。

红外隐身技术于20世纪70年代末基本完成了基础研究和先期开发工作,并取得了突破性进展,已从基础理论研究阶段进入实用阶段。从80年代开始,国外研制的新式武器已广泛采用了红外隐身技术。红外隐身技术的发展和应用,使得隐身目标探测技术难度加大。

1)红外无源干扰基本原理

目前红外隐身主要采用以下3种途径。

(1)降低目标的红外辐射强度

根据斯蒂芬-玻尔兹曼定律,由于红外辐射强度与平均发射率和温度的四次方的乘积成正比,因此降低目标表面的发射系数和表面温度是降低目标红外辐射强度的主要手段。它主要是通过在目标表面涂敷一种低发射系数的材料和覆盖一层绝热材料的方法来实现的,即包括隔热、吸热、散热和降热等技术,从而减少目标被发现和跟踪的概率。

影响物体红外特征的参数主要有热反射率和热发射率,前者指材料在红外光源照射下反射红外线的强度,后者指一定温度下材料的红外本征辐射强度。低发射率的材料一般反射率较高;低反射率的材料则发射率较高。理论上,红外吸波涂层也可用雷达吸波涂层移相对消的原理来降低反射率,但这要求微米级甚至亚微米级涂层,工艺上制造比较困难。在实际中降低温度比降低热发射率容易,同时降低温度的效果也很明显。一般采用的方法是:

① 尽量减少目标的散热。如减少目标中部件的摩擦,目标的部件采用低散热量材料。

② 采用热屏蔽的方法来遮挡目标内部发出的热量,尽可能地降低目标的红外辐射强度。

③ 采用隔热层和空气对流的方法,降低目标发动机中的排气管的温度,同时将热量从目标表面传给周围的空气。

(2)改变目标红外辐射的大气窗口

主要是改变目标的红外辐射波段。大气的红外窗口有 3 个波段:$1\sim2.5\mu m$、$3\sim5\mu m$ 和 $8\sim14\mu m$。红外辐射在这 3 个波段外基本上是不透明的。根据这个特点,可采用改变己方的红外辐射波段至敌方红外探测器的上述波段之外,使敌方的红外探测器探测不到己方的红外辐射。具体做法是改变红外辐射波长的异型喷管或在燃料中加入特殊的添加剂;用红外变频材料制作有关的结构部件等。调节红外辐射的传输过程是改变目标红外辐射特性的手段之一,具体做法是在某些特定的结构上改变红外辐射的方向。例如,在具有尾喷口的飞行器的发动机上安装特定的挡板来阻挡和吸收飞行器发出的红外辐射或改变辐射方向。

(3)采用光谱转换技术

将特定的高辐射率的涂料涂敷在飞行器的部件上,以改变飞行器的红外辐射的相对值和相对位置;或使飞行器的红外图像成为整个背景红外图像的一部分;或使飞行器的红外辐射位于大气窗口之外而被大气吸收,从而使对方无法识别,达到隐身的效果。

总之,红外无源干扰如红外无源干扰弹、红外隐身(涂料、伪装网等),其目标干扰的本质是运用烟幕或隔层材料,伪装和遮蔽真实目标辐射的红外特性,降低或减少真实目标的红外辐射,以及反射或辐射红外假目标的红外特性。减小目标和背景的信噪比,以降低敌方红外制导武器和红外侦察装备的性能。红外有源干扰如红外有源干扰弹、红外干扰机(定向干扰),其目标干扰的本质是运用光电设备,产生较强目标红外辐射干扰源,诱骗或堵塞信道,压制干扰探测器产生检测错误或检测不到目标,以降低敌方红外制导武器和红外侦察装备的性能。

它们的相同点为:在红外波段,采取干扰对抗技术措施,大大减少目标被发现的概率,以降低敌方红外制导武器和红外侦察装备的性能。它们的不同点是:红外无源干扰采取伪装和遮蔽的技术措施,在宽波段范围内,主要是减低目标的红外辐射特征以大大降低被发现的概率,性价比高,运用方便。红外有源干扰采取诱骗和压制致眩干扰的技术措施,在红外波段内,产生较强目标红外辐射干扰源,使探测系统产生错误数据或找不到目标,以大大降低目标被发现的概率,一般需配告警系统使用,技术复杂,自动化程度高,使用方便。

2)红外隐身技术手段

(1)涂料伪装技术

红外伪装涂料一般是采用具有较低发射率的涂料,以降低目标的红外辐射能量,涂料还应具有较低的太阳能吸收率和一定隔热能力,以避免目标表面吸热升温,并防止目标有过多热红外波段能量辐射出去。红外伪装涂料大体可分为以下 3 类。

① 低发射率材料

发射率是物体本身的热物性之一,其数值变化仅与物体的种类、性质和表面状态有关。而物体的吸收率则不同,它既与物体的性质和表面状态有关,也因外界射入的辐射能的波长和强度而异。当物体表面涂敷具有低红外发射率的特殊材料,使其产生的红外辐射低于探测器的极限阈值时,红外探测器将对其失去效能。金属是迄今为止报道最多的热隐身涂料,它在涂层中的颗粒尺寸和含量对涂层的光学性质具有明显的影响。低发射率材料一般分为薄膜和材料两层。涂料由颜料和黏结剂配制而成。颜料有金属、半导体和着色颜料 3 种。金属颜料主要对降低红外辐射发射率最有效,材料主要是铝,一般厚度为 $0.1 \sim 10 \mu m$,直径 $1 \sim 100 \mu m$ 的鱼鳞状粒子形状;其次是棒状(直径 $0.1 \sim 10 \mu m$,长度 $1 \sim 100 \mu m$)和球状(直径 $1 \sim 100 \mu m$)。掺杂半导体代替金属作为涂料的非着色颜料,通过适当选配半导体的载流子参数,可使涂料的红外和雷达性能都符合隐身要求。着色颜料用来改善涂料的可见光隐身特性。为了不损害红外隐身,它应该具有低的红外发射率和高的反射率或透射率。涂料黏结剂要有高的机械性能而且要对红外透明。

② 控温材料

辐射能量与发射率仅为一次方关系,与温度成四次方关系。因此,用降温来减少武器系统的红外辐射是很有效的。控温材料有隔热材料、吸热材料及高发射率聚合物材料。隔热材料主要是阻隔武器系统内部发出的热量,使其难于外传,其中包括:微孔结构材料和多层结构材料。吸热材料利用高焓值、高熔融热、高相变热贮热材料的可逆过程,使热辐射源升温过程变得平缓,减少升温引起的红外辐射增强,也用于吸收目标发动机排气流及其尾焰产生的红外辐射,在排气口加入适量的碳微粒、N_2O 气体,可以实现对尾气红外辐射的吸收。目前,对纳米材料性能的诸多研究证实了纳米微粒在红外吸收方面有很大的开发潜力。高发射率聚合物涂层主要施加在气动加热升温的飞行器表面。当气动加热到一定温度范围内时,涂层就具有高的发射率(在大气窗口之外),使得飞行器表面温度能快速下降,同时涂层在室温和低温下要具有低的发射率。

③ 红外复合材料

红外隐身复合材料是一种对红外有吸收和漫反射功能的复合材料,由吸收、漫反射填料和树脂基体组成,具有吸收红外辐射的功能,可以是:在红外作用下发生相变的材料(钒的氧化物);受红外激发产生可逆化学变化的材料;吸收红外能量后能转变为其他波段(大气窗口之外或者探测器工作波段之外)辐射出来的材料。它们的形态、尺寸、含量、分布情况及涂层厚度都将影响隐身效果。漫反射功能材料为片状铝粉与树脂的复合材料,将入射红外光束分散,使探测器接收的方向上的反射波强度大大减弱。

(2)遮障伪装技术

遮障伪装技术主要用来模拟背景的电磁波辐射特性,使目标得以遮蔽并与背景相融合,是固定目标和停留时运动目标最主要的防护手段,特别适用于有源或无源的高温目标,可有效地降低光电侦察武器的探测、识别能力。遮障伪装通常由伪装网和人工遮障来实现。

目标的主要暴露特征包括目标的形状、颜色、大小、影像及发光等外表特征;目标的运动、活动痕迹、烟尘、射击火光等特征;电台、雷达发出的电磁波和目标反射雷达波的特征;目标的温度和辐射、反射红外线特征;目标的战术配置特征等。

遮障伪装技术主要有伪装网、人工遮蔽和红外诱饵技术,在实际应用过程中 3 种技术综合使用。对常温目标伪装采用由伪装网并在上面喷涂迷彩涂料制成的遮障即可。对无源或有源高温目标伪装,还需在目标和伪装网之间使用隔热材料以屏蔽目标的热辐射。

20 世纪 70 年代研制的防红外遮障伪装器材主要有美军"热红外伪装篷布",德国研制的"热伪装覆盖材料""奥古斯热红外伪装网"等。80 年代中后期,有代表性的遮障器材当属瑞典巴拉居达公司的热红外伪装遮障系统。巴拉居达伪装遮障系统主要由热伪装网和隔热毯两部分组成。美国的超轻型伪装网是在一层极轻的稀疏的聚酯织物上,附上一层具有卓越的防热红外特性和雷达特性的切花装饰面。

(3)动态变形伪装技术

传统的红外防护措施,如红外迷彩服、红外隐身、红外遮障和红外伪装网技术,大都是非动态的,当环境温度变化时,由于目标和伪装二者的红外辐射率随温度的变化未必一致,伪装后的目标和背景的差异可能会随着温度的变化而变得非常明显。目标与背景的融合,早期是通过红外伪装网或者喷涂红外伪装涂料来实现的,这种方法有局限性。对于各种地面固定的常备目标(如指挥、通信中心、导弹发射井等),其伪装一旦被揭开,就不具备对抗成像制导武器打击的能力。另外,对于机动的军事目标,如导弹发射车、坦克等,其背景红外辐射是不断变化的。传统的伪装材料由于红外发射率固定,在背景辐射不断变化的条件下很容易被敌方探测,而且很难摆脱跟踪。

动态变形伪装是传统伪装技术的延伸和发展,动态变形伪装系统可以根据被保护目标周围的红外辐射特征,动态改变目标的红外辐射特征。从一种伪装状态迅速变化到另外一种伪装状态时,各种伪装状态下的图像特征相关性很弱,可使敌方光学侦察和跟踪、制导系统难以掌握目标真实的红外特征,无法完成对目标的侦察与打击,从而提高各类目标的战场生存能力。因此,动态变形伪装可作为重要军事经济目标防精确制导武器打击系统中的重要防护环节,配合其他的主动或被动防护措施,提高目标对付红外成像侦察和防成像制导武器打击的能力。

① 红外动态变形伪装对抗的基本系统结构

红外动态变形伪装系统的结构如图 5-13 所示。该系统的关键部件是电致变温器件、电致变发射率器件和用于产生辐射控制信号的中心计算机。多个电致变温器件、电致变发射率器件组成平面密集阵,在辐射控制计算机的指挥下独立改变温度、发射率,系统整体上就能实现红外动态变形效果。

② 电致变温器件

就现有温度控制技术而言,主要有压缩机制冷技术和半导体制冷技术。压缩制冷技

图 5-13　红外动态变形伪装系统的结构

术是机械式的,体积大,要求功率大,制冷制热的速度慢,不宜在该系统上实施。而半导体致冷器件体积小,易控制,可制冷制热。系统的电致变温器件采用半导体致冷技术。

半导体温度控制器件的控制信号是直流电流,通过改变直流电流的极性来决定在同一制冷器上实现制冷或制热。

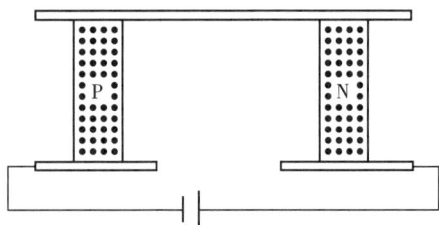

图 5-14　单片的制冷器

单片制冷器(图 5-14)由两片陶瓷片组成,中间有 N 型和 P 型的半导体材料(碲化铋),这个半导体元件在电路上用串联形式组成。

半导体制冷器的工作原理是:当一块 N 型半导体材料和一块 P 型半导体材料联结成电偶对时,在这个电路中接通直流电流后,就能产生能量的转移,电流由 N 型元件流向 P 型元件的接头吸收热量,成为冷端;由 P 型元件流向 N 型元件的接头释放热量,成为热端。吸热和放热的大小是通过电流的大小以及半导体材料 N、P 的元件对数决定的。

③ 红外电致变发射率器件

红外电致变发射率器件的主体结构是一种多层复合薄膜,结构如图 5-15 所示。基体上由 5 层薄膜构成,其中电致变发射率层起着决定性作用。对于特定材料的薄膜,在外加电场的作用下,阳离子(如 H^+、Li^+、Na^+、K^+ 等)和电子(e^-)成对注入膜层中,或者从膜层中成对地被抽取出来,薄膜会发生电化学反应,从而引起薄膜物理、化学性质的

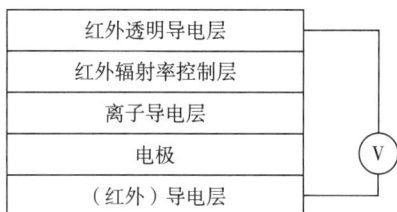

图 5-15　红外电致变发射率器件结构图

改变,宏观上的表现之一就是红外发射率的改变。在图 5-15 中,对电极薄膜存储着电致变发射率层电化学反应所需阳离子,离子导体为这些离子进出电致变发射率层提供传输通道。当对透明导电层施加电压时,两个导电层之间建立了电场。对电极中的离子在电场作用下,进出电致变发射率层,同时电子相应进出电致变发射率层和对电极层,保持各层的电中性。

对于电致变发射率器件的制备,电致变发射率层薄膜材料的选取和制备是关键问题之一。如图 5-16 所示为单晶态氧化钨薄膜在质子(H^+)注入和抽取状态下的光学常数。在 $3\sim5\mu m$ 和 $8\sim14\mu m$ 两个波段,其消光系数和折射率均有较大的可调范围。因

此,选取单晶态氧化钨薄膜作为电致变发射率层的材料。

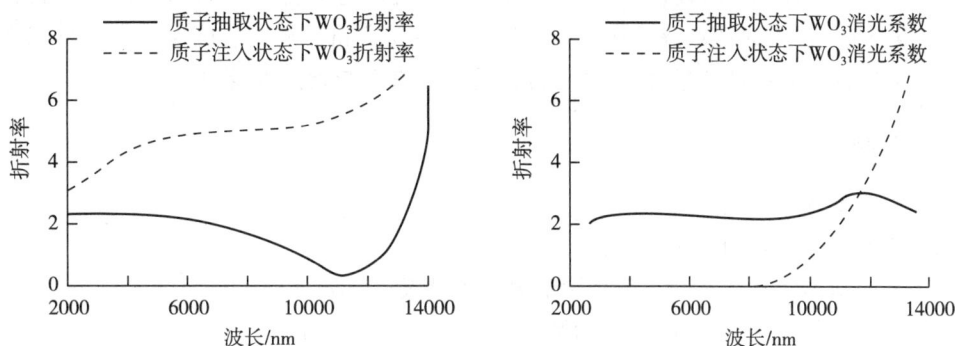

图 5-16 单晶态氧化钨薄膜在质子(H^+)注入和抽取状态下的光学常数

红外电致变发射率器件研制的另一个难点是复合薄膜最上面一层的透明导电薄膜。目前,红外波段的透明导电薄膜没有现成的技术和产品,因此采用金属薄膜栅格(图 5-17)作为红外透明导电薄膜的替代品。一方面,栅格采用金属材料,电导率高,能够为器件提供所需的电势和电场;另一方面,栅格结构保证大部分电致变发射率薄膜暴露在外面,不至于遮挡电致变发射率层的变发射率现象。

④ 系统工作原理

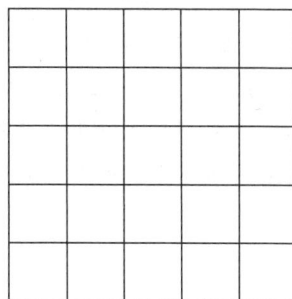

图 5-17 金属薄膜栅格

系统工作时,首先由辐射控制计算机通过所有控制单元,向所有电致变温器件和所有电致变发射率器件分别发出一个最低温度和最小发射率产生信号,系统在最小红外辐射条件下开始工作,计算并存储此时系统的红外辐射亮度分布 $S(u,v)$ 作为系统的红外热图像。此后,辐射控制计算机按照一定的算法搜索计算出与系统当前图像 $S(u,v)$ 相关度小于红外成像导弹探测极限的红外辐射亮度分布 $T(u,v)$,并以合适的时间步长按照 $T(u,v)$ 的要求向红外动态变形伪装系统的多路控制单元发出多路控制信号,控制电致变温、电致变发射率器件的温度和发射率,使得系统的红外辐射亮度分布变为 $T(u,v)$。将 $T(u,v)$ 作为系统新的红外热图像,再重复上述计算和控制过程。这样系统就可以动态地改变热图像,达到干扰敌方红外导弹成像跟踪的目的。

5.3.3 光电隐身技术的发展趋势

加强以武器装备外形设计和热抑制措施为重点的内装式设计。通过外形设计和新型结构材料的应用,消除或减小目标的角反射效应,改变或限制电磁波散射方向,尽可能减小目标的散射截面。通过对目标热电性能的优化设计,以及在目标内部安装热抑制器的热消散器,在燃料中加添加剂等手段,减小目标自身的红外辐射特性。

研究机动目标的综合伪装防护技术。难点包括:一是被保护目标处于运动状态,由于其运动特性、进气排气及尾迹等原因,常规的遮障不能适用;二是机动目标的表面处于较高温度状态,目前伪装材料无法掩盖高温特征;三是运动目标的周围环境和背景处于时刻变化状态,常规的针对特定环境和背景的伪装技术和器材不能确保被保护目标全时刻和全天候的伪装效果;四是存在着随行机动的可靠性与稳定性等难题。

思考题

1. 简述烟幕干扰技术的概念。
2. 简述烟幕干扰的作用机理。
3. 影响烟幕干扰效果的主要因素有哪些?请简述其原因。
4. 根据干扰对象的工作波段,烟幕剂可以分为哪些类别?
5. 什么是光电伪装技术?
6. 简述不同类别涂料伪装技术的工作机理。
7. 什么是光电假目标?有哪些类型的光电假目标?
8. 什么是隐身技术?
9. 可见光隐身的主要技术措施有哪些?
10. 目前红外无源干扰技术主要采用哪几种途径?
11. 简述红外无源干扰和红外有源干扰方式的异同点?
12. 什么是激光隐身技术?

第6章 激光对抗技术

从 20 世纪 60 年代起,随着激光技术的问世及其对军用领域的不断渗透,其重要性和影响力逐渐扩大并持续增长;同时也是众多科技门类里最富有活力的部分——这使得它的存在引发了一场革命性的转变:即把激光融入战斗系统的建设之中成了一项重要的战略方向。大量的武器都采用了这种先进的技术来完成情报侦察、指挥通信、火控引导、精确制导、敌我识别等功能,从而使它们变成了当今战场上的一种有效的制胜手段。

激光对抗是以激光为手段,对光电侦察系统、光电精确制导武器系统实施干扰、欺骗、损伤甚至硬破坏的技术。随着激光技术的不断升级,它也催生出一系列新型的激光对抗手段,使得这一领域的研究变得愈发繁荣且充满活力。过去的三十年里,这种趋势持续加速并取得了显著成果。例如,高功率激光器的使用已经促成了激光定向能武器的研究,这显示出了它们在防御空中威胁和打击卫星等方面具有巨大的潜力和价值;而像量子级联、参量放大这样的小型红外激光技术则进一步提高了武器平台自我保护的能力;同时,如超短脉冲激光、白光激光等新颖技术的诞生,为我们带来了全新的带外对抗方式和太赫兹抗衡的可能性;此外,高效的大功率半导体和光纤激光器的研发,也让我们看到了在天基作战和激光通信干扰方面的新机遇。

6.1 激光对材料毁伤效应

激光对抗是通过发射高能激光,破坏敌方的光电传感器或光学系统,使其饱和、迷盲甚至完全失效,能量足够强时还可导致结构性破坏,从而大幅度削弱敌方武器系统的作战效能,甚至直接摧毁袭来的武器系统。

随着照射目标激光能量的增加,对目标的破坏变成直接摧毁。强烈的激光照射在目标上,会引起目标材料的性质和状况发生改变,例如温度升高、膨胀、熔化、汽化、飞散、击穿以及破裂等。激光对材料造成损害的主要原理是热效应和力学损伤,其次是辐射损伤。

6.1.1 热作用破坏

1. 加热

对于低于 $10^3\,\mathrm{W/cm^2}$ 的激光功率密度,目标物质会在吸收到大量的光能后产生温度上升的现象,这便是加热的阶段。然而,这种现象并不仅限于被照射区域本身,还会影响到周围的热量传递和热量转移。为了估计这一过程的作用效果,我们常常使用简单的一维热传导模型来模拟这个过程,它主要由激光能量在目标物体中的积累、物质的温度升高与热量的传播之间的相互作用决定。若激光在目标物质内的累积速率达到一定程度,那么其产生的温升效果就会占据主导地位。

2. 热熔融

若激光功率密度处于 10^3 至 $10^6 \, \text{W/cm}^2$ 范围内,那么材料的局部区域温度将会达到其熔点。一旦该部分物质的温度超过了熔点,且持续受到高能激光的影响,那么这部分物质便可能被熔化。对于非透明材质而言,因为激光的趋肤深度很浅,通常表面先开始熔化。

3. 热应力

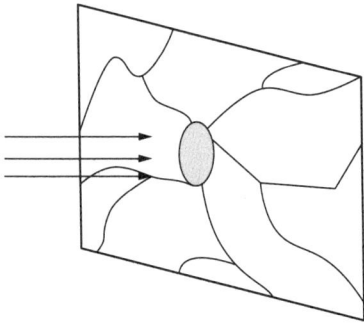

图 6-1 热应力破坏

当激光辐射作用于物质时,会引发其内部的不均衡热量分布,从而导致各个位置的热膨胀程度存在差异。这种现象会导致固体材料内的热应力出现(如图 6-1 所示)。若物质被加热至熔化状态,则其密度会有显著的变化。一旦激光光束停止照射,物质便迅速降温并开始凝固。通常情况下,凝固后的物质密度要比未受照射时的液态密度低,且其密度分布并不均匀,由此亦可引发热应力的生成。在热应力聚集的地方,有可能造成裂缝或进一步演变为局部损坏,尤其是在易碎材质上更为明显。而物质中的杂质及缺陷往往会在某些特定区域内表现出强烈的光学吸收效应、温度升高以及较大的膨胀度,有时还会达到局部熔化的地步,随后再经历冷却过程,此种情况下的应力集中问题尤为突出,故此类区域最先出现的可能是裂痕或是破损。

4. 汽化

当激光强度超过 10^6 至 $10^8 \, \text{W/cm}^2$ 时,被其照射的物质可能会经历一连串的过程直至汽化蒸发,这包括:加热到熔点—吸收融化潜热并且熔融—进一步加温到达汽化点—再次吸取汽化潜热的热量而产生汽化。这个过程中每个步骤都是由吸收激光为能源的。为了实现汽化,物质需要摄取足够多的能量,该数值至少等同于各个阶段所消耗的全部能量,也就是说,蒸发的需求就是固相升温能量、融化潜热、液相升温能量及汽化潜热的总和。例如,对于铝来说,如表 6-1 所示的相关数据可以提供参考。

表 6-1 铝的特性

原子量	27	密度/(g/cm^3)	2.77
熔点/K	911	熔融热/(J/g)	401
10^5 Pa 时的沸点/K	2767	汽化热/(J/g)	10770
固态比热容/$[\text{J/(g} \cdot \text{K)}]$	1.0	固态热导率/$[\text{J/(cm} \cdot \text{K} \cdot \text{s)}]$	1.64
液态比热容/$[\text{J/(g} \cdot \text{K)}]$	1.3	液态热导率/$[\text{J/(cm} \cdot \text{K} \cdot \text{s)}]$	0.564

对透明物质而言,汽化的可能性不仅限于其表层,也有可能是内部发生的。这种现象的发生与否,主要依赖于激光能量输入及热量传递消耗之间的平衡关系。若物体具有较高的反射系数、较低的激光照射量或者较大的热导率,都可能会减缓能量的累积速度,进而避免产生汽化效果。然而,当激光辐射强且汽化程度显著时,会引发一种情况:即由高温产生的气体快速膨胀并推动一部分固态粒子或液滴一同冲刷飞散的情况。一旦这种情况发生,则能大大提升激光的破坏能力,原因在于这些被抛离的固态物质并未吸收到任何汽化所释放的热量。

对于给定的目标材料和激光波长,发生汽化作用的激光功率密度阈值(简称汽化阈值)I_{th},与激光的脉冲宽度 τ_p、激光束斑直径 d_{beam} 有关。对于激光束斑尺度大、激光照射时间很短的情况,汽化阈值为

$$I_{th} = \frac{H_v \rho_{den} \delta_d}{(1-\rho_{rt}) \tau_p} \qquad (6-1)$$

式(6-1)中,ρ_{den} 和 H_v 分别为材料密度和汽化热;δ_d 为激光的趋肤深度;ρ_{rt} 为目标反射率。对于大光斑且脉冲宽度不窄的情况,汽化阈值为

$$I_{th} = \frac{H_v \rho_{den} x^{\frac{1}{2}}}{(1-\rho_{rt}) \tau_p^{1/2}} \qquad (6-2)$$

式(6-2)中,x 为传热深度坐标。汽化阈值与激光脉宽平方根成反比。对于小焦斑和长脉冲情况,汽化阈值为

$$I_{th} = \frac{2 H_v \rho_{den} x}{(1-\rho_{rt}) d_{beam}} \qquad (6-3)$$

此时,汽化阈值与脉宽无关。

当激光功率密度比汽化阈值 I_{th} 高得不多时,其产生的汽化效果并不显著,主要以目标物质的蒸气形式出现;然而,如果激光能量密度远超于此,则会产生剧烈的汽化反应并伴随有冲击效应。若激光强度较低,无论是垂直或倾斜照射,喷溅物的分布基本呈目标表面法线的对称状态,且不受光束入射角度的影响。而当激光能量密度过大,目标蒸气的排放将会朝向光束入射的反方向。

5. 热烧蚀

当激光功率密度超过汽化阈值时,激光照射将使目标材料持续汽化,该过程称作激光热烧蚀。在单位时间内激光照射使材料汽化的质量称为热烧蚀速率。一般激光的热烧蚀速率为

$$\frac{dm}{dt} = \frac{I_L(1-\rho_{rt}) - F_T}{H_v \rho_{den}} \qquad (6-4)$$

式(6-4)中,m 为激光烧蚀下来的质量;I_L 为激光功率密度;F_T 为通过热传导从激光热烧蚀面传走的能流。F_T 不仅和材料特性、热烧蚀进程有关,而且还与激光脉冲宽度、波形等密切相关。上述各式中的 $(1-\rho_{rt})$ 表示入射激光对目标的热耦合效率。根据海根—鲁本斯定理,材料吸收系数近似与入射激光波长的平方根成反比。

6.1.2 力学破坏

一旦激光强度超过了 $10^8 \sim 10^{10}$ W/cm^2 的范围,被照射的目标将会经历由液态变为气态的过程,而且蒸气会通过自由电子的逆轫致辐射和光致电离两种机制吸收激光能量并导致蒸气分子电离,形成等离子体。等离子体会进一步吸收激光能量,并迅速膨胀,形成等离子体的激光支持吸收波,直至最后等离子体熄灭。在这一过程中,物质高速喷出会对材料表面产生反冲压力,当压力峰值足够高时,就可能在目标材料中产生力学破坏。

6.1.3 辐射破坏

高能激光照射目标后会产生高温等离子体,可能会释放出紫外线、X 射线等次级辐射,从而可能对目标的本体结构、电子线路、光学元件、光电转换器件等内部部件造成损伤或破坏,即所谓的辐射破坏效应。

辐射破坏效应相对于热作用破坏和力学破坏的影响是次要的。

例如,对于反坦克装甲:利用高能激光集中到装甲上,导致该区域内的装甲材质从固态转变为液态,接着是通过持续的激光辐射使得它到达沸腾状态进而蒸发。这些蒸发的气体受到高温、压力及快速扩张的影响,会激烈地朝着外部喷出(这是最直接的方式,因为其它方向可能会有障碍)。这个喷出的动作可以清除掉已经熔化的金属和一部分固态微粒,从而形成热烧蚀的凹陷。同时,这也会给坦克带来强大的反冲击力量,引发内部的应力波动,并对装甲结构造成物理损伤,并且还会继续扩展至装甲内部。此外,由于表面的汽化溅射,温度上升速度减缓,但深层部分的温度却迅速升高,形成了一个过度加热区。这个过度加热的区域会在瞬间扩大并产生极大的压力,最终引起了热爆。在这个过程中,大量蒸发或者液化的颗粒会被喷出,它们会携带走周边的物质,之后再有新的激光照射进来,让这一系列的过程不断深化,直到最后击穿整个坦克装甲。

据研究表明,若要实现光电探测设备在 0.1s 内瘫痪,所需的激光输出能量大约为 10^6 W;如果需要在一秒钟之内突破一万米的高空中飞行器的保护层,那么需要的激光输出量大概是 10^7 W;同样地,为了能在一秒钟以内破坏五千米之外的一百毫米厚度的坦克装甲,我们至少需要 10^9 W 的激光输入;而对于想要在一秒之内消灭二十至五十公里高度上的目标飞弹,这个需求可能达到 10^{10} W 以上(此数据已考虑到信号传递过程中的损耗)。

通过深入研究和探讨激光对于物质的三种关键损害机制,我们可以总结出以下观点:热破坏效应是最常见的激光攻击方式,它能有效地摧毁诸如导弹、飞机或卫星之类的空中的物体;而只有当飞行的航空器内部存在极小的金属外壳时,才会受到力的损坏影响;至于那些长时间停留在天空的卫星,则会遭受来自辐射的影响,从而产生多种形式的重大伤害。因此,各种类型的飞行器如何抵御高强度激光武器造成的损失,我们需要依据其具体的损害原理制定相应的应对策略。

6.1.4 激光破坏阈值

对于光电系统而言,都存在一个激光破坏阈值。破坏阈值与希望达成的破坏目的有关。软毁伤破坏目的与硬摧毁破坏不同,衡量破坏阈值的标准就有差异。就软毁伤而言,同一目标的破坏阈值又与作用激光是连续波还是脉冲式有关,对于脉冲激光,也还存在脉冲宽度、重复频率、光斑大小、工作波长和大气环境等不同所形成的阈值差异。

连续波激光束对目标的毁伤以热效应破坏机理为主,因此其破坏阈值变化范围相对较小。比如,当连续波激光作用于目标的时间为秒级时,功率密度介于 $1\sim10\,\mathrm{kW/cm^2}$ 的激光可使大多数材料温升到熔点。

脉冲激光对目标有热破坏、力学破坏,乃至辐射破坏,情况就比较复杂。例如,在脉冲强激光作用下,目标表面会经历温升、熔融、汽化,且汽化物质可能进一步被激光电离形成等离子体,高温蒸气和等离子体喷射离开目标表面,将传给目标一个冲量。同时,产生的高密度等离子体会屏蔽激光对目标表面的进一步作用,使激光与目标的热耦合效率减小,影响对目标的进一步热破坏。若采用一系列激光脉冲以微秒间隔重复打击目标,将出现较大的累积冲量,能增大力学破坏效应,并可提高激光与目标的热耦合系数。也就是说,脉冲激光的破坏阈值,既与激光脉冲能量有关,也与峰值功率有关,还与激光是单脉冲作用还是不同间隔的多脉冲作用有关。

6.2 激光毁伤光电系统

就光电系统的软毁伤而言,主要是对光电探测器的破坏或者毁伤,使之失去传感或者成像能力。除了光电探测器之外,最有可能被毁伤的目标,还有系统光路中具有高光学增益的元部件。

6.2.1 对单元探测器毁伤

光电探测器材料的光吸收能力强,其峰值吸收系数一般为 $10^3\sim10^5\,\mathrm{cm^{-1}}$,因此处于工作波段内的激光入射到探测器上时大部分被吸收,引起温升,甚至造成破裂、碳化、热分解、熔融、汽化等不可逆的破坏。

1. 脉冲激光致盲

单元探测器的工作原理不同,造成其毁伤的主要机理就不同。光导探测器毁伤涉及器件材料的熔融、汽化,热释电探测器毁伤涉及器件材料的热应力破裂,而光伏探测器毁伤则与器件结区的退化失效相关。正因为如此,不同的研究单位,甚至同一单位对不同对象,对光电探测器破坏阈值(或者称损伤阈值)的定义就有区别。

以美国海军研究实验室对典型光电探测器材料的破坏阈值定义为例:

(1)对光导型的 PbS 探测器,将探测器响应率不可逆地减少到 10% 时的激光能量密度,定义为发生损伤阈值,并将响应率减少到 1% 以下的辐射能量密度,定义为严重损伤阈值。

(2)对铌酸锶钡(SBN)和硫酸三甘肽(TGS)热释电探测器,则定义了破裂阈值和碳化阈值。其中,破裂阈值是用晶体样品宽度一半的激光束在给定的作用时间内照射,能够产生可见破裂的最小能量密度;碳化阈值则为,用光斑是晶体尺寸两倍以上的激光束辐照,当晶体开始碳化时的能量密度。

(3)对光伏型锑化铟(InSb)探测器,则定义破坏阈值为,出现表面可见破坏时的能量密度。

影响光电探测器损伤阈值的因素很多,除了上面已经述及的因素外,还与探测器结构、探测器结构材料的热学性质及散热器热耦合品质、探测器材料的杂质及光学性质等有关,甚至与探测器所处的工作环境是否为真空也有一定关系。正因为如此,同一类光电探测器测量获取的损伤阈值会出现很大差异。对于具体探测器,一般需要用实验确定损伤阈值。然而,对每一种光电探测器都进行损伤阈值测量,意味着巨大的费用和人员时间,实际上不可行。因此,研究人员多以实验为基础,通过理论建模寻找损伤阈值变化规律,用以优化相关的设计。

大量实验结果表明,当辐照时间短时($\tau_P < 10^{-5}$ s),激光破坏阈值 I_{th} 的变化与 τ_P 成反比,即阈值能量密度 E_{th}(单位 J/cm²)与 τ_P 无关;在中等辐照时间时($10^{-5} < \tau_P < 10^{-2}$ s),I_{th} 的变化与 τ_P 的平方根成反比;当 $\tau_P > 10^{-2}$ s 时,I_{th} 与 τ_P 无关。当辐照时间很短时,为使探测器的表面温度升至其熔点,所需的能量密度与材料的吸收系数成反比,与材料的比热容以及使探测器材料熔化所需的表面温度增量成正比。

2. 超短脉冲激光致盲

大量实验证实,皮秒和亚皮秒级脉宽激光对半导体探测器的作用,会通过电子激发造成材料结构的非热力学改变。根据非热等离子体模型,大量电子的激发可以直接造成晶格的扰动,同时仍使晶格的振动模式保持在较冷的状态。当价带有大约10%的电子被激发到导带时,就会导致晶格共价键不稳,从而在极短的时间内引发晶格结构的永久性改变。因此,超短脉冲激光可以直接增强原子的活动性而不增加其热能。非热等离子体模型认为,所激发的电子系统的电子辐射速率要慢于脉宽在10ps以下的激光脉冲。所以脉宽在10ps以下的激光,可以在电子系统与晶格达到热平衡之前,就引发晶格结构的破坏。

研究结果表明,脉宽在10ps以上的激光脉冲对半导体材料损伤机理为热损伤,满足传热学经典关系;脉宽在10ps以下的激光对半导体材料的损伤属于非热损伤,其关系不再满足经典传热学理论,半导体材料的损伤阈值近似与脉宽的0.3次方成正比。由于升温过程发生在皮秒时间范围内,皮秒以下脉冲的热扩散会显著减小,加之局部非平衡电子气体的高压膨胀导致的高强度冲击波,所以其对材料的损伤阈值将会变得更低。由于脉宽在10ps以下的超快激光对材料的毁伤速度快,毁伤阈值低,在激光对抗中有值得期待的应用前景。

3. 激光致盲作用

激光致盲单元探测器,可以对光电武器系统产生很大影响,这一点可以通过计算机仿真说明。仿真中,对采用四象限探测器的激光半主动制导炸弹进行激光致盲,致盲干扰机、被保护目标、比例制导的激光半主动制导炸弹之间的位置关系如图 6-2 所示,设干扰机与目标的连线和投弹点在地面的投影与目标之间连线的夹角为 α(0°< α<180°)。

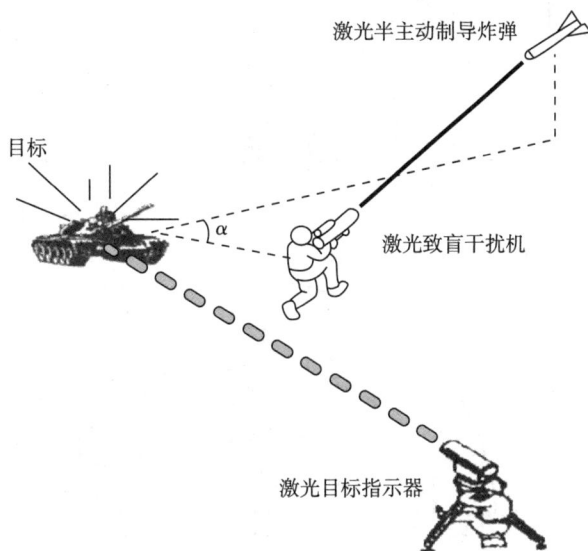

图 6-2　致盲干扰激光半主动制导炸弹示意图

由于对探测器的致盲干扰,相当于给激光制导系统引入了一个恒定的误差角,从而使导引头输出的制导电压为常数,其大小与制导武器相对目标的位置无关。在此制导电压作用下,激光制导武器的制导误差角不断增大,从而使激光制导武器的弹道发生大的偏转,航向偏离预定的攻击目标。以典型参数模拟得到了致盲干扰下,激光半主动制导炸弹在飞行过程中与被保护目标和干扰机,以及弹着点与被保护目标和干扰机之间的距离结果关系,如图 6-3 所示。

图 6-3 中,R 表示炸弹飞行过程中与目标(或者致盲干扰机)的最近距离,表示炸弹的弹着点与目标(或者致盲干扰机)的距离。可以看出,当 α>B 时,炸弹在飞行过程中与目标(或者致盲干扰机)存在一个最近距离 R。如果炸弹为触地爆炸或近炸引信的作用距离小于这个最小距离 R,则炸弹继续飞行,直至触地,弹着点与目标(干扰机)的距离为 R'。当 α>B 时,炸弹都为触地爆炸,即 R=R'。

将图 6-3 中距目标 800m 的区域进行放大,可以看到当 α>b 时(b<B),最小距离与致盲干扰机有关;当 B>α>b 时,最小距离与被保护目标有关,因为致盲干扰机相对而言处于前方,所以此时炸弹与目标的距离比炸弹与干扰机的距离大。还可以看到,当 B<α<A 时弹着点与目标(或者致盲干扰机)的距离与 α<B 时的最近距离相差不大,但和 α>A 时,弹着点与目标(或者致盲干扰机)的距离增加一倍。无论哪种情况,在无干扰时圆概率误差为米级的激光半主动制导炸弹,在致盲作用下炸弹误差增加了百倍。

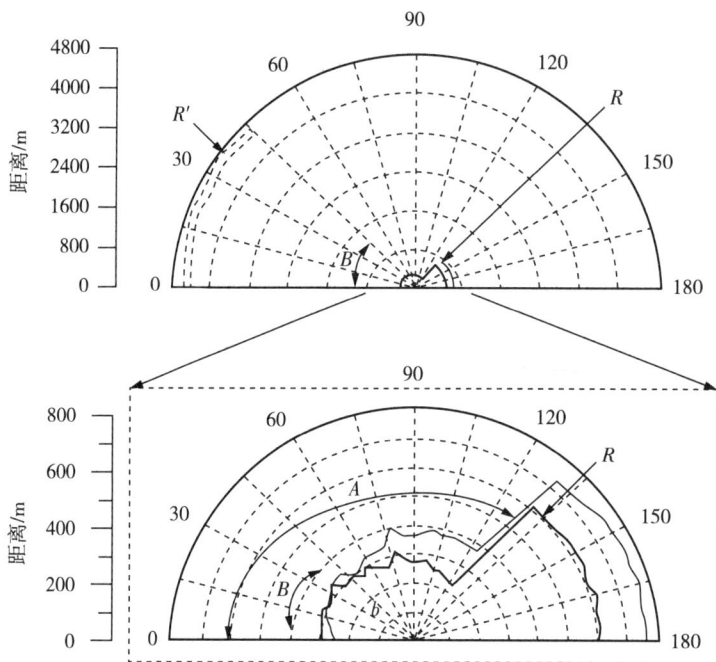

图 6-3 致盲作用下激光半主动制导炸弹的引偏距离与角度 α 的关系

6.2.2 对成像探测器毁伤

就探测器材料而言,成像探测器与单元探测器没有差异,造成致盲作用的机理也相似。但就致盲现象和效应而言,激光对成像探测器的致盲作用要复杂许多,与探测器结构有很大关系。

常用于可见光和近红外的 CCD 成像器件,采用 Si 基材料和成熟的大规模集成电路工艺制作,其感光单元与电荷转移存储单元是集成在一起的,探测器表面附近还分布有大量微小透镜和传输电路。对这一类成像探测器的致盲作用,大致可以分为点损伤、线损伤、完全损伤三个阶段,如图 6-4 所示。图 6-4(a)为有照明时,CCD 输出的正常图像;图 6-4(b)、(c)是在暗背景下输出图像,显示了点损伤逐渐发展;图 6-4(d)、(e)是在暗背景下的输出图像,为线损伤发展;图 6-4(f)是有照明时,CCD 输出的图像,黑屏显示了完全损伤情况。

点损伤一般出现在相对较小的功率(能量)密度下,对脉宽约 10ns 的脉冲激光,其典型损伤阈值接近 $100 \mathrm{mJ/cm^2}$,该阶段损伤在器件输出图像中呈现的现象是,在激光作用处出现白色斑点,且激光作用之后白点不会去除。图 6-5 是对一种型号的可见光 CCD 进行多次激光损伤实验的统计结果,显示了点损伤出现概率与激光能量密度的关系。

线损伤出现阈值功率(能量)密度要高一些,对脉宽约 10ns 的脉冲激光,其典型损伤阈值约为 $100 \sim 200 \mathrm{mJ/cm^2}$,该阶段损伤在器件输出图像中呈现的现象是,在激光作用处出现沿着 CCD 内电荷传输方向的白色亮线,且激光作用之后白线依然存在。

在当激光功率(能量)密度高于线损伤情况下,CCD 会被完全损伤。不同实验给出的

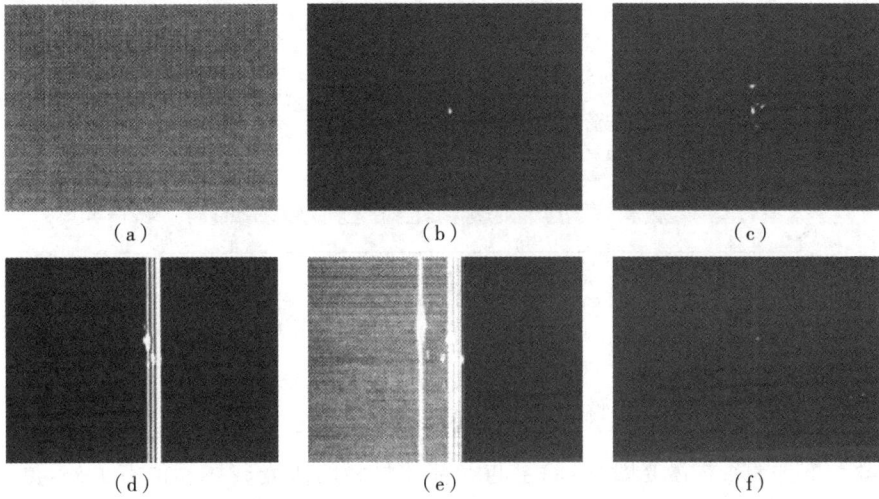

图 6 - 4　可见光 CCD 激光致盲作用现象

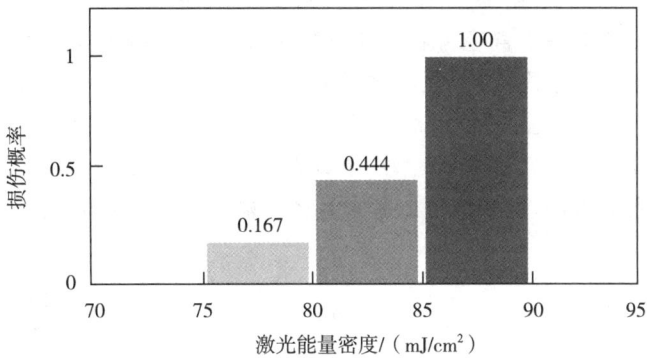

图 6 - 5　CCD 点损伤出现概率与激光能量密度的关系

完全损伤阈值范围跨度比较大,从 $220mJ/cm^2$ 到 $2.4J/cm^2$,这很可能与实验所用的 CCD 探测器、激光源不同有关。

　　实验表明,在完全损伤前的点损伤和线损伤阶段,在探测器损伤点之外的区域仍然可以成像,但成像性能有不同程度的降低。

　　国防科技大学的研究团队还比较了不同脉宽激光对可见光 CCD 的损伤结果,发现脉宽越窄,三个损伤阶段的能量密度范围跨度越大,如图 6 - 6 所示。

　　对于中、远红外成像探测器的致盲,相对要困难许多,致盲阈值要比上述 CCD 器件的致盲阈值高一个数量级以上,这一情况与该类成像探测器的结构有很大关系。红外成像器件一般采用两片分离结构,锑化铟或者碲镉汞等材料制作的红外感光单元为一片,与其下方用于电荷转移存储的 CCD 片通过铟柱等导体对应连接,因此迎光面没有高密度的传输电路。正因为如此,对红外成像探测器的致盲,多表现为点损伤,形成完全损伤的难度大。

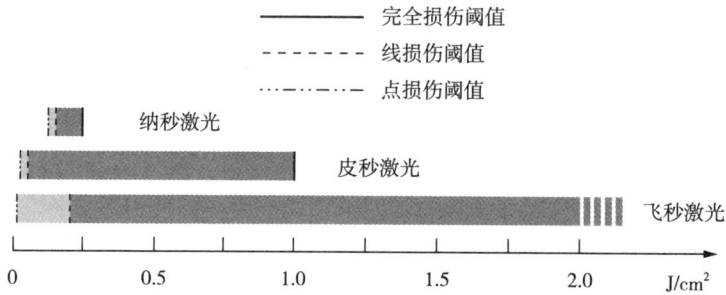

图 6-6　可见光 CCD 的激光损伤阶段与脉宽关系

6.2.3　对高增益元部件致盲

光学元部件能否被激光毁伤,除了与元部件材料的激光破坏阈值有关外,更重要的是其在光电系统中所处的结构位置。光电系统中,光电探测器一般会处于光学增益很高的位置,同时在整个光路上也可能有多个位置具有较有高的光学增益。激光对光电系统的毁伤,主要是对高光学增益部位元器件的损伤。由于激光束的高度准直性,光学系统能将其会聚为探测器上一个直径为亚毫米级的光斑,形成的累积光学增益可达 10 万倍,探测器因此容易被致盲。或者说,光电系统的高累积光学增益,等价地使光电系统的致盲阈值减小了 10 万倍。设想一个工作于 $8 \sim 14 \mu m$ 波段的光电探测系统,其等效光路如图 6-7 所示。对应图 6-7,表 6-2 给出了该光学系统中各个光学元件的基本参数和各个位置处相应的光学增益,这些值可以针对具体光电系统根据几何光学求得。

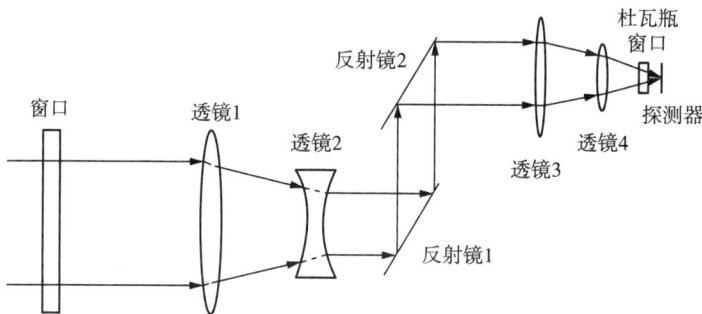

图 6-7　光电探测系统的等效光路图

表 6-2　对应图 6-7 中的各光学元件的基本参数

元件	材料	吸收系数 /cm^{-1}	厚度 /cm	表面	增透膜损失	光学直径 /cm	累计光学透射率	光学增益	累计光学增益	累计透射增益
窗口	ZnSe	0.004	1.0	第一面	0.022	10	0.978	1.0	1.0	0.97
				体	—	—	0.974	—	—	—
				第二面	0.022	10	0.952	1.0	1.0	0.95

（续表）

元件	材料	吸收系数 /cm^{-1}	厚度 /cm	表面	增透膜损失	光学直径 /cm	累计光学透射率	光学增益	累计光学增益	累计透射增益
透镜 1	Ge	0.020	2.5	第一面	0.018	10	0.935	1.0	1.0	0.93
				体	—	—	0.889	—	—	—
				第二面	0.018	9.5	0.873	1.1	1.1	0.96
透镜 2	Ge	0.020	1.75	第一面	0.020	5.0	0.850	3.61	3.96	3.36
				体	—	—	0.820	—	—	—
				第二面	0.020	4.0	0.800	1.51	5.97	4.77
反射镜 1	PC①	1%	—	第一面	0.015	4.0	0.790	1.0	5.97	4.71
反射镜 2	PC①	1%	—	第一面	0.015	4.0	0.780	1.0	5.97	4.65
透镜 3	Ge	0.020	1.2	第一面	0.018	4.0	0.766	1.0	5.97	4.57
				体	—	—	0.747	—	—	—
				第二面	0.018	3.0	0.734	1.78	10.64	7.8
透镜 4	Ge	0.020	0.3	第一面	0.018	1.0	0.721	9.0	95.79	69.06
				体	—	—	0.716	—	—	—
				第二面	0.018	0.4	0.703	6.25	598.70	420
杜瓦瓶窗口	ZnSe	0.004	0.2	第一面	0.022	0.10	0.688	16	9579.31	6590
				体	—	—	0.687	—	—	—
				第二面	0.022	0.05	0.672	4	3.83×10^4	2.5×10^4
探测器	MCT②	—	—	第一面	—	0.02	0.672	6.25	2.4×10^5	1.6×10^5

① 指高温陶瓷反射镜；
② 指 HgCdTe

当波长 $10.6\mu m$、脉宽 $1\mu s$ 的脉冲激光以 $5mJ/cm^2$ 的能量密度，正入射到图 6-7 所示的光电系统时，由表 6-2 可知，在 MCT 探测器处的累计透射增益为 1.6×10^5，对应该处能量密度为 $800J/cm^2$；而在杜瓦瓶窗口后表面处的累计透射增益为 2.5×10^4，对应能量密度为 $125J/cm^2$，已知 MCT 的损伤阈值约为 $20J/cm^2$，ZnSe 的损伤阈值为 $50J/cm^2$。因此，以能量密度 $5mJ/cm^2$ 的脉冲激光攻击该光电系统，在杜瓦瓶窗口和探测器两处，激光能量密度都大于各自器件的损伤阈值，不仅会造成探测器毁伤，而且还会使杜瓦瓶窗口元件毁伤。

同样，如果以能量密度为 $30J/cm^2$、脉宽 $1\mu s$ 的 $10.6\mu m$ 波长激光进行攻击，则在透镜 4 后表面处的能量密度将达到 $420 \times 30mJ/cm^2 = 12.6J/cm^2$，根据表 6-2 可知，该值已经超过了 Ge 材料的损伤阈值，透镜 4 也会被损伤。如果因为某种技术原因，脉宽 $1\mu s$ 的 $10.6\mu m$ 波长激光只能到达窗口部位，则毁伤攻击需要的能量密度应该大于 $50J/cm^2$。

倘若所考虑的光电系统是点源制导的红外导引头,如图6-8所示,通常处于焦平面的是调制盘而非探测器。这时在调制盘处有最大的光学增益,最易受激光损伤的不一定是光电探测器,也可能是以熔融石英或白宝石为基底材料的调制盘。考虑到一般的调制盘是在基底材料上附着有涂覆层或光学增透膜,故其破坏阈值的大小应与破坏光学薄膜所需的阈值相似。

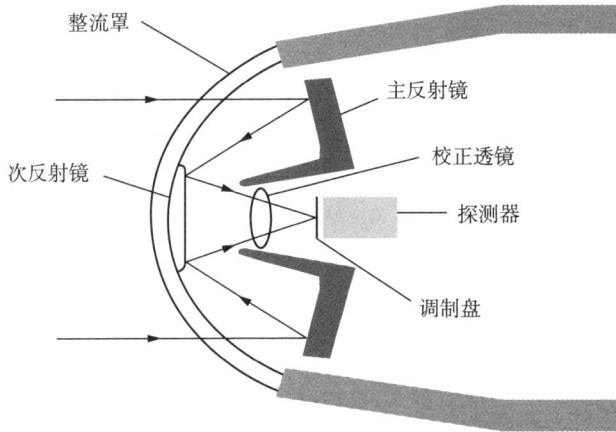

图6-8 点源红外制导导引头示意图

6.3 激光功率合成技术

激光定向能武器防御空中威胁目标,要求激光器具备很大的输出功率。由于受到非线性效应、目标热效应及光学损伤等因素的影响,单台激光器的输出功率在当前技术条件下很难实现大幅度的提高。因此,研究人员提出了激光空间功率合成技术,该技术通过对多台中小功率激光器的光束指向进行控制,使各子光束在远场形成空域上的功率合成,从而在特定区域内获得较高的激光功率密度,以满足战术激光武器等应用领域的需要。

激光空间功率合成可以分为非相干合成和相干合成两种方式。非相干合成是指通过光束整形或变换,将多束激光组合在一起输出或在目标上合成一个光斑;相干合成则是通过精密相位控制技术将工作波长相同的激光束进行相位锁定,使这些激光束在远场发生相干叠加,在特定空间上集中各子光束的能量或功率。从原理上讲,激光非相干合成是各子光束的功率叠加,而相干合成是各子光束的复振幅叠加。理想情况下,对N路功率相同的子光束进行非相干合成,可使远场光斑的峰值光强提高为每个子光束光强的N倍;而相干合成后,远场光斑的峰值光强提高为每个子光束光强的N^2倍。

可见,相干合成可以大大地提高激光束在特定空间的功率和亮度,是未来激光功率合成技术的发展方向。但该方法要求各个子光束的波长、偏振方向具有较好的一致性,且必须严格控制各子光束的相位以保证各子光束在远场处满足干涉条件,相位的微小变化就会影响合成的效率。目前,单频激光器的功率相对较低,要想获得高功率(如战术激光武器所需的 10^5 W 量级)的激光输出,就必须使用大量单频激光器进行合成,这样无疑将增加系统的复杂性,同时也给相位控制带来了更大的压力。相对而言,非相干合成技术结构简单,无需对光束的相位进行控制。因此,激光非相干合成技术的研究逐渐受到关注,成为现阶段实现高功率高光束质量固体激光的重要发展方向之一。

6.3.1　激光非相干合成

1. 非相干合成的几种实现方法

目前,激光非相干合成技术的主要方案有直接合成、光谱合成(又称波长合成)、偏振合成和空间交叉合成等。

(1)直接合成技术

直接合成技术最为简单,其基本方法是将各激光束按阵列结构依次并排叠加,然后经过透镜缩束/扩束整形合成,或者是将多束激光从不同方向直接照射到远方目标点上,合成一个光斑,从而提高靶面上的激光功率密度。

(2)光谱合成技术

光谱合成技术一般是利用光栅或滤光片等光学器件来实现多个不同波长光束的合成,光谱合成技术对激光器的线宽要求较低,系统稳定性高,其常见结构如图 6-9 所示。该结构由激光器阵列单元、传输透镜、衍射光栅和输出耦合镜四部分组成。不同波长的激光束经过透镜,聚焦到衍射光栅上,经过衍射光栅后可以同轴传输到输出耦合镜,形成高功率的合成光束,此结构的工作原理类似于光谱仪的反向工作。

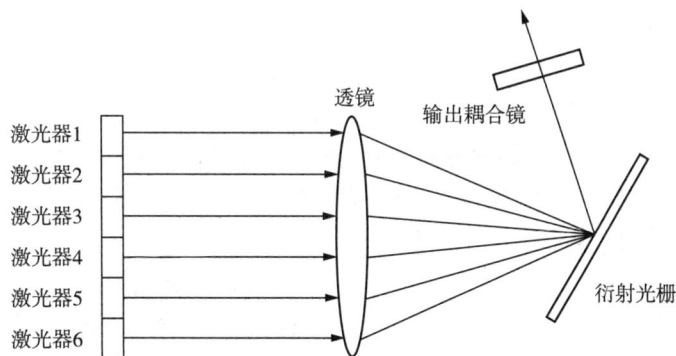

图 6-9　光谱合成技术示意图

图 6-10 给出了一种采用干涉滤光片实现三路激光光谱合成的方法。该结构采用 6 个带通/阻滤光片来完成光束的分离与合成。其中,F_1 和 F_3 把宽带种子光分为中心波长分别相差 2nm 的三束窄带光,F_2 和 F_4 滤除波长在各窄带光之间的光,使各窄带光具有更窄的线宽。三束窄带光经过放大后由 F_5 和 F_6 完成光谱合成。

2013 年,美国实现 12 路光纤激光光谱合成 3.1kW,2016 年实现 96 路光纤激光光谱合成 30kW。

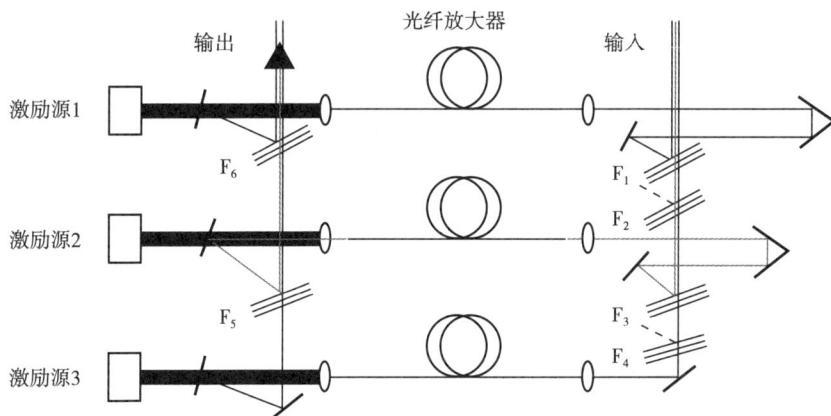

图 6-10　采用干涉滤光片实现光谱合成的示意图

（3）偏振合成技术

偏振合成的基本原理如图 6-11 所示，两个激光器输出的光束经过准直，一束通过 $\lambda/2$ 波片，改变偏振方向后，与另一束激光在偏振滤波器处进行合成，两束激光共轴输出，这样可以增加激光光束的功率密度。由于光束的偏振态只有两个，因此偏振合成技术限制了其对多个光源进行合束的能力。

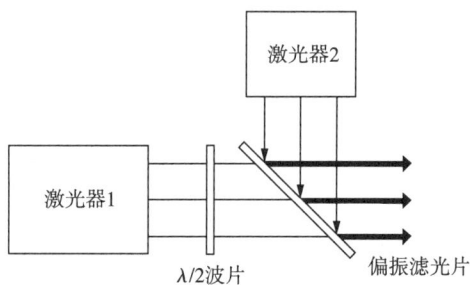

图 6-11　偏振合成示意图

（4）空间交叉合成技术

空间交叉合成技术是利用光学元件或其组合，对多个光束进行合成，进而增加光输出功率密度。图 6-12 给出了利用两个棱镜将三个激光器的输出光束进行合成的示意图，激光器 1 的光束通过两个棱镜直接输出，而激光器 2 经过棱镜 1 反射，激光器 3 经过棱镜 2 反射与激光器 1 的激光光束在同一光路输出。此结构理论上可以在不改变每个组件光束质量的情况下，将输出光功率密度提高 3 倍。

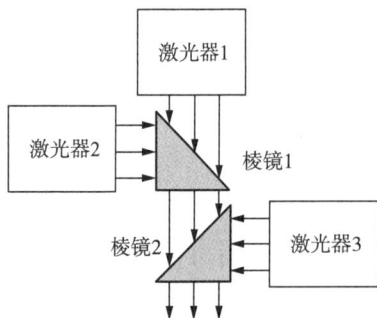

图 6-12　空间交叉合成示意图

2013 年，美国雷神公司实现 6 路 5.5kW 光纤激光空间合成 33kW。2016 年，德国莱茵金属公司实现 4 路 20kW 光纤激光空间合成 80kW。

直接合成技术光路简单，但光束质量的控制比较困难，其合成效果随子光束数量的增加和阵列占空比的减小而迅速变差，当目标形状随方向变化较大时，目标点上光斑的功率密度受到很大影响，从而导致激光作用效果下降。光谱合成技术光路结构相对简单，对线宽要求较低,无需进行相位控制,可实现共轴输出,光束质量较好。但是,该技术不能在要求单一波长或较窄光谱的情况下使用。偏振合成技术对子光束的波长没有要求,易于实现,能够实现共轴输出,光束质量好。但该技术每次只能对两个偏振态相互垂直的光束进行合成,多路激光偏振合成时需要多个偏振合束器件,系统光路较为复杂。空间交叉合成技术可以实现同一波长的光束在空间的功率合成,光束质量高,但所需光学元件(如棱镜)的复杂程度会随子光束数目的增加而增加。此外光谱合成技术、偏振合成技术、空间交叉合成技术都是单一端口输出,器件抗热损伤的能力也是限制它们向更大功率发展的一个重要因素。

2. 脉冲激光非相干合成技术

根据合成光束的性质,非相干合成技术又可以分为连续激光非相干合成技术和脉冲激光非相干合成技术。与连续激光相比,脉冲激光非相干合成技术相对困难,在合成时需要考虑更多的因素。例如,各子光束的脉冲必须严格保持时域上的同步,其脉宽等特性也必须保持一致,并且在近场和远场都要有良好的交叠。然而,在某些应用领域,脉冲激光具有更加良好的性能(例如,在激光对抗领域,脉冲激光的损伤效果优于连续激光)。因此,下面重点介绍一下脉冲激光的非相干合成技术。

脉冲激光非相干合成的核心技术就是保证各脉冲能量的峰值叠加。图 6-13 给出了一种典型的实现方案,其基本思想是以一路激光脉冲为基准,对多路激光进行脉冲采样,通过脉冲时差鉴别、综合时域补偿达到高精度同步输出。激光合成同步控制器产生多路高精度同步控制信号分别传送到多路激光激励源组合单元,并由多路激光激励源激励相应的激光放大器输出脉冲激光。由于激光激励源的非线性、开关元件的速率误差、各激

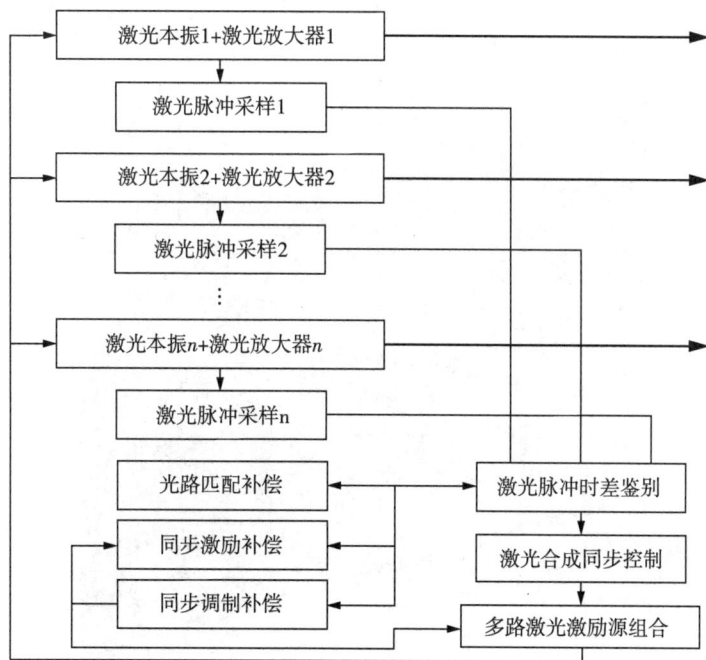

图 6-13　脉冲激光非相干合成原理框图

光器中增益介质不一致性等因素,各激光器输出的光脉冲在时域上并不完全一致,因此需要通过对各路光脉冲进行取样并送入时间鉴别器取出相应的误差值,以此实施有效补偿。一般来说,采取的补偿措施主要有同步激励补偿、同步调制补偿和光路匹配补偿三种。

6.3.2 激光相控阵合成

除了激光功率,光束指向的精密控制也是一直影响军用光电装备发展的关键技术之一。激光相控阵合成是利用光学相控阵来实现空间功率合成的一种相干合成技术,该技术在提高激光功率密度的同时,还可以实现光束指向的精密控制。

1. 光学相控阵简介

光学相控阵概念来源于微波相控阵,是相控阵技术从微波向光学领域的拓展。它通过对各阵元施加不同的电场,引起折射率或光程变化,以实现相位调制,在光束控制、激光成像及激光空间通信等领域具有巨大的应用潜力。

光学相控阵无机械运动部件,不仅具有体积小、重量轻、光束指向精确、空间分辨率高等优点,而且具备波束随机指向、多波束输出、动态调焦以及光能量控制等能力,已经成为当前军用光学领域的研究热点。

从 20 世纪 70 年代开始,人们就在光学相控阵领域开展了艰难的探索。美国的 Meyer 用钽酸锂($LiTaO_3$)晶体移相器制成了第一个一维光学相控阵器件,验证了光学相控阵的基本概念。经过了 40 多年的研究,光学相控阵技术在材料、结构和应用等方面都取得了长足进展。2013 年,美国国防部国防预研计划局(DARPA)验证了新的二维光学相控阵,如图 6-14 所示。该阵列的尺寸只有 $576\mu m \times 576\mu m$,但它却包含了 4096 个(64×64)阵列单元,并集成到一块硅芯片上,可用于先进激光雷达和其他国防用途。

图 6-14 DARPA 研制的 4096 二维光学相控阵

2. 激光相控阵合成的基本原理

激光相控阵合成技术的基本原理就是通过控制光学相控阵各个相位调制单元的相移量,使各子光束在空间干涉增强或抵消,干涉的结果是在设定方向上产生一束高强度光束,而在其他方向上的光强接近于零,从而实现光束指向控制。利用光学相控阵进行光束指向控制的原理又可等效于棱镜对光束的偏转,相当于在光学系统口径内插入一个棱镜,将会引起口径内光学路径延迟的变化,使出射波前发生倾斜,从而改变光束方向,如图 6-15 所示。组成相控阵的各相控单元在计算机的控制下,可使一束或多束高强度光束的指向按设计的程序实现随机空域扫描。

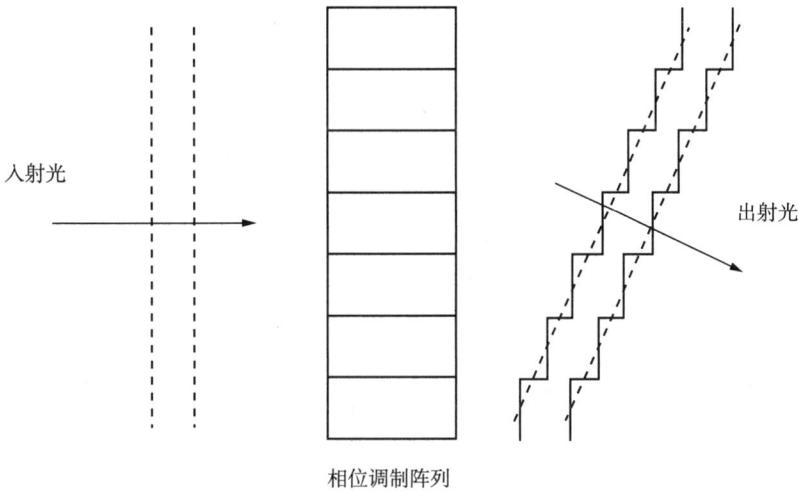

图 6-15　激光相控阵合成的基本原理

图 6-16 给出了利用理想光学相控阵进行光束合成的示意图,图中的光学相控阵由 N 个阵元组成,阵元间距 d 相等,每个阵元可以看成一个理想的点,出射光束的相位变化与坐标成正比。

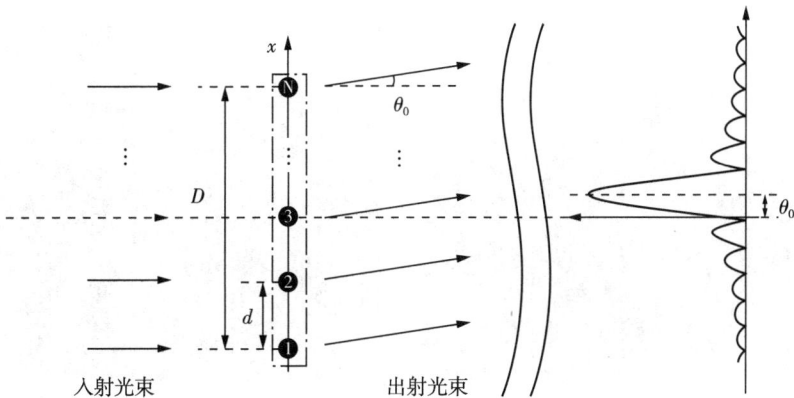

图 6-16　理想光学相控阵模型

然而,在真实的光学相控阵中,阵元总有一定的宽度,如图 6-17 所示。

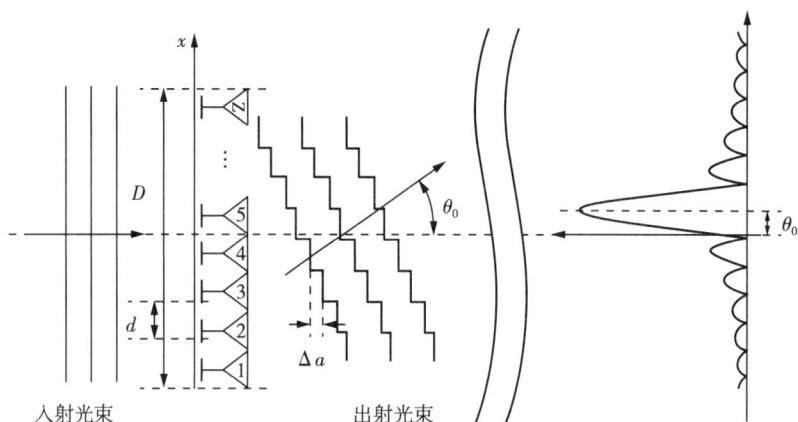

图 6-17　真实光学相控阵模型

3. 激光相控阵合成的对抗系统应用

自 20 世纪末起,人们就对激光相控阵合成技术在军事领域的应用产生了浓厚的兴趣。美国 DARPA 先后启动了"光束灵巧控制"(STAB)项目和"自适应光学锁相元件"(APPLE)项目研究用于军事的激光束控制技术;欧洲防务局(EDA)开展了"先进激光束控制技术"(ATLAS)项目,主要研究用于光电对抗、主动成像、目标识别、跟踪、搜索的非机械式光束方向控制和激光束整形技术。

在传统的光束控制技术中,发射望远镜系统质量正比于 $D^{2.7}$(D 为发射镜直径),发射系统的功耗随 D^5 增长,并且需要相应的万向伺服机械装置,由于机械传动的速度相对较慢,难以实现快速有效地光束扫描。激光相控阵合成技术利用多个小口径发射望远镜替代大口径发射望远镜,利用全电控制的方式实现光束扫描,光束定向器的质量、体积和功耗与发射口径 D^2 成正比,大大降低了系统的体积和质量,提高了系统的反应速度,如图6-18所示。

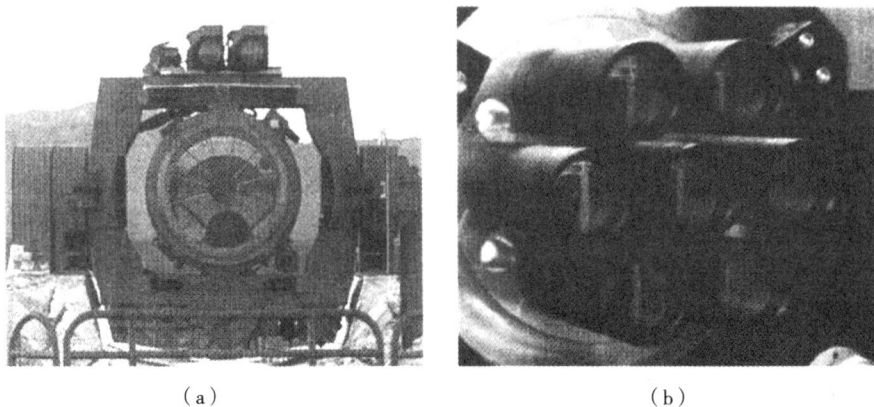

（a）　　　　　　　　　　　　　（b）

图 6-18　大孔径发射望远镜与光学相控阵发射望远镜

美国军方的 APPLE 项目就是激光相控阵合成技术在激光对抗领域的典型应用。该项目的基本方案就是用相干合成的光纤激光源替代传统的单台高能激光源,用基于光学相控阵的全电光束控制方式取代传统的机械转动控制方式,用优化式自适应光学技术代替传统的基于波前传感的自适应光学技术,如图 6 - 19 所示。

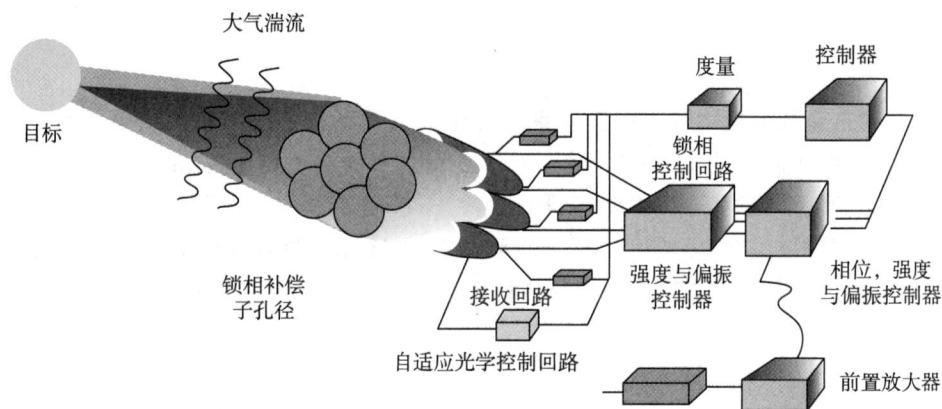

图 6 - 19　APPLE 系统

思考题

1. 激光对材料毁伤效应主要有哪些?
2. 什么是激光破坏阈值?
3. 激光对单元探测器毁伤的基本原理是什么?
4. 激光对成像探测器毁伤的基本原理是什么?
5. 激光对高增益元部件致盲的基本原理是什么?
6. 简述激光空间功率合成技术。
7. 激光非相干合成有哪些方法?
8. 什么是光谱合成技术?
9. 如何实现多个激光器的空间交叉合成?
10. 激光相控阵合成的基本原理是什么?

第7章　光电对抗系统测试与仿真

光电对抗系统的应用对于增强体系对抗作战条件下目标抗精确打击能力具有重要意义,但在系统研制和试验过程中,由于难以获得真实的对抗目标,再加上实装对抗试验投入大、风险高,组织难度大,因此在研制阶段,一般是通过静态试验测试系统的性能指标、半实物仿真对抗试验测试单元模块的动态指标、全系统联动仿真试验测试全系统动态指标的方法,综合评定对抗系统的整体性能。本章主要讨论激光对抗设备的综合测试评定方法。

7.1　激光对抗设备综合测试评定方法

光电对抗系统的作战对象若为精确制导武器,由于导引头对自身的信号处理不具备过程信号输出接口,因此在光电对抗系统试验过程中,难以观察到制导武器光电探测器的工作状态和后续制导信号处理结果。而且导引头的动态响应特性与战场环境关系密切,而真实的作战环境难以模拟,所以光电对抗系统的性能试验和指标测试过程较为复杂,技术和实现难度大。为了有效测试评定光电对抗系统的整体性能,一般是采取地面静态测试与空中动态测试相结合的实物、半实物仿真综合测试与评定方法。

激光对抗设备综合测试评定过程技术和操作难度大的主要原因有以下几个。

已装备型号的光电导引头难以获得,且实物试验代价高、危险性大,保障难度大。

由于导引头本身不具备过程信号输出接口,试验过程中也观察不到探测器工作状态和后续制导信号处理结果,干扰效果评估难以获得对抗过程数据支持。

由于导引头探测器的动态响应特性与战场环境关系密切,真实的作战环境难以模拟,测试过程复杂。

为克服上述困难,依据激光对抗设备综合测试原理和评估模型,参考国内外相应装备的试验方法,对对抗设备的测试采用地面静态测试与空中动态测试相结合的半实物仿真综合测试评定方法。影响光电对抗系统干扰效果的主要关联指标是干扰源参数、定向跟踪性能等。因此,这种综合测试方法的试验过程可以结合主要关联指标分解实施。

7.1.1　试验过程分解

影响激光对抗设备干扰效果的关键是干扰源参数、定向目标跟踪性能参数和战术应用参数(如假目标布设、开火时机等,不考虑战术应用参数指标测试)。鉴于动态测试试验成本较高,进行试验过程分解,先易后难,可减小试验风险和代价。

　　干扰源参数测试。在地面或实验室环境,采用标准激光源测量干扰源的输出参数,运用干扰模型评定干扰源对导引头的干扰能力,并对其干扰作用距离进行数值计算。

　　干扰效果静态测试。在地面或实验室环境,固定干扰对象位置,测试各种干扰方式下的干扰效果、有效性以及静态干扰作用距离等。

　　随动定向干扰性能测试。在地面或实验室环境,验证伺服跟踪设备对运动中制导武器的跟踪能力,根据激光束散角计算干扰激光照射导引头的概率,采用目标定向干扰精度转移模型估算该概率。

　　干扰效果动态测试。在野外试验场,全系统联动工作情况下,运用半实物仿真专用试验设备,综合试验验证光电对抗系统的性能指标和技术指标,主要包括干扰效果、作用距离、干扰概率等。光电对抗设备综合测试与评定的基本思路如图 7-1 所示。

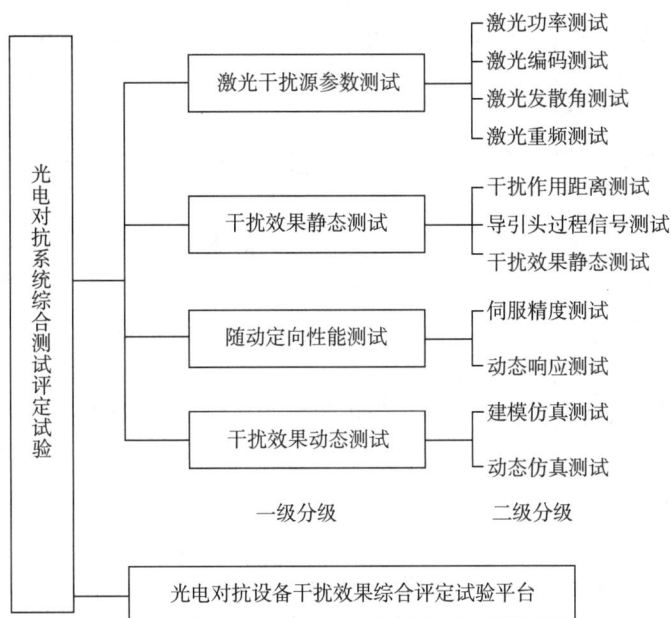

图 7-1　激光对抗设备综合测试评定过程分解

7.1.2　静态测试与动态测试相结合

　　对于干扰源参数测试、干扰效果静态测试、随动定向性能测试等试验,可在实验室或野外条件下利用通用仪器仪表、导引头和专用软件完成。干扰作用距离等指标测试可以在地面外场进行,也可在实验室利用不同衰减系数的衰减片进行模拟,然后利用数学模型定量分析。

　　光电对抗设备动态干扰测试可利用飞行器搭载激光导引头或模拟设备完成,根据飞行器干扰前后的飞行轨迹判断激光对抗设备干扰效果。

　　将地面或实验室静态测试结果与空中动态测试结果相结合,进行光电对抗设备主要性能和指标的综合评定。

　　激光导引头是验证激光干扰设备干扰效果有效性的关键,但导引头技术资料保密,又不提供制导过程信号测试接口,因此将实装的激光制导导引头引入到系统测试回路,并引出捕获信号、四象限探测信号、和差计算信号等中间过程信号,在地面进行激光干扰效果的静态测试,提高测试评定的可信度,并评定干扰程度。在动态测试试验过程中可运用仿真技术,根据导引头原理和制导功能,建立数学模型,研制基于四象限光电探测器的干扰效果动态测试设备,集成在无人机上,作为模拟精确制导武器的靶弹,并设计真值录取设备实时记录靶弹飞行中的动态数据,作为综合测试评定激光对抗设备干扰效果的依据。

7.2 激光对抗设备综合测试评定系统

以激光对抗设备的综合测试评定为例,介绍综合测试评定试验系统的构成。

7.2.1 系统功能要求

根据激光对抗设备综合测试评定模型和方法,系统应具备以下功能。

1. 干扰源静态参数测试功能

综合测试评定系统应具备干扰激光技术参数的静态测试功能,测试内容包括激光重频、波长、功率等与评定过程相关的主要技术指标,并将测试结果通过标准总线或其他方式送入综合测试评定系统嵌入式处理器,作为被测设备参数数据样本建库管理。

2. 干扰效果地面静态测试功能

综合测试评定系统应具备地面静态干扰效果测试功能,即对干扰前后导引头制导过程信号的测试,包括光电探测器输出信号、前放输出信号、波门信号、四象限信号、和差信号、捕获信号等,建立干扰效果静态测试数据样本数据库。

3. 干扰效果空中动态测试功能

综合测试评定系统应具备空中动态干扰效果测试功能,测试内容包括四象限信号、和差信号、无人机航迹信号、飞行姿态控制信号等,并可存储、显示、处理分析这些数据,建立干扰效果动态测试数据样本数据库。

4. 数据库管理功能

综合测试评定系统软件根据被测对象战技指标数据库、战场环境数据库,调用综合测试评定模型,通过逻辑判断、实时波形动态比较、试验分析、数值分析等方法,对被测激光对抗设备干扰效果进行综合评定,以报表形式生成评定结论。

5. 综合测试评定功能

系统综合测试评定软件完成系统工作模式设定、工作时序协调、测试数据入库、数据库管理、干扰效果评定等功能。

激光对抗设备综合测试评定系统主要技术性能指标如下:

测试对象:如高重频激光堵塞干扰设备、激光角度欺骗干扰设备等。

测试方式:如地面静态测试与空中动态测试相结合的半实物仿真。

测试参数:干扰激光波长、重频、束散角、功率、脉冲宽度等。干扰前后四象限信号、和差信号、捕获信号、波门等；空中动态航迹信息、四象限信号、和差信号、飞行姿态信号等。

具有目标捕捉能力、工作波长相关性、干扰作用距离、干扰机理、干扰程度、动态干扰效果综合评定功能，并自动生成测试评定报告。

具有测试参数波形实时显示、干扰轨迹动态显示、状态实时显示功能等。

7.2.2　系统组成及工作原理

1. 系统组成

依据综合测试评定系统功能要求，其组成主要包括系统控制与综合评定设备、干扰激光参数测试设备、干扰效果静态测试设备、干扰效果动态测试设备、实装导引头、数字显控设备等几个部分组成，如图 7-2 所示。

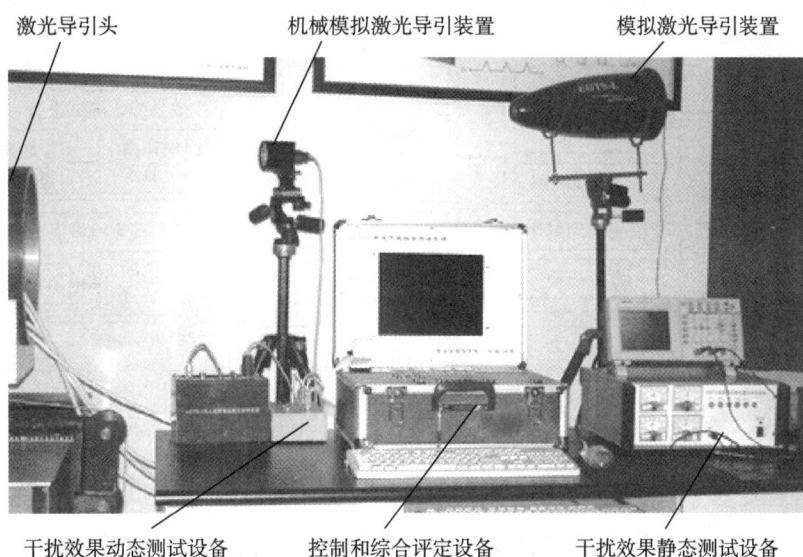

图 7-2　激光对抗设备综合评定系统

干扰激光参数测试设备用于静态条件下测试干扰激光的技术参数，主要由波长计、激光功率计、激光光束分析仪、示波器等通用测试仪器组成，通过标准总线接口或人工输入方式与系统控制与综合评定设备连接。

干扰效果静态测试设备由地面模拟激光导引装置、测试仪组成，实现地面静态激光制导过程的模拟，包括激光四象限探测与显示、波门信号设置、和差信号处理等功能，通过模拟信号接口与系统控制和综合评定设备连接，用于激光对抗设备干扰效果的静态测试评定。

干扰效果动态测试设备由机载模拟激光导引装置、真值录取、无人机平台等组成，实现空中飞行状态下的激光制导过程模拟，通过数据接口与系统控制与综合评定设备连接，回放动态试验中获取的真值数据，用于激光对抗设备干扰效果的动态测试评定。

指示光源和实装激光导引头以实物形式在回路中的测试方法，把实装导引头作为测试设备的组成部分,用于地面干扰效果近场和远场的测试,提高干扰效果评定的可信度。

系统控制与综合评定设备是激光对抗设备综合测试评定系统的核心,实现系统各组成部分的管理、测试数据处理、综合评定等功能。该设备由硬件子系统和软件子系统组成。硬件子系统包括嵌入式计算机系统、I/O 模块、隔离模块、信号调理模块、电源模块、显示控制模块、人机接口模块等组成,软件子系统由系统自检模块、测试模块、静态测试模块、动态测试模块、综合评定模块等组成。系统控制与综合评定设备还具有外围接口,如与被测设备之间的信息接口、与上一级系统的网络接口等。

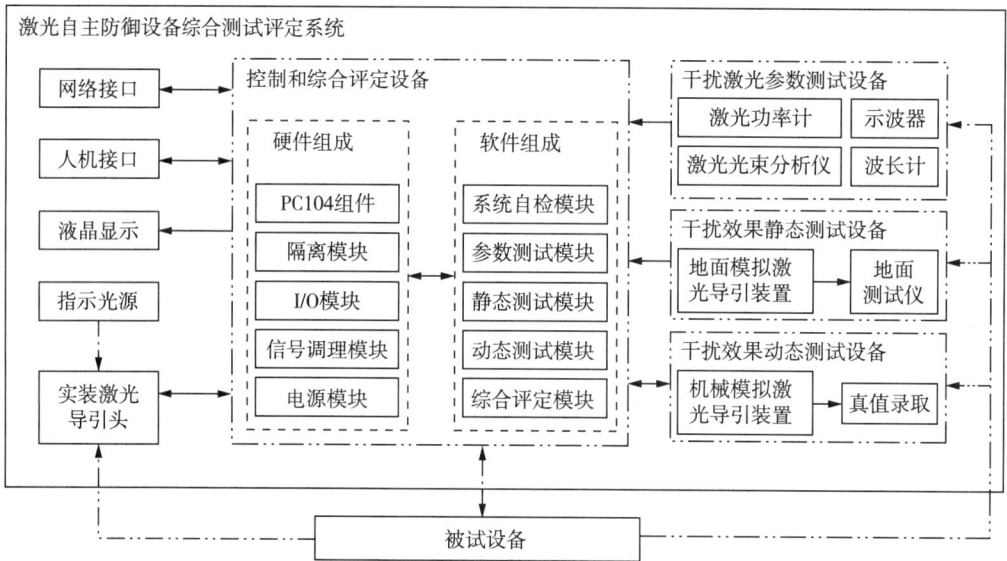

图 7-3　激光对抗设备综合测试评定系统组成框图

综合测试评定系统设备组成和接口关系复杂,主要包括硬件、软件和信息接口三部分内容。

(1)系统硬件

充分考虑不同测试环境和测试的实际情况,系统硬件采取模块化设计思想,其组成见表 7-1 所列。由表 7-1 可知,干扰激光参数测试设备可选购通用测试仪器仪表,其设计主要是仪器的选型应与被试设备干扰激光参数范围相适应,兼顾成本和可靠性。

根据设备功能要求,系统硬件设计各有重点。

干扰效果静态测试设备主要用于实验室条件下测试激光对抗设备干扰效果,重点是干扰机理的验证,因此对作用距离等指标不作严格要求,其硬件技术设计的重点是四象限光电探测模块的一致性、和差处理模块的实时响应能力以及波门电路模块的可调性。

干扰效果动态测试设备主要用于机载环境动态测试激光对抗设备干扰效果,重点是动态干扰效果的测试,因此对作用距离、机载环境适应性等要求严格,其硬件技术设计的重点是高灵敏度的光电探测模块、电磁兼容设计、光机结构设计。

控制与综合评定设备主要用于实验室或野外条件下对单机测试数据进行处理分析，硬件技术设计重点是微弱信号的调理模块、多种类型的接口模块，同时要能够方便野外便携使用。

表 7-1 激光对抗设备综合测试评定系统硬件组成

综合测试评定系统	干扰激光参数测试设备	波长计	波长计
		激光功率计	功率计
		激光光束分析仪	光束分析仪
		示波器	示波器
	干扰效果静态测试设备	地面模专激光导引装置	光机结构
			光电探测模块
		地面测试仪	和差电路模块
			液门电路模块
			控制电路模块
			电源模块
			接口模块
	干扰效果动态测试设备	机载模拟激光导引装置	光机结构
			光电探测模块
		真值录取模块	和差电路模块
			波门电路模块
			控制电路模块
			电源模块
			接口模块
			存储模块
	控制和综合评定设备	信号调理	通道隔离模块
			阻抗匹配模块
		信号接口	I/O 模块
			信号采集模块
			RS232 隔离模块
		嵌入式处理器	PC104 组件
		显控设备	液晶显示器
			操控件
		电源设备	PC104 电源模块
			AC/DC 电源模块
	实装激光导引头	激光导引头	激光导引头
			指示激光源

（2）系统软件

软件功能的完备性、易用性、软件结构化、可扩展性，以及软件系统运行的安全性、可靠性是一个测试系统成功与否的标志。综合测试评定系统运行管理、测试评定、数据管理都需要通过软件来实现，因此系统软件设计是总体设计的重要内容，主要包括软件设计功能分析、软件框架设计、软件开发平台的选择等内容。

① 软件功能分析。系统软件主要包括以下基本功能模块。

系统自检模块。系统启动时，首先对测试系统工作状态进行一次自检，检测内容包括：测试系统数据采集电路主要信号参数、测试系统面板上主要状态指示元件工作状态是否正常；测试系统控制电路是否工作正常。

启动自检并结束后，通过独立的自检模块，完成对系统测试工作状态的实时检测，检测内容包括激光对抗设备主要信号参数及工作状态。

被测设备数据管理模块。主要由人机交互接口录入被测设备型号、战技指标、测试条件、气象天候环境等数据样本，也可通过通用外设接口（以太网、串口、USB 等）成批录入数据样本，建立被测设备数据库、环境参数数据库。

干扰激光参数测试与评定软件模块。利用通用激光参数测试仪器、电气参数测试仪器数据接口完成对激光对抗设备干扰源激光功率、重频、脉宽、光斑参数等测试数据的录入和管理，根据激光对抗设备综合测试评定原理和方法估算被试设备可能具备的干扰效果。

干扰效果静态测试与评定软件模块。对激光对抗设备进行静态测试时，需要实时采集设备主要的脉冲和模拟信号，通过分析和推理未加干扰前和加入干扰后两种情况下的过程信号，评定激光干扰效果，并对测试效果进行仿真，模拟导弹受干扰前后的飞行轨迹。

干扰效果动态测试与评定软件模块。干扰效果动态测试与评定软件模块通过读取干扰效果动态测试设备录取数据，进行轨迹回放，分析轨迹与接收的干扰激光信号关系，给出动态测试评定结果。

数据库分析与推理判断机制。系统要完成对激光对抗设备测试评定结果分析和处理，需要建立设备测试数据实时数据库，通过对数据库中的数据及测试系统获得的实时数据进行分析和推理判断，得出综合评定结论。

系统设备间通信与数据传输。系统控制与综合评定设备由多个设备组成，设备间需要相互通信完成数据和控制信号传输，通信方式包括串行通信（RS - 232/485）方式和网络通信方式。

系统软件设计中除了要实现功能外，还要充分考虑系统软件运行的可靠性和安全性，因此系统在每次启动后，通过系统自检模块检测硬件电路、I/O 端口配置和反馈信号，确保系统安全可靠地工作。数据处理和显示是系统的一个重要的方面，系统运用数据库技术存储海量数据，采用图形化技术和实景仿真技术将数据显示给用户。

② 软件框架。激光对抗设备综合测试评定系统软件设计采用自顶向下、模块化、结构化的设计方法，其主要功能包括系统自检、数据采集、数据处理和分析、系统控制。

系统软件结构框图如图 7 - 4 所示。

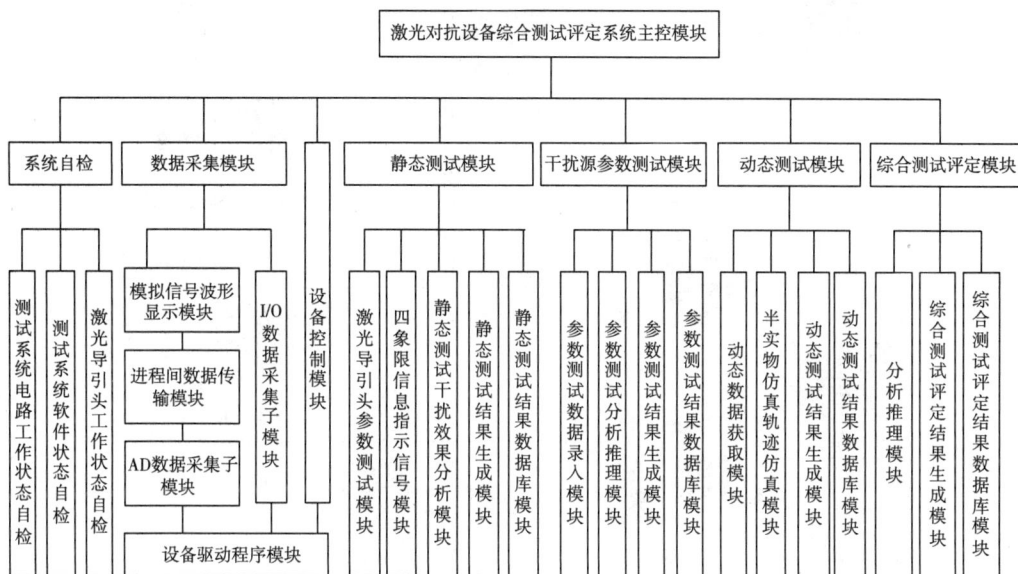

图 7-4　系统软件组成框图

（3）系统信息接口

用于系统评定的测试数据来源有：被试设备性能参数数据、战场环境、气象、天候数据；激光参数测试数据；干扰效果静态测试数据；干扰效果动态测试数据；激光导引头四象限信号、和差信号、捕获信号等制导过程信号。

被测激光对抗设备性能参数、战场环境、气象、天候等数据通过键盘录入，或通过USB 等外设接口直接输入系统控制与综合评定设备。

干扰源静态激光参数（激光功率、波长、重频、脉宽、光斑参数等）通过测试仪器自带的 RS232/GPIB 接口，或通过 USB 等外设接口直接输入系统控制与综合评定设备。

干扰效果空中动态测试数据（四象限信号、和差信号、无人机飞行轨迹信息等）通过 RS232 接口输入系统控制与综合评定设备。

干扰效果静态测试数据（四象限二级放大信号、和差信号）和激光导引头过程信号（捕获信号、和差信号等）通过信号调理与转换、数据采集、I/O 板卡进入系统控制与综合评定设备。

2. 系统工作原理

系统通过控制与综合评定设备，采用总线结构，自动获取干扰源激光参数、导引头干扰过程信号、空中动态干扰效果等测试数据，运用有效干扰距离、干扰效果综合评定等模型，得出被测设备性能参数及干扰效果综合测试评定结论，并生成测试评定报告。系统工作原理如图 7-5 所示。

综合测试评定试验系统包括静态/动态，地面/空中等不同条件下的多种工作模式，以给出激光对抗设备干扰效果测试评定结论为最终目标，其工作过程如图 7-6所示。

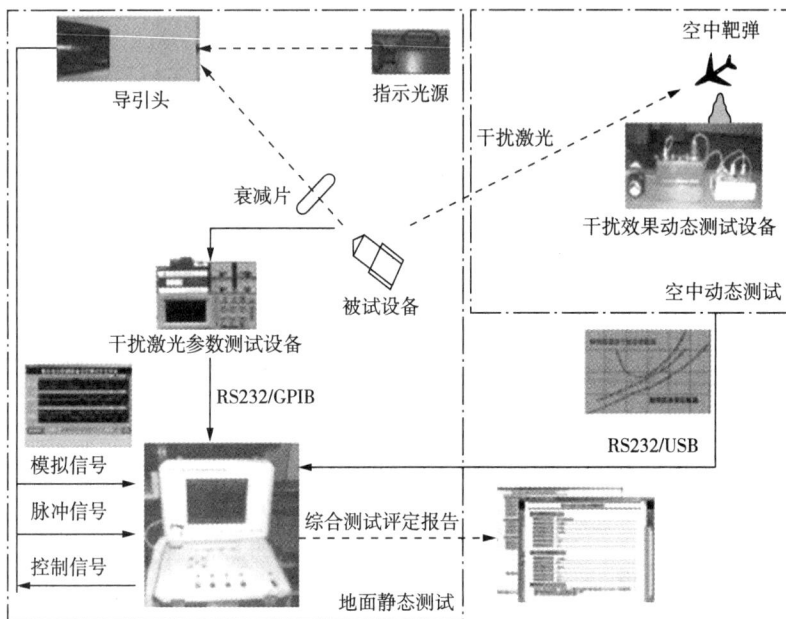

图 7 - 5　激光对抗设备综合测试评定系统工作原理

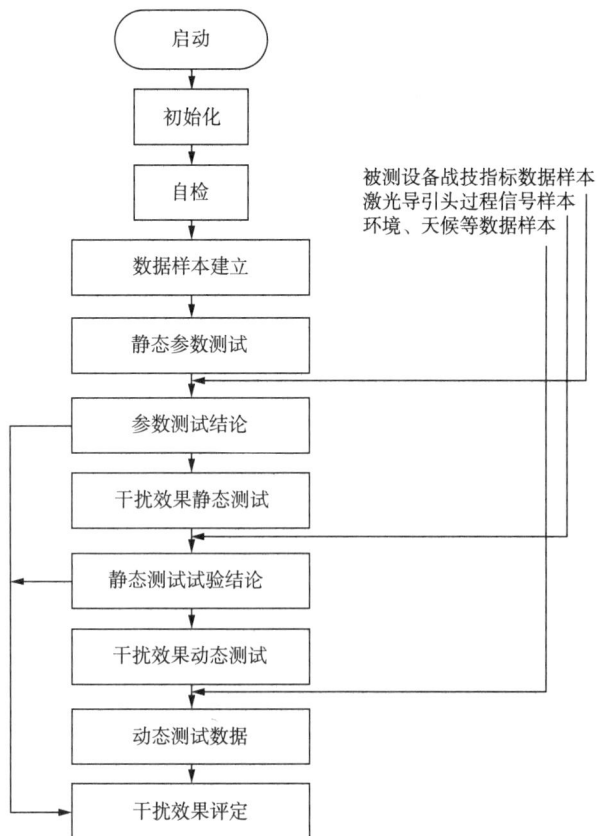

图 7 - 6　激光对抗设备综合测试评定系统工作过程

7.2.3　系统工作模式

系统为了确保干扰效果评定得科学、客观,便于对已有试验结果的综合分析,要求大量的数据样本,包括被测设备战技指标数据、战场环境数据、干扰源性能参数数据、干扰效果静态测试数据、动态测试数据等。为此必须在不同的试验条件下进行大量的测试试验,结合激光对抗设备综合测试评定系统必须完成的功能,可知系统有如下几种工作模式:

1. 激光对抗设备战技指标数据及环境数据输入工作模式

激光对抗设备战技指标数据及环境数据输入工作模式主要由人机交互接口录入被测设备型号、战技指标、测试条件、气象天候环境等数据样本,也可通过通用外设接口(以太网、串口、USB 等)成批输入数据样本,建立被测设备数据库、环境参数数据库等。

2. 干扰激光参数测试工作模式

干扰激光参数测试工作模式是利用通用激光参数测试仪器、电气参数测试仪器完成对激光自主防御设备干扰激光波长、功率、重频、束散角等参数的测试功能,为定量分析激光干扰效果提供参数数据样本。

通用测试仪器与系统数据传送方式有以下两种。

实时数据传送。综合测试评定系统根据选用的通用激光参数测量仪器、电气参数测量仪器设计专门的总线接口,通用仪表测试参数可以通过这些接口实时传入嵌入式处理系统格式化存储,该方式主要应用在实验室环境。

数据转存。当综合测试系统和被测设备不在一地,或在野外进行测试不方便进行实时数据传送时,可将仪器测试数据通过存储体转输入系统。

3. 干扰效果静态测试工作模式

干扰效果静态测试工作模式包括激光制导导引头正常工作条件下数据样本的采集与数据库的建立,受干扰条件下数据样本的采集与数据库的建立。

激光制导导引头正常工作条件下数据样本的采集,一般在实验室条件下进行。为了提取制导过程中间信号,必须对测试用导引头进行必要改造,使得测试设备的连接不影响制导系统工作特性。首先将激光对抗测试系统与导引头可靠连接,在综合测试系统的统一协调与控制下,给导引头加电检查并做好测试准备,在指示光源照射下,测试系统采集导引头捕获信号、四象限信号、和差信号等中间过程信号并通过显示、指示终端直观显示出来。

受干扰条件下数据样本的采集是在地面实验室条件下,激光制导导引头在模拟激光指示信号的指引下模拟制导过程,同时激光对抗设备按照一定条件对其实施干扰,综合测试评定系统实时采集导引头信号建立干扰情况下动态参数样本数据库,干扰效果实时仿真显示。

在实验室条件下可通过增减不同衰减系数的衰减片模拟不同作用距离试验测试激光对抗设备干扰作用距离,结合外场距离实验验证干扰设备作用距离指标。

4. 干扰效果空中动态测试工作模式

激光对抗设备干扰效果空中动态测试工作模式采用搭载干扰效果动态测试设备的无人机作为靶弹模拟激光精确制导武器,按预设攻击航路临近飞行,启动数据记录信号。飞行过程中,干扰效果动态测试设备实时进行四象限信号采集与处理,处理生成的和差信号接入无人机飞控仪。在没有干扰的情况下,和差信号为零,靶弹按预定的攻击轨迹稳定飞行。如四象限探测器在波门内检测到激光信号,真值录取设备在启动信号作用下开始记录实时航迹数据、和差信号、无人机飞行姿态信号。

激光对抗设备干扰效果空中动态测试示意如图7-7所示。

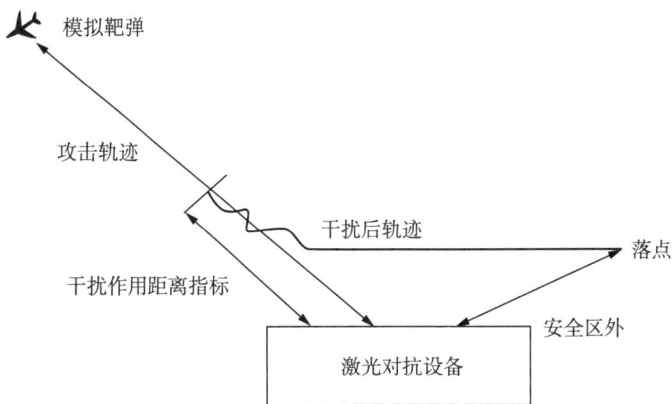

图7-7 激光对抗设备干扰效果空中动态测试示意图

7.3 综合测试评定系统关键技术

激光对抗设备综合测试评定系统涉及光电探测、信息处理、嵌入式系统、虚拟仪器、计算机测试、仿真等多学科、多专业技术领域,是一项复杂的系统工程。涉及的主要关键技术有以下几个。

动静态测试干扰效果综合评定模型;半实物仿真干扰效果综合测试评定系统设计技术;四象限探测器微弱光电信号调理技术;实装导引头盲信号分析与提取技术;机载干扰效果动态测试技术。

7.3.1 动静态测试干扰效果综合评定模型

根据对被测设备工作原理、影响干扰效果的因素和制导过程信号分析,可以建立激光对抗设备综合测试评定模型。

1. 测试评定参数

通过分析制导过程信号和影响干扰效果的因素,可以归结出用于干扰效果测试评定的参数如表7-2所示。

表 7-2　主要测试评定参数表

序号	测试参数	用途	评定方法
1	干扰激光波长	评定干扰激光能否进入导引头光谱波门	数值比较
2	干扰激光束散角	评定干扰激光能否进入导引头探测视场	数值分析
3	干扰激光脉宽	计算峰值功率	
4	干扰激光平均功率	计算峰值功率	
5	干扰激光峰值功率	评定干扰作用距离	数值分析
6	干扰激光编码形式	评定激光角度诱骗干扰方式干扰效果	数值比较
7	干扰激光重频	评定干扰激光能否进入导引头时间波门	试验分析
8	定向跟踪精度	评定高重频干扰激光能否进入导引头视场	数值分析
9	探测器输出信号	评定干扰激光是否进入导引头光谱波门	实时波形动态比较
10	前放输出信号	评定激光导引头入瞳处干扰激光功率密度是否超过导引头探测灵敏度	实时波形动态比较
11	波门信号	评定干扰激光是否进入导引头时间波门	实时波形动态比较
12	四象限信号	评定干扰激光是否通过增益调整环节	实时波形动态比较
13	和差信号	评定干扰激光是否通过和差运算电路	数值比较
14	捕获信号	评定激光自主防御设备干扰效果	逻辑判断
15	动态航迹数据	评定激光动态干扰效果	试验分析

2. 动静态测试干扰效果综合评定模型

激光对抗设备干扰效果综合评定包括:目标捕捉能力评定、工作波长相关性评定、干扰作用距离评定、干扰机理评定、干扰程度评定、动态干扰效果评定等内容。动静态测试干扰效果综合评定模型如图 7-8 所示。

目标捕捉能力评定是分析判断干扰激光能否进入导引头探测器视场。工作波长相关性评定就是分析判断干扰激光波长能否通过导引头光谱波门。干扰机理评定是指激光对抗设备是角度欺骗干扰方式还是高重频堵塞干扰方式。

因为制导武器导引头的抗干扰措施多是未知的,干扰信号进入导引头之后,到底能否形成有效干扰,不能够用模拟激光导引装置测试试验得到。引入实装导引头后,通过采集并比较干扰前后导引头制导过程信号的变化情况,分析判断干扰信号在导引头信息链中存在的位置,就可评定制导武器受干扰程度。

动态干扰效果评定是在地面测试评定的基础上,通过空中动态测试试验验证干扰作用距离等被测对象关键技术指标。

下面详细介绍有效干扰作用距离计算模型、干扰激光峰值功率计算模型、目标捕捉能力评定模型、动态干扰效果评定模型。

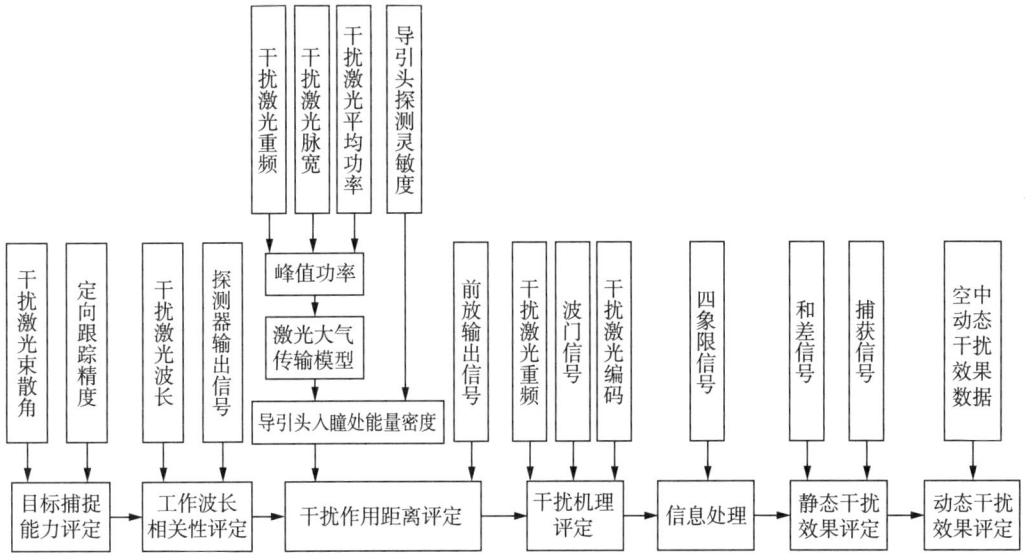

图7-8 动静态测试干扰效果综合评定模型

（1）激光角度欺骗干扰方式干扰作用距离计算模型

对激光角度欺骗干扰方式（漫反射目标）

$$R_{\mathrm{m}} = \sqrt[4]{\frac{\tau_0 \tau_{\mathrm{a}} P \cos\alpha S_{\mathrm{e}}}{0.25\pi\theta^2 P_{\min}}} \tag{7-1}$$

式（7-1）中，R_{m} 为有效干扰作用距离；τ_0 为激光对抗设备和导引头光学系统透过率；τ_{a} 为大气透过率；P 为激光对抗设备干扰源功率；α 为导引头被照射面与光束截面夹角；S_{e} 为导引头入瞳面积；θ 为平面束散角；$P_{\min}$ 为导引头响应灵敏度（如光电二极管四象限探测器为 $10^{-6}\,\mathrm{W/cm^2}$、雪崩管四象限探测器为 $10^{-8}\,\mathrm{W/cm^2}$）。

（2）高重频激光堵塞干扰方式干扰作用距离计算模型

对高重频激光堵塞干扰方式（直接照射）

$$P_{\mathrm{r}} = P_0 \mathrm{e}^{-aR} \frac{\pi\left(\dfrac{D}{2}\right)^2}{\pi\left(\dfrac{1}{2}\theta R\right)^2} \tag{7-2}$$

假设干扰激光峰值功率为 P_0，干扰激光束散角为 θ，干扰激光距导引头距离为 R，大气衰减系数为 α，导引头接收窗口口径为 D，导引头接收到的干扰信号功率 P_{r}，则由式（7-2）求解使 P_{r} 大于激光导引头探测器响应灵敏度时的 R，即为干扰作用距离。

（3）干扰激光峰值功率计算模型

激光对抗设备干扰激光峰值功率计算模型：

$$P = P_0 \frac{1}{f \cdot t} \tag{7-3}$$

式(7-3)中,P 为干扰机激光峰值功率;P_0 为干扰激光平均功率;f 为干扰激光重频;t 为干扰激光脉冲宽度。

(4)目标捕捉能力评定模型

为了实现有效干扰,干扰激光照射来袭导弹导引头的照射概率必须足够大。根据激光对抗设备(高重频激光堵塞干扰)工作过程可知,照射概率与激光束散角、伺服精度有关。当距离较远,且导弹已瞄准我防护目标时,可将导弹设为点目标,不考虑其外形尺寸。

激光发散角较小时,激光光斑直径的近似计算公式为

$$d = R \cdot \theta \tag{7-4}$$

式(7-4)中,d 为光斑直径(m);R 为距离(m);θ 为发散角(rad)。

根据计算出来的激光光斑直径 d,与跟踪系统误差比较,可以推算出在距离 R 处激光对抗设备干扰激光照射在导引头上的概率。

(5)动态干扰效果评定

评定激光角度欺骗干扰是否有效,可通过指示激光编码与干扰激光编码对比完成,若两者不一致,则干扰一定无效;若两者一致,则视干扰设备超前转发能力判断;也可通过观测施加干扰激光后导引头是否输出制导信号来判断,如果导引头可随干扰激光入射角度变化产生相应的制导信号,那么评定干扰有效,否则无效。

评定高重频激光堵塞干扰是否有效,可通过导引头波门参数与干扰激光重频进行判断,如激光重频和波门乘积大于1,表明在每个波门内至少挤进一个干扰脉冲信号,当然,乘积越大,干扰效果越明显,但也对干扰设备研制带来了困难。也可通过观测施加干扰激光后导引头是否能够继续捕获目标判断,如果导引头在捕获状态下,施加高重频干扰激光后丢失目标,则评定干扰有效,否则无效。

由于试验条件原因,对于干扰有效性和干扰作用距离评定一般采用地面静态测试试验完成,有时甚至可在近场通过等效计算实现。但是实战条件下,激光对抗设备对抗的目标为激光制导武器,其干扰过程是一个动态的复杂过程,静态测试试验难以全面验证动态干扰效能,因此,还需要研究动态干扰效果评定问题。

激光对抗设备干扰效果空中动态测试试验,采用具有导引头功能的无人机作为靶弹以模拟激光精确制导武器,按预设攻击航路临近飞行,飞行过程中靶弹上的测试设备实时进行四象限信号采集与处理,处理生成的和差信号接入无人机飞控仪。无人机给出启动信号,在没有干扰的情况下,和差信号为零,靶弹按预定的攻击轨迹稳定飞行。如四象限探测器在波门内检测到激光信号,真值录取模块在启动信号作用下开始记录实时航迹数据和模拟激光导引装置和差信号。根据干扰前后作为空中靶弹的无人机飞行轨迹实时判断动态干扰效果。

7.3.2　仿真干扰效果测试评定系统设计技术

光电对抗类软杀伤武器的测试评定一直是没有很好解决的难题,从国内外研究现状分析可知,利用实物进行测试评定结果最可靠,但是代价高、测试样本有限,难以通用;而

利用半实物仿真可降低成本、适用范围更广,且由于关键部件采用实物,其测试评定结果可信度较高;仿真测试成本最低,可通过计算机多次仿真运算,但由于缺乏实物验证,其测试评定结果可信度有限。因此在本系统顶层设计方面,依据现有条件和对测试评定结果的要求,论证采用了半实物仿真思路,坚持关键性能的实物测试,通过多测试手段综合集成,尽可能提高综合评定结果的可靠性。

半实物仿真是一个通用的概念,已经广泛应用于多种型号装备的研发,但是在激光对抗设备综合测试评定方面的应用还是首次,因此,在系统设计中充分借鉴半实物仿真的成功经验,结合综合测试评定的具体问题,解决办法主要有以下几个。

1. 干扰有效性评定采用真实导引头实现

对于激光对抗设备来讲,评定干扰是否有效,目前国内一般采用理论推算的方式,例如,高重频堵塞干扰设备设计中,主要是通过提高干扰脉冲重复频率以确保干扰脉冲进入导引头接收波门,理论上对于 $20\mu s$ 的波门,$50kHz$ 的重复频率就可确保至少有一个干扰脉冲进入波门,但实际上导引头的波门确切值是难以获得的,而且导引头也不仅仅是采用波门一种抗干扰措施。因此,对于干扰有效性的测试评定系统采用了实装导引头进行实物测试,可以认为对干扰有效性评定是客观准确的。

另外,为提高精确制导武器的可靠性,光电制导导引头都采取了抗干扰对抗措施,利用仿真的方法设计模拟激光导引装置,无法完全模拟导引头抗干扰对抗措施,在此基础上进行的测试评定试验,可信度不高。而将实装导引头引入测试回路,由于可以测试导引头受干扰过程的中间过程信号,从而可评定激光对抗设备对导引头的干扰程度。

2. 结合实物,合理运用功能模拟仿真实现对技术指标的测试

对系统而言,实装导引头是关键部件,但难以用于空中动态环境的测试。为此,根据激光导引头的工作原理,研制模拟的干扰效果动态测试设备(图7-9)替代,用于激光对抗设备的动态性能试验,通过模拟设备与实物之间的模型转换,推算被试设备对实弹的作用效果。无人机载激光导引头模拟装置结构如图7-10所示。

3. 系统设计上进行实物与模拟设备相结合的集成设计

在硬件上集成了激光对抗设备静态测试环境、动态测试环境,采用嵌入式PC104组件作为系统数据采集、信号测试、数据处理、数据库管理、测试评定的核心模块,通过串行接口总线将激光对抗设备综合测试评定系统地面静态测试、空中动态测试等不同的测试

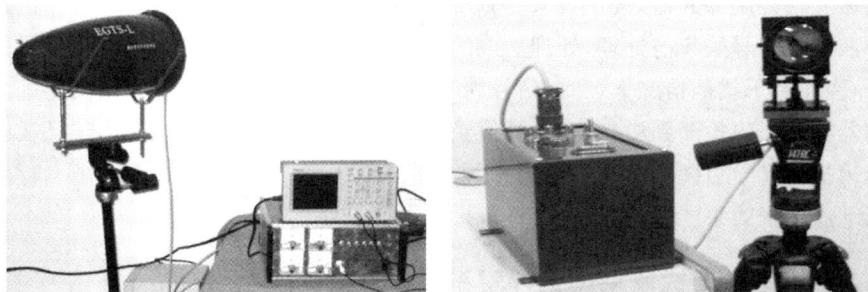

(a)干扰效果静态测试设备　　　　　　(b)干扰效果动态测试设备

图7-9　激光导引头模拟装置

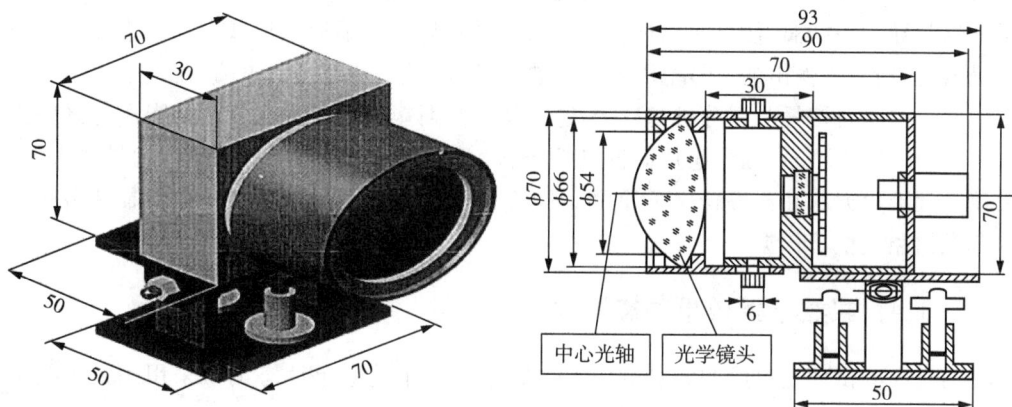

图 7-10　无人机载激光导引头模拟装置结构图

手段集成在一起;在软件上将虚拟仪器开发平台、实景仿真开发平台、驱动程序开发平台等多平台应用程序集成在一个主流程内,将测试、评定、显示、控制、管理等多种功能集成在一个操作界面下。在结构设计上采用机电设备一体化设计方法,将嵌入式处理器组件、模块电源、信号调理电路等多个功能模块总体集成,实现了结构设计一体化。

系统实现了激光对抗设备测试手段的一体化、测试评定功能的一体化以及结构一体化,体现了电子机械装备设计的基本思路。

7.3.3　导引头盲信号分析与提取技术

系统采用半实物仿真方式,导引头受干扰后的信号,混叠在盲信号和噪声内,而且信号非常微弱,为了将导引头引入到半实物测试系统中,必须分析和提取出这些盲信号。

导引头盲信号分析与提取就是要通过对导引头输出信号的加工,消除和降低各种外界及内部的干扰和噪声,提取出导引头制导过程各个环节信号。

(1)根据激光导引头的基本原理和工作方式,初步确定各个接插件的功能划分。

(2)在导引头加电后,依次发射指示器激光和干扰激光,用示波器观测无指示无干扰激光、有指示无干扰激光、无指示有干扰激光、有指示有干扰激光 4 个状态下导引头所有输出信号波形。

(3)根据测得的导引头输出信号波形,结合干扰激光和指示激光的信号分布,进行输出信号的性质判断,如探测器输出信号、锁定捕获目标信号、制导控制信号等。确定完主要信号接口后,再逐步分析其他信号接口关系。

(4)最后是对判断出的信号有效性进行验证,重复(2)的过程,验证不同工作状态下信号变化是否符合理论要求。

(5)对测试信号,根据干扰和噪声引起的不确定性,从度量信号的非高斯性入手,进行盲源分离,提取出导引头输出信号。

经过反复测试试验表明,导引头的输出信号微弱,信号幅值小到只有微伏数量级,频率变化范围较大,最高频率达到了 100kHz。为了使得测试设备的接入不影响导引头制导性能,在信号调理电路的设计上,采用了多级放大和取样积分器的电路形式。第一级利用放大器输入的高阻抗特性,实现阻抗匹配,减小前端噪声对后续电路的影响,并将测量电路与导引头隔离,使得测试设备的接入几乎对导引头不形成负载效应。第二级实现信号放大,使放大输出的信号范围相对模数转换电路处于较为合理的量值。

在导引头盲信号测试分析基础上,通过基于高斯矩的盲源分离算法从噪声背景中提取了导引头输出信号,综合应用时间波门分离、波门内信号频率特征提取,测量放大器、隔离放大器等方法和器件解决了导引头盲信号分析、测试与提取问题,为实装导引头引入测试回路提供了依据。

7.3.4 机载干扰效果动态测试技术

为提高测试评定手段的完备性、结论的科学性,干扰效果动态测试采用无人机载干扰效果动态测试试验方案,即机载干扰效果动态测试。

分析激光对抗设备最大有效作用距离指标,以及无人机飞行姿态、飞控仪控制距离等技术参数,干扰效果动态测试要满足如下要求:

野外机载条件下 300~500m 高空,探测距离 5~10km。

四象限和差信号快速处理系统能够实时、准确地给出和差信号,达到对无人机姿态进行控制的目的。

探测器光谱波门中心波长为 $1.064\mu m$,光谱带宽为 10nm。

探测器时间波门为 $20\mu s$、$50\mu s$、$100\mu s$,在没有接收到激光脉冲信号前,时间波门无效,在接收到激光信号以后,以 20Hz 的频率启用波门。

探测器视场角为 $12°$,光学镜头焦距为 47.5mm。

具备和差信号和无人机航迹数据录取功能。

具备一定的抗振等能力,可以适应在机载条件下正常工作。

根据性能指标要求,干扰效果动态测试设备设计方案如图 7-11 所示。

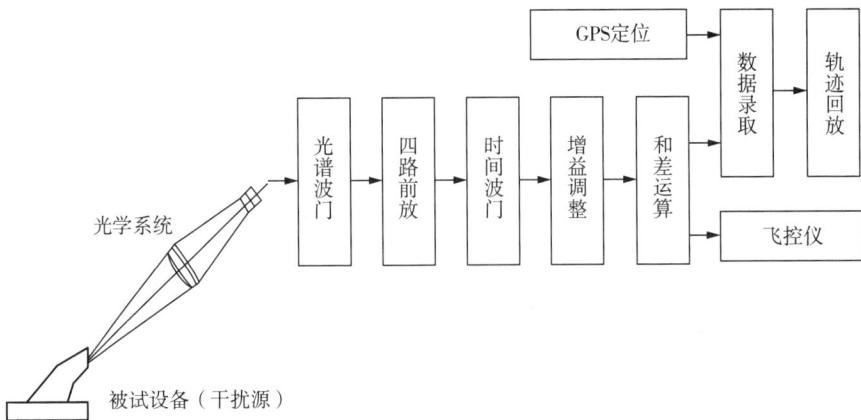

图 7-11　干扰效果动态测试设备设计方案

如图 7-12 所示为无人机载干扰效果动态测试设备硬件原理框图,它的功能是模拟激光制导武器攻击目标过程的,根据干扰效果动态测试设备空中动态测试方法,干扰效果动态测试设备主要包括机载模拟激光导引装置、真值录取与轨迹回放模块等 3 个部分。

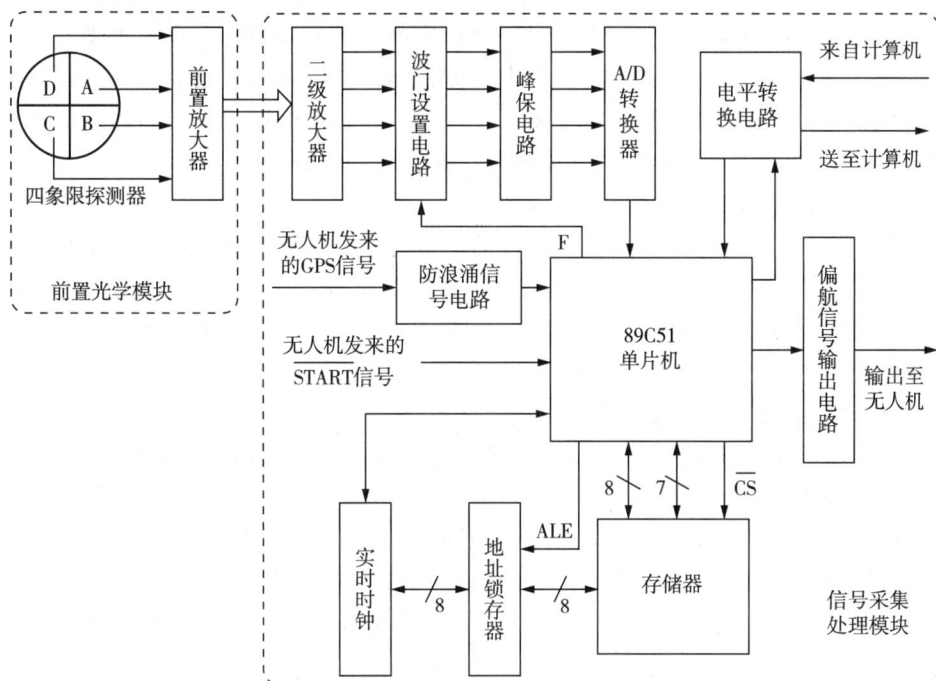

图 7 - 12　干扰效果动态测试设备硬件原理框图

为改善探测性能使系统有较大的动态范围,可以采用自动增益控制技术,在电路中加入对数放大器。经过信号处理,误差信号送入控制系统的俯仰和偏航两个通道,分别控制舵机偏转。在信息处理过程中使用了除法运算,目的是使输出信号的大小不受所接收激光脉冲能量变化的影响(远离目标时能量小,接近目标时能量大)。

1. 机载干扰效果动态测试试验方法

激光对抗设备干扰效果空中动态测试试验采用搭载干扰效果动态测试设备的无人机作为靶弹模拟精确制导武器,按预设攻击航路临近飞行,飞行过程中,干扰效果动态测试设备实时进行四象限信号采集与处理,处理生成的和差信号接入无人机飞控仪。在没有干扰的情况下,和差信号为零,靶弹按预定的攻击轨迹稳定飞行。如四象限探测器在波门内检测到激光信号,四象限和差信号发生变化,无人机偏离预定攻击轨迹,同时真值录取模块在启动信号作用下开始记录实时航迹数据和模拟激光导引装置和差信号。

2. 测试试验方案分析

干扰效果空中动态测试试验方案与实战条件主要有 3 处不同:一是没有采用激光指示器来引导靶弹的飞行,而是按预设航路直线飞行;二是干扰效果动态测试设备的光学探测设备固定安装在无人机前舱,没有风标和陀螺等稳定机构;三是无人机飞行速度慢。

干扰有效性评定可以通过地面测试试验完成,在无人机载荷和可用结构空间有限的条件下,将重点放在如何验证激光对抗设备对空中运动目标的定向跟踪能力、干扰激光对空中模拟靶弹的作用距离方面,即动态干扰效果。从激光制导武器作战过程来看,一旦锁定了攻击目标,对于固定目标和低速目标来说,其攻击航路接近直线飞行,因而本设计方案中有无激光指示器并不影响,而且对于直线飞行航路,导弹相对目标的方位角、俯仰角的变化很小,因此,低速的无人机也可模拟实战中的高速目标。设计中需要解决的一个难点问题是由于干扰效果动态测试设备的光学探测设备固定安装,其视场角、无人机航高和航向角就决定了靶弹能够探测到干扰设备的距离范围,因此,为确保验证干扰作用距离,需要在航路和光学探测设备视场角的设计上进行优化。

3. 机载干扰效果动态测试技术设计实现

机载干扰效果动态测试技术设计实现的关键是激光对抗设备对空中运动目标的定向跟踪能力测试、干扰激光对空中模拟靶弹的作用距离测试。为了实现在 1km 距离范围内对激光对抗设备的测试,必须解决机载干扰效果动态测试设备优化设计技术。

采取的主要技术措施有以下几个。

(1)根据目的任务确定系统方案。系统首先要具有无人机载环境工作能力,模拟激光导引头微弱激光信号探测能力及基本信息处理能力,具有干扰信号存储和回放能力和与无人机数据接口能力等,因此,根据平台的情况,将激光信号探测、采集、和差运算、存储功能设计在无人机载设备上实现,将数据回放和分析功能放在地面设备完成,可采用无线实时传输模块进行实时处理,也可在无人机回收后进行数据转存以及后续处理。

(2)优化主要技术指标。由于机载平台条件限制,难以采用风标、陀螺仪等稳定装置,因此在平台上固定探测光学系统,需要合理设计光学系统的视场角,使之在预设航路区域可探测到被试设备的激光信号,同时要考虑无人机飞行不稳定的影响,视场角确定后,需要对比模拟激光导引头的探测灵敏度,合理设计电子学模块,提高系统信噪比。

四象限探测器、前置放大器等器件是实现系统的关键器件,需结合工作环境、性能指标要求合理选型,优化配置,还要根据平台的要求进行电信号、安装接口设计,确保能装、好用,同时通过综合采取屏蔽、光电隔离等措施解决电磁兼容问题。

7.4 光电对抗设备综合测试评定试验

7.4.1 干扰效果静态测试试验

系统干扰效果测试评定静态测试试验,主要是在地面(实验室和室外场地)用模拟激光指示器照射激光导引头模拟激光制导过程,实施激光干扰,测试干扰后导引头动态输出信号。

1. 试验目的及原理

试验目的:测试干扰情况下激光制导导引头输出信号电气特性,验证激光对抗设备动态性能。

被试设备:激光对抗设备。

测试工具:模拟激光指示器、激光制导导引头、高重频激光器(重频可调)、示波器、万用表等。

高重频激光源工作状态：激光器平均功率 1.45W（输出电流为 20.0A，重频约为 100kHz），发射激光波长为 1.064μm，激光器的发射端加 17°扩束镜和 40dB 衰减片。

静态测试原理图，如图 7-13 所示。

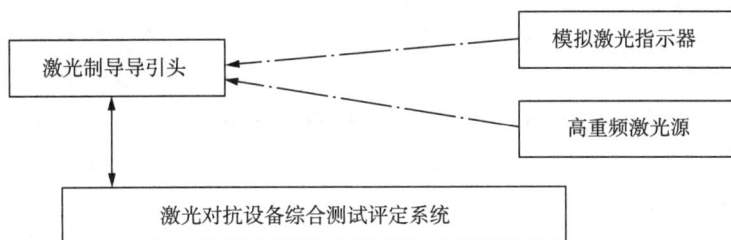

图 7-13　静态测试原理图

2. 测试结果及分析

在静态试验过程中，激光对抗设备综合测试评定系统能够实时显示制导过程中间信号波形、干扰效果仿真图形、四象限和差信号强度、捕获信号、制导指令等内容，科学反映干扰结果。干扰效果测试评定静态测试试验系统连接图如图 7-14 所示，综合测试评定系统干扰波形显示界面如图 7-15 所示。

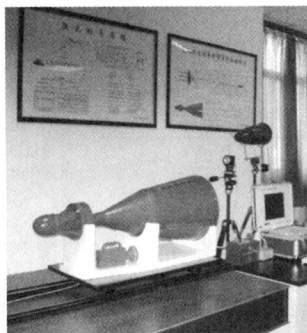

图 7-14　干扰效果静态
测试试验系统连接图

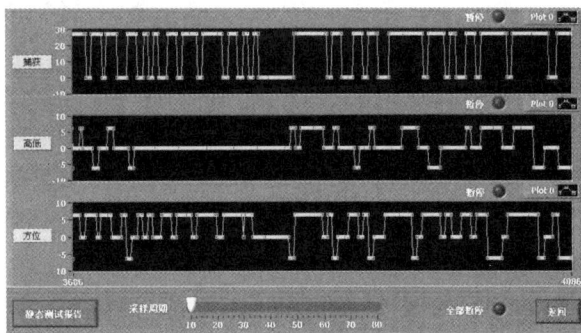

图 7-15　综合测试评定系统干扰波形显示界面

7.4.2　干扰效果空中动态测试试验

1. 试验目的及方案

试验目的：动态测试目标来袭状态下，测试干扰激光对抗导引头的输出信号的电气特性，验证激光对抗设备动态性能。

被试设备：激光对抗设备。

测试设备：无人机地面控制站、高重频激光器（重频可调）、示波器、万用表、观瞄望远镜等。

天候条件：能见度不小于 5km。

高重频激光源工作状态：激光器平均功率 1.45W（输出电流为 20.0A，重频约为

100kHz),发射激光波长为 $1.064\mu m$。

试验方案如图 7-16 所示。激光对抗设备干扰效果空中动态测试试验,采用搭载模拟激光导引装置的无人机作为靶弹模拟激光精确制导武器,按预设攻击航路临近飞行,一般 10km 外进入试验场地,按目标攻击方式自主飞行,飞行过程中,机载干扰效果动态测试设备实时进行四象限信号采集与处理,且处理生成的和差信号(即攻击目标飞行误差)接入无人机飞控仪。在没有干扰的情况下,和差信号为零,靶弹按预定的攻击轨迹稳定飞行(图 7-16 的攻击轨迹)。当四象限探测器在波门内检测到制导激光信号时,则启动数据记录信号,数据存储设备在启动信号作用下开始记录实时航迹数据和模拟激光导引头和差信号,且认为干扰有效,则导引头输出的和差信号随即控制无人机做偏航飞行(图 7-16 的干扰后轨迹)。

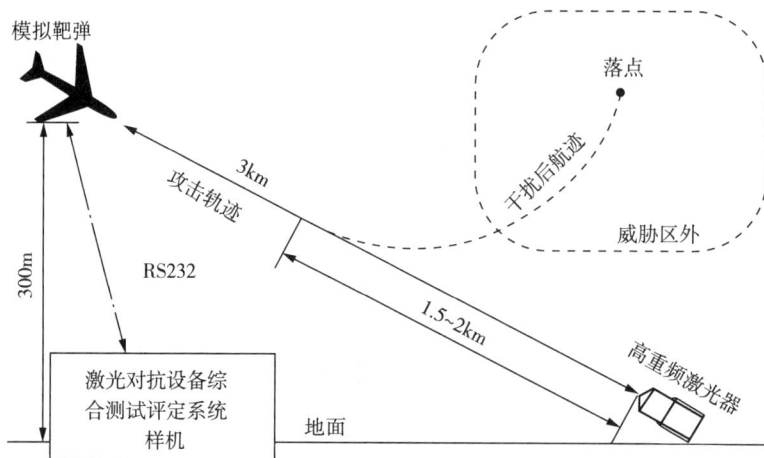

图 7-16 空中动态测试试验方案

2. 试验结果及分析

将储存在存储器中的航迹数据、和差信号数据转存至激光对抗设备综合测试评定系统,然后调用数据回放软件进行航迹再现。如图 7-17 是对某防御对抗装置动态干扰试验的数据回放情况。

图 7-17 中第三航次为模拟激光导引装置样机接收到高重频干扰激光信号后,形成飞行控制信号送无人机飞控仪,控制无人机在 D 点处偏离攻击轨迹。图中下方显示的是偏航点 D 处的经纬度,模拟激光导引装置信号采集处理模块记录的实时位置信息,以及解算出来的靶弹飞行偏移量(经纬度、航向、速度、弹目偏差量),右侧显示的是四象限探测器所接收到的激光干扰信号强度值和经和差运算后得到的光斑所在位置。

激光对抗设备综合测试评定测试系统能够建立被测设备战技指标数据库、战场环境以及气象天候数据库、被测激光对抗设备干扰源静态参数数据库、干扰效果静态数据库、干扰效果空中动态测试数据;在此基础上,通过专用的数学模型能够给出被测对抗设备性能和指标参数测试结果、干扰效果静态测试和干扰效果动态测试评定结论,并能给出综合测试评定报告(干扰方式有效性评定、干扰作用距离评定、动态干扰性能验证)。

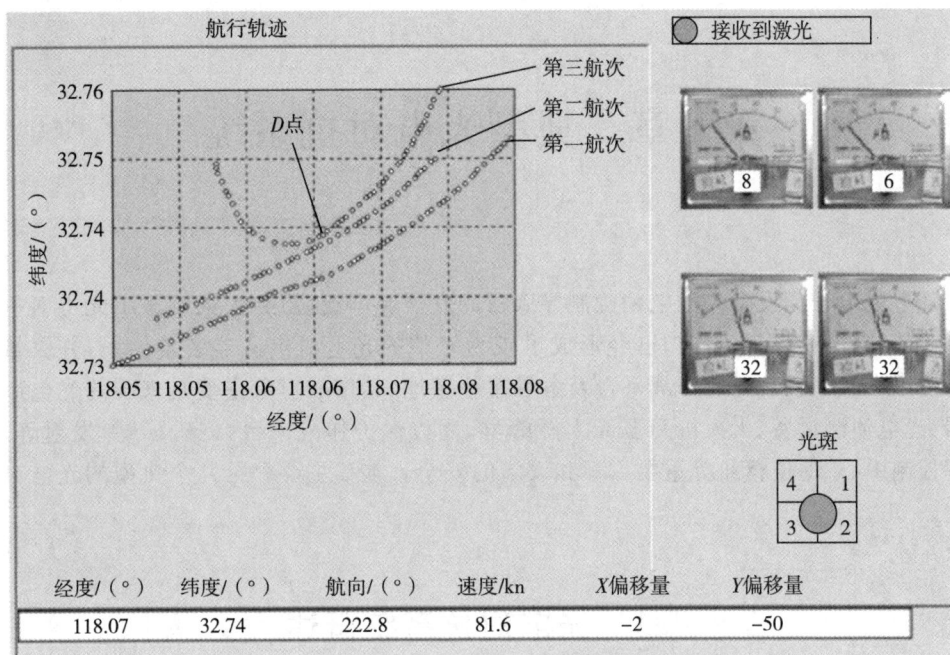

图 7 - 17　数据回放软件的无人机实时航迹再现图

思考题

1. 激光对抗设备综合测试评定系统应具备哪些功能？
2. 激光对抗设备干扰测试试验过程一般如何分解？
3. 激光对抗设备干扰效果综合评定一般要考虑哪些内容？
4. 激光对抗设备干扰测试系统一般如何构建？
5. 激光对抗设备综合测试评定系统涉及的关键技术一般有哪些？

第8章 典型光电对抗系统

随着光电侦测设备和光电精确制导武器的发展和广泛应用,大大刺激了光电对抗技术和武器装备的发展。目前,已经形成了较为完整的光电对抗武器装备体系,并大量装备于装甲车、飞机、舰船等作战平台及各种军事基地,其作战对象主要是来袭的光电制导武器、光电侦测设备、无人机乃至无人机蜂群,用以保护作战平台自身及导弹发射阵地、指挥控制中心、通信枢纽等重要目标和设施的安全。本章主要介绍几个典型的光电对抗系统。

8.1 光电对抗系统概述

8.1.1 光电侦察告警装备

1. 激光告警装备

光电侦察告警是光电对抗的基础和前提,光电侦察告警装备是光电对抗系统的重要组成部分,主要可分为激光告警装备、红外告警装备、紫外告警装备等。

激光告警装备又分为主动告警和被动告警两类。激光主动侦察告警一般都与激光致盲武器配合使用,探测到敌方目标后,立即启动激光致盲武器,照射敌方光电设备或人眼,使光电设备的探测器饱和损坏,人眼致眩致盲,失去作战能力。激光主动侦察告警设备有美国制造的 Stingray 车载激光致盲武器,它是集主动侦察和致盲于一体的激光对抗武器;还有美国 AN/PLQ-5 激光对抗装置和 AN/VLQ-7"魟鱼"实战防护系统。

激光告警器大多数为被动告警,被动告警技术又可分为光谱识别型和相干识别型两种。光谱识别型又分为成像型和非成像型两种。成像型是将激光威胁源信号成像在 CCD 面阵上,亮点显示在屏幕上。特点是探测视场较小,精度可达 1mrad 左右,但光学系统复杂。典型的设备有美国的 HALWR 激光告警接收机。光电二极管阵列式激光告警装备有:英国的 LWD21 激光告警器、453 型激光告警器;法国 1220 系列激光报警器;挪威 R21 激光告警器;瑞典 LWS-20 激光告警器;美国 COLDS 通用激光探测系统;德国"天窗"激光告警器;以色列激光告警器;美国 Skylight 机载激光告警器。

相干识别型激光告警器是利用激光的时间相干性来探测和识别激光辐射,通过干涉技术分析入射光,确定激光源的特性,如波长、入射方向等。相干识别型又分法布里-珀罗干涉仪和麦克尔逊干涉仪,如美国的 AN/AVR-2 型激光告警接收机、多传感器警戒接收机激光警戒装置就属于此种类型。

2. 红外告警装备

红外告警装备是利用目标自身红外辐射特性进行被动探测告警的装备,主要是探测导弹的主动段发动机尾焰($3\sim5\mu m$)和高速弹体气动加热($8\sim14\mu m$)的红外辐射。红外告警设备有:美国 AN/AAR - 34 红外告警接收机,AN/AAR - 43/44 红外告警接收机,DDM - Prime 焦平面阵列红外探测器;俄罗斯 SA - 7/9 红外告警器;美国和加拿大联合研制的 AN/SAR - 8 红外搜索与跟踪系统等。

3. 紫外告警装备

紫外告警装备是通过探测导弹羽烟的紫外辐射和探测导弹发射平台的装备,提供针对各类短程战术导弹近程防御。紫外告警设备有:南非 MAW 紫外告警器;美国 AAR - 54(V)导弹逼近紫外告警、AAR - 47A、AAR - 47B 导弹逼近紫外告警。

4. 光电复合侦察告警装备

光电复合侦察告警装备是根据战术需求对红外、激光、紫外等不同波段的光电威胁信息进行复合探测、综合处理的装备。光电复合告警装备有:美国研制的 DOLE 激光雷达告警系统;法国的红外和激光告警器;英国的激光和红外探照灯控制器等。美国研制的告警系统可同时探测观察红外、紫外和射频威胁。

8.1.2　光电有源干扰装备

光电有源干扰装备是对敌方光电设备实施压制或欺骗的干扰装备,主要可分为激光有源干扰装备和红外有源干扰装备。

1. 激光有源干扰装备

激光有源干扰装备是指发射或转发激光,对敌方光电设备实施压制或欺骗干扰的装备。

激光有源压制干扰又分为激光致盲干扰和激光摧毁干扰,均可称之为激光武器,是现代战争中有效的光电对抗武器装备。激光致盲武器装备有:美国在海湾战争中多次使用的 Stingray 车载激光致盲武器;AN/PLQ - 5 便携式激光致盲武器;AN/VLQ - 8AMCD、"骑马侍从"等激光武器;"闪光"激光干扰系统;英国激光眩目器;我国北方公司的 ZM - 87 手持式激光干扰机等。

欺骗干扰是指使用激光干扰机发射与敌激光信号特征相似的激光束,欺骗和迷惑敌激光测距仪和激光制导武器。欺骗干扰设备有:美国机载"激光测距与对抗"(LARC)系统,美国 LATADS 激光对抗诱饵系统;英国 405 型激光诱饵系统;美机载激光对抗装置(多光谱对抗处理机);英战车辅助防卫系统;乌克兰 TSHU - 1 光电对抗系统等。

2. 红外有源干扰装备

红外有源干扰主要有:红外干扰弹(或诱饵弹)和红外干扰机。红外干扰弹(或诱饵弹)有:MK46/47;MJV - 7;MJV - 8;M206;AN/ALA - 34;AN/ALA17;AN/AHS - 26;AN/ALE - 40(V)等型号。干扰复合和成像制导的有美国和澳大利亚共同研制的"纳尔卡"舰载诱饵系统。红外干扰机的装备有:美国 AN/ALQ - 157;AN/AAQ - 88(V);

AN/ALQ - 132、146 红外干扰机；ALQAN/ALQ - 147"热砖"红外干扰吊舱；MIRT 与"挑战者""马塔托"干扰机等系统。

8.1.3 光电无源干扰装备

1. 激光无源干扰装备

激光无源干扰装备是利用本身不发光的器材,散射(或反射)、吸收激光,对目标进行遮蔽,或形成干扰屏幕,或转发原激光信号以阻碍或削弱敌方光电设备和武器系统效能的装备。目前,主要的干扰器材有烟幕弹。烟幕干扰的装备主要有烟幕罐、烟幕机、烟幕弹、烟幕手榴弹、烟幕火箭系统等等。如英国 L8 系列烟幕弹；美国 M250 和 M243 型发烟机、M259 型发烟弹、66mm 发烟火箭等。

2. 红外无源干扰装备

红外无源干扰主要有烟幕干扰。利用红外谱段的烟幕在目标前形成烟幕屏障,保护目标。红外无源干扰设备有:法国 ARFFUM80VIRG2 烟幕霰弹,FVU 红外迫击炮弹；英国的"多频带屏障"系统；美国 AN - M6、AN - M7A 型油雾烟罐；ABC - M5 发烟罐；M529 型黄磷发烟火箭；M42 型烟罐、发烟车等等。

8.1.4 综合光电干扰对抗装备

综合光电干扰对抗装备是集红外、可见、激光、紫外等某几个波段内的有源干扰和无源干扰手段于一体的干扰对抗装备。综合光电干扰的装备有:美国 AN/GLD - B 激光对抗系统；美国改进型 AN/VLQ - 8AIR 干扰机/诱饵；乌克兰 TSHU - 1 光电对抗系统；俄罗斯海军的 SOM - 50 红外/激光复合光电对抗系统和 SK - 50 箔条/红外/激光复合光电对抗系统；美国海军的"超级双子座"超射频/红外复合光电对抗系统；英国海军的"盾牌"改进型红外/箔条/激光复合光电对抗系统等。美国和西方国家的大面积、大载荷、高效能和宽光谱的面源红外诱饵,如能模拟飞机的气动特性且有伴飞能力的 LORAEI 诱饵；能产生与大型飞机红外特征基本相同的新型拖曳红外诱饵。

8.2 陆基集成用综合光电对抗系统

8.2.1 系统概述

陆基集成用综合光电对抗系统是用于地面主战装备对抗敌精确制导武器攻击的光电对抗系统,集成了激光告警、激光有源干扰等光电对抗手段,可自动判断来袭目标制导类型,产生相应的定向干扰模式。系统功能多、体积小,集成在主战装备平台上,有效解决了主战装备自主防御功能弱的难题,提高了主战装备战场生存能力和攻防作战能力。该系统同样适用于其它固定点、面目标和机动点目标的自主防御。

8.2.2　系统组成与工作流程

陆基集成用综合光电对抗系统主要由光纤天线、激光干扰机、激光告警器和操控盒组成。

光纤天线包含接收光纤和发射光纤两部分。采用光纤天线具有体积小、抗干扰能力强的优点。

激光干扰机选用大功率高重频二极管泵浦固体激光器,具有体积小、功耗低的优点。

告警器采用光纤耦合探测,对接收激光信号进行光电转换,经过放大、预处理、信号识别等电路,输出信号类型、方位等信息。

操控盒主要实现手动/自动切换、干扰控制、信息交换等功能。

系统组成见图 8-1,系统外观图见图 8-2。

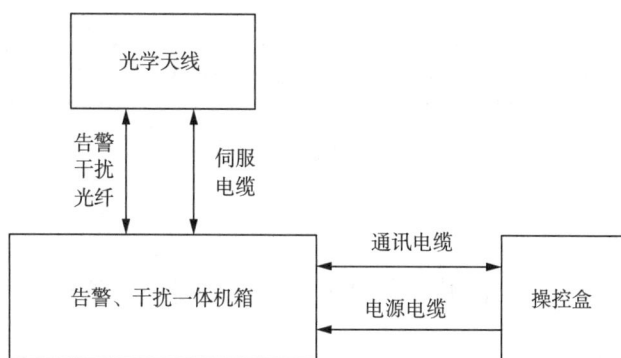

图 8-1　系统组成图

图 8-3 中,光纤天线接收来袭激光信号,经告警器放大、处理后进行方位和目标属性识别,然后将识别结果和方位信息通过串口通信传送至操控盒。操控盒接收告警器的输出信号,发出声光告警指示,激光通过光纤耦合引到发射天线。系统工作流程如图 8-3 所示。

对抗过程可描述如下:

(1)操作人员开启陆基集成用综合光电对抗系统,系统运行方式为自动方式,开启后

图 8-2　系统外观图

则对抗系统自动运转,通过激光告警装置对敌激光制导武器进行全方位中、近距离的空中自动告警。

(2)一旦遭到空中打击,该系统通过自身的告警装置发现威胁目标信息,经敌我识别器、信息综合处理单元,判断来袭目标的制导方式和准确方位。

(3)综合信息处理控制器能根据告警方位,通过随动伺服系统上的激光干扰转发器跟踪照射来袭目标,使之不能正常工作,直至敌激光制导武器偏离打击目标。

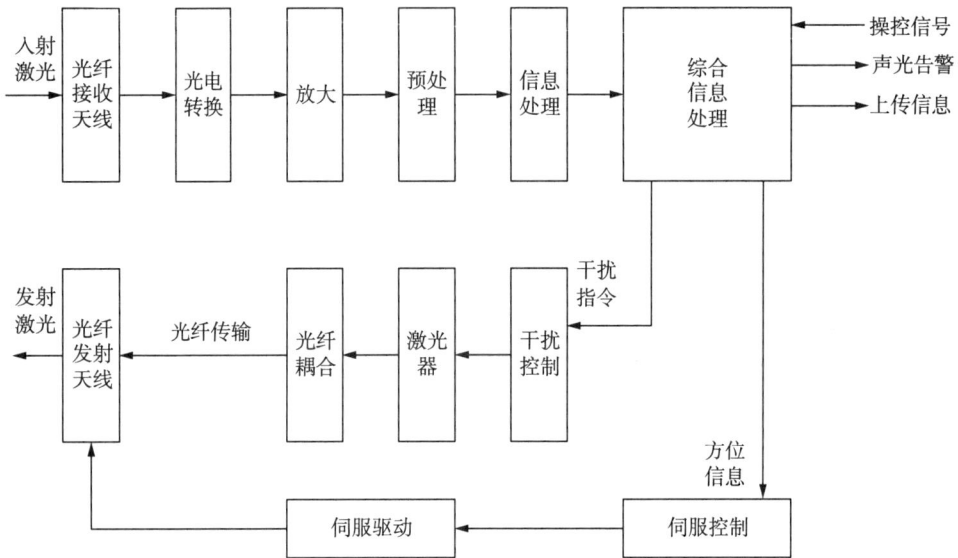

图 8-3　系统工作流程图

8.3　装甲车辆光电主动干扰系统

8.3.1　系统概述

坦克装甲车辆光电主动防护系统(Active Protection System,APS),是指通过探测传感装置,自动感知并获取来袭反装甲弹药的运动特征和飞行轨迹,然后通过计算机控制对抗装置,阻止来袭弹药直接命中坦克装甲车辆的一种防护系统。显然,它是坦克装甲车辆用于干扰、诱骗或拦截、摧毁来袭弹药的一种智能化防护系统。

根据主动防护系统对抗来袭反装甲弹药方式的不同,一般可以分为主动干扰系统(也被称为软杀伤主动防护系统),主动拦截系统(也被称为硬杀伤主动防护系统)以及一体化主动防护系统,这当中的主动干扰系统主要是通过发射有源/无源干扰物,诱骗来袭反装甲弹药,使其偏离正确弹道的主动防护系统,而根据干扰样式的不同,主动干扰系统又可以分为烟幕遮蔽式(比如坦克装甲上面普遍安装的烟幕弹)、光电干扰式(比如激光干扰、红外干扰、毫米波干扰等)、激光对抗式(比如大功率激光致盲武器)、综合干扰式等。

俄罗斯、以色列、乌克兰、德国、瑞典、美国和中国等世界近 20 余个国家都先后研发出了主动防护系统。比较有影响的有俄罗斯的"窗帘"和"竞技场"、美国的"铁幕"和"快杀"、以色列的"铁拳"和"战利品"、乌克兰的"屏障"等主动防护系统。下面以俄罗斯坦克"窗帘"光电干扰系统为例,介绍装甲车辆光电主动干扰系统。

8.3.2 "窗帘"光电干扰系统组成与功能

"窗帘-1"光电干扰系统就是一套以激光传感器、红外线干扰大灯、烟雾发射器及其控制机构组成的用于自动/手动干扰地方红外/激光制导的反坦克导弹、炮射制导弹药的综合性干扰武器系统,如图 8-4 所示。

安装在 T-90 上时,完整的系统包括炮塔前部的两台 OTShU-1-7 红外辐射仪、炮塔两边的两台 OTShU-1-7 调节器、炮塔两侧的 3D17 烟雾发射器、炮塔前顶部两台 DT.TShU-1M 高精度激光传感器、

图 8-4 "窗帘-1"光电干扰系统外观图

炮塔后部和侧面三台 DG.TShU-1M 激光传感器及车内的控制机构组成,如图 8-5 所示。

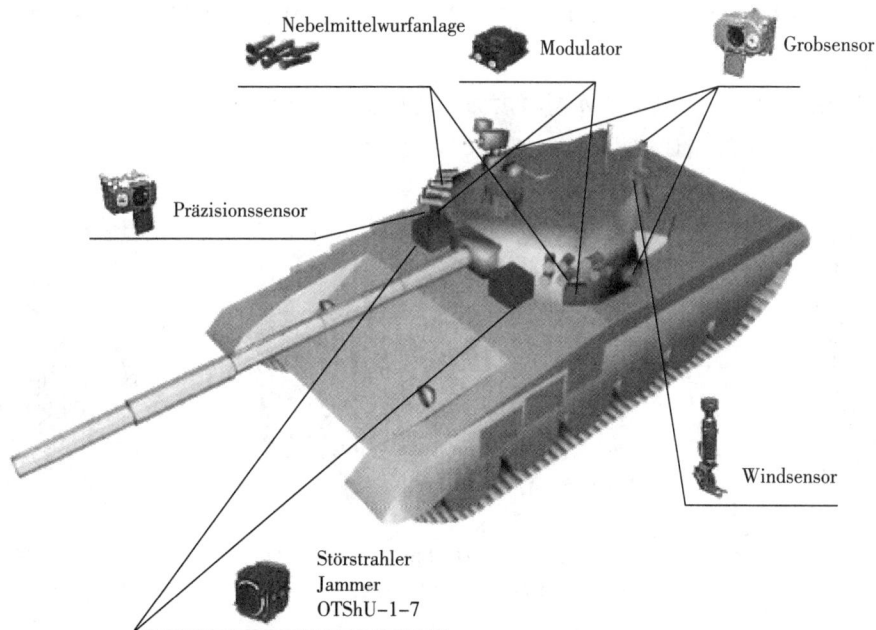

图 8-5 "窗帘-1"光电干扰系统组成

OTShU-1-7 红外辐射仪工作波段:$0.7\sim2.7\mu m$,主要针对红外制导武器常用的近红外波段,光计量:20mcd,单台功率:1kW,功率较大,外部钉状物为散热片,覆盖多个表面,正面有 2 颗螺丝,可手动加装保护面板,如图 8-6(a)所示。OTShU-1-7 红外辐射仪安装在一个可以跟随主炮俯仰角同步的架子上,使用时会在其上方形成热气流影响

观瞄,干扰车长和炮长的观察/瞄准镜,为此 OTShU-1-7 红外辐射仪的上部加装了一块金属盖板,以减少热气对观察/瞄准镜的干扰,图 8-6(b)所示。

(a)单体状态   (b)安装状态

图 8-6 OTShU-1-7 红外辐射仪

横风传感器也是"窗帘-1"光电干扰系统的一部分,如图 8-7 所示,用于计算发射烟雾的角度。

炮塔前部的 DT.TShU-1M 高精度激光传感器,如图 8-8 所示。

"窗帘-1"系统控制计算机模块,如图 8-9 所示。

图 8-7 横风传感器   图 8-8 DT.TShU-1M   图 8-9 "窗帘-1"
                           高精度激光传感器   系统控制计算机模块

改进型的"窗帘-2"光电干扰系统如图 8-10 所示,增加了多种干扰手段。图中,①TShU-2-1.1 激光探测器,②TShU-2-4 烟幕弹发射器,③TShU-2-5 车载热陷阱,④TShU-2-7 红外辐射仪,⑤TShU-2-9 宽频噪声发生器。

"窗帘-2"中烟幕弹发射器有重大改进,可在一定角度的扇面内自由运动,可无需转动炮塔即可发射至预定角度。

图 8-10　"窗帘-2"光电干扰系统

8.3.3　"窗帘"光电干扰系统运用

　　"窗帘"光电干扰系统正面水平 90°范围内的高精度激光传感器精度为 3.75°,侧面和后面的激光传感器精度为 7.5°,水平探测范围覆盖 360°,探测俯角为－5°至＋25°,如图 8-11 所示。

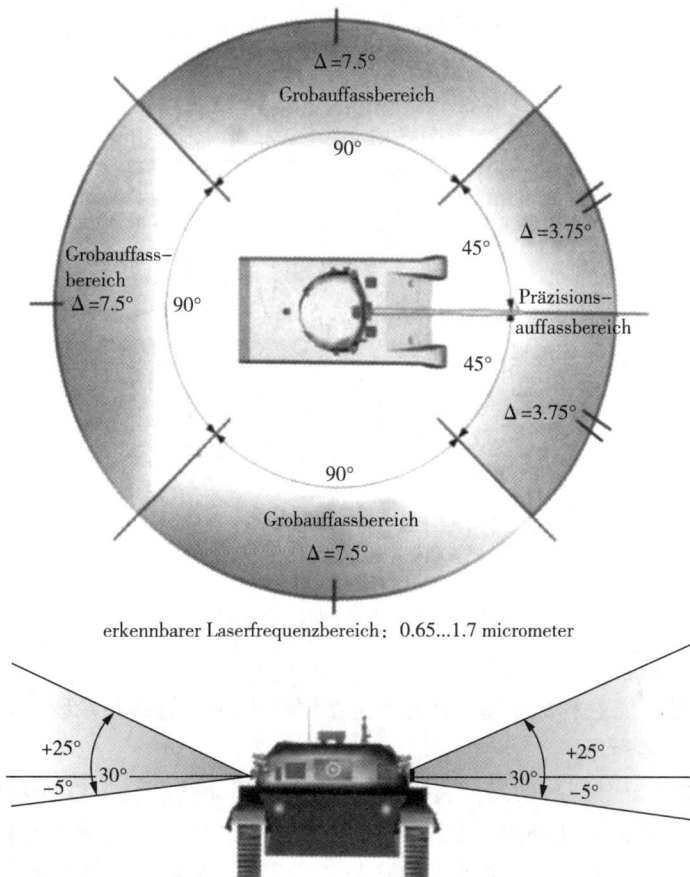

erkennbarer Laserfrequenzbereich：0.65...1.7 micrometer

图 8-11　"窗帘-1"激光告警示意图

威胁源方位显示面板,根据探测的情况将威胁源显示在面板上,如图 8-12 所示。

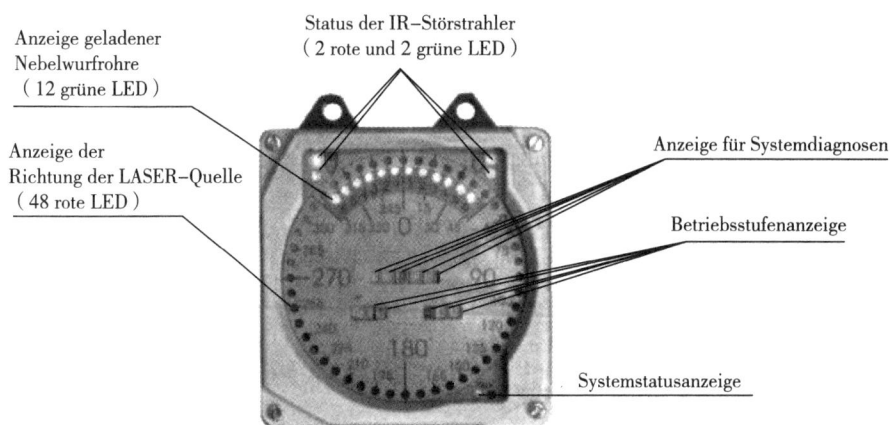

Anzeige geladener Nebelwurfrohre（12 grüne LED）

Status der IR-Störstrahler（2 rote und 2 grüne LED）

Anzeige der Richtung der LASER-Quelle（48 rote LED）

Anzeige für Systemdiagnosen

Betriebsstufenanzeige

Systemstatusanzeige

图 8-12　威胁源显示面板图

控制系统可以根据威胁源的情况,自动释放烟雾干扰,距离从 75~90m,高度大约 15~20m,保证覆盖车辆宽度,反应时间不超过 2~3s,并且在 3~5m/s 的侧风下保持约 30s,如图 8-13 所示。

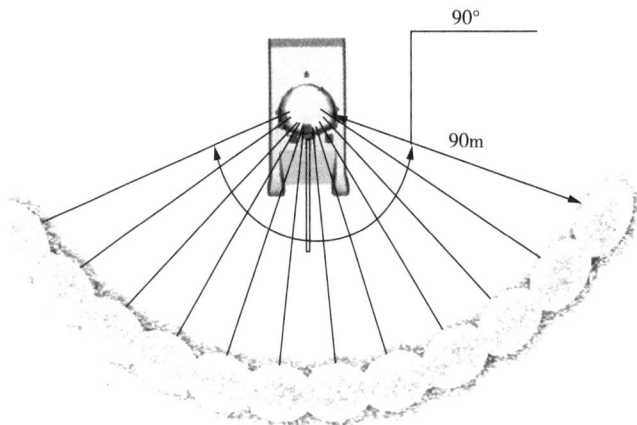

90°

90m

图 8-13　烟雾干扰示意图

"窗帘-1"可以通过释放烟雾,干扰任何使用激光制导的武器系统,包括炮射激光制导导弹,如图 8-14 所示。

对于激光红外复合制导的反坦克导弹,可使用 OTShU-1-7 红外辐射仪对准威胁源,通过发送经调制的强红外辐射脉冲,以破坏和降低红外导引头截获目标的能力,或者是破坏其观测系统,并破坏其跟踪状态,干扰过程示意图如图 8-15 所示,干扰效果如图 8-16 所示。

（a）威胁预警

（b）释放烟幕

（c）烟幕干扰

图 8-14 "窗帘-1"烟雾干扰运用示意图

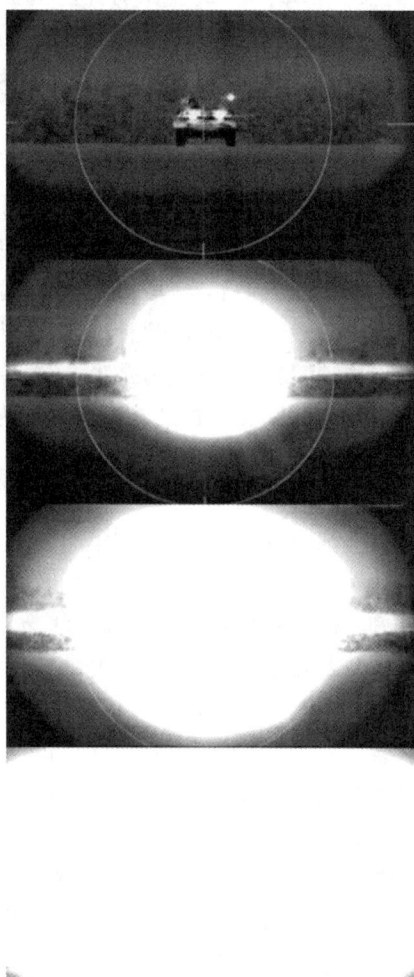

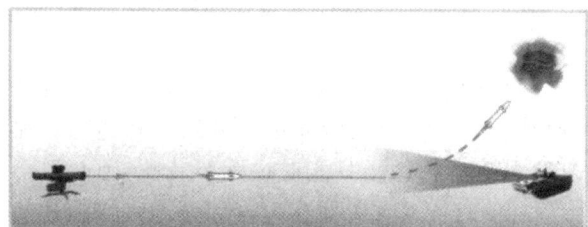

图 8-15 "窗帘-1"红外有源干扰运用示意图

图 8-16 "窗帘-1"红外有源
干扰效果示意图

8.4 直升机光电干扰吊舱

8.4.1 系统概述

美国和以色列在机载光电吊舱的研制中独占鳌头,代表着世界领先水平。他们经历了长时间摸索与研究,技术力量雄厚,生产的光电吊舱性能先进。以色列研制生产的

ESP-600C、MOSP、ESP-1H 和 COMPASS 光电吊舱,方位视场均为 $360°$,俯仰视场分别为 $10°\sim110°$、$15°\sim110°$、$10°\sim110°$、$35°\sim85°$。最大角速度分别为 $50°/s$、$30°/s$、$30°/s$、$60°/s$。视轴稳定精度分别为 $15\mu rad$、$25\mu rad$、$50\mu rad$、$20\mu rad$。目前,以色列研制的 MUSIC 多波段红外对抗系统干扰作用距离为 8 公里。比起以色列研制的光电吊舱,美国生产的 Skyball 光电吊舱性能稍微逊色于以色列,虽然具有全方位视场角和俯仰 $83°$ 视场角,但是角速度和角加速度较慢分别为 $2rad/s$ 和 $4rad/s^2$,虽然角速度和角加速度不高,但是视轴稳定精度较高,其精度为 $35\mu rad$。美国生产的复仇女神 Nemesis DIRCM 系统和 ATIRCM 先进威胁红外对抗系统,由早期氙灯干扰源改进为激光干扰源作用距离分别为 6 公里和 4 公里,其中 ATIRCM 系统装备于 AH-64、CH-47、OH-58D、UH-60、EH-60 等飞机。20 世纪 80 年代后期,美国研制了第一代用于目标跟瞄的光电吊舱,即蓝盾系列吊舱开始装备于美国空军,其作战高度一般为 6000m 以下,目标识别距离 24km 左右。随后,美军战机又装备了"狙击手"增程型机载光电吊舱,该机载光电吊舱作战高度一般在 6000m 以上,而且可以在敌军导弹拦截部署区域外瞄准目标并发射精确制导导弹,其目标识别能力是第一代蓝盾系列光电吊舱的 3 倍,作用距离可达 160km。下面以美国陆军直升机红外对抗系统为例,介绍直升机光电干扰吊舱。

8.4.2　直升机载红外对抗系统组成与功能

美国陆军至少自 2016 年起一直在推进大型飞机红外定向对抗系统的装备。目前美国陆军已经在其 AH-64E"阿帕奇"直升机上装备新型红外定向对抗系统,为这种武装直升机增加对抗热寻的导弹的能力。该系统为大型飞机红外定向对抗系统(LAIRCM),广泛装备在陆军"阿帕奇""黑鹰"和"支奴干"等机队中。

大型飞机红外定向对抗系统由 6 个红外告警传感器、1 对安装在转台上的激光对抗装置("卫士"激光发射机组件)、1 个将这些组件连接在一起并与飞机自身任务系统相连的控制接口组成,如图 8-17 所示。

如果系统探测到来袭的热寻的导弹,会向飞行员发出音频和视频提示,以便飞行员采取规避行动并使转台上的激光器瞄准威胁目标。发射的激光束能够致盲和迷惑导弹的热跟踪传感器,从而使导弹偏离既定航迹。该系统每次只能对抗 1 个威胁,因此需要集成到整套对抗系统中才能发挥最大效力,这种对抗系统可能还包含红外诱饵弹等其他对抗装置。

8.4.3　机载红外对抗系统应用

2017 年 7 月,美国陆军宣布第 6 骑兵团第 4 中队的 AH-64E"阿帕奇"直升机成为其首批装备大型飞机红外定向对抗系统的直升机并参与了实战。这支部队已经部署到伊拉克北部,支援美国领导的对抗"伊斯兰 11 国"的战役。

该系统的其他型号现已在美国空军、海军和海军陆战队中服役。大约 10 年前,荷兰陆军也在其 AH-264D"阿帕奇"直升机上装备了该系统的早期型号。

陆军的改型是以海军陆战队 CH-53E 直升机上常见的海军部(DON)/AQ-24(V)25 配置为基础的,如图 8-18 所示。

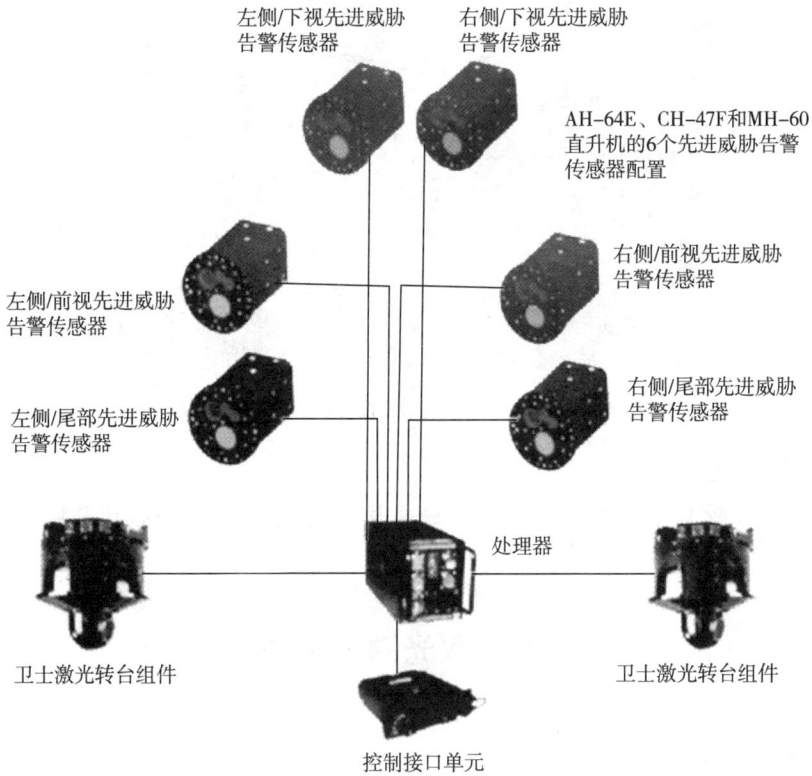

图 8-17　红外定向对抗系统组件示意图

　　美国陆军重新考虑如何将红外定向对抗系统的各种组件安装到直升机上。单兵便携式防空系统的威胁日益普遍,大型飞机红外定向对抗系统无疑能够提供有价值的对抗能力。这些单兵便携式防空武器自身也逐渐具备应对某些对抗措施(例如红外诱饵弹)的能力,这意味着机组人员掌握多重对抗手段将更加重要。

图 8-18　CH-53E 直升机装备
大型红外定向对抗系统

　　美国陆军已打算为其 UH-60 "黑鹰"和 CH-47"支奴干"直升机研发其他型号的系统,如图 8-19 所示。空军在多种机型上广泛装备大型飞机红外定向对抗系统原型机已经超过 10 年时间,包括极其敏感的 VC-25A"空军 1 号"喷气机。

　　海军陆战队也一直使用多种类型直升机,包括高度改造的 VH-3D"海军 1 号"和 VH-60N VIP 机型。可以设想,VH-60N 与 H-60 其他机型至少会存在某些共性,陆军在为其"黑鹰"直升机开发大型飞机红外定向对抗系统时,可以借鉴 VH-60N 直升机

图 8-19 美国陆军 CH-47"支奴干"直升机和 UH-60"黑鹰"直升机

集成该系统的经验。

肩射和其他轻型红外地-空导弹的威胁将持续蔓延,美国陆军希望能够尽快确保红外定向对抗系统尽早投入使用。

8.5 激光对抗系统

8.5.1 系统概述

激光对抗系统一般包括综合指控分系统、目标搜索跟踪分系统、激光器分系统等部分(图 8-20)。

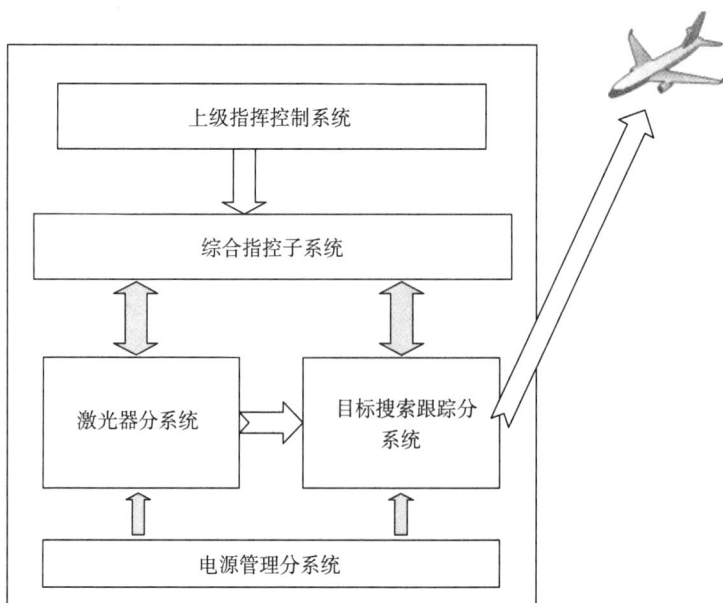

图 8-20 激光对抗系统组成

综合指控分系统一般由指控计算机、网络通信组件、惯导组件、定位定向授时组件等组成。综合指控分系统主要功能如下：

(1)具备接收并响应指挥控制系统作战命令以及向指挥控制系统上报系统工作状态的能力；

(2)目标威胁等级排序及识别：对来袭目标进行威胁评估、排序并进行类型识别；

(3)具备复杂天气条件下的激光毁伤距离自动实时预示能力；

(4)定位定向功能：光电搜索跟踪分系统由可见光粗跟踪组件、红外搜跟组件、可见光精跟踪组件、激光测距组件、激光照明组件和伺服组件组成，如图 8-21 所示。

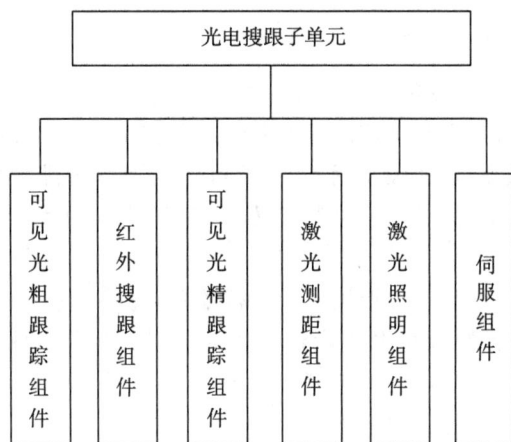

图 8-21　光电搜跟子单元组成框图

光电搜索跟踪子系统主要用于目标进行昼夜光频信号搜索与跟踪。光电搜跟设备通过安装在高精度复合轴伺服转台上的可见光传感器和中波制冷传感器，在雷达或光电搜索设备的引导下对入侵目标进行搜索、捕获、跟踪、识别，并闭环伺服实现对目标持续稳定跟踪和高精度瞄准。

光电搜跟子单元采用模块化设计技术、可见光高清成像技术、红外搜跟技术、远距离复杂背景目标探测、跟踪技术与高精度复合轴跟踪技术等，主要功能如下：

(1)具有目标红外、可见光搜索功能；

(2)具有目标红外、可见光跟踪功能；

(3)具有目标激光测距功能；

(4)具备昼夜工作能力；

(5)具备目标引导解算功能；

(6)具备目标捕获跟踪测角功能；

(7)具备目标自动检测分类、识别能力；

(8)具备连续快速自动光学变倍、亮度调节、防太阳强光等功能。

激光器分系统由光纤激光器、热管理设备、储能电池、光束控制组成。光纤激光器作为激光毁伤源，负责提供大功率毁伤激光束；储能电池作为电源，负责给激光器提供瞬间高倍率放电；热管理设备可以带走激光器工作过程中产生的大量废热，使激光器保持在一个良好的工作环境;光束控制通过大口径离轴激光发射望远镜完成不同距离下的远场聚焦,实现目标的快速毁伤。

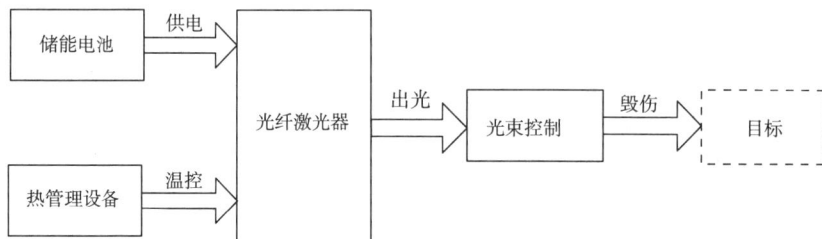

图 8-22 激光器功能示意图

激光对抗系统的主要特点包括:

(1)定向精度高。由于激光具备高度方向性,因此在执行激光对抗任务中,激光束的束散角一般仅为数十微弧度,而对抗系统对于目标的追踪精准度也不过是几个角秒而已,这使得我们能够有效且精确地瞄准特定方位,从而有针对性地攻击其中的一个目标或者该目标上的某一部位。

(2)响应速度快。一旦对敌方干扰目标进行了锁定并开始射击,就会立即命中,即使激光在目标上只存在短暂的时间也能达到摧毁的效果。这种方法针对那些移动速度极快的光学引导的武器、如其光学设备或者光电探测器,或是飞机上搭载的光学测量与观察装置等等,都是一种非常有力的干扰方式。

(3)应用领域广泛。在可见光和红外波段内,激光对抗效果最佳,其作战范围能够达到数十公里。根据不同的作战目标需求,这种方法适合机载、车载以及舰载等多种形式使用。

激光对抗系统也存在一些弱点,主要如下:

(1)作用距离受到限制。随着射程的扩大,光束在目标上产生的光斑也会增多,这导致了激光功率密度下降和杀伤力减少。因此,激光对抗的有效战斗距离通常较短,一般只能达到十几千米以内。

(2)全天候战斗能力相对不足。因为激光波长短,使用激光在大气层内对抗时,气候条件会导致激光束能量衰减、光束抖动或波前畸变,尤其在恶劣天气、战场有烟尘或人造烟幕等情况下,其影响更加明显。

激光束可直接破坏光电制导武器的导引头、激光测距机或光学观瞄设备等,当激光能量足够高时,可实现直接摧毁任何来袭的目标。

8.5.2 典型战术激光对抗系统

美国代表了当今世界激光武器技术的最高水平。美国最早采用 CO_2 激光,早期如空中激光试验平台(ALL);之后有"海石"激光武器和机载激光武器(ABL),分别采用 DF 化学激光器和 COIL 化学激光器。近几年,随着美国、德国在光源等关键技术取得了突破性进展,固体激光武器的研究已从实验室研究进入试验场系统样机性能演示验证阶段。美国不仅计划将激光器安装在车上和舰上,同时,还进行了战斗机载固体激光武器可行性的研究。表 8-1 列出了国外主要战术激光对抗系统的进展情况。

表 8-1　各国主要反无人机激光武器

国家	系统名称	发射功率	打击距离
美国	激光复仇者	1kW	400m
美国	紧凑战术激光对抗系统	最大 10kW	最大 2km
德国	高能战术激光对抗系统	50kW	2000m

1. 高能激光器移动试验车

"高能激光器移动试验车"(以下简称"高能激光车")是美国陆军首个战术激光武器研究项目,于 2007 年 7 月启动,由陆军与波音公司联合研制,最终目的是演示验证机动式固体激光器在实战条件下对抗榴弹、迫击炮弹和火箭弹的效能。高能激光车是在一台 20t 重、500 马力、8 轮的重型战术卡车上,安装一台 10 千瓦级的激光器,其顶部为激光发射、瞄准和控制系统。波音公司表示,至 2011 年 6 月系统已经整合完毕,于年底运往新墨西哥州的激光器试验场进行测试。美陆军表示,通过 2011 年该系统的中、低功率激光器试验,初步验证了原型系统的有效性。

2013 年 11 月 18 日至 12 月 10 日,美国陆军在白沙导弹靶场对高能激光车进行了首次实战对抗测试。测试中,该系统成功击落了 90 多枚 60mm 迫击炮弹和数架无人机。测验中,高能激光车使用一部增强型多模雷达搜索和瞄准目标。

该系统最终目标是形成一个类似于"金钟罩"的定向能防护场,为部队提供对抗来袭火箭弹、榴弹和迫击炮弹的能力(RAM),同时还可打击来袭的无人机和巡航导弹。迫击炮是高抛弹道的

图 8-23　高能激光器移动试验车

近程曲射武器,通常躲在遮蔽物后射击,不易被发现,也难以用直瞄武器摧毁;火箭炮和榴弹炮是射程更远的间瞄武器,其发射阵地通常也配置在遮蔽物后,对徒步步兵构成相当大的威胁。上述来袭弹药和无人机,是美军和盟军战场综合防护所面临的典型威胁。演示和测试印证了机动式固态激光器系统,能够有效对抗迫击炮弹和无人机的光电传感器。在 10 千瓦级激光器测试的基础上,高能激光车的激光器将升级到 50 千瓦级,并最终升级到 100 千瓦级。为提升激光器的有效杀伤距离,且大幅度缩短激光器击毁目标所需时间,激光器火控系统中的搜索、瞄准热像仪以及电力系统等将同步升级。

2017 年 3 月 16 日,美国陆军又进行了 60 千瓦级高功率固态光纤激光器试验,并取得成功。测试中,激光器的持续输出功率达到 57.5kW,持续时间为 200s,光束质量良好。预计到产品交付阶段,激光器的功率将超过 60kW 的预期目标并最终集成到高能激光车

上。高能激光车只是一种演示验证样机。美国陆军预期将该演示验证项目的技术,移植到"高能激光器战术车辆演示"(HELTVD)项目上,即将100千瓦级的激光器安装在10t重的中型战术卡车上,编配给旅战斗队,为其提供能够覆盖较大空域的防空反导能力。

2. 机动远征高能激光器

"机动远征高能激光器"(以下简称"装甲激光车"),是美国陆军空间和导弹防御司令部/陆军部队战略司令部主持研制的另一款机动式固体激光器演示验证系统。该系统是将小型固体激光器安装在"斯特赖克"装甲车上,其最终目的是为部队提供一种高效经济的伴随防空武器,击毁、击落来袭的迫击炮弹、火箭弹、榴弹以及无人机等目标。目前该演示验证系统已经升级到MEHEL2.0版,如图8-24所示。

图8-24 装甲激光车

2017年2月27日至3月3日,美国陆军进行了测试活动,测试期间,装甲激光车充分展示了其强大的反无人机(C-UAS)能力。装甲激光车是在"斯特赖克"轮式装甲车底盘上开发的激光器试验平台,其2.0版与1.0版的最大区别是激光器从2千瓦升级到5千瓦,并升级了针对无人机的搜索和瞄准等火力控制系统。测试期间所使用的无人机分别是小型固定翼无人机和四旋翼无人机。为使装备研发决策者掌握装甲激光车的发展现状,了解装甲激光车是如何对抗单个和多个目标的情况,该系统将第一阶段研发目标确定为对抗小型无人机,而此次测试活动就是对这一阶段的研发成果进行评估和观察。该装甲激光车整合了雷达和激光器,使用雷达探测目标,并以高能激光束瞄准并摧毁目标。测试验证了5千瓦级激光器能够满足击毁小型无人机的硬杀伤能力需求。这次演示活动使美国陆军明确意识到,高能激光器将成为一种低成本(平均每次发射成本约30美元)、可快速补充能量("弹药"无限)的新概念武器,它能够有效解决陆军部队当前所面临的对抗来袭火箭弹、榴弹、迫击炮弹、无人机和巡航导弹等能力不足的问题。

美国陆军又于2017年4月3日至13日,组织第4步兵师第1旅战斗队第12野战炮兵团第2营的官兵,使用装甲激光车进行部队实战使用试验。针对无人机小目标,装甲激光车火控雷达引导下,在前进观察员和其他手段协助下锁定目标,10~15s后无人机被摧毁。装甲激光车的外观与原先的"斯特赖克"装甲车没有多大区别,但内部设置却大相径庭——里面布满了激光器部件和操作装置,战车虽复杂但操作却像玩游戏一样很容易上手。后续在交战中激光战车击落了多架无人机,"首发"即命中并击落600m距离、外形尺寸 18 英寸×10 英寸的小型无人机。

2018 年初,美国陆军又在驻德美军第 2 骑兵团试用了改进后的装甲激光车。该车改进后有效射程达 5km 且杀伤威力更大,可有效打击更远距离的无人机和来袭导弹,尤其是在打击无人机方面,该车已经被证明极其有效。美国陆军准备在该项目的基础上引入"多任务高能激光器"(MMHEL)项目,即"斯特赖克"轮式装甲车平台不变,但大幅度提升激光器功率。美国陆军计划在 2021 年左右,在装甲车上安装高紧凑型 50 千瓦级激光器,并使其具备既能实施近距离机动防空作战,又能输送步兵的"多任务"能力。

3. 波音公司"激光复仇者"激光对抗系统

2009 年 2 月上旬,波音公司研制的"激光复仇者"试验平台在美国新墨西哥州白沙导弹试验场成功击落无人机,其激光发射装置安装在复仇者系统原来装载导弹发射箱的位置,即卸掉一个导弹发射箱后换装光纤激光发射装置,如图 8-25 所示。它采用在地面车辆上利用 1kW 光纤激光摧毁一架正在飞行的无人机,这种无人机往往携带爆炸品或侦察设备。试验中,这一车载激光系统需要在一个有山和沙漠的环境中行驶,跟踪三架无人机。发现这三个目标后,发射系统成功地引导激光能量束将它们击落。美国考虑用"激光复仇者"主要对付"低小慢"目标,如突然出现的无人机、火箭弹、迫击炮弹、炸弹等。

图 8-25　"激光复仇者"摧毁无人机

4. 波音公司"紧凑型激光对抗系统"

波音发展了一种"紧凑型激光对抗系统",期望能将无人机赶出敏感区域。波音公司对这个系统进行了测试,测试地点位于新墨西哥州的阿尔伯克基。测试展示了该激光对抗系统在 2s 内摧毁无人机目标的能力,当时该战术激光对抗系统全功率运行,成功将无人机点燃。对无人机日益上升的威胁而言,这是一种较为经济的应对方式。如图 8-26 所示为波音公司"便携式"激光对抗系统。

使激光聚焦在无人机尾部是击毁无人机的较好方式。激光对抗系统要烧穿目标,需要一定的时间积蓄热量,而无人机尾部易于瞄准,如图 8-27 所示。更精准的瞄准和更强大的激光束是激光对抗系统提高毁伤能力的关键。

如图 8-28 所示为战术激光对抗系统试验场景。

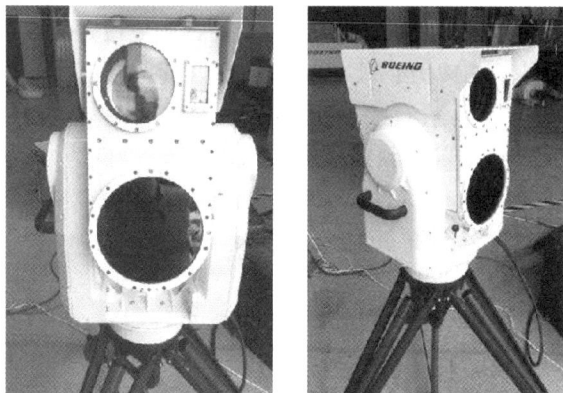

图 8-26　波音公司"便携式"激光对抗系统

"紧凑型激光对抗系统"可以拆分为 4 个组成部分,每个部分可由 1～2 名人员携带。这 4 个部分分别为电池(电源)、水冷装置、商用光纤激光器、升级版光束指向器(比上一代减重 40%)。该系统总重约 650 磅(约合 295kg),可由一个 8～12 人的分队运输携带。"紧凑型激光对抗系统"各部分可在 15min 内组装完毕,输出功率最高可达 10kW。

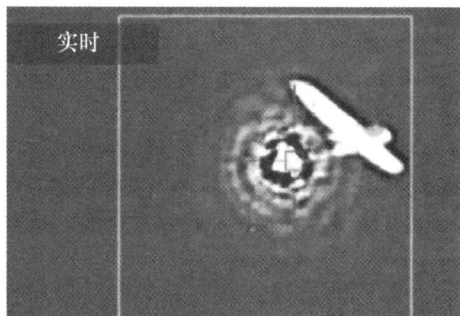

图 8-27　激光对抗系统瞄准机尾

图 8-28　战术激光对抗系统试验场景

5. 莱茵金属公司高能激光对抗系统

2011 年 11 月,德国莱茵金属公司 (Rheinmetall)的高能激光对抗系统成功演示了对无人机的击落。系统中集成了一套 10kW 的激光器。激光对抗系统采用模块化设计,可进行定标放大,该系统包括 2 套 5kW 激光模块。10kW 防空激光对抗系统样机如图 8-29 所示。

2012 年 11 月,该公司成功测试了新的 50kW 高能激光对抗系统(HEL)的目标探测、跟踪和打击全过程。与

图 8-29　10kW 防空激光对抗系统样机

10kW 系统相比,此次功率提升 4 倍,可用于防空、反火箭弹、反火炮、反迫击炮及非对称
作战。50kW 高能激光对抗系统由两个功能模块组成:30kW 和 20kW 高能激光模块,如
图 8－30 所示。该测试演示了 HEL 的高稳定性,从 1000m 的距离击穿了一块 15mm 厚
的钢梁,并成功击落 2000m 内几个速度超过 50m/s 的无人机靶机,还击毁了一颗直径
82mm、速度 50m/s 的钢球(模拟迫击炮弹)。

图 8－30　50kW 高能激光对抗系统(HEL)

　　从国外典型的高能激光对抗系统可以看出,激光对抗系统样机得到了快速发展,激
光对抗系统及其技术将进入实战应用的快速发展阶段,高能激光对抗系统可望形成和战
区防空作战的实战装备,多种类型、适应多种作战平台(陆基、车载、机载、舰载)的高能激
光对抗系统将得到实战应用。

　　6. 定向能机动近程防空系统(DEM－SHORAD)

　　2023 年 9 月 21 日,美国陆军快速能力和关键技术办公室宣布,已成功向位于希尔堡
的美陆军第 1 装甲师第 60 防空炮兵团第 4 营(首个激光武器营)交付 4 套定向能机动近
程防空系统,如图 8－31 所示,这是美国陆军激光武器发展的重要里程碑,该系统服役后
将大幅提升美国陆军近程防空作战能力。

图 8－31　定向能机动近程防空系统

定向能机动近程防空系统由 50kW 激光器、光束定向器、光电/红外目标捕获和跟踪系统、Ku720 多任务雷达和电源与热管理系统等部分组成。最大作战距离数千米,激光武器模块重约 3.3t。其搭载平台"斯特瑞克"A1 型 8×8 装甲车采用双 V 型车体,前弧部可抵御 14.5mm 子弹,四周可抵御 7.62mm 子弹,还可抵御地雷和简易爆炸装置。该车载有 3 名乘员,即驾驶员、车长和激光器操作员,50kW 激光器装载于该车后部。根据美陆军发布的六层近程防空作战概念,"定向能—机动近程防空"系统位于第二层。该系统可与现有美陆军网络集成,融入"一体化防空反导作战指挥系统"。此外,该系统采用了开放式体系架构、可扩展的电源系统,可与多种陆、海、空平台相集成。

8.6 末端综合光电防御系统

末端综合光电防御系统将预警探测、指挥控制、综合干扰对抗、机动越野等功能有机结合。其总体结构设计采取单车综合集成方式,结构紧凑、布局合理、便于操作使用和维护。末端综合光电防御系统可伴随机动装备运动,为机动装备待机、机动、打击等过程提供防精确打击能力。

系统用轮式越野调平底盘作为系统平台,前部改装为轻装甲式车体,内设乘员座椅两个、配置通信电台、空气调节、供暖、保暖、除霜装置、灭火器、通风换气等装备设备,后部改装为武器随动转塔的安装平台,配有快速调平装置。末端综合光电防御系统实物照片如图 8-32 所示。

图 8-32 末端综合光电防御系统

8.6.1 系统概述

末端综合光电防御系统伴随防御的保护目标主要是机动装备,针对机动装备机动作战的作战特点和面临的主要威胁,系统具有精干、合成、轻型、高机动等特点,其总体能力如下:

(1)具备独立作战能力;

(2)适应机动作战;

(3)宽光谱目标对抗能力;

(4)隐蔽作战能力强;

(5)保障需求低。

根据机动装备从作战准备到作战实施全过程防精确打击的需求,末端综合光电防御系统作战样式可分为阵地防御和机动防御。

末端综合光电防御系统的防护对象主要是装甲车、导弹发射车等机动平台,也可包括火炮阵地、导弹发射阵地等固定阵地目标。而这些高价值武器平台面临的主要光电威胁目标包括机载光电观瞄装置、地面观瞄装置、激光/电视/红外/毫米波及其复合制导武器。因此,末端综合光电防御系统的作战对象包括光电观瞄装备和光电制导武器。

1. 对抗谱段

末端综合光电防御系统具有同时对抗可见光、近红外、中红外、远红外和毫米波的能力。

2. 干扰距离

地面机动装备面临的威胁目标的作战距离如图 8-33 所示。

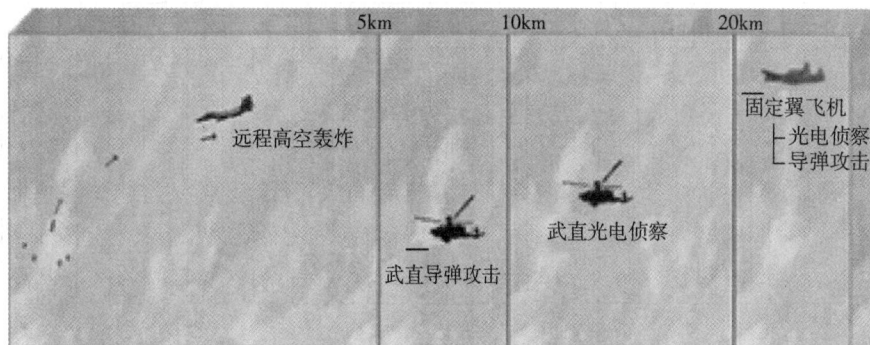

图 8-33　威胁目标的作战距离

在现代战争中,地面机动装备面临的最大威胁是武装直升机和其他平台发射的精确制导导弹。世界上没有任何一种防御武器可以对抗所有目标,末端综合光电防御系统作为机动装备的防护力量之一,受其本身安装平台和伴随作战任务的限制,侧重于中近程光电防御,对于固定翼飞机远程精确制导导弹攻击,采取压制或欺骗等手段对抗来袭导弹。远程固定翼飞机等平台虽然本身并不是对抗对象,但其携带的目标发现系统(观瞄器材)会给精确制导导弹提供目标指引。

3. 防护半径

末端综合光电防御系统的作战对象主要为精确制导武器,实现对抗的一个重要前提是对抗波束要能够进入对方接收视场,末制导武器的制导段主要分为搜索段和跟踪段,在不同的制导段接收视场有很大区别。

4. 防护空域

末端综合光电防御系统的防护空域应该针对威胁对象的来袭空域进行匹配设计。典型的末制导武器的搜索段在 5~8km,在搜索段一般要求导弹有比较开阔的视野,利于发现目标、采集目标的特征信息,典型的飞行高度为 500~5000m,因此,防护空域的设计为:

(1)在行进、作战过程中可能处于高地、山坡或者峡谷、洼地,自身具有高仰角或低仰角。

(2)针对目标跟踪段的对抗,对高仰角存在更多的需求。

8.6.2　系统组成

系统主要由预警探测分系统、指挥控制分系统、综合干扰对抗分系统、转塔分系统和底盘分系统等组成,如图 8-34 所示。

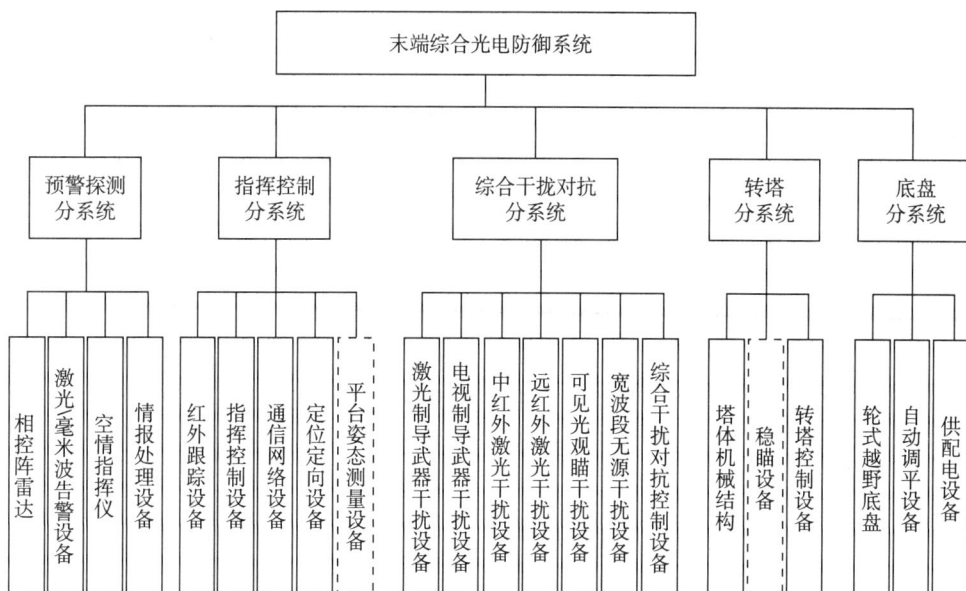

图 8-34 系统组成框图

预警探测分系统包括相控阵雷达、激光/毫米波告警设备、空情指挥仪和情报处理设备。实现目标预警、探测、识别、情报融合与威胁态势评估,所有目标信息通过以太网,上报情报处理设备。

指挥控制分系统主要包括红外跟踪设备、指挥控制设备、通信网络设备和定位定向设备等。实现情报显示、作战控制、火力协调以及通信等功能。

综合干扰对抗分系统包括激光定向干扰、宽波段无源干扰两个功能模块,其中激光定向干扰模块由激光制导武器干扰设备、电视制导武器干扰设备、中红外激光干扰设备、远红外激光干扰设备和可见光观瞄干扰设备等五套装置构成。各干扰模块由综合干扰对抗控制设备控制,实现对多种威胁精确制导武器及可见光观瞄设备的干扰和对抗。

转塔分系统包括转塔机械结构、稳瞄设备、转塔控制设备等组成,实现对威胁目标的空间精确定向。

底盘分系统主要由轮式越野底盘、自动调平设备和供配电设备组成。分别承担系统机动越野和遂行各项战术行动的保障任务,系统调平和系统供电等功能。

1. 预警探测分系统

(1)相控阵雷达

雷达天线安装于转塔顶部中央,雷达信号处理机安装在转塔设备舱内部。雷达通过转塔水平回转轴上的光纤汇流环与情报处理设备进行数据交换。

(2)激光/毫米波告警设备

激光/毫米波告警设备安装在驾驶室顶部两侧,分为两个告警单元,分别探测车体左右两侧的威胁源。激光信号通过激光/毫米波告警天线的激光天线单元进入,然后传送至激光信号处理单元,毫米波信号通过激光/毫米波告警天线的毫米波天线单元进入毫米射频波预处理单元,然后传送至毫米波信号处理单元,最后在综合处理单元对预处理后的激光和毫米波信息分别进行目标识别融合处理。激光/毫米波告警设备组成如图 8-35所示。

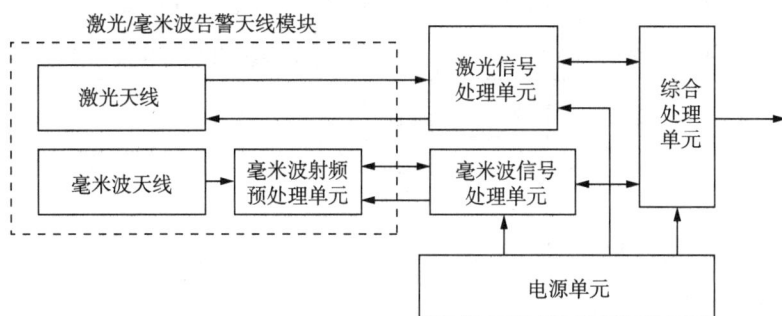

图 8-35　激光/毫米波告警设备组成框图

(3)情报处理设备

情报处理设备主机内部包括加固电源、CPU 板、扩展板等。在设计时主要考虑各模块的安装、紧固、防振、屏蔽、隔离以及控制器的散热问题。各模块构件和尺寸符合国军标要求,用以降低设计和维护成本。

2. 指挥控制分系统

(1)定位定向设备

定位定向仪采用基于双 GPS 的相位差分定位定向技术,主要包括两个天线、两个信号接收板、信号处理设备、显示器、以太网接口和电源等模块组成。定位定向设备组成框图如图 8-36 所示。

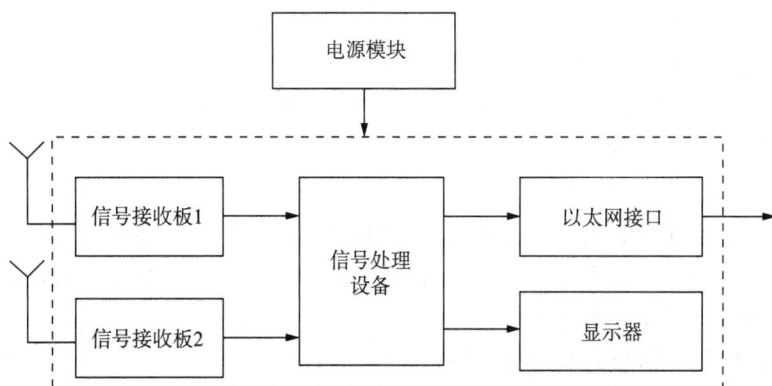

图 8-36　定位定向设备组成框图

(2)红外跟踪设备

红外跟踪设备采用中波红外面阵成像探测方式。面阵红外探测器成像系统由红外光学系统、凝视型红外焦平面阵列探测器、信号放大及处理和成像系统等组成。红外面阵成像探测单元组成方框图如图 8-37 所示。

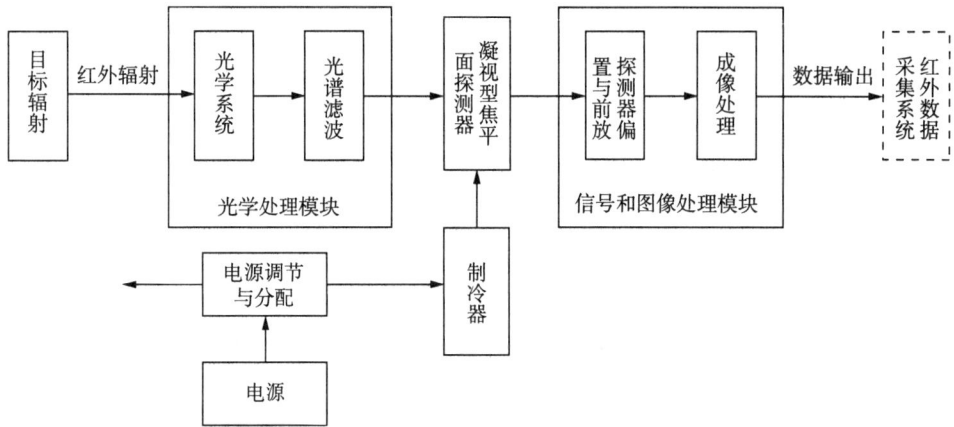

图 8 - 37 红外面阵成像探测单元组成框图

（3）指挥控制设备

指挥控制设备采用和情报处理设备相同的设计规格。

（4）通信网络

① 以太网交换机。采用工业以太网作为系统的通信网络，设计实现了上架式 8 路 100M 工业以太网交换机。

② 光纤汇流环。光纤汇流环选用单光纤双通道光纤滑环，系统双向带宽 200M，满足系统雷达和红外数据传输要求。

③ 空情指挥仪。空情指挥仪可接入电台、国土防空情报信息。

3. 综合干扰对抗分系统

（1）设备布局

综合干扰对抗分系统包括定向有源干扰和无源烟雾干扰两部分。有源定向干扰发射单元集成为两个外挂安装于转塔俯仰两轴两侧，烟雾干扰发射筒安装在转塔水平回转塔体后部。各控制、激光、冷却等设备均安装于转塔内部。

（2）有源定向干扰设备设计

① 激光制导武器干扰设备

激光制导武器干扰设备受综合干扰对抗控制设备控制，对来袭激光制导武器实施有效干扰。由干扰综合机箱和干扰发射天线构成，其中综合机箱包括电源模块、温控模块、激光器模块和光学发射天线模块等。

② 电视/中红外制导武器干扰设备

电视/中红外制导武器干扰设备受综合干扰对抗控制设备控制，对来袭电视/中红外制导武器实施饱和干扰。

电视/中红外制导武器干扰设备采用激光光束合成技术对激光束进行精确的时间和空间控制，有效提高激光输出功率和效率。干扰设备由两台电视制导干扰综合机箱、电视/中红外制导干扰激光器及精密同步控制器组成，如图 8 - 38 所示，其中，精密同步控制器由激光采集、时间测量、误差判断及同步控制模块构成。

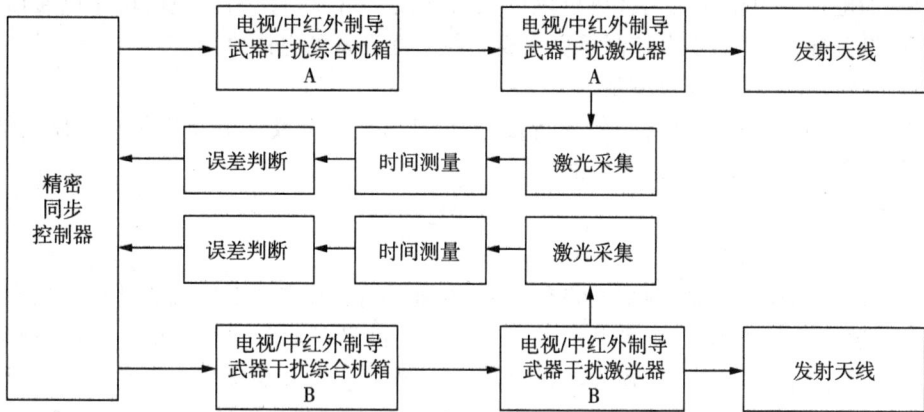

图 8-38　电视/中红外制导武器干扰设备构成

③ 远红外激光干扰设备

远红外激光干扰设备受综合干扰对抗控制设备控制,对来袭远红外波段红外制导武器实施有效干扰,由干扰综合机箱和干扰激光器组成,如图 8-39 所示。

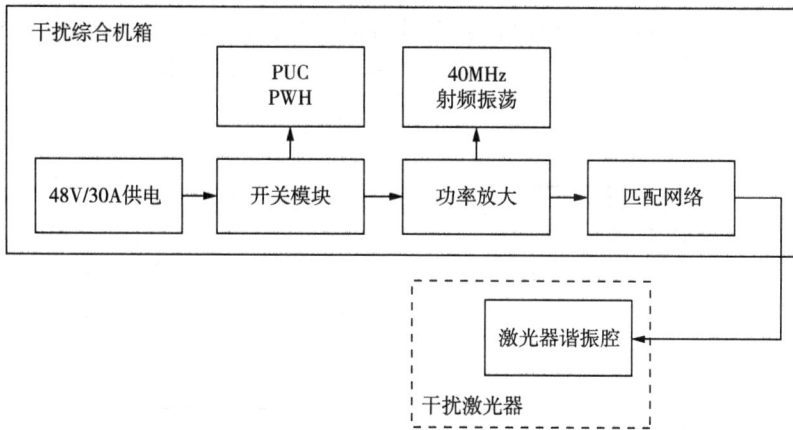

图 8-39　远红外激光干扰设备组成

④ 可见光观瞄干扰设备

可见光观瞄干扰设备受综合干扰对抗控制设备控制,对来袭平台类目标的光学吊舱实施饱和干扰,由干扰综合机箱和干扰发射天线构成,其布局结构和外形尺寸与激光制导武器干扰设备相同。

(3)无源烟雾干扰设备

选用火箭式无源烟雾干扰弹及其配套的发射筒和发控装置。干扰弹发射筒安装于水平回转箱体两侧,发控装置安装于转塔箱体内部,接收综合干扰对抗控制设备指令。

(4)综合干扰对抗控制设备

综合干扰对抗控制设备接收指挥控制系统指令,控制综合干扰对抗分系统各干扰模块对来袭制导武器实施有效干扰。从物理结构上划分,综合干扰对抗控制设备由控制处理模块、加电控制模块和激光合成模块以及对外接口组成。控制处理模块完成通信、信息处理、控制输出功能,加电控制模块完成对各干扰设备的电源供电,激光合成模块完成对电视干扰设备的激光合成控制。

综合干扰对抗设备采用抽屉式插箱结构设计方式。各模块分布安装在抽屉内部并相互隔离,电缆插座安装在抽屉后部。

4. 转塔分系统

(1)转塔机械结构

转塔承载的设备较多,顶部安装有雷达、俯仰耳轴安装有 2 个集成式外挂干扰源、塔体内部安装各设备机柜、后侧安装有空调。转塔内的设备均装在异形机柜上,机柜采用立柜式框架结构。正面、背面均为敞开式,便于操作。机柜采用优质碳素结构钢 20 号冷轧薄钢板折弯焊接成型,具有强度高、质量轻等优点。考虑车载转塔内部的电子设备会受到外界的振动和冲击。通过隔振和缓冲设计,减小振动和冲击的影响。

俯仰轴系是转塔的俯仰转动系,它提供了俯仰转动的驱动和角度转动量,并支承所有的发射和接收装置,根据对俯仰耳轴的计算结果,进行俯仰耳轴的结构设计。从使用角度出发,左右发射平台必须保持一致。

(2)转塔控制设备

转塔伺服系统由方位和俯仰伺服系统、汇流环、电源等组成,其中方位和俯仰伺服控制系统由伺服控制器、交流电机、减速器、齿轮副、位置传感器等组成,其伺服控制系统组成框图如图 8 - 40 所示。

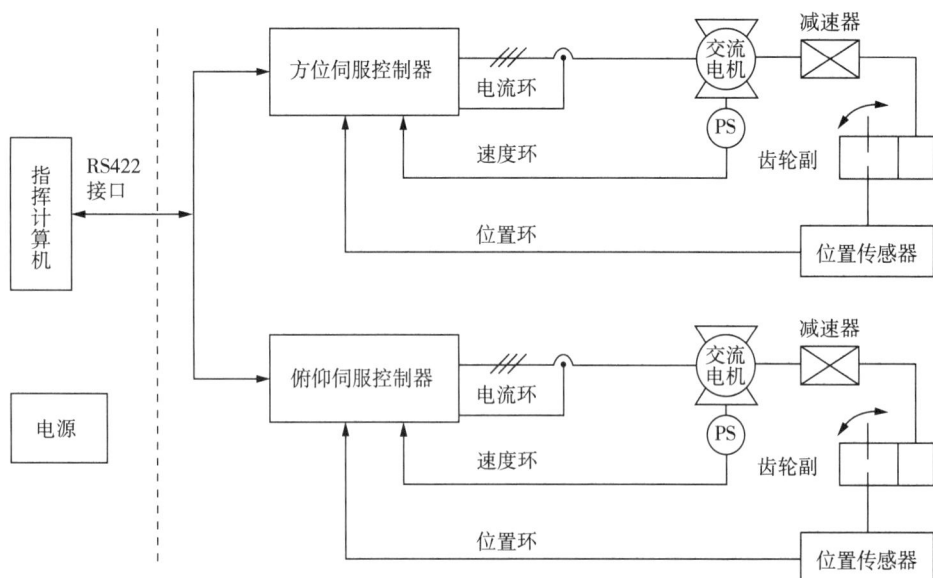

图 8 - 40 伺服控制系统组成框图

5. 载车底盘分系统

(1)轮式越野底盘

载车底盘采用越野车辆陕汽底盘,具有质心低、稳定性高、越野能力强等特点。如

图 8 - 41 所示。

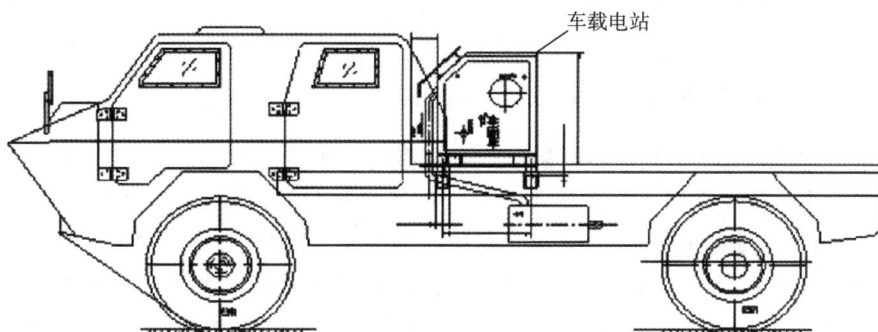

图 8 - 41　底盘系统布局示意图

（2）自动调平设备

自动调平装置设计为 4 点机电式调平装置。在武器平台下部设有 4 个自动调平腿，通过支架与底盘大梁相连，提高武器平台上各系统的指向精度、稳定性及战斗准备的速度。前调平装置的中心到前轮距离为 1070mm，后调平装置的中心到前轮距离为 4667mm，左右调平装置关于车的中心线对称布置安装，中心距离为 1016mm。

自动调平系统主要由如下机构组成：控制箱、撑腿、双轴水平检测器、连接电缆等。其中，交流伺服电机及其驱动器、谐波减速器、超越离合器、滚珠丝杆组件、撑腿本体等构成执行机构、PLC 控制器，双轴水平检测器、光电编码器等组成反馈控制系统。

（3）供配电分系统设计

① 供配电总体设计

全线的供电被分成三个供电层级，采用市电和车载电站双电源供电形式。两路电源分别由不同母线引入，接至两段母线，同时送到驾驶室，两者之间切换采用双刀双掷开关手动转换后以一路出线形式向驾驶室配电箱供电。驾驶室配电箱接线采用单母线分段型式，设置母线断路器。

经驾驶室配电箱至所有负载，系统配电分为三个层级：

第一层级为驾驶室配电，此为配电系统的核心单元，各路输出采用断路器进行短路过流保护，各级负载供电可手动控制，并配有指示灯显示。

第二层级为汇流环，此为转塔外和转塔上强电和弱电的转接装置。无需额外的配电保护。

第三层级为转塔电源分配器，经转塔转接的强电信号，在该电源分配器中进行分配，分别送往转塔中的不同负载。

② 车载电站

车载电站选用已定型批产的车载发电机组的主要配置，整体结构具有防雨防尘、降音、减振等功能，并具有质量轻、外形小、操作维护方便等特点。主要由风冷柴油机、单相发电机、电站底盘、遥控和本地控制系统、排烟系统、电站箱体、排风散热系统、通风系统、蓄电池及燃油箱等组成。柴油机和发电机通过飞轮与盘片式联轴器刚性联为一体，二者均通过减震器固定在电站底盘上，电站箱体通过螺栓固定罩护在电站底盘上,电站的降噪消音器按照系统底盘要求固定安装在系统底盘下部,本地控制安装在电站上,遥控控制安装在总系统驾驶室机柜上,遥控/本控切换开关安装在总系统驾驶室的控制面板上。

8.6.3 系统工作过程

系统根据战场态势,可保持战斗状态,也可随时加电进入战斗状态;其作战模式可分为行进间射击和停止间射击。系统可自动或人工操作,当处于自动工作状态时,系统上电自检后,雷达自动搜索目标,对来袭目标进行探测;红外跟踪设备跟踪目标;激光/毫米波告警设备自动侦收威胁信号;情报处理设备对信息进行综合,建立目标航迹,并将综合情报传送给指挥控制设备;指挥控制设备控制转塔转动到指定位置,并根据告警等综合信息,选择作战时序和干扰设备进行光电对抗。以上探测、识别、跟踪、作战可自动完成的,必要时也可人工干预。其作战流程如图 8-42 所示。

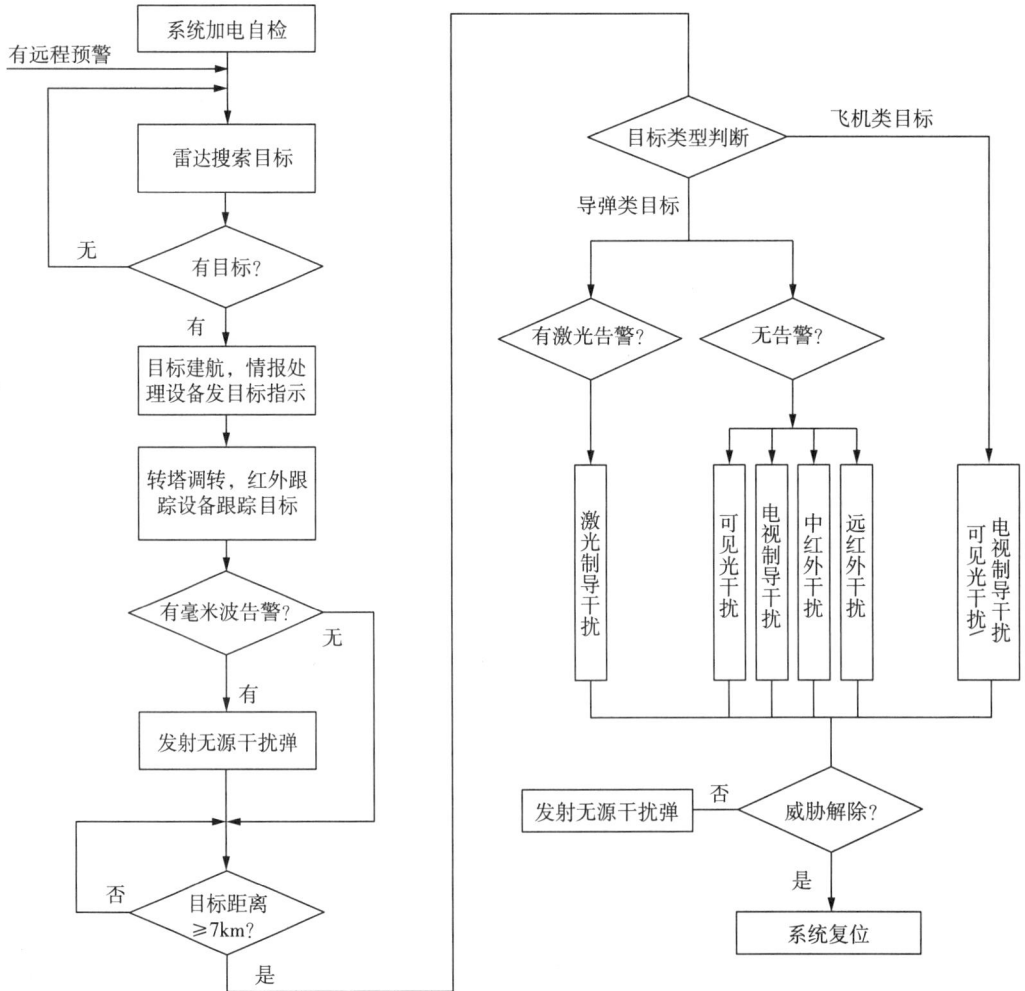

图 8-42 系统工作流程

(1)系统加电自检后与被保护目标以及上级和友邻作战单元保持联系,实时显示战场信息。

(2)目标探测跟踪设备对所处空域实施侦察预警,激光/毫米波告警设备实时侦收威胁激光/毫米波信号,形成告警信息;情报处理设备实时接收处理并显示所有预警信息。

(3)目标探测跟踪设备探测到威胁目标,情报处理设备对来袭目标进行识别、威胁判断、打击排序、目标指示。

(4)转塔根据目标指示调转,指向来袭方向,红外跟踪设备进入跟踪状态。

(5)如有激光告警,则实施激光制导武器干扰;如有毫米波告警,则发射无源干扰弹,实施烟雾干扰;如无激光、毫米波告警,则同时实施电视制导干扰、中红外干扰、远红外干扰和可见光观瞄设备干扰。

(6)采用以上干扰对抗措施后,如威胁目标仍不能解除,则在目标进入 3km 时发射无源干扰弹,大约在目标进入 500m 时形成大面积遮障干扰,此时各定向干扰装置停止发射。

(7)目标威胁解除后,系统复位。

如在临时阵地、特殊地段时可进行停止间对抗,其工作过程与行进间对抗作战模式相近,不同之处在于系统启动后首先进行快速调平。

系统作战时序如图 8-43 所示。搜索雷达探测威胁目标,建立目标航迹;指挥控制分系统根据目标指示控制转塔调转到目标来袭方向,红外跟踪设备根据目标航迹数据,捕获目标并稳定跟踪;引导综合干扰对抗分系统,对威胁目标实施干扰对抗。

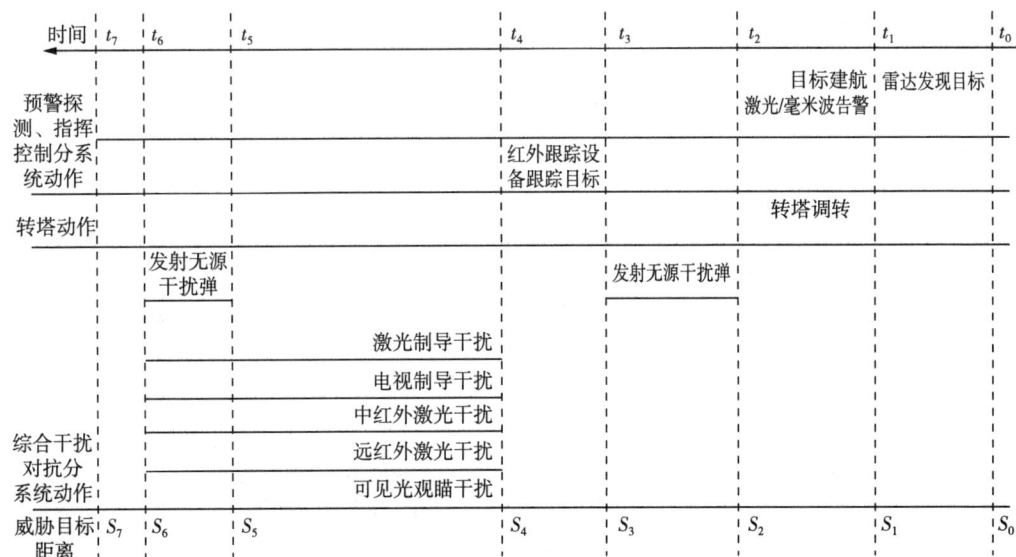

图 8-43　系统作战时序

如有毫米波告警,则向被保护目标上空发射无源干扰弹,若无毫米波告警,则视来袭武器类型和制导种类,分别实施可见光观瞄干扰、激光制导干扰、电视制导干扰和中/远红外制导干扰。若目标距离一定距离处,威胁仍未解除,则再发射无源干扰弹,实施宽波段遮障干扰。

由于定向干扰采用激光定向干扰方式,其传播速度为光速,在防御作战时可不考虑射击提前量,因此指挥控制时序与综合干扰对抗系统的定向干扰设备作战能力相匹配。

思考题

1. 按功能划分,光电对抗系统一般有哪几种形式?
2. 描述"窗帘"光电干扰系统的组成和功能。
3. 列举典型的战术激光对抗系统。
4. 战术激光对抗系统的优缺点有哪些?
5. 末端综合光电防御系统的主要应用场景是什么?
6. 末端综合光电防御系统具备的主要能力有哪些?
7. 末端综合光电防御系统一般由哪些分系统构成?
8. 描述系统伴随防御重要机动目标时的工作流程。

参 考 文 献

[1] 任晓刚. 国外坦克装甲车辆主动防护系统[J]. 火力与指挥控制,2010,35(S1):4-6.

[2] 吴训涛,李玉杰. 对抗临近空间高超声速武器的方法研究[J]. 舰船电子工程,2021,41(5):18-20.

[3] 胡永钊,赵铭军,沈严,等. 激光技术在主动红外对抗中的应用研究[J]. 激光与红外,2004,34(1):62-64.

[4] 刘松涛,高东华. 光电对抗技术及其发展[J]. 光电技术应用,2012,27(3):1-9.

[5] 孙立锐. 碳化硅雪崩紫外探测器结构仿真研究[D]. 西安:西安电子科技大学,2015.

[6] 杨雨川,龙超,谭碧涛,等. 大气后向散射对主动探测激光脉冲的影响[J]. 激光与红外,2013,43(5):482-485.

[7] 巨养锋,梁冬明,薛建国,等. 威胁源参数对激光散射截获半径的影响[J]. 激光与红外,2011,41(4):426-429.

[8] 张磊. 激光告警技术研究[D]. 长春:长春理工大学,2010.

[9] 李丽艳. 用于多普勒干涉测振的光学系统研究[D]. 长春:长春理工大学,2010.

[10] 谢剑锋,王英瑞. 微光CCD成像器件性能比较研究[J]. 红外与激光工程,2006,35(S5):64-67.

[11] 赵宝珠. 烟幕对微光夜视器材影响的研究[D]. 南京:南京理工大学,2007.

[12] 嵇盛育. 基于计算机视觉的无人机自主着舰导引技术研究[D]. 南京:南京航空航天大学,2008.

[13] 杨帆. 激光告警多路信号同步控制系统研究[D]. 长春:长春理工大学,2009.

[14] 张英远. 激光对抗中的告警和欺骗干扰技术[D]. 西安:西安电子科技大学,2012.

[15] 胡新权. 近红外激光雷达目标后向散射特性实验研究[D]. 南京:南京理工大学,2008.

[16] 张元生. 机载光电告警系统技术发展分析[J]. 电光与控制,2015,22(6):52-55.

[17] 马浩洲,马应武,曹卫公. 激光主动侦察技术的原理研究[C]. 中国光学学会 2004 年学术大会,2004:295 - 298.

[18] 蒲凯. 光纤阵列激光告警系统的信号处理模块的研究与实现[D]. 成都:电子科技大学,2009.

[19] 王云龙. "牛眼"麦克尔逊干涉型激光检测技术研究[D]. 华中科技大学,2005.

[20] 付伟,侯振宁. 国外红外侦察告警设备的新进展[J]. 红外技术,2001,23(3): 1 - 3.

[21] 张继勇,叶宗民. 舰载红外警戒探测系统效果评价方法综述[J]. 红外,2012, 33(3):9 - 12.

[22] 杨承. 日盲型紫外探测和直升机着舰光电助降技术的研究[D]. 成都:电子科技大学,2010.

[23] 王淑荣,曲艺,李福田. 紫外波段大气背景与目标特性研究[J]. 红外与激光工程,2007,36(S2):433 - 435.

[24] 赵勋杰,张英远,高稚允. 紫外告警技术[J]. 红外与激光工程,2004,33(1): 5 - 9.

[25] 丁健文. 基于 4HSiC 雪崩光电二极管的日盲紫外单光子探测系统设计[D]. 南京:南京大学,2015.

[26] 詹露华. 低截获概率雷达波形设计及性能分析[D]. 南京:南京理工大学,2013.

[27] 李云霞,蒙文,马丽华,等. 光电对抗原理与应用[M]. 西安:西安电子科技大学出版社,2009.

[28] 张海洋. 分振幅偏振成像系统定标研究[D]. 北京:中国科学院大学(中国科学院长春光学精密机械与物理研究所),2018.

[29] 王铁红,李莹. 光电信息系统多传感器数据融合模型研究[J]. 光电技术应用, 2006,21(5):6 - 12.

[30] 孙铭礁,赵辰霄,杨阳,等. 装甲车辆主动防护系统威胁探测告警技术及发展趋势[J]. 机电信息,2019(17):58 - 61.

[31] 陈卓. 光电技术中光电干扰与抗干扰的应用研究[J]. 电子技术与软件工程, 2016(4):116.

[32] 陈金宝,郭少锋. 高能固态激光器技术路线分析[J]. 中国激光,2013,40(6): 0602006 - 1 - 0602006 - 7.

[33] 甘啟俊,姜本学,张攀德,等. 高平均功率固体激光器研究进展[J]. 激光与光电子学进展,2017(1):010003 - 1 - 010003 - 9.

[34] 朱亚东. MOPA 结构大模场掺铒光纤激光器的理论与实验研究[D]. 长沙:国防科学技术大学,2013.

[35] 孙毅. 多波段高功率激光合束技术及热效应研究[D]. 北京:中国科学院大学

（中国科学院长春光学精密机械与物理研究所），2015.

[36] 粟荣涛，周朴，张鹏飞，等．超短脉冲光纤激光相干合成[J]．红外与激光工程，2018,47(1):0103001-1-0103001-13.

[37] 张泽南．基于空间合束的高功率激光系统[D]．西安：西北大学，2017.

[38] 任钢．中红外光参量振荡器及其应用技术的研究[D]．成都：四川大学，2006.

[39] 薛模根，韩裕生，朱一旺，等．一个基于激光的小型综合光电对抗系统[J]．现代防御技术，2006,34(2):55-58.

[40] 何俊．光电对抗装置仿真试验系统的设计与实现[D]．成都：电子科技大学，2014.

[41] 高玮，茹志兵，雷海丽，等．激光诱偏干扰技术在车载主动防护系统中的应用[J]．应用光学，2019,40(2):217-220.

[42] 李慧，李岩，刘冰锋，等．激光干扰技术现状与发展及关键技术分析[J]．激光与光电子学进展，2011,(8):081407-1-081407-5.

[43] 胡永钊，赵铭军，沈严，等．激光技术在主动红外对抗中的应用研究[J]．激光与红外，2004,34(1):62-64.

[44] 吴丹，马超杰．红外干扰机干扰原理及相关技术[J]．舰船电子对抗，2006,29(3):6-9.

[45] 周德召，王合龙，陈方．调幅式调制盘导引头干扰原理分析及验证[J]．激光与红外，2015,45(7):850-853.

[46] 杨磊．激光辐照 HgCdTe 红外探测器的研究[D]．成都：电子科技大学，2008.

[47] 王萃．激光雷达距离欺骗干扰技术研究[D]．成都：电子科技大学，2016.

[48] 席圆圆．防空导弹红外诱饵模拟系统设计[D]．北京：中国石油大学，2014.

[49] 邱娜，梁宏光，吴涛．激光对光电传感器的损伤阈值[J]．电子工业专用设备，2009,(7):53-55.

[50] 高健赫．强光与 CCD 作用响应率改变的机理研究[D]．长春：长春理工大学，2009.

[51] 王慧娟．雷达有源欺骗干扰识别技术研究[D]．北京：北京邮电大学，2019.

[52] 王硕，韩裕生，谢恺，等．有源诱饵弹对抗毫米波制导武器仿真分析[J]．现代防御技术，2010,38(4):151-155.

[53] 彭樟．小型半导体激光测距及应用研究[D]．南京：南京理工大学，2008.

[54] 张潆．全固态拉曼激光器的研究[D]．沈阳：沈阳理工大学，2015.

[55] 曹立华，陈长青．激光欺骗干扰技术与系统研究[J]．光机电信息，2011,28(7):27-32.

[56] 刘甲．可见光烟幕遮蔽效应测试方法研究[D]．长春：长春理工大学，2018.

[57] 柳家所．小型发烟弹药衰减红外辐射效果的评估方法研究[D]．南京：南京理工大学，2008.

[58] 付伟. 烟幕技术及其发展现状[J]. 电光与控制,2002,9(3):9-11.

[59] 王萃. 激光雷达距离欺骗干扰技术研究[D]. 成都:电子科技大学,2016.

[60] 阎俊宏,高磊,闵江. 烟幕红外消光系数的热像仪测试[J]. 光电技术应用, 2012,27(2):79-82.

[61] 赵宝珠. 烟幕对微光夜视器材影响的研究[D]. 南京:南京理工大学,2008.

[62] 宋东明. 燃烧型抗红外烟幕剂设计及其配方筛选专家系统[D]. 南京:南京理工大学,2008.

[63] 保石,周冶,张紫浩,等. 燃烧型炭黑烟幕红外遮蔽性能研究[J]. 光电技术应用,2013,28(5):85-88.

[64] 孟庆刚. 真空和微重力下红外烟幕干扰材料的隐身特性研究[D]. 南京:南京理工大学,2006.

[65] 陈浩,高欣宝,李天鹏,等. 国外烟幕干扰弹发展及关键技术研究[J]. 飞航导弹,2017,(12):71-74.

[66] 王红军,戴耀,陈奇. 舰艇电子对抗原理[M]. 北京,国防工业出版社,2016.

[67] 刘静梅,肖昌达. 烟幕遮蔽干扰反导作战使用[J]. 舰船电子对抗,2007,30(3):20-22.

[68] 刘禹廷,张倩,姚强,等. 烟幕干扰技术研究进展[J]. 飞航导弹,2018,(2):77-81.

[69] 杨照金. 军用目标伪装隐身技术概论[M]. 北京,国防工业出版社,2014.

[70] 吕相银,凌永顺. 光电伪装技术浅析[J]. 光电技术应用,2003,18(3):25-28,51.

[71] 时家明,王峰. 国外陆军光电对抗装备综述[J]. 现代军事,2005,(10):42-44.

[72] 付小宁,王炳健,王获. 光电定位与光电对抗[M]. 第2版. 北京,电子工业出版社,2018.

[73] 沈涛,刘志国,苟小涛,等. 长条形军事目标激光防护假目标配置方法研究[J]. 激光与红外,2016(8):5.

[74] 侯振宁. 毫米波无源干扰技术发展综述[J]. 情报指挥控制系统与仿真技术, 2003(3):34-36.

[75] 沈涛. 光电对抗原理[M]. 西安,西北工业大学出版社,2015.

[76] 曲宙. 不同波段的红外隐身策略[J]. 中国科技纵横,2012,(16):39-40.

[77] 许鹏程,李晓霞,胡亭. 红外隐身原理及发展[J]. 红外,2006,27(1):16-20.

[78] 张品,陈亦望,谭文博,等. 防红外制导武器动态伪装技术研究[J]. 光电技术应用,2006,21(6):7-11.

[79] 乔亚. 红外动态变形伪装技术研究[J]. 红外与激光工程,2006,35(2):204-207.

[80] 陆飞. 数码迷彩卫星侦察效果仿真系统研究[D]. 南京:南京理工大学,2014.

[81] 汤永涛,林鸿生,李锦军. 现代反舰导弹面临的电子对抗挑战及对策研究[J]. 飞航导弹,2014,(4):24-29.

[82] 王玺,卞进田,聂劲松,等. 重频脉冲 CO_2 激光损伤 K9 玻璃的实验研究[C].// 第 10 届全国光电技术学术交流会论文集. 2012:210-211.

[83] 王乃彦. 新兴的强激光[M]. 北京:原子能出版社,1992.

[84] 刘泽金,周朴,陶汝茂,等. 高能固态激光阵列光束合成技术浅析[J]. 光学学报,2011,31(9):0900113.

[85] 李晋闽. 高平均功率全固态激光器的发展现状、趋势及应用[J]. 激光与光电子学进展,2008,45(7):16-29.

[86] 刘泽金,周朴,许晓军. 对百千瓦级全固态激光相干阵列系统的分析[J]. 激光与光电子学进展,2010,47(1):011402.

[87] 邢恩明,尚卫东. 激光的非相干合成技术[J]. 应用光学,2008,29(sup):90-93.

[88] 周朴,马阎星,王小林,等. 不同类型合成光束在湍流大气中的传输效率[J]. 中国激光,2010,37(3):733.

[89] 辛国锋,皮浩洋,沈力,等. 高功率半导体激光器光束非相干合成技术进展[J]. 激光与光电子学进展,2010,47(10):17-20.

[90] 梁巍巍,殷瑞光,郭豪. 激光角度欺骗干扰诱饵设备测试仿真研究[J]. 激光与红外,2021,51(12):1654-1658.

[91] 瞿荣辉,叶青,董作人,等. 基于电光材料的光学相控阵技术研究进展[J]. 中国激光,2008,35(12):1861-1867.

[92] 朱颖. 激光雷达液晶相控阵波控技术研究[D]. 成都:电子科技大学,2009.

[93] 吴晓平,魏国珩,陈泽茂,等. 信息对抗理论与方法[M]. 武汉:武汉大学出版社,2008.

[94] 梁华伟. 光波导光学相控阵技术的理论和实验研究[D]. 陕西:西安电子科技大学,2007.

[95] 柯常军,万重怡. 红外光电探测器的激光损伤分析[J]. 光学技术,2002,28(2):118-119+122.

[96] 薛海中,李伟,张海涛,等. 激光对光伏探测器真空破坏的实验研究[J]. 激光技术,2006,30(5):494-497.

[97] 吕跃广,孙晓泉. 激光对抗原理与应用[M]. 北京:国防工业出版社,2015.

[98] 陆建,倪晓武,贺安之. 激光与材料相互作用物理学[M]. 北京:机械工业出版社,1996.

[99] 童忠诚,孙晓泉,韩春林,等. 激光制导武器有源干扰的建模与仿真[J]. 系统仿真学报,2007,19(22):5115-5119.

[100] 童忠诚,孙晓泉,汪作来. 激光制导武器致盲干扰技术的仿真研究[J]. 激光

杂志,2008,29(1):28-29.

　　[101] 朱志武,张震,程湘爱,等.单脉冲激光对CCD探测器的硬损伤及损伤概率[J].红外与激光工程,2013,42(1):113-118.

　　[102] 朱志武.短脉冲激光对可见光CCD及滤光片组件的损伤效应研究[D].长沙:国防科学技术大学,2013.

　　[103] 刘敬民,杨帆.美国红外定向对抗系统装备发展浅析[J].光电技术应用,2020,35(6):8-14.

　　[104] 禹化龙,伍尚慧.美军定向能武器反无人机技术进展[J].国防科技,2019,40(6):42-47.

　　[105] 周伟,张丹丹.美国海基激光武器的发展[J].航天电子对抗,2014,30(03):8-11+16.

　　[106] 王小鹏.军用光电技术与系统概论[M].北京:国防工业出版社,2011.

　　[107] 薛模根,韩裕生,罗晓琳,等.光电防御系统与技术[M].北京:国防工业出版社,2020.

　　[108] 高虹霓,赵一兵,刘力,等.新概念武器及主要关键技术综述[J].飞航导弹,2013(8):32-38.